NOUVEAUX LUNDIS

NOUVEAUX
LUNDIS

PAR

C.-A. SAINTE-BEUVF

DE L'ACADÉMIE FRANÇAISE

———

TOME SIXIÈME

PARIS

CALMANN LÉVY, ÉDITEUR

ANCIENNE MAISON MICHEL LÉVY FRÈRES

3, RUE AUBER, 3

———

1883

NOUVEAUX LUNDIS

Lundi 7 septembre 1863

VIE DE JÉSUS

PAR M. ERNEST RENAN (1).

I.

Le 8 juin 1762, il y a cent et un ans, Jean-Jacques
Rousseau, qui vivait à Montmorency sous la protection

(1) Un vol. in-8°; Michel Lévy. — Le mercredi 24 juin
1863, jour où le livre avait parú, *le Constitutionnel* avait
inséré la note suivante : « La librairie Michel Lévy met aujourd'hui même en vente un livre qui était depuis longtemps
annoncé et bien impatiemment attendu, la *Vie de Jésus*, par
M. Ernest Renan. C'est un de ces ouvrages qui n'ont pas besoin
de recommandation et qui font leur chemin tout seuls. Aussi je ne
viens pas le recommander; je me contenterai seulement de dire à
ce premier jour, et après l'avoir rapidement parcouru et dévoré.
que l'impression qui en résulte est de celles qui ne peuvent être que
bonnes et salutaires au cœur et à l'esprit. Aux âmes simples, aux

du prince de Conti et du maréchal de Luxembourg, fut averti qu'il était menacé d'un décret du Parlement pour la publication de l'*Émile* et la Profession de foi du Vicaire savoyard qui s'y trouvait; il dut s'enfuir de son asile au milieu de la nuit, et quitter incontinent la France. De nos jours, M. E. Renan, qui publie cette *Vie de Jésus*, laquelle est à bien des égards une version et interprétation de l'Évangile, telle que le Vicaire savoyard l'eût conçue et désirée en ce temps-ci, vit tranquille, prend les bains de mer en Bretagne avec sa famille, et voit son livre se débiter, se lire, se discuter dans tous les sens.

Il y a certes là un progrès de civilisation, un progrès réel, quoique bien lentement acquis. Si l'on se trans-

---

fidèles qui vivent rangés et soumis autour de la houlette pastorale, je ne conseillerai pas de le lire; mais on sait que le nombre de ces fidèles et de ces humbles n'est pas infini; et pour tous les autres, sceptiques, indifférents, hommes d'étude et d'examen, gens du monde, gens d'affaires, pour peu que vous ayez un coin sérieux de vacant et de libre en vous, je dirai avec confiance : Lisez et méditez, lisez et relisez ces beaux chapitres, *Éducation de Jésus, Ordre d'idées au sein duquel se développa Jésus, Prédications du lac,* et apprenez le respect, l'amour et l'intelligence de ces choses religieuses auxquelles il n'est plus temps d'appliquer la raillerie et le sourire. N'est-ce donc rien dans ce naufrage de tant de doctrines, de tant de croyances, dans cet envahissement de tant de passions positives et intéressées, d'éviter la légèreté, de rencontrer une science émue qui vous guide, et de monter la colline avec Celui qu'il n'est interdit d'honorer et d'adorer sous aucune forme? Or, la manière de M. Renan est aussi une adoration, mais à l'usage des esprits libres et philosophiques. Il y a, Jésus l'a dit, plus d'une demeure dans la maison de mon père. Il y a plus d'une route qui mène à Jérusalem; il y a plus d'une station dans le chemin du Calvaire. » S.-B.

porte en idée à un autre siècle de distance, à l'année 1963,
quel sera, quel pourra être en pareille matière le nouveau progrès conquis et gagné? J'en espère un, mais
bien vaguement, sans me hasarder à le deviner et à
le prédire.

Le livre de M. Renan est fort combattu en même
temps que prodigieusement lu : on ne saurait s'en
étonner ni s'en plaindre. Les croyants, à tous les degrés, et depuis le sommet de la hiérarchie jusqu'aux
simples fidèles et aux volontaires, sont dans leur droit
en combattant l'ennemi nouveau qui se présente et en
cherchant à le pulvériser.

Il y avait, au XVIIᵉ siècle, un terrible et savant docteur de la maison de Navarre, Launoi : bon chrétien,
mais singulier, mordant, original, paradoxal, il était un
ennemi déclaré de la légende, et il faisait la guerre à
quantité de saints qu'il estimait suspects. On l'appelait
« le dénicheur de saints. » Chaque curé avait peur qu'il
ne prît à partie celui de son église, et plus d'un lui
tirait fort bas son chapeau, du plus loin qu'il le voyait.
En revanche, ceux dont il n'avait pas épargné le patron
disaient qu'il frisait l'hérésie. Comment trouver mauvais qu'un curé ou un fidèle plaide pour son saint?
Qu'est-ce donc si ce saint, aux yeux de la foi et de la
conscience, est le saint des saints, si c'est une des personnes de Dieu? On ne saurait donc être étonné de
cette grêle et de ce tonnerre de réfutations contre le
livre de M. Renan, de ce concert fulminant qui n'est
pas près de finir. Les choses ne pouvaient se passer
autrement.

Un savant historien, Sismondi, très-épris dans sa jeunesse des doctrines du XVIIIᵉ siècle, se portait d'abord, par de fréquentes sorties, à l'attaque de l'établissement chrétien ou catholique, et des diverses croyances qui s'y rattachent. Sa mère, femme sage, et jugeant que son fils n'était pas de la force ni de la trempe qui fait les combattants, lui écrivait :

« Il ne faut pas jeter ainsi feu et flamme ; penses-y, toi qui as besoin d'être aimé ! Ce ne sont pas des ennemis d'un jour qu'on se fait en s'affichant de cette manière ; ils sont acharnés et pour toute la vie. Au fond, il n'est pas fort étonnant qu'on se fasse haïr des hommes quand on attaque, sans utilité, les opinions sur lesquelles ils fondent leur bonheur. Elles peuvent être erronées, mais les erreurs reçues depuis longtemps sont plus respectables que celles que nous voudrions y substituer ; car ce n'est pas la vérité qu'on trouve quand on a abattu le système de religion généralement adopté, puisque cette vérité, si elle n'est pas révélée, se cache dans des ténèbres impénétrables à l'esprit humain. Laisse en paix la Trinité, la Vierge et les Saints ; pour la plupart de ceux qui sont attachés à cette doctrine, ce sont les colonnes qui soutiennent tout l'édifice ; il s'écroulera si tu les ébranles. Et que deviendront les âmes que tu auras privées de toute consolation et de toute espérance ? La piété est une des affections de l'âme les plus douces et les plus nécessaires à son repos ; on doit en avoir dans toutes les religions... »

Sismondi se le tint pour dit ; il revint à la prudence et rentra une partie de ses arguments. M. Renan n'a pas cru devoir faire ainsi, et en effet sa pensée a été bien autrement méditée et bien plus haute ; son dessein et son projet est à plus longue fin. Ce n'est pas jeter feu et flamme qu'il veut, ce n'est pas attaquer et fronder, ce n'est pas ébrécher, ce n'est pas détruire. Il a eu présent à la pensée ce mot d'un grand révolutionnaire : « Il n'y a de détruit que ce qui est remplacé. » Il ne s'est donc pas contenté de défaire une vie de Jésus, ce qui n'est pas difficile à la critique en se tenant sur ce terrain de pure discussion ; il a prétendu la refaire. Loin de vouloir affliger et décourager la piété, il a eu l'ambition de la semer là où elle n'est pas, de la nourrir, de la relever, de lui donner satisfaction sous une autre forme, nouvelle et inattendue. Simple rapporteur, j'essayerai de bien marquer le point de vue où il s'est placé, et la position extrêmement hardie qu'il a prise vis-à-vis de l'orthodoxie, d'une part, et de l'incrédulité ou du scepticisme, de l'autre.

Car M. Renan, il faut bien le reconnaître, ne plaît guère plus, par ce livre extraordinaire, aux sceptiques et incrédules qu'aux croyants. J'ai trois amis, j'en ai de tous les bords et dans tous les camps ; ces trois amis sont venus, non pas ensemble comme les amis de Job, mais séparément l'un après l'autre, dans la même journée, me parler de la *Vie de Jésus,* et sous prétexte de me demander mon avis, ils m'ont dit le leur : c'est ce qu'on fait le plus souvent quand on va demander un avis.

Le premier m'a dit : « Cette critique des Évangiles est faible autant que téméraire ; dès qu'elle prétend devenir positive de négative qu'elle était, elle se juge. Elle est pleine d'assertions hasardées, de formules générales contestables d'où l'on tire des conséquences lointaines, incertaines, qu'on donne comme des faits avérés. Un tel livre qui trahit la faiblesse et l'imprudence de l'attaque va avoir pour premier résultat de fortifier et de redoubler la foi chez les croyants. Si c'est là en effet le dernier mot de l'incrédulité, il faudra désormais autant et plus de foi pour croire à ces conséquences dites philosophiques ou historiques, à ces conjectures écloses et nées d'un seul cerveau, qu'à nous, chrétiens, pour continuer de croire à la tradition, à l'Église, au miracle visible d'un établissement divin toujours subsistant, au majestueux triomphe où l'évidence est écrite, au consentement universel tel qu'il résulte du concert des premiers et seuls témoins... » J'abrége. Ce premier ami est un catholique très-docile, bien qu'instruit, et il m'a donné avec confiance, avec feu, la plupart des raisons qu'on allègue de ce côté; seulement il avait le bon goût et la charité de n'être dur que contre la doctrine et de n'y mêler aucune injure contre l'homme. Il ne tenait qu'à moi, il est vrai, de conclure que le cerveau qui avait engendré ces nouvelles chimères était « infirme et malade; » mais il ne me l'a pas dit.

Le second ami, qui est, lui, un pur sceptique, et de ceux qui sous ce nom modeste savent très-bien au fond ce qu'ils pensent, est entré brusquement, m'a abordé d'un air contrarié et presque irrité, comme si j'y étais pour quelque chose, et m'a dit, — vous remarquerez que je n'avais pas encore ouvert la bouche : «.Tu me diras tout ce que tu voudras (j'oubliais encore d'ajouter que ce second ami est un camarade de collége et qu'il me tutoie), ce livre est une reculade. Il est plein de concessions, — concessions calculées ou sincères, peu m'importe! Je ne m'explique pas qu'un homme tel que l'auteur me dépeint Jésus puisse être si divin sans être Dieu, au moins en bonne partie. Moi, je ne connais les hommes que comme Horace et tous les moralistes les ont connus. Le meilleur est celui qui a le moins de défauts et de vices. Je n'en ai jamais vu d'une autre étoffe. M. Renan nous présente un homme comme il n'y en a jamais eu, et au-dessus de l'humanité, un homme-type. Alors je ne sais plus qu'en faire. Ce n'était pas la peine de changer le nom. Idéal pour idéal, chimère pour chimère, j'aimais autant l'autre. En vérité, l'auteur paraît n'avoir eu qu'un but : arracher au fondateur du christianisme sa démission de Dieu. Ce point obtenu, il se montre coulant avec lui sur les indemnités et les éloges, il ne marchande pas; pourvu qu'il défasse le Dieu, ce lui est égal de surfaire l'homme. Il lui offre en dédommagement tous les titres honorifiques et superlatifs. Il lui fait un pont d'or. On sait comme Charles II a traité Monk, comment Louis XVIII eût traité en 1799 le général Bonaparte s'il avait consenti à être un Monk. On l'aurait fait connétable, et je ne sais quoi encore. Eh bien! c'est ici, toute proportion gardée, la même chose. Soyez tout, excepté roi. — Soyez tout, excepté Dieu. » Et mon ami continuait très-vivement; il s'emportait contre cette philosophie de l'histoire qui est une si grosse et si mystérieuse affaire, une si merveilleuse production en même temps qu'un si commode instrument au sens et au gré des nouveaux doctrinaires : ils font de l'histoire quelque chose de sacré, et ils n'admettent pas cependant

qu'il y ait un plan primitif tracé, et une Providence qui
y ait l'œil et qui y tienne la main : c'est une inconséquence. « L'histoire, me disait mon ami, qui n'est pas
inconséquent et qui tient fort de Hume et de Fontenelle, n'est le plus souvent, et surtout à cette distance,
qu'une fable convenue, un quiproquo arrangé après-
coup et accepté, une superfétation réelle portant sur
une base creuse et fausse. Sachons-le. Mais, ajoutait-il,
tout cela n'est pas fait pour être livré au public. Res-
tons dans la région calme et réservée, dans le coin
des sages. Dès qu'on en sort, dès qu'on brigue en ces
matières l'assentiment et le suffrage de tous, on court
risque d'employer de ces mots qui, comme cela a lieu
dans le livre de M. Renan, ont un sens douteux et
double et ne sont pas entendus également des deux
côtés. »

Un troisième ami m'arriva avant la fin de la journée;
celui-ci est très-mesuré et très-circonspect, c'est un
prudent et un politique; il vit le livre sur ma table, ne
me questionna que pour la forme et, sans attendre ma
réponse, me dit : « Je n'aime pas ces sortes de livres,
ni voir agiter et remuer ces questions. La société n'a
pas trop de tous ses fondements et de toutes ses colonnes
pour subsister et se tenir. Je n'examine pas le fond;
mais le temps a assemblé et amassé autour de ces éta-
blissements antiques et séculaires tant d'intérêts, tant
d'existences morales et autres, tant de vertus, tant de
faiblesses, tant de consciences timorées et tendres, tant
de bienfaits avec des inconvénients qui se retrouvent
plus ou moins partout, mais, à coup sûr, tant d'habi-

tudes enracinées et respectables, qu'on ne saurait y toucher et les ébranler sans jouer l'avenir même des sociétés... » On voit la suite. J'ai tenu à donner la note et à indiquer le sens général des raisonnements de mes trois amis.

Et le quatrième ami ?... Je m'en vais parler pour lui, à mon tour. Il y a bien du vrai dans ce qu'ont dit les trois précédents ; mais l'originalité de M. Renan, dans ce livre tant controversé, est précisément, tout en se rendant bien compte de ce triple ensemble et, si je puis dire, de ce triple feu d'objections opposées et convergentes, d'avoir osé se mettre au-dessus et prendre position au delà.

II.

Il faut bien savoir que, chez nous, en France, avant cette présente discussion que vient d'ouvrir et d'instituer l'ouvrage de M. Renan, on était très-peu au fait de l'état de la science et de la critique concernant les origines du christianisme. Au dernier siècle, beaucoup de choses ont été dites qu'on a oubliées depuis. Voltaire en a semé ses écrits, et de ces traits légers qu'il lançait à poignées, plus d'un, certes, atteignit le but ou plutôt le traversa en le dépassant. Tous ces livres d'alors, anonymes ou pseudonymes, attribués à Mirabaud, Fréret, Dumarsais, etc., et fabriqués par la société holbachique, renferment également bien des remarques non méprisables, des objections sensées et positives : l'abbé Morellet, auteur de quelques-uns de ces livres, était un théologien. Mais l'ensemble est habituellement mêlé de déclamations passionnées et d'assertions non mûries. Cette série de livres, qui n'étaient, après tout, que des brûlots de guerre, des pamphlets auxiliaires du mouvement encyclopédique, avaient été ensevelis et enterrés avec le siècle lui-même. Il était réservé à la protestante Allemagne de faire, de ce qu'on appelle l'*exégèse* ou examen critique des Écritures, une science régulière, et de donner à sa marche la justesse, la précision, la certitude définitive qu'a le génie militaire dans l'attaque méthodique des places fortes.

Français, nous avons, quand nous le voulons (et nous le voulons trop souvent), le privilége d'ignorer. Ces travaux d'outre-Rhin, et qui se poursuivaient avec tant de patience et d'ardeur, transpiraient peu parmi nous, et les noms de leurs auteurs n'étaient même pas connus de la majorité des hommes réputés instruits de notre pays. J'ai cependant rencontré dans ma jeunesse deux hommes au moins qui s'étaient dit que l'histoire des origines du christianisme était un grand sujet, et qui se promettaient de le traiter quelque jour dans l'esprit du xixe siècle, c'est-à-dire avec respect et science. Mais ces projeteurs incomplets et prématurés ne sortirent jamais des préparatifs et ne purent se dégager de la masse des matériaux. La tâche était plus forte qu'eux.

Depuis quelques années cependant, le petit nombre d'esprits qui, chez nous, sont attentifs à ces questions, pouvaient profiter, sans trop de peine, des écrits fran-

çais de MM. Colani, Reuss, Réville, Scherer, Michel
Nicolas de Montauban, etc. La publication de la *Revue
germanique* y aidait. Tout récemment, M. Gustave
d'Eichthal, une intelligence élevée, consciencieuse,
tenace, imbue d'une religiosité forte et sincère, en
quête, dès la jeunesse, de la solution du grand problème théologique moderne sous toutes ses formes,
s'était appliqué avec une incroyable patience à une
comparaison textuelle des Évangiles et en avait tiré des
conséquences ingénieuses qui ont, à la fois, un air
d'exacte et rigoureuse vérité (1). Un tel mode de procédé toutefois ne s'adressait qu'à très-peu de lecteurs
et n'atteignait pas le public proprement dit. C'était
dans le monde protestant, dans le monde israélite
instruit, que la question ainsi posée et traitée rencontrait des curieux, des sectateurs ou controversistes en
sens divers. Notre clergé catholique lui-même, qui ne
discute en pareil cas que le moins possible et comme
à la dernière extrémité, qui oppose tant qu'il peut
aux dissidents une fin de non-recevoir, ne tenait nul
compte de ces travaux hétérodoxes, rien ne l'obligeant
à s'en inquiéter. La grande masse française restait peu
informée et indifférente.

Ce n'était pas à dire, malgré tout, que l'état des
esprits, même dans ce qu'on peut appeler la masse ou
la majorité, ne fût devenu bien différent de ce qu'il

---

(1) *Les Évangiles,* par M. Gustave d'Eichthal (2 vol. in-8, librairie Hachette). Je conseille ce livre à tous ceux qui veulent approfondir et creuser tant soit peu ce genre d'étude; ils y verront la
méthode appliquée et en action.

était au xviiie siècle et pendant les premières années de la Restauration. Décidément Voltaire avait tort. Il s'était, depuis quelque vingt-cinq ou trente ans, créé ou développé une disposition théologique ou semi-théologique. On raisonnait, on s'échauffait volontiers et sérieusement sur ces matières; on n'en riait plus. Des cours publics, des romans même avaient favorisé et fomenté cette exaltation assez vague des intelligences. Michelet, Quinet, George Sand dans quelques-unes de ses productions, poussaient au prosélytisme et à chercher je ne sais quel Dieu, mais un Dieu. Sur ces entrefaites, de singulières bizarreries sous couvert de spiritualisme, des superstitions même d'un genre nouveau étaient venues prendre les savants au dépourvu et remettre en honneur, auprès des faibles, certains faits comme il s'en rencontre toujours aux limites du possible, des faits insoumis, mal éclaircis, et où le mystère trouve son compte. Chassez la religion par la porte, elle rentre par la fenêtre. A voir ces réveils d'enthousiasme sans cause suffisante, on s'apercevait bien que l'esprit humain est toujours le même, promptement inflammable, aisément crédule. A d'autres moments, à considérer notre sérieux dans les discussions et les recherches les moins attrayantes et les plus ardues, c'était à croire que notre légèreté française proverbiale était en défaut, et qu'un nouvel élément s'était introduit dans le caractère de la nation.

Le catholicisme lui-même était en progrès apparent. Son clergé plus instruit, plus discipliné, plus belliqueux : ses fidèles plus soumis et marchant en armée

comme un seul homme; des auxiliaires sur les ailes,
jusque dans la jeunesse dorée ou dans le monde
bohème, par ton et par genre; le tout présentait un
ensemble imposant et une ligne rangée qui défiait
l'adversaire et qui semblait provoquer le combat.

C'est dans ces circonstances que M. Renan qui,
depuis des années, avait formé le dessein de donner
une histoire critique des origines et des progrès du
christianisme pendant les trois premiers siècles, crut
devoir modifier un peu son plan de campagne : il
pensa qu'il serait bon et opportun de détacher le premier volume et de le donner hardiment sous forme de
récit, presque de cinquième Évangile; il publia la
Vie de Jésus, qui vient de mettre le feu aux poudres et
de passionner le public.

A qui s'adresse cette *Vie de Jésus,* en effet? Au public
même, et elle est allée à son adresse. Mais il importe
de bien se définir ce que c'est que ce public par rapport au livre; car c'est de cette définition que ressort
l'opportunité et aussi la légitimité de l'entreprise de
M. Renan. Rousseau disait dans la préface de *la Nouvelle Héloïse :* « J'ai vu les mœurs de mon temps, et
j'ai publié ces lettres. » M. Renan a dû se dire de
même : « J'ai vu les croyances de mon temps, et j'ai
publié mon livre. » Rousseau ajoutait, en parlant des
mêmes lettres de Saint-Preux et de Julie : « Que n'ai-je
vécu dans un siècle où je dusse les jeter au feu! »
Rien n'autorise à penser que M. Renan ait formé le
même vœu et conçu le même regret. Et toutefois il a
exprimé, en plus d'un endroit de ses écrits, des vœux

de méditation individuelle et de hauteur solitaire, si fervents, si profondément sentis, il a marqué un tel désir d'idéal et une telle prédilection élevée pour les sommets infréquentés de la foule, que l'on conçoit très-bien qu'il ait pu, par moments, regretter aussi de ne pas vivre en des temps où cette lutte sur un terrain commun et public, cette bataille à livrer en plaine, ne lui aurait point paru nécessaire.

Mais aujourd'hui il a cru devoir la livrer ; et voici pourquoi, j'imagine. L'indifférence religieuse, malgré les réveils apparents ou en partie réels que j'ai signalés, est grande et au delà de ce qu'elle a jamais été ; l'anarchie, en cet ordre d'idées, est croissante et s'étend chaque jour. Le plus grand nombre des esprits ne croit pas, et en même temps n'est pas décidément ni systématiquement incrédule. Entre les croyants et les incrédules proprement dits, il y a une masse flottante considérable, indécise, qui n'ira jamais ni aux uns ni aux autres, et qui, livrée aux soins positifs de la vie, vouée aux idées moyennes, aux intérêts secondaires, aux sentiments naturels et honnêtement dirigés, à tout ce qui est du bon sens, est capable et digne d'instruction, et en est curieuse à certain degré. Cette masse flottante d'esprits, qui est trop imbue des résultats généraux ou des notions vaguement répandues de la science et qui a respiré trop librement l'esprit moderne pour retourner jamais à l'antique foi, a besoin pourtant d'être édifiée à sa manière et éclairée. La question religieuse, la question chrétienne ne lui a jamais été présentée sous une forme qui fût d'accord avec

cette disposition du xixᵉ siècle, de ce siècle qui, je le
répète, n'est ni croyant, ni incrédule, qui n'est ni à
de Maistre, ni à Voltaire. C'est à ce grand et nombreux
public que M. Renan a eu la confiance de s'adresser, et
ce grand et nombreux public aussitôt a tressailli; il a
répondu, il a lu. Il a fait mille raisonnements, mille
remarques, bien des critiques, et quelques-unes sans
doute à tort et à travers; mais, tantôt approuvant,
tantôt critiquant, il ne s'est en rien scandalisé, il n'a
pas lancé l'anathème, cette arme n'étant plus dans
nos mœurs ni à notre usage; il a reconnu un esprit
supérieur qui venait à lui et qui lui parlait (sauf à
quelques rares endroits) un langage à sa portée, un
langage toujours noble d'ailleurs, éloquent, élégant
même : il n'a pensé qu'à s'informer auprès de lui et à
s'instruire.

Quant aux fidèles proprement dits, je ne pense pas
que M. Renan en détache un seul; et véritablement, tel
qu'il me semble le connaître, je ne me figure pas qu'il
l'ait espéré ni qu'il le désire (1). Entre ceux qui admettent, dans l'explication des choses humaines et des
révolutions sublunaires ou célestes, le surnaturel et le
miracle, et ceux qui ne l'admettent pas, il n'y a point
à discuter : c'est à prendre ou à laisser. On peut dis-
puter à perpétuité, on n'a pas à espérer de se convain-

_____

(1) Dans une lettre que je reçois de M. Renan, à l'occasion de
cet article, il me fait l'honneur de me dire : « Si j'étais polémiste,
il faudrait procéder autrement; mais je vous remercie vivement
d'avoir dit que je ne l'étais pas. Non certes, je n'ai pas voulu détacher du vieux tronc une âme qui ne fût pas mûre. »

cre. Aux esprits que le surnaturel n'étonne pas et ne repousse pas, il paraîtra toujours plus facile et plus simple de croire à ce qui est transmis et enseigné par la tradition, que d'entrer dans l'explication toute historique et nécessairement laborieuse d'un passé si imparfaitement connu.

M. Renan, en exposant l'origine première et la naissance du christianisme, pouvait choisir entre diverses méthodes et diverses formes : il a préféré, pour ce premier volume, pour l'histoire du fondateur, le récit, la biographie suivie, en prenant soin d'y fondre et d'y cacher de son mieux la discussion : il n'a pu toutefois l'éviter entièrement. Critiquer et défaire un récit à deux mille ans de distance est chose plus aisée que de le reconstituer, surtout lorsque l'on n'a pour cette œuvre d'autres secours directs, d'autres renseignements et matériaux que ceux qui sont fournis par les historiens mêmes que l'on vient critiquer. Aussi, M. Renan ne présente-t-il son récit que comme probable et plausible, comme une façon satisfaisante de concevoir et de s'imaginer ce qui a dû se passer, ou de cette manière, ou d'une manière plus ou moins approchante. Son procédé, entendu ainsi qu'il doit l'être, signifie : « Supposez, pour simplifier, que les choses se soient passées comme on le dit là, et vous ne serez pas très-loin de la vérité. » Cette extrême bonne foi dans l'exposé de ces vues ne sera invoquée contre lui que par ceux qui n'entrent pas dans sa pensée et qui, ayant un parti pris, interdisent toute recherche. Lui, pour se refaire historien et narrateur à ce nouveau

point de vue, il a dû commencer par être surtout un
divinateur délicat et tendre, un poëte s'inspirant de
l'esprit des lieux et des temps, un peintre sachant lire
dans les lignes de l'horizon, dans les moindres vestiges
laissés aux flancs des collines, et habile tout d'abord
à évoquer le génie de la contrée et des paysages. Il est
arrivé ainsi à faire un livre d'art autant et plus que
d'histoire, et qui suppose chez l'auteur une réunion,
presque unique jusqu'ici, de qualités supérieures,
réfléchies, fines et brillantes.

Il touche, il intéresse, même lorsqu'il étonne; il se
fait lire jusqu'au bout, même de ceux qui regimbent
et se cabrent à certains endroits. Quand on ouvre les
Évangiles pour les lire sans parti pris, et en ayant
passé l'éponge en soi sur toute doctrine préconçue, il
en sort, au milieu de mainte obscurité, de mainte
contradiction qu'on y rencontre, un souffle, une éma-
nation de vérité morale toute nouvelle; c'est le langage
naïf et sublime de la pitié, de la miséricorde, de la
mansuétude, de la justice vivifiée par l'esprit; l'esprit
en tout au-dessus de la lettre; le cœur et la foi donnant à tout le sens et la vie; la source du cœur jaillis-
sante et renouvelée; les prémices, les promesses d'une
joie sans fin; une immense consolation assurée par
delà les misères du présent, et, dès ici-bas, de la douceur jusque dans les larmes. Là où il y a excès dans le
précepte et un air de folie, ce délire qui est un délire
de tendresse pour les hommes, est un des plus beaux
qui soient jamais sortis d'une âme exaltée et compatissante. M. Renan a compris, et il fait comprendre tout

cela. Dans sa traduction légère, il nous a rendu avec
une fraîcheur et un charme infini les débuts de la prédication galiléenne, les paraboles le long des blés et
au penchant des collines. Le paysage de la contrée de
Génésareth en particulier, tel qu'il nous le décrit,
riant, verdoyant, non épais, non feuillu ni trop païen,
mais sobre encore, ouvert de partout à la lumière, à
l'innocence, et d'une variété clair-semée, y fait le fond
de ces prédications bienfaisantes. Jamais la prière du
Pater ou le Sermon sur la montagne n'ont mieux res-
sorti à nos yeux dans leur nouveauté native, et n'ont
été plus harmonieusement encadrés. Ah! que ceux
qui combattent avec tant d'acharnement et d'injure
M. Renan, ont tort et se méprennent sur la qualité de
l'adversaire! Un jour viendra où eux ou leurs fils regret-
teront cette *Vie de Jésus* ainsi présentée. Alors des
esprits chagrins et sombres se seront levés et y auront
passé à leur tour, abattant et dévastant tout avec
rudesse autour d'eux, et, en ce temps-là, ceux qui
seront plus attachés à l'esprit qu'à la lettre, plus
chrétiens de cœur encore qu'orthodoxes de forme,
s'écrieront : « Qu'on nous rende la *Vie de Jésus* de
Renan! Au moins, celui-là, il ne méconnaissait pas le
doux maître. » (Voir pages 162, 165 et tant d'autres
pages ravissantes.)

Il se rencontrait un moment difficile et périlleux,
dans une Vie du Christ ainsi conçue : c'est celui où,
d'une première prédication toute tendre et plus modeste,
il passe à son rôle divin plus déclaré et à son affectation
de Messie. Je ne dirai pas que M. Renan s'en soit tiré

à la satisfaction de tous les lecteurs, ni peut-être à la
sienne propre, avec sa théorie des « sincérités gra-
duées » et des « malentendus féconds ; » mais il a mis
du moins à cette transition, et pour la sauver, tout l'art
et toute la ténuité, toute la subtilité d'explication dont
un esprit aussi distingué est capable.

Traiter la Passion et la reprendre en sous-œuvre
n'était pas moins difficile. Il semble presque impossible,
au point de vue de l'art et en prétendant conserver
l'intérêt du récit, d'opérer une réduction quelconque
de ce grand drame, consacré dans les imaginations
par l'admirable liturgie du Moyen-Age et par tant de
chefs-d'œuvre du pinceau. Il n'est pas aisé de trans-
poser le *Spasimo* de Raphaël d'une toile à l'autre, surtout si l'on veut y introduire en même temps des
changements et substitutions essentielles, y mettre du
plus et du moins. M. Renan, dans ces opérations d'artiste et de chimiste consommé, a réussi autant qu'on le
pouvait espérer raisonnablement ; mais la première
moitié de son volume reste pourtant celle qu'on accepte
le plus et qui continuera d'agréer le mieux.

Si j'avais affaire à un auteur dramatique, je dirais
que son cinquième acte est le plus faible ; et il n'en
pouvait être autrement d'après le sens même et l'esprit selon lequel il a mené toute l'action : le cinquième
acte, humanisé comme il l'est, et dépouillé de son
mystère, est nécessairement un peu découronné. Le
Calvaire y est moins haut ; il y a autant de pitié peut-
être, mais moins de terreur autour de ce Golgotha.

On l'a dit avant nous : tel qu'il est, somme toute,

la publication d'un pareil ouvrage est un grand fait,
et qui aura de longues conséquences. L'auteur que
l'on pouvait croire jusqu'ici assez dédaigneux des suffrages moyens, a fait acte par là d'une grande déférence pour la généralité des lecteurs. Il n'a rien négligé
pour les amener à penser comme lui. C'est assurément
montrer qu'on fait un bien grand cas intellectuel de
la majorité des hommes que d'aspirer à modifier et à
diriger leur opinion et croyance en pareille matière.
On s'expose tout d'abord à des inconvénients sans
nombre, et, quand il n'y aurait que cela, à la guerre
théologique, la plus désagréable et la plus envenimée
de toutes les guerres. Bien des gens, pour y échapper,
se résigneraient aisément à n'avoir pas un avis formel,
— et surtout à ne pas le dire, — sur les miracles de
Béthanie ou de Capharnaüm. M. Renan, en faisant le
contraire, a montré un courage égal à son ambition.
Il en a désormais, de ces démêlés avec une notable et
peu aimable portion de l'humanité, pour le reste de
sa vie. Même en tenant compte de tout ce qui entre
là dedans d'hypocrisies éphémères et de colères fac-
tices, il y aurait de quoi faire reculer un moins assuré.
Ceux qui ont l'honneur de connaître M. Renan savent
qu'il est de force à faire face à la situation et à y suffire. Il ne s'irritera pas, il ne s'emportera pas, il restera calme et patient, même serein; il gardera son
demi-sourire; il retrouvera toute sa hauteur en ne
répondant jamais. Il poursuivra avec vigueur son
œuvre, son exposition désormais plus appuyée, plus
historique et scientifique; tous les cris et les cla-

meurs ne le feront pas dévier un seul instant de son
but. A son nom se rattachent désormais des principes
dont le triomphe n'est plus qu'une affaire de temps.
Il le sait, et s'il s'est montré habile à choisir son
heure, il est homme aussi à l'attendre. Chaque époque
désire et appelle la forme d'écrivain philosophe qui lui
convient. M. Renan, avec ses réserves qui font partie
de sa force, me paraît être le champion philosophique
le mieux approprié à cette seconde moitié du XIXe siècle,
de cette époque dont le caractère est de ne point s'irriter ni se railler des grands résultats historiques,
mais de les accepter et de les prendre à son compte,
sauf explication.

Je n'établis pas de parallèle, je remarque seulement
la différence des procédés, des méthodes et des physionomies d'esprits : on a eu Bayle, on a eu Voltaire;
on a M. Renan.

III.

L'histoire de son succès serait tout un chapitre littéraire à écrire, et des plus curieux. Je le vois d'ici
d'avance, ce chapitre, mais je n'essayerai même pas
de l'esquisser; on n'est encore qu'au commencement.
Déjà la vogue des derniers romans les plus fameux a
été dépassée. Il y a moment pour tout, pour les choses
graves comme pour les plus légères. Qui pourrait en
douter, à voir la promptitude de ce succès et de ce
débit? Cette *Vie de Jésus,* toute révérence gardée, a pris

dans la classe moyenne des intelligences, comme *le Petit Journal* a pris parmi le peuple.

L'auteur a déjà eu sa récompense, non-seulement dans cette immense curiosité du public où il entre bien du pêle-mêle, mais (ce qui vaut mieux) dans le suffrage de quelques esprits distingués dont la voix se discerne et compte plus que tous les bruits. M. Havet, un écrivain qui sort tous les trois ou quatre ans de sa retraite et de son silence pour nous produire chaque fois un chef-d'œuvre de critique en son genre, —que ce soit sur la Rhétorique d'Aristote, sur Pascal ou sur Isocrate, —a publié cette fois encore, dans la *Revue des Deux Mondes*, un essai de premier ordre pour le fond des idées comme pour l'élégance et la fermeté de l'expression ; il y a traité excellemment de cette *Vie de Jésus*. M. Scherer, le mieux préparé des juges sur un tel sujet, a fait dans le journal *le Temps* une suite d'articles qui disent tout. M. Bersot en a donné un tout à fait charmant, l'autre jour, dans les *Débats*. Comme preuve de l'intérêt soutenu et passionné qu'apporte en ce sujet la jeunesse sérieuse, je citerai aussi la remarquable série d'articles d'un ami, M. Jules Levallois, dans *l'Opinion nationale*.

On ferait toute une bibliothèque de ce qui a déjà été publié pour et contre, à l'occasion de l'ouvrage de M. Renan. La théologie, la haute et moyenne théologie, armée de toutes pièces, a donné, et elle donne encore, et elle donnera longtemps ; elle n'est pas près de se taire. Je ne parle ici que littérature. Mais, à côté, un phénomène piquant et révélateur des mœurs s'est produit. Autrefois, on le sait, tous les pirates, corsaires, forbans et écumeurs de mer étaient mécréants; il en était de même volontiers des corsaires de la littérature. Maintenant une bonne partie de ces nouveaux Barbaresques s'est retournée, si ce n'est convertie, et ils vont désormais en course, armés comme des chevaliers de Malte; ils portent la croix, et entre deux aventures de chronique scandaleuse, rapts, enlèvements et autres gaietés de ce genre, ils se donnent les gants de guerroyer pour la divinité de Jésus-Christ. C'est d'un effet singulier à première vue, et ces messieurs ne se doutent pas de l'impression que cela produit sur le spectateur honnête. Le sens-dessus-dessous est complet.

SISMONDI.

FRAGMENTS DE SON JOURNAL ET CORRESPONDANCE (1)

—

LETTRES INÉDITES A Mme. D'ALBANY (2).

———

Revenons aux choses simplement agréables et indiffé-
rentes, à ce qui est du ressort de la pure littérature.
L'esprit littéraire, dans sa vivacité et sa grâce, consiste
à savoir s'intéresser à ce qui plaît dans une délicate
lecture, à ce qui est d'ailleurs inutile en soi et qui ne
sert à rien dans le sens vulgaire, à ce qui ne passionne
pas pour un but prochain et positif, à ce qui n'est que
l'ornement, la fleur, la superfluité immortelle et légère

(1) Un vol. in-8°, avec une Notice de Mlle Montgolfier; Cherbu-
liez, rue de la Monnoie, 10.
(2) Un vol in-18, publié avec une introduction de M. Saint-René
Taillandier; chez Michel Lévy.

de la société et de la vie. L'amour des Lettres, aux
âges de belle culture, suppose loisir, curiosité et désintéressement; il suppose aussi une latitude de goût et
même de caprice, une liberté d'aller en tous sens.
N'aimer en littérature qu'à s'occuper du présent et du
livre du jour, c'est aimer la mode, c'est suivre et courir le succès, ce n'est pas aimer les Lettres elles-mêmes,
dont le propre est la perpétuité, la mémoire et la
variété dans le souvenir. Critiques, auteurs, si vous n'êtes
voués qu'au présent, si vous portez dans les Lettres,
sous une forme à peine détournée, de cet esprit actuel
et positif, de cette âpreté d'égoïsme qui appartient aux
industries diverses, si vous ne supportez pas qu'on
revienne de temps en temps à vos devanciers, en vous
quittant pour un jour, vous ne méritez pas de lendemain; vous méritez d'avoir affaire à des neveux qui, ne
s'occupant à leur tour que d'eux seuls et de leurs
œuvres, vous renverront vite à l'oubli. Sortons quelquefois de nous; accordons aux autres un peu de ces souvenirs et de ces retours, bienveillants dont, demain,
nous aurons besoin nous-mêmes.

I.

Sismondi est plus connu de la plupart comme nom
que comme homme. L'auteur même est assez peu lu
aujourd'hui. On va voir qu'il y a profit à faire connaissance chez lui avec l'homme encore plus qu'avec l'auteur. Une occasion se présente. Le biographe de la
comtesse d'Albany, M. Saint-René Taillandier, s'est fait

l'éditeur des lettres de Sismondi à cette illustre dame, et il a en même temps retracé, dans une ample et chaleureuse Introduction le caractère moral de celui qui les a écrites. Il a fort puisé, pour ce travail, dans un volume précédemment publié à Genève (1857), et dans lequel on a recueilli, avec des fragments du Journal intime de Sismondi, une série de lettres confidentielles et cordiales adressées par lui à deux dames de ses amies, l'une italienne, l'autre française, et au célèbre réformateur américain Channing : on y voit le cours de ses sentiments en politique, en religion, en toute chose, le fond même de son âme. Avec Mme d'Albany, tout en étant vrai, il reste plus dans les termes d'homme du monde et de société. Il y a dix-huit ans déjà (1845), M. Mignet, dans une de ses belles Notices dont il enrichit annuellement les fastes de l'Académie dont il est le secrétaire perpétuel, avait modelé, en quelque sorte, la figure de Sismondi et inauguré son buste (1). Nous pouvons aujourd'hui à la faveur de la publication nouvelle, et en nous aidant aussi de celle de Genève, parler à notre tour, et en toute familiarité, de ce personnage excellent, de cet écrivain savant et utile, d'un ami de la France et de l'humanité.

Je dis un ami de la France, et j'insiste sur le mot. Sismondi est né à Genève, il est Italien de race et aussi un peu de tempérament, il ne vient à Paris que tard et en passant; et pourtant, à travers bien des interpositions et des obstacles, il nous aime : non-seulement il

(1) Voir au tome second des *Portraits et Notices historiques* de M. Mignet; Didier, quai des Augustins, 35.

écrit ses ouvrages en français, mais toute la seconde
moitié de sa vie sera consacrée à écrire l'*Histoire des
Français* dans la plus copieuse compilation qui ait été
faite ; mais dans son premier ouvrage de jeunesse, publié en 1801, et tout entier relatif à l'Italie, il ne se sépare
pas de notre nation, de celle à laquelle il avait alors
l'honneur d'appartenir ; il dit *nous*. Ayant vu pour la première fois Paris en 1813, y arrivant avec tout un monde
de préventions dans la tête, il les secoue ; il goûte la
société et s'y plaît ; comme Mme d'Albany nous en voulait un peu et pour cause, il lui écrit ces paroles qui
pourraient si bien s'adresser de tout temps à la plupart de nos ennemis en Europe : « Je sais que, jugeant
les Parisiens à distance, vous conservez contre eux de
la rancune pour les maux qu'ils ont faits et ceux qu'ils
ont soufferts. Je regrette que vous ne les voyiez pas
d'assez près pour qu'ils vous réconcilient à eux. C'est
toujours un profit que d'aimer, et, s'il faut aimer une
nation, je ne vois pas laquelle on préférerait aux Français. » Se retrouvant à Paris en 1815, il prend fait et
cause pour l'essai constitutionnel des Cent-Jours, se fait,
en pur volontaire, le second de Benjamin Constant,
devient un champion officieux du gouvernement dans
le Moniteur, et, sur ce point brûlant du libéralisme impé-
rial, se sépare avec éclat de ses autres amis politiques.
En 1830, la révolution qui nous affranchit d'un régime
rétrograde l'exalte et le transporte comme un jeune
homme : « La France, s'écrie-t-il, a relevé l'humanité à
mes yeux. » Il croit voir s'ouvrir une ère nouvelle ; et les
mécomptes du lendemain aussi, il les ressent presque

comme l'un des nôtres. S'il croit apercevoir chez nous,
vers la fin de sa vie (1842), corruption et décadence, il
s'en attriste; il a beau être redevenu Génevois ou cosmopolite, la France, à ses yeux, est comme le cœur de
l'humanité.

C'en est assez, ce me semble, pour créer de nous à
lui un premier intérêt. Je n'exagérerai rien d'ailleurs;
et tout d'abord je ne craindrai pas de le définir, tel
qu'il ressort pour moi de ce commerce plus intime où
il se découvre. C'est un bon esprit plus qu'un esprit
supérieur, un écrivain laborieux autant qu'éclairé,
d'une vaste lecture, d'une sincérité parfaite, sans un
recoin obscur ni une arrière-pensée; c'est surtout une
riche nature morale, sympathique, communicative, qui
se teint des milieux où elle vit, qui emprunte et qui
rend aussitôt. Il a besoin d'être aimé et d'aimer. Ce
besoin d'affection et de sympathie l'entraîne quelquefois : son cœur trouble ou affecte son raisonnement et
le détermine. Il est le contraire de ceux qui ont deux
cerveaux, l'un dans le crâne et l'autre au cœur : à lui,
le cœur lui remonte parfois au cerveau. Insuffisant aux
heures décisives et trop ému pour ne pas être quelquefois dérouté, dans l'ordre naturel et régulier des choses
il est un de ces hommes de bien et de lumières dont on
ne saurait trop désirer que le nombre augmente, pour
le bonheur et la moralité des sociétés dont ils sont
membres.

Dans la vie ordinaire et la société privée, on verra
de quelles ressources il était et de quelle chaleur; au
premier rang dans les seconds rôles. — Son nom d'a-

bord n'était pas Sismondi, mais Simonde; son père Gé-
déon Simonde était pasteur protestant d'un petit village
au pied du mont Salève, et descendait d'une famille
française du Dauphiné réfugiée à Genève après la révo-
cation de l'Édit de Nantes. Sismondi signa son premier
ouvrage du simple nom de Simonde. Mais retrouvant
dans ses études sur l'Italie les illustres Sismondi de
Pise, dont une branche était venue en France au commencement du xvie siècle, et reconnaissant les mêmes
armes de famille, il crut pouvoir se rattacher à eux,
guidé par l'analogie, « sans actes d'ailleurs ni titre; »
il en convient : son véritable titre à cet anoblissement
un peu arbitraire, ce fut son *Histoire des Républiques
italiennes.* Le généreux historien avait fait par là même
ses preuves de noblesse. Les bons Sismondi, s'il en
restait encore, lui eussent donné volontiers l'accolade
sur les deux joues.

Pour le reprendre à ses origines plus positives, il
était né en 1773 à Genève, et avait fait de bonnes études
au collége de sa ville natale. Excellent sujet, doué de
docilité et d'application, il réussit dans les diverses
facultés de l'enseignement: mais on a remarqué que,
bien que d'abord assez fort en grec, il négligea ensuite
presque entièrement cette langue. Et en effet, esprit
essentiellement moderne, Sismondi n'aura rien de l'art
antique; il appréciera peu ce je ne sais quoi qui fait la
finesse rare et la simplicité exquise des anciens. Il est
destiné à labourer dans Muratori ou dans Ducange plus
qu'à relire Xénophon.

Dans ses jeux, tout enfant, il jouait avec d'autres

2.

compagnons de son âge à la république, — à une petite
république vertueuse et heureuse. Il en était le Solon ;
il en avait été élu orateur et législateur par ses petits
camarades. « Les autres emplois civils et militaires,
avaient été également distribués, par élection, entre
ces républicains imberbes qui s'engageaient à secourir
les pauvres (on avait un trésor) et à défendre les
faibles. » D'autres joueront au drame ; d'autres, à la
guerre et au conquérant : ici c'est l'économiste et le
philanthrope en herbe qui se dessine.

Sa famille méconnut ses goûts ; au sortir du collége,
on l'envoya à Lyon dans une des premières maisons,
pour y être commis ; il s'y rencontra avec son compatriote Eynard, le futur philhellène. A quelque chose
malheur est bon : les événements politiques et l'insur-
rection révolutionnaire le délivrèrent de sa chaîne et le
rejetèrent à temps hors de cette fausse carrière. Revenu
à Genève, il s'y heurta dès le premier jour à la persé-
cution qui s'essayait, là aussi et avec moins de raison
d'être, contre les classes aisées et supérieures. Pour s'y
dérober, toute la famille Simonde partit pour l'Angleterre, dont le climat pourtant lassa bien vite les exilés.
Rentré encore une fois à Genève, Sismondi y trouva
pour le coup la Terreur, la vraie Terreur, fort hideuse et
atroce là comme en tout lieu. On eut à subir bien des
extrémités. Plus tard Mᵐᵉ de Staël s'étonnait, au début
de sa liaison avec Sismondi, qu'il ne fût point reçu dans
le haut monde de Genève, quoiqu'il y eût tout droit
par son éducation comme par sa naissance. C'est que
le père de Sismondi, pendant la révolution, s'était con-

duit d'une manière qui avait choqué; « il allait vendre
lui-même son lait à la ville! » Quel scandale pour le
monde du haut, resté si formaliste, même en temps de
révolution! En un mot, le père de Sismondi avait dérogé, et son fils, au début de sa carrière, en eut le
contre-coup par plus d'une mortification qu'il reçut.

Le séjour de Genève devenant trop pénible, la
famille Simonde se résolut de nouveau à se transplan-
ter et, retournant cette fois sur la trace de ses antiques
origines, à revoir l'Italie et la Toscane. Elle ne garda à
Genève qu'une maison champêtre, *Chêne,* vendit le domaine principal et bien regretté, la maison patrimoniale
de *Châtelaine,* un vrai « paradis perdu, » et s'en alla
émigrer non loin de Lucques et près de Pescia, où elle
dressa sa tente dans une heureuse vallée, le *val de Nievole,* et dans un coin plus clos que les autres et appelé
Valchiusa (val fermé ou Vaucluse). Le paradis était
comme retrouvé. C'est là, dans un riant asile, partagé
entre l'étude et les soins du cultivateur, que se passa,
non sans quelques épreuves gaiement supportées, la
première jeunesse de Sismondi, de 22 ans à 27. Il n'a-
vait qu'une sœur qui se maria en Italie. Sa mère était
une personne supérieure que Sismondi plus tard n'hé-
sitera pas à comparer à Mme de Staël, non pour le génie
et le brillant de l'esprit; Mme de Staël l'emportait par
ces côtés : « Mais ma mère, dira-t-il dans la conviction
et l'orgueil de sa tendresse, ne le cède en rien ni pour
la délicatesse, ni pour la sensibilité, ni pour l'imagination; elle l'emporte de beaucoup pour la justesse et
pour une sûreté de principes, pour une pureté d'âme

qui a un charme infini dans un âge avancé. » Cette
mère, femme d'un haut mérite et d'un grand sens, do-
minera toujours son fils, influera sur lui par ses conseils, le dirigera même à l'entrée de la carrière littéraire et, le détournant tant qu'elle le pourra des
discussions théoriques pour lesquelles il avait du goût,
le poussera vers les régions plus sûres et plus abritées
de l'histoire (1).

II.

Auparavant, Sismondi ne put s'empêcher toutefois
de payer son tribut à cette première vie de colon et
d'agriculteur, à laquelle il devait des impressions de
bonheur ineffaçables. Il publia en 1801 son *Tableau de
l'Agriculture toscane,* dans lequel, à côté des détails
précis, techniques et- tels que les peut désirer tout
lecteur propriétaire rural, se trouvent des peintures
véritables inspirées par la beauté des lieux, et qui ne
se rencontreront plus jamais ensuite sous sa plume.
Sismondi, en effet, aura beau écrire plus tard bien des
pages. Il est narrateur, il n'est pas peintre ; il ne l'a
été que cette fois, dans ce premier ouvrage, sous le
double rayon du soleil d'Italie et de la jeunesse.

(1) « J'ai ouï dire à M. Dupont (de Nemours) que tous les
hommes distingués qu'il avait connus avaient eu des mères de
mérite et d'esprit. » C'est De Candolle qui dit cela dans ses Mémoires. Buffon pensait de même. Une telle remarque, confirmée
par des esprits observateurs et d'aussi éminents naturalistes, a
force de loi.

C'était le temps où Ramond publiait ses *Voyages au Mont-Perdu* et aux Pyrénées, où Bernardin de Saint-Pierre écrivait les *Harmonies*; il y avait dans l'air un certain style, de certaines formes de descriptions. Des savants lettrés comme Biot devaient eux-mêmes s'en emparer et insérer des Vues dignes d'être citées, dans la relation de leurs voyages scientifiques. Sismondi, sans copier personne, n'obéissant qu'à son instinct et à sa nature candide, ouverte aux impressions d'alentour, a trouvé ainsi et a fait entrer, dans ce premier ouvrage d'apparence tout agricole, ce qu'on n'irait certes pas y chercher. J'y distingue trois beaux morceaux, trois paysages : l'un intitulé *les Champs*; l'autre, *la Beauté des collines*; et le troisième, *Description d'une petite métairie*. Cette métairie, c'est la sienne, et que le propriétaire s'est mis à décrire avec amour et complaisance, tandis qu'il l'avait sous les yeux. Il faut savoir que Sismondi avait ou aura les yeux fort mauvais, des yeux impossibles pour un peintre; il ne distinguait que de près et imparfaitement. Entendant louer toujours la campagne romaine avec ses riches teintes, il avouait ingénument que ce genre de beauté pittoresque échappait tout à fait à ses yeux, « pour lesquels le rayon rouge n'existait pas. » Mais soit qu'il en fût autrement pour lui dans la jeunesse, soit que l'amour-propre du colon et du propriétaire aiguisât sa vue et suppléât à son organisation, il a su nous rendre parfaitement ce qu'il regardait tous les jours, et il s'y est glissé un éclair de poésie ou de sentiment de la nature qu'il n'a jamais retrouvé depuis. Voici le pre-

mier de ces morceaux, sur les *Champs* ou les plaines;
après avoir montré les avantages que présente le val
de Nievole pour tout ce qui est des terres arrosables et
des potagers, l'auteur ajoute :

« Le reste de la plaine du val de Nievole mérite encore
d'être compté parmi les sols les plus fertiles de la Toscane;
l'œil du cultivateur est cependant étonné, en la parcourant,
de n'y voir ni prés ni pâturages, ni presque aucune récolte
destinée à la nourriture du bétail.

« Mais il ne peut s'arrêter sur cette idée; son attention est
entraînée, son admiration est commandée par le tableau
d'abondance que la campagne étale autour de lui, par l'éton-
nante variété de productions et de récoltes, qui frappe ses
yeux de toutes parts. En quelque lieu qu'il s'arrête, sur
quelque métairie qu'il porte ses regards, il voit tout ensemble
devant lui, la vigne qui, élégamment suspendue en contre-
espalier autour de chaque champ, l'environne de ses festons;
les peupliers, rapprochés les uns des autres, qui lui prêtent
l'appui de leur tronc, et dont les cimes s'élèvent au-dessus
d'elles; l'herbe, qui croît au pied de ces élégants contre-espa-
liers et qui gazonne les bords des nombreux fossés, destinés
à l'écoulement des eaux; les mûriers qui, plantés sur deux
lignes au milieu des champs, et à une distance assez grande
pour ne pas les offusquer de leur ombre, dominent les moissons; les arbres fruitiers qui, çà et là, sont entremêlés aux
peupliers et à la vigne; les blés de Turquie qui, s'élevant à
six ou huit pieds au-dessus de terre, entourent leurs magnifiques épis de la plus riche verdure; les trèfles annuels dont
les fleurs incarnates se penchent sur leur épais feuillage; les
lupins dont le coup d'œil noirâtre et l'abondante végétation
contraste avec la souplesse, l'élégance et la légèreté des
seigles non moins vigoureux qu'eux et qui s'élèvent au-
dessus de la tête des moissonneurs; enfin, les blés dont les
longs épis dorés sont agités par les vents et rappellent par

leurs ondulations le doux mouvement des vagues d'un beau
lac. »

Le second morceau consacré aux *Collines* est comme
un pendant au tableau des plaines ; celles-ci, dans
aucun pays, ne peuvent plaire aux yeux que par l'abondance et la fertilité qui les caractérise. Ce genre de
beauté est aussi celui des plaines toscanes, et elles le
possèdent au plus haut degré :

« Mais, ajoute l'agronome amateur, les collines qui s'élèvent autour d'elles unissent les grâces à l'opulence et étalent
les trésors de la campagne comme un accessoire seulement
des charmes de la perspective. Les champs élevés en terrasse
les uns au-dessus des autres semblent enfermés dans des cor-
beilles de vignes. Partout le gazon est rapproché du blé et
mêle sa douce verdure à l'or des épis ; les oliviers qui om-
bragent la plupart des coteaux adoucissent le tableau par les
formes arrondies qu'ils prêtent aux coupes les plus rapides et
les plus hardies. Si leur vert de saule est mélancolique, la
variété le rend agréable ; leur forme pittoresque et leur élégante légèreté compensent sa pâleur. Les bois de châtaigniers
qui couronnent les collines, et qui quelquefois les traversent
en descendant le long des torrents, contrastent agréablement
avec l'olivier par la beauté de leur verdure, l'étendue de leurs
rameaux et la majesté de leur forme. Enfin, les nombreux
villages placés comme l'aire d'un aigle entre des rochers ou
sur le penchant rapide des monticules, et les habitations rap-
prochées qui semblent les couvrir, animent la perspective et
lui donnent le coup d'œil le plus romantique... »

Romantique, je saisis le mot au passage ; il donne
bien la date et trahit aussi la légère intention littéraire
qui venait se mêler à ces instructions d'une économie

rurale positive. Charles Nodier méditait et rêvait vers
ce même temps son *Peintre de Saltzbourg*; il ne se peut
certes rien de plus éloigné de.Sismondi que Charles
Nodier, et cependant on croit entendre, de l'un à
l'autre, à distance, comme un vague écho qui se
répondait. Il y a, en littérature, de ces ondulations et
de ces flottants accords à travers l'air. Mais je continue
de donner la description tout agréable :

« C'est dans une soirée d'automne, lorsque les lumières qui
brillent de toutes parts décèlent les maisons modestes des
cultivateurs cachées sous des treilles ou des groupes d'arbres ·
fruitiers et d'oliviers; lorsque des flambeaux de paille errant
sur tous les sentiers font remarquer les paysans qui vont gaiement se réunir chez leurs voisins et passer les veillées ensemble; lorsque les croupes arrondies des montagnes, que
les oliviers semblent velouter, se dessinent dans le ciel le
plus pur, c'est alors que le spectacle des collines rappelle les
idées les plus romanesques. Une nuit du mois de juin présente un coup d'œil différent et plus brillant peut-être, quoique
moins animé; c'est alors que les *lucciole* ou mouches lui-
santes sont plus abondantes; leur vol irrégulier et l'éclair passager qu'elles lancent et cachent tour à tour frappent et éblouis-
sent presque les yeux. La montagne est étincelante; si l'on
abaisse les regards sur quelque vallon, il forme un lac de
lumière; la terre entière paraît électrisée et petille de toutes·
parts.

« L'hiver, auquel la neige est inconnue, présente aussi ses
beautés : le gazon conserve sa verdure; il est même émaillé
de fleurs dont quelques-unes mériteraient une place dans les
jardins, comme différentes anémones, toutes les espèces de
narcisses, les jacinthes, les ellébores, etc. La verdure des oliviers, quoiqu'elle ne soit pas la seule qui se conserve, n'est
pas exposée à autant de comparaisons désavantageuses qu'au

printemps ; quand la campagne est animée par un soleil brillant et souvent très-chaud, on peut se plaire à se trouver
sous leur ombre. Comme la récolte des olives se continue
pendant tout l'hiver, elle contribue plus directement encore
à animer le paysage. Des fruits bien mûrs, revêtus d'une peau
fleurie et dont l'apparente fraîcheur fait oublier le mauvais
goût, sont suspendus à tous les arbres ou jonchent le terrain.
Les femmes et les enfants s'occupent sans cesse à les cueillir
ou à les relever, et leur travail présente une tout autre image
que celle de l'hiver. »

J'ai mis tout le tableau, moins quelques lignes. Dans
une explication des *Géorgiques* de Virgile, il mériterait
d'être cité et allégué tout entier en commentaire. La
Description d'une petite métairie excéderait ici les
bornes permises ; mais ce que je tenais à faire remarquer, c'est que, dans ce livre, où il y a trace à peine
de formes exotiques, Sismondi a eu à son service une
langue technique, appropriée, colorée même (relative-
ment à l'époque), une langue voisine des choses qu'il
voyait sans cesse et au sein desquelles il habitait. Tant
il est vrai qu'il n'est que de parler de ce qu'on sait et
de ce qu'on sent ; on arrive parfois à le peindre.

III.

Cependant sa famille n'avait pas rompu avec Genève ;
elle y avait gardé un coin de domaine, même en s'éta-
blissant en Italie. Il revint vivre, en 1800, dans cette
cité, alors française. Il avait quelques remords de
l'avoir quittée. Cette nature fortement consciencieuse

de Sismondi avait des scrupules et de la moralité, même en songe. C'est ainsi qu'une nuit, en Italie, il rêva qu'il était à Genève, en tiers avec sa sœur et une autre dame genevoise; celle-ci se mit à lui parler avec franchise de ses qualités et défauts, et, entre autres vérités un peu dures, elle lui dit :

« J'ai encore un reproche impardonnable à vous faire : c'est d'avoir abandonné votre patrie, et d'avoir voulu renoncer au caractère de citoyen génevois. » — Je me défendis d'abord, nous dit Sismondi, qui a pris soin de relater par écrit ce songe, en représentant que la société n'était formée que pour l'utilité commune des citoyens; que, dès qu'elle cessait d'avoir cette utilité pour but et qu'elle faisait succéder l'oppression et la tyrannie au règne de la justice, le lien social était brisé, et chaque homme avait droit de se choisir une nouvelle patrie. Mais elle a répliqué avec tant de chaleur en faisant parler les droits sacrés de la patrie véritable et première, le lien indissoluble qui lui attache ses enfants, la résignation, la constance et le courage avec lesquels ils doivent partager ses malheurs, lui en diminuer le poids, qu'elle m'a communiqué tout son enthousiasme. Je rougissais comme si je reconnaissais ma faute; cependant j'alléguais ma sensibilité extrême pour elle : je ne pouvais, disais-je, supporter de voir sa chute; son avilissement surpassait ce que pouvait souffrir ma constance; mais qu'elle eût besoin de moi, et, du bout du monde, j'étais prêt à retourner à elle... »

Et il allait s'échauffant de plus en plus dans cette idée de patriotisme, si bien qu'il s'éveilla au beau milieu de son discours enthousiaste. L'impression de ce songe lui demeura; il lui semblait que sa conscience eût parlé. Il redevint Génevois de cœur et par devoir, tout en restant cosmopolite par l'esprit.

A peine revenu a Genève, et dans le premier ennui
de l'isolement, il faillit faire ce qu'on appelle une sottise : il s'était amouraché d'une jeune fille d'une condition un peu inférieure, sans fortune, et il voulait
l'épouser. Ses parents s'opposèrent de toutes leurs
forces à son désir. Cela lui eût fermé l'entrée de la
haute société génevoise. Sismondi commençait, en ce
temps, à connaître Mme de Staël, et, s'ouvrant à elle
de son amour, il lui dit, en réponse aux offres de service qu'elle lui faisait, que déjà elle lui en rendait un
très-grand auquel elle n'avait pas songé, par son roman
de *Delphine;* qu'il le ferait lire à sa mère, et que le
livre plaiderait en sa faveur. Mais il fut très-surpris
d'entendre Mme de Staël en personne lui tenir un tout
autre langage que l'auteur du roman. Elle lui dit :

« Qu'elle avait écrit, il est vrai, qu'il fallait se roidir contre
l'opinion publique, mais non pas contre celle de ses parents;
que, d'après ce qu'on lui avait raconté, la demoiselle qu'il
recherchait n'ajouterait par sa famille aucun lustre à la sienne,
mais au contraire qu'elle ne lui apporterait aucune fortune et
le mettrait dans la dépendance; qu'elle regardait bien toutes
ces distinctions de famille à Genève comme très-ridicules et
de fort peu de poids; mais que cependant elles en acquéraient
davantage lorsque l'alliance que l'on contractait pouvait ouvrir ou fermer la porte de la meilleure compagnie et faire
tourner la balance; qu'il devait considérer la nature de son
attachement et la personne qu'il aimait; que si elle était telle
qu'il crût réellement impossible de la remplacer, pour l'esprit
et le caractère, par une autre qui lui fût égale, alors cette
considération pouvait devenir la plus puissante de toutes;
mais que, s'il n'avait pas ce sentiment, il fallait peser toutes
les autres convenances.

« J'ai répondu, poursuit Sismondi, que je jugeais en amant et que je ne pouvais éviter de voir cet accord parfait. — Elle a répliqué qu'un homme d'esprit, de quelque passion qu'il fût animé, conservait encore un sens interne qui jugeait sa conduite ; que toutes les fois qu'elle avait aimé, elle avait senti en elle deux êtres dont l'un se moquait de l'autre. — J'ai ri, ·mais j'ai senti que cela était vrai... »

C'est là de la bonne foi, et c'est cette entière bonne foi, cette disposition naïve, italienne ou allemande, comme on voudra l'appeler, mais à coup sûr peu française, qui, jointe à un grand sens et aux meilleurs sentiments, est faite pour charmer dans le Journal et dans la correspondance de Sismondi. — Et comment finit le roman d'amour ? demandera-t-on peut-être. Lucile, la pauvre jeune fille, atteinte de consomption, se laissa mourir pendant le conflit dont elle était l'objet, et, moyennant des larmes et un grand deuil, sa mort tira chacun d'embarras.

Je n'écris pas la vie du savant. Un second ouvrage sur la *Richesse commerciale* classa le jeune Sismondi parmi les disciples et sectateurs déclarés d'Adam Smith ; il en a appelé depuis. Mais son premier ouvrage tout à fait marquant fut, on le sait, celui dans lequel il retraçait la naissance et les destinés orageuses des *Républiques italiennes du Moyen-Age*. La publication de ces seize volumes ne dura pas moins de onze années (1807-1818). Les premiers volumes furent accueillis dans toute l'Europe avec un succès assez vif ; l'apparition de chaque tome nouveau était attendue, désirée des lecteurs libéraux et sérieux de tous les pays.

Déjà introduit dans le monde de Mme de Staël à Coppet, présenté par elle à tout ce qui y passait de distingué, l'accompagnant dans ses voyages d'Italie et d'Allemagne, Sismondi fut à même de développer dans tous les sens sa bonne, loyale et intelligente nature; il ne put manquer aussi, grâce au frottement continuel, de s'y aimanter et de s'y aiguiser.

On voit, par son Journal intime et par les lettres écrites à sa mère, qu'il ne s'accoutuma point pourtant de prime abord, sans quelque difficulté, au monde et au ton de Coppet. Il y avait des coins de lui-même par où il ne s'encadrait pas. Il faisait ses réserves sur le ton de la châtelaine; il la trouvait par moments écrasante et bien tranchante. Tantôt il était trop enthousiaste, tantôt ébloui et comme *abasourdi* de ces passes d'armes continuelles et de ce cliquetis de discussions; parfois aussi il souffrait tout bas de ne pas assez briller entre les jouteurs, de ne pas être assez compté dans le tous-les-jours et assez écouté.

Sa mère, qui connaissait sa sensibilité extrême, le tenait en garde contre le trop de chaleur et d'entraînement. Si elle le voyait, par exemple, engoué à première vue de Benjamin Constant et tout disposé à lui donner cœur pour cœur, âme pour âme, elle l'avertissait et lui disait :

« Tu vas me trouver pis que ridicule, mon Charles, si je me mêle encore de te donner des avis sur Constant. Tu me diras que tu le connais et que je ne le connais pas. Ce que je pense de son caractère est en grande partie le résultat des éloges que je t'en ai entendu faire; mais enfin..., mais enfin,

il est du nombre de ceux à qui il ne faut pas se livrer entièrement. Il peut *goûter* les gens, il peut vouloir leur plaire;
mais une tendre et vraie amitié, l'abandon, le dévouement,
sont choses qu'il ne faut pas attendre de lui. Revenu de tout
cela, il n'a de sensibilité que celle des passions; il fait tout
avec de l'esprit, il en a infiniment; mais ce qu'on appelle de
l'âme, il n'en a point... »

A la veille du voyage d'Italie, que Sismondi devait
faire avec Mme de Staël (1804-1805), et au moment où
il allait être tout à fait de sa suite et de sa cour, sa
prudente mère lui écrivait encore :

« Ah çà! tu vas donc voyager avec Mme de Staël? On est
trop heureux d'avoir une pareille compagne. Mais, prends
garde! c'est comme un court mariage : toujours et toujours
ensemble, on se voit trop; les défauts ne trouvent pas de
coin pour se cacher : un enfant gâté, comme elle, de la nature
et du monde, doit, certes, avoir les siens pour le matin, pour
les moments de fatigue et d'ennui; et je connais quelqu'un
qui se cabre, lorsqu'il rencontre une tache chez les gens qu'il
aime. Il faudra donc que ce quelqu'un-là ait la double attention d'ouvrir les yeux sur ses propres défauts pour les répri-
mer, et de les tenir strictement fermés sur ceux de sa compagne.
Tu te seras déjà fait toi-même la leçon; n'importe, il est bon
de la repasser souvent, et si je pouvais trouver la bague de
la fée qui piquait le doigt chaque fois qu'on risquait de tomber en faute, je te l'enverrais pour plus de sûreté. Que je suis
curieuse de savoir comment elle se tirera de la société de ce
pays! Sans doute elle ne se liera qu'avec des gens qui sachent
bien le français, car pour qu'elle mette ses pensées en italien,
elle, c'est impossible. Elle aura beau l'entendre, le savoir,
lire le Dante mieux que les trois quarts et demi des nationaux, elle ne trouvera jamais dans toute la langue de quoi
faire aller une conversation comme il la lui faut.. »

Sismondi profita des conseils. Dans ses lettres à Mme d'Albany, dont il fit la connaissance pendant ce voyage, on le voit mûr et ferme en ses jugements, et d'aplomb dans sa pensée, bien qu'il laisse percer encore, par-ci par-là, quelque chose de ses dispositions susceptibles et souffrantes. Sa correspondance avec la comtesse est sur le pied d'une grande déférence et d'un profond respect, qui a besoin cependant d'arriver et de se fixer à une sorte d'amitié : c'était pour lui, dans toute liaison, la pente naturelle. Il débute avec Mme d'Albany en lui envoyant de Pescia, de cette métairie charmante où il aimait à se retrouver avec sa mère, les deux premiers volumes de son *Histoire des Républiques italiennes* (18 juin 1807) :

« Si votre noble ami avait vécu, lui écrit-il, c'est à lui que j'aurais voulu les présenter, c'est son suffrage que j'aurais ambitionné d'obtenir par-dessus tous les autres. Son âme généreuse et fière appartenait à ces siècles de grandeur et de gloire que j'ai cherché à faire connaître. Né comme par miracle hors de son siècle, il appartenait tout entier à des temps qui ne sont plus, et il avait été donné à l'Italie comme un monument de ce qu'avaient été ses enfants, comme un gage de ce qu'ils pouvaient être encore. Il me semble que l'amie d'Alfieri, celle qui consacre désormais sa vie à rendre un culte à la mémoire de ce grand homme, sera prévenue en faveur d'un ouvrage d'un de ses plus zélés admirateurs, d'un ouvrage où elle retrouvera plusieurs des pensées et des sentiments qu'Alfieri a développés avec tant d'âme et d'éloquence... »

Mme de Staël fait souvent les frais de la correspondance. Il est question d'elle presque dans chaque

lettre; on a, par ce témoin fidèle, et plus exactement
encore qu'on ne le savait jusqu'ici, tout le mouvement
de ses inquiétudes et de ses anxiétés, toutes ses fluctuations d'âme en ces années dites de l'exil. Mme d'Albany, qui est un caractère ferme, tranquille, et une
nature désabusée, s'étonne que Mme de Staël, forcé-
ment éloignée de Paris, ne se résigne pas mieux et
n'accepte pas, une bonne fois, une vie indépendante
et fermée dans sa noble retraite. Sismondi, qui peut
bien être au fond du même avis, répond en l'excusant
(25 juin 1807) :

« Sans doute, Madame, moi aussi j'aurais ardemment désiré que Mme de Staël eût assez de fermeté dans le caractère
pour renoncer complétement à Paris et ne faire plus aucune
démarche pour s'en approcher; mais elle était attirée vers
cette ville, qui est sa patrie, par des liens bien plus forts que
ceux de la société. Ses amis, quelques personnes chères à son
cœur, et qui seules peuvent l'entendre tout entier, y sont
irrévocablement fixées. Il ne lui reste que peu d'attachements
intimes sur la terre, et, hors de Paris, elle se trouve exilée de
ce qui remplace pour elle sa famille aussi bien que son pays.
C'est beaucoup, sensible comme elle, passionnée pour ce qui
lui est refusé, faible et craintive comme elle s'est montrée
souvent, que d'avoir conservé un courage négatif qui ne s'est
jamais démenti. Elle a consenti à se taire, à attendre, à souffrir pour retourner au milieu de tout ce qui lui est cher;
mais elle a refusé toute action, toute parole qui fût un hommage à la puissance... »

Tous les personnages du groupe de Mme de Staël
reviennent sans cesse dans ces lettres de Sismondi et
y sont présentés avec beaucoup de naturel et de vérité.

Il est parlé souvent de Schlegel, cet autre compagnon
de Mme de Staël, et que Sismondi aimait peu. Celui-ci,
comme toute nature individuelle et franche, avait,
dans le cercle habituel où il vivait, ses choix et ses
préférences; il avait aussi ses contraires et ses antipathies instinctives. Bonstetten, l'aimable, le léger,
l'étourdi, l'éternellement jeune, sur lequel glissent les
années et les chagrins, que la douleur n'atteint pas,
« car l'imagination est le fond de son être, c'est par
elle qu'il est sensible et par elle qu'il est consolé; »
Bonstetten, qui, dans un temps, loge avec Sismondi
sous le même toit, et qui le taquine souvent ou le
désole par ses malices, par ses pétulances, par ses
frasques; à qui l'idée prend subitement un jour de
demander la mère de son ami en mariage; Bonstetten
qui a au moins vingt-cinq ans de plus que lui, et que
Sismondi ne peut s'empêcher cependant de regarder
comme un jeune homme qui lui serait recommandé et
confié; le même « qui oublie, il est vrai, ses amis à
tous les moments du jour, mais qui, aussi, ne les
abandonne jamais; » cet espiègle qui communique
quelque chose de sa vivacité et de son genre d'esprit à
tous ceux qui veulent le définir, Bonstetten n'est qu'un
contraste : Schlegel était une antipathie. Mme d'Albany
elle-même le goûtait peu, surtout depuis qu'il eut
parlé d'Alfieri et des défauts de sa manière tragique :

« J'aime votre vivacité sur Schlegel, lui répondait Sismondi; c'est, en effet, un pédant présomptueux, et sa manière de porter ses jugements est presque toujours d'une
extrême insolence. Au reste, je suis pleinement assuré qu'il

n'a pas eu la plus lointaine pensée de faire allusion à vous et
à votre Cour. Je crois même que la remarque qui vous a
frappée était faite à l'avantage du comte Alfieri (1)... Mais
Schlegel a une manière si âpre et si dédaigneuse en même
temps de parler et d'écrire, que bien souvent il blesse alors
même qu'il voudrait louer. »

Schlegel n'avait pourtant pas tort quand il parlait
de la tragédie d'Alfieri; il peut sembler plus rigoureux
dans ses sévérités pour celle de Racine. Mᵐᵉ d'Albany,
toutefois, lui passait l'une de ses critiques plus que
l'autre, et à propos de la fameuse brochure des *Deux
Phèdres* qui souleva toute la presse littéraire de Paris
en 1807, et dans laquelle la *Phèdre* de Racine est si
complétement sacrifiée à celle d'Euripide, elle s'était
exprimée avec assez de faveur. La lettre de réponse de
Sismondi, à ce sujet, contient une page de critique
excellente, et d'où il résulte qu'il ne faut pas juger le
théâtre d'une nation avec la poétique d'une autre.

Mais ce qu'avait voulu le docte et impertinent Schlegel dans sa brochure, c'était surtout de se divertir
avec ironie et de nous irriter, et comme il l'a dit

---

(1) La remarque dont il est question, et qu'on peut lire au
tome II du *Cours de Littérature dramatique* de Schlegel, a bien
l'air pourtant d'une épigramme. Il s'agit des confidents de tragédie : « On fait encore, dit Schlegel, un grand mérite à Alfieri
d'avoir su se passer de confidents, et c'est en cela surtout qu'on
trouve qu'il a perfectionné le système français ; peut-être ne pou-
vait-il pas mieux souffrir les chambellans et les dames d'honneur
sur la scène que dans la réalité. » Il est difficile de ne pas voir là
une allusion plus ou moins directe à la petite Cour de la comtesse
d'Albany et de Charles-Édouard.

ensuite lui-même : « C'était une expérience que je m'amusais à faire sur l'opinion littéraire, sachant d'avance qu'un orage épouvantable éclaterait contre moi. »

Un autre Allemand, moins distingué et plus bizarre, un hôte de passage, le poëte tragique et mystique, Zacharias Werner, qui séjourna à Coppet et qui passa ensuite par Florence, est annoncé par Sismondi à la comtesse en des termes assez piquants, et plus gais qu'on ne l'attendrait d'une plume aussi peu badine; mais Werner y prêtait :

« Werner, disait Sismondi, est un homme de beaucoup d'esprit; — de beaucoup de grâce, de finesse et de gaieté dans l'esprit, ce à quoi il joint la sensibilité et la profondeur; et cependant il se considère comme chargé d'aller prêcher l'amour par le monde. Il est, à votre choix, apôtre ou professeur d'amour. Ses tragédies n'ont d'autre but que de répandre la religion du très-saint amour... L'autre jour, je l'entendais qui dogmatisait avec un Allemand très-raisonnable, homme d'âge mûr, le baron de Voigt. « Vous savez ce que l'on aime dans sa maîtresse ? » dit Werner; Voigt hésitait et ne savait pas trop ce qu'il devait nommer. — « C'est Dieu ! » poursuit le poëte. — « Ah ! sans doute, » reprend Voigt avec un air convaincu. »

En cherchant bien, nous verrions peut-être qu'en France, il n'y a pas bien longtemps encore, nous avons eu des commencements et des symptômes de ces excentricités et de ces ridicules folies. Même à ne les prendre que par là, elles ne sont amusantes qu'un instant. Mᵐᵉ d'Albany goûta peu Werner; elle le vit le moins

possible, et Sismondi remarque très-justement à ce
sujet que « l'extravagance des gens d'esprit n'est pas,
à la longue, moins fatigante que celle des sots; il n'y
a rien de durable pour la curiosité, pour la conversation, pour le sentiment, sans un mélange de raison. »

Benjamin Constant aussi est très-bien montré, toutes
les fois qu'il paraît dans ces lettres. Sismondi en était
revenu avec lui au vrai point de liaison et à l'exacte
mesure du jugement. Lorsque Constant s'avise un
matin de se marier pour faire pièce à son orageuse amie,
et en se flattant lui-même de trouver le repos dans le
contraste, Sismondi en tire sujet à cette réflexion fort
sage et digne d'un parfait moraliste (22 janvier 1810) :

« Il est vrai que M. Constant a fait un choix bien étrange.
Les hommes se figurent souvent que l'orage qui est dans leur
cœur est excité par l'objet de leurs affections, et qu'ils se
calmeront s'ils s'attachent à un être apathique. C'est une manière de se fuir eux-mêmes que de fuir ce qui leur ressemble; mais cette manière ne peut leur réussir longtemps. »

Je continuerai cette suite d'extraits, en les dirigeant
le plus que je pourrai, la prochaine fois, du côté de
la France et des personnes ou des idées qui nous tou-
chent.

SISMONDI

FRAGMENTS DE SON JOURNAL ET CORRESPONDANCE

LETTRES INÉDITES A Mme D'ALBANY

SUITE ET FIN.

I.

Pour bien apprécier et goûter, comme je le fais, cette Correspondance de Sismondi, il faut absolument se déplacer un peu, se figurer la situation des correspondants telle qu'elle était, les revoir dans leur monde et à leur point de vue. Voilà des gens qui, comme nous, parlent le français de naissance et d'enfance, qui ne sont pourtant pas le moins du monde obligés d'être Français de sentiments, puisqu'ils appartiennent à une autre nation; ils ne nous ont vus que de loin ou en

passant; depuis les guerres de la Révolution et par nos
annexions ou conquêtes, nous les dérangeons dans leur
vie, nous les blessons dans leur nationalité, dans leurs
convictions ou leurs habitudes les plus chères; nous
troublons tout chez eux ou autour d'eux; s'ils sont liés
intimement avec des Français, c'est avec des personnes
de la haute société et de l'aristocratie, qui demeurent
hostiles aux principes du nouveau régime et qui sont
peu sensibles à ses gloires. Les lettres que ces correspondants échangent entre eux sont plus rares qu'ils ne
le voudraient, et, quand ils s'écrivent, ils ont des sous-
entendus forcés, il n'osent tout se dire; ils vivent sous
l'impression de maux actuels et immédiats, dans un
serrement de cœur continuel et comme en présence
d'une crise extrême et permanente; les bienfaits, les
améliorations civiles qui pourraient leur sembler une
compensation et un correctif, ne se révéleront que le
lendemain et leur échappent. Sir Samuel Romilly, faisant le voyage d'Italie en 1815, était très-frappé de
l'influence bienfaisante qu'avait exercée la domination
française dans le pays. Les assassinats, par exemple
(ce qui est bien quelque chose dans le cours ordinaire
de la vie), avaient non-seulement diminué, mais presque entièrement cessé dans la haute Italie sous le
régime français; ils avaient repris dès le lendemain
avec autant de fréquence que jamais, grâce au droit
d'asile dans les églises et à la facilité de s'enfuir sur le
territoire des petits États circonvoisins. Romilly, dans
son Journal particulier, invoque, à cette occasion, le
témoignage de Sismondi lui-même, qui lui avait certifié

que, dans la seule ville de Pescia qu'il connaissait bien,
le chiffre des assassinats, avant l'intervention de la
France, et depuis qu'on était délivré du joug français,
avait été et était redevenu, terme moyen, de *un* par
semaine, tandis qu'il ne s'en était commis presque
aucun tant que la ville avait été sous l'autorité française. Mais, dans le moment même, d'autres sentiments
publics, d'autres pensées que celle de la reconnaissance
prévalaient dans le cœur des vaincus. Or, Mme d'Albany
était une vaincue, Mme de Staël aussi, et Sismondi sym-
pathisait avec elles et avec leurs entours. Ses jugements, quand il nous est favorable, en ont plus de
prix.

Le voyage de Mme d'Albany à Paris précéda le sien,
et elle n'y était plus depuis longtemps lorsqu'il y arriva.
Il n'avait pas moins de quarante ans ou bien près, à
ce moment où il y vint pour la première fois. Il y aspi-
rait depuis quelques années, et il avait quelque honte,
ayant visité presque toute l'Europe, de n'en avoir jamais
vu la vraie capitale. Il sentait vaguement que la société
n'était que là, et qu'on ne pouvait passer pour un auteur vraiment français que quand on y avait reçu le
baptême. Comme diversion à ses graves volumes d'histoire, et pour se délasser, il ne cessait, en attendant,
de se nourrir des ouvrages français du jour; il les
lisait dans leur primeur et en disait son sentiment avec
intérêt, avec âme. C'est ainsi qu'ayant eu communication des Mémoires, alors manuscrits, de Mme de La
Rochejacquelein, revus et en partie rédigés par M. de
Barante, il déclarait y avoir trouvé « la jouissance la

plus vive que livre puisse jamais procurer. » Il y voyait
tout ce qui constitue un morceau accompli d'histoire,
« l'harmonie et la justesse d'un style partout adapté à
la chose, l'art pittoresque qui met toujours et la scène
et les personnages devant les yeux, l'intérêt le plus vif,
le plus enthousiaste, le plus vertueux, qu'aucune période
de l'histoire moderne ait jamais présenté, un intérêt
qui s'attache aux personnes et qui ne se perd jamais
dans les masses et les nombres abstraits, comme il
arrive trop souvent. » Les Lettres de Mlle de Lespinasse,
nouvellement publiées (1809), lui faisaient un effet
bien différent; c'était, pour lui, une lecture singulière
qui lui laissait des impressions contradictoires, et où
il se sentait quelquefois rebuté par la monotonie de la
passion, souvent blessé d'un manque de délicatesse et
de dignité dans la victime, mais attaché en définitive
par la vérité et la profondeur de l'étude morale :

« Un rapprochement, dit-il, que je faisais à chaque page
augmentait pour moi l'intérêt de cette Correspondance. J'ai
vu de près, j'ai suivi dans toutes ses crises une passion
presque semblable, non moins emportée, non moins malheureuse; l'amante, de la même manière, s'obstinait à se tromper après avoir été mille fois détrompée; elle parlait sans
cesse de mourir et ne mourait point; elle menaçait chaque
jour de se tuer, et elle vit encore. »

Il est hors de doute qu'il pensait à Mme de Staël en
ce moment (1). Sur tous les ouvrages nouveaux, venus

(1) Ce qui autorise à reconnaître Mme de Staël dans ce passage,
c'est la manière dont Sismondi a parlé de l'Ellénore d'*Adolphe*
dans laquelle il la retrouvait également (lettre du 14 octobre 1816);
il déchire, à cette occasion, tous les voiles, et après avoir dit à

de Paris à cette date, Sismondi est informé autant que
personne; il se tient au courant et il nous y met. Il
nous apprend, par exemple, à quel point *les Martyrs*
de Chateaubriand, que nous savions bien n'avoir pas
réussi au gré de l'auteur et de ses amis, ont été et ont
paru une chute, une vraie chute, « la plus brillante
dont on eût été témoin, » mais une chute complète et
avouée des amis eux-mêmes. En revanche, les Mélanges
du prince de Ligne, arrangés et publiés par Mme de
Staël, « une vraie crème fouettée, » obtiennent un
succès fou; ils ont jusqu'à trois et quatre éditions de
suite dans la même année (1809) : « Et toute cette
gloire, remarque Sismondi, a un peu consolé le vieux
général des malheurs de sa patrie. » C'était l'année de
Wagram en effet, et ce succès disproportionné qu'on

Mme d'Albany qu'il a lu deux fois *Adolphe,* il ajoute : « Vous trouverez que c'est beaucoup pour un ouvrage dont vous faites assez peu
de cas, et dans lequel, à la vérité, on ne prend d'intérêt bien vif à
personne. Mais l'analyse de tous les sentiments du cœur humain
est si admirable, il y a tant de vérité dans la faiblesse du héros,
tant d'esprit dans les observations, de pureté et de vigueur dans
le style, que le livre se fait lire avec un plaisir infini. Je crois bien
que j'en ressens plus encore, parce que je reconnais l'auteur à
chaque page, et que jamais confession n'offrit à mes yeux un portrait plus ressemblant. Il fait comprendre tous ses défauts, mais il
ne les excuse pas, et il ne semble point avoir la pensée de les faire
aimer. Il est très-possible qu'autrefois il ait été plus réellement
amoureux qu'il ne se peint dans son livre, mais, quand je l'ai
connu, il était tel qu'Adolphe; et, avec tout aussi peu d'amour,
non moins orageux, non moins amer, non moins occupé de flatter
ensuite et de tromper de nouveau par un sentiment de bonté celle
qu'il avait déchirée. Il a évidemment voulu éloigner le portrait
d'Ellénore de toute ressemblance. Il a tout changé pour elle :
patrie, condition, figure, esprit. Ni les circonstances de la vie, ni

faisait à un livre léger s'explique très-bien par la générosité française, j'aime à le croire, et aussi par ce goût d'opposition naturel de tout temps à certains salons.

A propos de la Correspondance de Mme Du Deffand avec Horace Walpole, qui paraissait alors pour la première fois (1812), et que Sismondi lisait avec sa mère, il écrivait à Mme d'Albany, en faisant d'elle à l'auteur un rapprochement qui s'offrait de lui-même, et que nous n'aurions pas manqué de faire également :

« En lisant ces lettres, permettez-moi de vous le dire, nous pensions souvent à vous ; le parfait naturel de son style, la vivacité de toutes ses impressions, l'originalité de son esprit nous faisaient comparer ; mais ce qui lui manquait surtout,

celles de la personne n'ont aucune identité ; il en résulte qu'à quelques égards elle se montre dans le cours du roman tout autre qu'il ne l'a annoncée. Mais, à l'impétuosité et à l'exigence dans les relations d'amour, on ne peut la méconnaître. Cette apparente intimité, cette domination passionnée, pendant laquelle ils se déchiraient par tout ce que la colère et la haine peuvent dicter de plus injurieux, est leur histoire à l'un et à l'autre. Cette ressemblance seule est trop frappante pour ne pas rendre inutiles tous les autres déguisements. » — C'est là un admirable morceau de critique et le jugement définitif sur *Adolphe* que Sismondi a écrit sans y songer. Toutes les circonstances extérieures et sociales empruntées au personnage de Mme Lindsay, et qui étaient faites dans le temps pour donner le change à la curiosité, ne détruisent pas cette vue intime. Il y avait une double vérité, pour ainsi dire. Les amis bien informés avaient droit de répondre aux curieux et aux indiscrets, qui nommaient tout d'abord Mme de Staël : « Pas le moins du monde : c'est Mme Lindsay. » Et entre eux, dans l'intimité, ils pouvaient se dire : « C'est pourtant bien Mme de Staël, en effet. » L'anecdote d'*Adolphe* est à double fond. La critique du dehors (je parle de la mienne) a donc bien pu varier un peu dans l'explication du petit chef-d'œuvre.

c'était le caractère... Quelle dévorante activité l'ennui avait en elle! Quel besoin des autres, et quel mépris pour eux cependant! Quel manque absolu d'intérêt pour la lecture, toutes les fois que cette lecture ne se rapportait pas à la société! »

Mᵐᵉ d'Albany, au contraire, lisait sans cesse, et de toutes sortes de livres, et ne s'ennuyait jamais. Elle avait, au besoin, assez de force en elle-même pour savoir se contenter pleinement de la lecture au lieu de société. Les livres, se disait-elle, ont toujours plus d'esprit que les hommes qu'on rencontre. Ce n'est pas qu'elle portât une bien grande chaleur dans les divers sujets et dans les idées qui l'occupait, ni aucune vue ou espérance d'avenir; elle avait fait dès longtemps sa retraite dans la lecture et dans la pensée, n'y cherchant que le plaisir d'une réflexion solitaire. Ce système d'indifférence qu'elle pratiquait désormais n'avait pourtant pas son principe dans l'égoïsme; ce n'était en elle que le culte constant du passé; et, comme le lui disait délicatement Sismondi : « Vous avez aimé ce qu'il y a eu de plus grand et de plus noble dans votre génération, et ce sentiment vous suffit encore. C'est le repos sur un sentiment passé et non sur l'insensibilité, qui fait pour vous le charme de l'âge qui s'avance. »

Mais ne nous attardons plus; car, après bien des lenteurs, des dérangements et contre-temps dans ses projets, Sismondi enfin se met en route et arrive à ce Paris tant désiré; il y est au commencement de janvier 1813, une date peu riante assurément; il ne s'en aperçoit qu'à peine, et, dès le premier jour, il doit à l'amitié connue qui le lie à Mme de Staël d'être reçu et initié dans le meilleur monde, dans la plus fine société. Il voit les Montmorency, les Duras, les Châtillon, les Chabot, les Maillé, le pur faubourg Saint-Germain ; il ne voit pas moins le faubourg Saint-Honoré, Mmes de Pastoret, de Rémusat, de Vintimille ; il voit beaucoup l'aimable Mme de Souza, qui s'était fort liée avec Mme d'Albany, dans le séjour de cette dernière à Paris ; il voit M. et Mme Guizot, et les savants et les académiciens. Nous sommes chez nous, nous pouvons désormais nous étendre.

II.

Et tout d'abord Sismondi est flatté, loué comme on sait le faire à Paris ; l'amour-propre de l'auteur est chatouillé à l'endroit le plus tendre : « Je n'aurais jamais cru, écrit-il à sa mère, que mon Histoire fût prisée à ce point, que moi-même je fusse aussi connu ; mais chaque succès est pour moi une crainte de plus ; c'est un engagement que je ne sais comment je remplirai. » Qu'il se tranquillise : il est moins lu qu'il ne le pense ; il est plus loué que lu ; il ne tarde pas à s'en apercevoir, et quand il a affaire à nos savants moins flatteurs que nos grandes dames, à nos académiciens alors en renom, il a des mécomptes. Il écrit pour lui seul dans son Journal :

« ... Quant à mes livres, ils n'en ont pas lu une ligne. Ce sont des hommes dans la tête desquels rien de nouveau ne peut entrer. La place qu'ils occupent à l'Institut leur fait croire qu'ils sont au pinacle, et ils considèrent les livres qu'on leur envoie comme un hommage qu'on leur doit, et qui ne les engage à rien. »

Il a souvent l'occasion de rencontrer Chateaubriand chez Mme de Duras ou chez Mme de Vintimille; il l'entend causer, et il revient, à son sujet, de quelques-unes des préventions que lui avaient inspirées les livres brillants, mais de parti pris, de l'illustre écrivain. L'auteur et l'homme chez Chateaubriand étaient deux; Sismondi s'en aperçoit avec une surprise qui, dans son expression, ne laisse pas d'être naïve :

« 14 mars 1813 (au sortir d'une conversation)... Chateaubriand considère l'Islamisme comme une branche de la religion chrétienne dans laquelle cette secte est née, et en effet il a raison. Il observait la décadence universelle des religions, tant en Europe qu'en Asie, et il comparait ces symptômes de dissolution à ceux du polythéisme au temps de Julien. Le rapprochement est frappant en effet; mais je n'aurais pas osé le faire devant lui, pour ne pas le scandaliser. Il en concluait la chute absolue des nations de l'Europe avec celle des religions qu'elles professent. J'ai été assez étonné de lui trouver l'esprit si libre, et il m'a paru plus spirituel que je ne le croyais. »

Et quelques jours après (25 mars) :

« ... Chateaubriand a parlé de religion chez Mme de Duras; il la ramène sans cesse, et ce qu'il y a d'assez étrange, c'est le point de vue sous lequel il la considère : il en croit une nécessaire au soutien de l'État, il aime les souvenirs, et il s'attache à celle qui a existé autrefois dans son pays; mais il sent fort bien que les restes auxquels il veut s'attacher sont réduits en poudre; il croit nécessaire aux autres et à lui-même de croire; il s'en fait une loi, et il n'obéit pas. Il y a dans tout cela beaucoup d'inconséquence, et beaucoup moins de mauvaise foi que je ne l'aurais supposé. Sa raison n'est nullement d'accord avec son sentiment, et il écoute les deux; mais il suit bien plus la première lorsqu'il parle, et le second lorsqu'il écrit. »

Que vous en semble? cet observateur candide est arrivé assez vite à l'analyse parfaite du personnage et à l'explication la plus vraie comme la plus bienveillante.

Il ne se peut de manière historique plus opposée que celle de Chateaubriand et de Sismondi. Le premier ne faisait, à cet égard, aucun cas de l'autre. Sismondi, tout d'abord, et comme par précaution, le lui avait rendu quand il disait, — avant de le connaître personnellement, il est vrai, et sur la simple annonce de l'Histoire de France que Chateaubriand se proposait d'écrire :

« J'ai une grande admiration pour son talent, mais il me semble qu'il n'en est aucun moins propre à écrire l'histoire : il a de l'érudition, il est vrai, mais sans critique, et je dirais presque sans bonne foi; il n'a ni méthode dans l'esprit, ni justesse dans la pensée, ni simplicité dans le style : son Histoire de France sera le plus bizarre roman du monde; ce sera une multiplicité d'images qui éblouiront les yeux; la richesse du coloris fait souvent papilloter les objets, et je me représente son style appliqué aux choses sincères comme le clavecin du Père Castel, qui faisait paraître des couleurs au lieu de sons. »

Sismondi ne voyait et ne prédisait là que les défauts.

Il put revenir, après avoir vu l'auteur, d'une partie de ses préventions, mais d'une partie seulement. L'historien et le politique en Chateaubriand avaient des éclairs lumineux et de soudaines éclipses, des élévations et des chutes. Lorsque, quelques années après, Sismondi lut le fameux pamphlet doublé de théorie, *la Monarchie selon la Charte,* il en fut très-frappé. Le livre le surprit en bien et dépassa de beaucoup son attente : « Il est, disait-il, beaucoup plus fort de pensées, de justesse et de précision dans le style que je ne l'en croyais capable. » Et il ajoutait naïvement : « Il y en a bien les trois quarts que je me ferais honneur de signer. » Je le crois bien. Chateaubriand n'en eût sans doute pas dit autant de lui ni d'aucun de ses écrits. Mais le bon sens aussi a ses humbles avantages, et celui de Sismondi relevait tout aussitôt le mal à côté du bien, l'inconséquence et l'incohérence de la seconde partie de *cette Monarchie,* qui était encore plus selon les ultras que selon la Charte : « Le vague dans les idées, la confusion et l'exagération qui commencent au milieu du livre, me paraissent faire un contraste très-étrange avec la grande netteté du commencement. » Ce jugement est le vrai, et, en se généralisant, il s'appliquerait assez bien à tout le côté historique et politique de Chateaubriand.

A Paris, Sismondi fut conduit par M. Guizot chez Fauriel, grand ami de Benjamin Constant. Fauriel, devançant Raynouard, travaillait depuis trois ans à une Histoire des Troubadours et de la littérature provençale. Sismondi était très-préparé sur ce sujet par le

Cours qu'il avait professé à Genève sur les littératures du Midi, et qui s'imprimait à Paris dans le moment même (1813). Il apprécie donc Fauriel, sa conscience, son savoir, et même cette sorte de génie d'investigation et d'initiative que, lui, il était loin d'avoir au même degré; puis il ajoute avec plus de finesse qu'on ne lui en croirait :

« Son livre pourrait être meilleur que le mien, mais il a un défaut, c'est qu'il ne le fera pas; il n'a jamais rien publié, et il est incapable d'amener rien à terme. Le nombre de jeunes gens qui ont été ainsi doués par la fée Guignon est considérable; ils ont de tout : invention, esprit, travail; mais il ne savent pas circonscrire leurs forces; ils veulent faire entrer l'univers entier dans chacune de ses parties, et meurent à la peine. Benjamin (Constant) est de ce nombre; il ne fera jamais rien qui soit digne de son esprit... »

Le pronostic était bien absolu; il s'est pourtant vérifié en grande partie. Fauriel ne fit jamais son livre; mais on eut des pages de son livre découpées en leçons, quand il eut à faire un Cours à la Faculté des lettres; ce fut la seule manière dont on put les lui arracher, et, tels quels, ces précieux cahiers ont été publiés après sa mort (1846).

Le jugement de Sismondi sur la société de Paris est à la fois remarquable et ordinaire : il distingue à merveille et indique par des nuances fort justes les divers degrés de mérite et d'amabilité chez les personnes qu'il rencontre, et en même temps il recommence pour son compte l'éternelle plainte qu'on avait déjà faite avant lui, et qu'on refera depuis, sur la décadence des générations. Il faut donner cette page qui est vraie dans son ensemble, et qui est rassurante aussi, à force d'être désolée dans ses conclusions. Il y a si longtemps qu'on désespère, qu'il doit nous rester de l'espérance :

« On me demande souvent, dit-il (1er mars 1813), quelle impression me fait Paris... Ce qui est précisément chose à voir est ce dont je me soucie le moins. J'ai visité quelques monuments, quelques cabinets pour l'acquit de ma conscience plus que pour mon plaisir... J'ai peu vu jusqu'à présent le théâtre; l'heure des dîners et des soirées rend presque impossible d'en profiter... C'est donc dans la société presque uniquement que j'ai trouvé le charme de Paris, et ce charme va croissant à mesure qu'on remonte à des sociétés plus âgées; je suis confondu du nombre d'hommes et de femmes qui approchent de quatre-vingts ans, dont l'amabilité est infiniment supérieure à celle des jeunes gens. Mme de Boufflers (mère de M. de Sabran) est loin encore de cet âge; sa vivacité, cependant, sa mobilité, son piquant, sont du bon ancien temps, et n'ont rien à faire avec les mœurs du jour. C'est elle qui devait me mener chez Mme de Coislin... Avec elle encore j'ai vu Mme de Saint-Julien, qui, à quatre-vingt-six ans, a une vivacité de la première jeunesse, Mme de Groslier, qui passe au moins soixante-dix ans, et qui fait le centre de la société de Chateaubriand. Je suis encore en relation avec Mme de Tessé, la plus aimable et la plus éclairée des vieilles que j'ai trouvées ici; avec M. Morellet qui passe quatre-vingt-six ans; avec M. Dupont (de Nemours) qui en a bien soixante-quinze, et dont la vivacité, la chaleur, l'éloquence ne trouvent point de rivaux dans la génération actuelle; avec les deux Suard (mari et femme), que je ne mets pas au même rang, quoique l'esprit de l'un, tout au moins, soit fort aimable. Après avoir considéré ces monuments d'une civilisation qui se détruit, on est tout étonné, lorsqu'on passe à une autre génération, de la différence de ton, d'amabilité, de manières. Les femmes sont toujours gracieuses et prévenantes, cela tient à leur essence; mais, dans les hommes, on voit diminuer avec les années l'instruction comme la politesse : leur intérêt est tout tourné sur eux-mêmes; avancer, faire son chemin est tellement le premier mobile de leur vie, qu'on ne peut douter qu'ils n'y sacrifient tout développement de leur âme comme tout sentiment plus libéral. »

Voilà ce qu'on écrivait en 1813, il y a juste cinquante ans. Je ne dis pas que ce soit faux; mais je crois bien que, sous Louis XIV, du temps de la vieillesse de Mme de Maintenon, on disait la même chose. La Fare regrettait la Cour de la première Madame et soutenait que, depuis cette mort, en fait de politesse, tout allait de mal en pis. Mme Des Houlières remontait plus haut et regrettait le bel âge des Bassompierre. Bassompierre lui-même sans doute regrettait quelque chose de mieux. Convenons que, si la décadence se poursuit et continue, il y a bien des temps d'arrêt dans l'intervalle et d'assez bonnes stations encore sur la pente.

Sismondi n'était cependant pas si absorbé par les aimables douairières qu'il ne rendît quelque justice à la génération des femmes plus jeunes. Ce fut surtout après son initiation dans ce qu'on appelle le faubourg Saint-Germain, qu'il devint tout à fait équitable dans la répartition de ses éloges. Mme de Chabot, la comtesse de Boigne qu'il nomme à part et distingue, lui montrèrent qu'on pouvait être jeune et continuer l'esprit, les grâces, la parfaite amabilité du passé. Mais comment était-il jugé lui-même dans ces diverses

sociétés, où il était nouveau sans être trop neuf? Avec
indulgence et faveur, je le crois. Nous en avons un
aperçu par un mot de Mme de Souza :

« J'aime, beaucoup votre M. de Sismondi, écrivait-elle à
Mme d'Albany (14 mai 1843); il est si naturel, si simple, au
milieu de tant de connaissances et d'ouvrages qui ont de
mandé tant de travail et de lectures! C'est une personne à
qui je puis parler de mes roses, et qui, sans s'en douter, m'a
fait une réponse, l'autre jour, qui m'a été au cœur. Il se pro-
menait, regardait mes roses, et je lui disais : « C'est incroyable
ce que je perds de temps dans ce petit jardin. » — « Oh! je
connais bien cela, me répondit-il, car je vois ma mère passer
bien du temps dans le sien. » — Ainsi, ma chère amie, ce
que fait sa mère est bien fait. J'ai laissé passer cela sans rien
dire, mais je l'en ai mieux aimé. »

Il était donc bonhomme, et pris un peu sur ce pied-
là; il ne l'était pourtant pas au point de ne pas se
servir quelquefois de son air de bonhomie pour se faire
plus agréable, plus coulant, et pour mieux s'accommo-
der au monde où il se trouvait lancé. Il avait sa manière, à lui, d'entendre la raillerie en ne paraissant pas
y prendre garde; et comme il le remarque à ce propos
dans son Journal : « C'est une politesse dont on a souvent besoin dans le monde, que de ne pas entendre ce
qu'on entend fort bien, et de noyer dans sa propre bonhomie ce qui n'est pas très-bon dans ceux qui le
disent. » *Noyer dans sa propre bonhomie;* savez-vous
que, chez un autre, ce serait un joli mot?

III.

Les revers de la fin de 1813 et la chute du premier Empire produisirent sur Sismondi une impression que plusieurs de ses amis n'avaient pas prévue, et qui était cependant assez naturelle chez un homme en qui le cœur jouait le principal rôle. L'émotion d'une si grande catastrophe lui fit un peu oublier le passé. D'adversaire et d'ennemi de l'Empire, il lui redevint plus favorable en idée et plus équitable en jugement.

« Quant à l'homme qui tombe aujourd'hui, écrivait-il en mars 1844, j'ai publié quatorze volumes sous son règne, presque tous avec le but de combattre son système et sa politique, et sans avoir à me reprocher ni une flatterie ni même un mot de louange, bien que conforme à la vérité; mais au moment d'une chute si effrayante, d'un malheur sans exemple dans l'univers, je ne puis plus être frappé que de ses grandes qualités. »

Et dans une page mémorable où l'éloquence de l'âme se fait sentir, il balance ces hautes qualités et les énumère. Quant à la nation, de même et par un mouvement de sympathie généreuse, il se sentait redevenir Français à mesure que la France était plus malheureuse et plus écrasée; il aimait à se confondre avec nous dans une même douleur unanime :

« J'ai toujours la même aversion, disait-il (mai 1844), pour la toute-puissance partout où elle se trouve, parce qu'en effet

je la vois partout également immodérée dans son ambition
et son orgueil... Je crains pour les plus forts l'ivresse du pouvoir à laquelle si peu de têtes résistent; je la crains encore
après la modération, vraiment digne des plus grands éloges,
du premier moment. J'évitais de toutes mes forces d'être confondu avec la nation dont je parle la langue, pendant ses
triomphes; mais je sens vivement, dans ses revers, combien
je lui suis attaché, combien je souffre de sa souffrance, combien je suis humilié de son humiliation... Mille intérêts communs, mille souvenirs d'enfance, mille rapports d'opinion,
lient ceux qui parlent une même langue, qui possèdent une
même littérature, qui défendent un même honneur national.
Je souffre donc au dedans de moi, sans même songer à mes
amis (à ses amis de France), de la seule pensée que les Français n'auront leurs propres lois, une liberté, un gouvernement
à eux, que sous le bon plaisir des étrangers; ou que leur
défaite est un anéantissement total, qui les laisse à la merci
de leurs ennemis, quelque généreux qu'ils soient. Je ne suis
pas bien sûr que Mme de Staël partage ce sentiment... Les
femmes, plus passionnées que nous dans tous les partis qu'elles
embrassent, sont, d'autre part, beaucoup moins susceptibles
de cet esprit national; l'obéissance les révolte moins, et comme
ce n'est pas leur vertu, mais la nôtre, qui paraît compromise
par des défaites suivies d'une absolue dépendance, elles s'en
sentent moins que nous humiliées. »

Mᵐᵉ de Staël (et c'est une réparation qu'on lui doit)
était beaucoup plus du sentiment de Sismondi, à cette
date, que lui-même n'avait d'abord osé le penser; mais
Mᵐᵉ d'Albany n'en était pas du tout, et, dans les lettres
qu'il lui adresse, Sismondi s'efforçait en vain de la
ramener, de la convertir à sa manière d'envisager les
choses du point de vue tout nouveau où il se plaçait:

« Je suis étonné, lui écrivait-il (11 décembre 1814), de vous

voir vous arrêter toujours sur le passé, tandis que c'est le présent
seul qui importe. Quand ces grands acteurs sortent de dessus
la scène et qu'ils posent leurs habits de théâtre, il me semble
que toute la passion cesse à leur égard. Ils redeviennent des
hommes, le héros de la tragédie ne leur est plus rien, et l'on
ne juge plus la pièce que sous le rapport de l'art. Mais les
femmes mêlent un sentiment plus vif à tous leurs jugements,
et il y a toujours la part de la passion dans leur politique.
Regardez-y bien, Madame; votre haine n'est-elle pas aussi
éloignée de votre système de philosophie que l'enthousiasme
de lady Holland?... »

Apparemment lady Holland était aussi enthousiaste
de l'Empereur tombé que Mme d'Albany l'était peu.
Toute cette correspondance de Sismondi en 1814 pouvait faire présager déjà le procédé et la conduite qu'il
allait tenir en 1815.

Il était, en effet, de retour à Paris dès janvier de
cette année 1815; il y vit de près les fautes des Bour-
bons, leur appel ou leur assentiment aux vieilles passions et aux préjugés réactionnaires : le cercueil de
Mlle Raucourt repoussé de Saint-Roch; la pompe funèbre de Louis XVI allant remuer les haines de la Révolution; la faiblesse surtout et la débilité sénile au début
d'un régime et d'un règne. « Le roi, écrivait-il, pose
pour ses portraits; il en est au onzième; et le peuple
ne peut s'accoutumer à contempler l'abus de la faiblesse en ces mêmes lieux où, si peu de mois auparavant, il a vu régner l'abus de la force. » Le miracle du
débarquement et du retour de l'île d'Elbe, survenant
sur ces entrefaites, le transporta. Nature chaleureuse,
prompte à l'espérance, plus occupée des principes que

des personnes, il prit feu à l'idée d'un réveil de la
France, d'une conversion de l'Empire à la liberté, et se
fit fort de défendre dans *le Moniteur* l'efficacité des
garanties accordées aux citoyens français par l'Acte
additionnel. Napoléon, un peu surpris peut-être de
cette recrue constitutionnelle imprévue qui s'offrait
d'elle-même, voulut voir Sismondi et eut avec lui un
entretien d'une heure environ dans le jardin de l'Élysée. Il est à regretter que cet entretien dont on n'a cité
que des fragments, mais dont Sismondi avait envoyé
un récit complet à sa mère, et qui s'ajouterait si bien à
ceux que Benjamin Constant nous a transmis dans ses
Lettres sur les Cent-Jours, n'ait pas été donné en
entier.

Quoi qu'il en soit, en dégageant de notre mieux les
fragments qu'on en a, et en les séparant des réflexions
étrangères dont le biographe, Mlle Montgolfier, les a
coupés et hachés à tout moment, nous dirons à peu
près comment les choses se passèrent. C'était le 3 mai.
Napoléon, recevant Sismondi dans le jardin de l'Élysée
et s'y promenant avec lui, commença par l'assurer du
plaisir qu'il avait trouvé à la lecture de ses ouvrages,
« lus tous et dès longtemps avec beaucoup d'intérêt. »
Sismondi, en répondant, insista sur la conviction qui
avait dicté son dernier écrit (l'*Examen de la Constitution
française,* publié dans *le Moniteur*), et se montra affligé
de l'opposition violente avec laquelle cette Constitution
avait été accueillie.

« Cela passera, dit Napoléon. Mon décret sur les municipalités et les présidents de colléges fera bien. D'ailleurs, voilà les Français ! Je l'ai toujours dit ; ils ne sont pas mûrs à ces idées. Ils me contestent le droit de dissoudre des Assemblées qu'ils trouveraient tout simple que je renvoyasse la baïonnette en avant. »

— « Ce qui m'afflige, répliqua Sismondi, c'est qu'ils ne sachent pas voir que le système de Votre Majesté est nécessairement changé. Représentant de la Révolution, vous voilà devenu associé de toute idée libérale ; car le parti de la liberté, ici comme dans le reste de l'Europe, est votre unique allié. »

— « C'est indubitable, reprit Napoléon ; les populations et moi, nous le savons de reste. C'est ce qui me rend le peuple favorable. Jamais mon gouvernement n'a dévié du système de la Révolution ; non des principes comme vous les entendiez, *vous autres !*... J'avais d'autres vues, de grands projets alors... D'ailleurs, moi, je suis pour l'application. Égalité devant la loi ; nivellement des impôts ; abord de tous à toutes places ; j'ai *donné* tout cela. Le paysan en jouit ; voilà pourquoi je suis son homme : populaire en dépit des idéalistes ! Les Français, extrêmes en tout, défiants, soupçonneux, emportés dès qu'il s'agit de théories, vous jugent tout cela avec la *furia francese*. L'Anglais est plus réfléchi, plus calme. J'ai vu bon nombre d'eux à l'île d'Elbe : gauches, mauvaise tournure, ne sachant pas entrer dans mon salon ; mais, sous l'écorce, on trouvait un homme, des idées justes, profondes, du bon sens au moins. »

La conversation se détourna quelque temps sur l'Angleterre, dont Sismondi était dès lors moins enthousiaste qu'autrefois : il remit l'auguste interlocuteur sur la voie, en disant le bien qu'il pensait des Français.

— « Belle nation ! s'écria Napoléon, noble, sensible, généreuse, toujours prête aux grandes entreprises. Par exemple,

quoi de plus beau que mon retour? Eh bien! je n'y ai d'autre
mérite que d'avoir deviné ce peuple. »

Et brusquant les répliques qui n'étaient que pour la
forme :

« Oui, oui! on a supposé des intrigues, une conspiration.
Bast! pas un mot de vrai dans tout cela. Je n'étais pas homme
à compromettre mon secret en le communiquant. J'avais vu
que tout était prêt pour l'explosion... Les paysans accouraient
au-devant de moi; ils me suivaient avec leurs femmes, leurs
enfants, tous chantant des rimes, improvisées pour la circonstance, dans lesquelles ils traitaient assez mal le Sénat. A
Digne, la municipalité, peu favorable, eut peur et se condui-
sit bien. Du reste, je n'avais eu qu'à paraître; maître absolu
de la ville, j'y pouvais faire pendre cent personnes si c'eût
été mon bon plaisir. »

Durant cet entretien, suivi tout en marchant, Napoléon s'était échauffé. Otant son chapeau, comme il
revenait vers le palais, il essuya son large front baigné
de sueur, et, saluant Sismondi, le laissa libre de se
retirer.

Le lendemain, il lui faisait envoyer le brevet de
membre de la Légion d'honneur. L'Empereur, en
signant la nomination, avait dit ces paroles, qui lui
furent rapportées : « Si je connaissais quelque autre
marque de mon estime qui pût être agréable à M. de
Sismondi, je serais heureux de la lui envoyer. » Sismondi crut devoir refuser, pour laisser à son opinion
tout le prix du désintéressement.

Mais on peut juger de l'impression des amis sur cet
acte d'adhésion publique et presque de dévouement à

la politique impériale. Sismondi fut considéré, ou peu
s'en faut, comme un transfuge, et il eut besoin d'apo-
logie.

« Si au milieu de vos rochers vous lisez les gazettes, écrivait Mme d'Albany à Foscolo alors en Suisse (15 août 1815),
vous aurez vu que M. Sismondi a écrit en faveur de celui
qui est tombé... Sa conduite ne m'a pas étonnée non plus
que celle de son beau-frère (1). Il n'y a que des fous ou des
gens intéressés qui peuvent compter sur ces petits grands
hommes. On ne dit pas que vous êtes pour eux, mais on dit
que vous êtes *volubile* (variable), et vous avez cela de commun avec tant d'autres, quoique vous vouliez passer pour
original. »

On sent l'amertume. Mme d'Albany devait être cependant, comme elle le disait, moins surprise qu'une
autre de cette conduite de Sismondi, celui-ci n'ayant
cessé de lui marquer par lettres son dissentiment durant les derniers mois écoulés. Elle l'accusait de trop
de jeunesse dans les impressions, de voir le monde
trop en beau, de juger trop indulgemment les hommes;
il lui répondait de Paris, le 2 mars 1815 :

« Notre dissentiment tient à ce que vous vous attachez aux
personnes, et moi aux principes. Nous sommes, chacun, fidèles
à l'objet primitif de notre attachement ou de notre haine, moi
aux choses, vous aux gens. Moi, je continue à professer le
même culte pour les idées libérales, la même horreur pour
les idées serviles, le même amour pour la liberté civile et
religieuse, le même mépris et la même haine pour l'intolé-

_____

(1) M. Forti, un Italien.

rance et la doctrine de l'obéissance passive. Vous, Madame,
vous conservez les mêmes sentiments pour les gens, dans
quelque situation qu'ils soient. Ceux que vous avez plaints
et révérés dans le malheur, vous les aimez aussi dans la pros-
périté; ceux que vous avez exécrés quand ils exerçaient la
tyrannie, vous les exécrez encore quand ils sont tombés...
En comparant ces deux manières de fidélité, l'une aux principes, l'autre aux personnes, je remarquerai, quoi que vous
en puissiez dire, que la vôtre est beaucoup plus passionnée,
beaucoup plus jeune que la mienne, et que, quelques efforts
que vous ayez faits pour vous calmer par l'étude de la philosophie et une longue retraite, vous avez encore le cœur plus
chaud et les sentiments plus ardents que celui que vous accu-
siez quelquefois de trop de jeunesse. »

Bientôt la correspondance cessa, s'interrompit; en
la renouant l'année suivante, Sismondi s'y prit d'un
ton fort digne, pas trop humblement, et sans faire son
mea culpa du passé. Il n'aimait pas les palinodies, et il
avait la conscience de n'avoir rien commis qui méritât
ce nom. Il écrivait de Pise à la comtesse (16 février
1816) :

« Je ne voulais, Madame, me présenter à vous qu'avec trois
volumes à la main (trois volumes de ses *Républiques italiennes*), je voulais les porter comme une offrande expia-
toire; je sentais fort bien que vous auriez vivement blâmé
ce que j'ai pensé et écrit dans cette année. Notre jugement
sur quelques personnes historiques est différent, notre jugement sur les résultats actuels est peut-être différent encore,
mais j'avais la confiance d'en appeler avec vous aux idées
générales... Dans un mois ou six semaines, je compte faire
une course à Florence; j'espère alors vous voir, j'espère encore vous trouver bonne pour moi, comme vous l'avez tou-

jours été. Votre esprit est trop philosophique pour que vous
ne compreniez pas les deux manières de juger et de sentir;
dont l'une tient à la vivacité des impressions présentes, et
l'autre à la vivacité des impressions passées; et dussions-nous
pousser, chacun, notre manière propre à l'extrême, vous avez
trop de bonté aussi bien que d'étendue dans l'esprit pour ne
pas tolérer des opinions qui ne sont pas les vôtres. »

La correspondance moins vive, mais toujours affec-
tueuse, se continua jusqu'à la mort de Mme d'Albany.
Cependant la ligne de séparation avait été trop prononcée à un certain moment pour s'effacer désormais · le
commerce de pensées en souffrit.

IV.

Des changements assez profonds s'étaient introduits
dans la manière de vivre de Sismondi, et aussi peu à
peu dans ses sentiments. Il s'était marié un peu tard,
en 1819, avec une Anglaise, belle-sœur de sir James
Mackintosh. Il avait, on le sait, besoin d'aimer; ce nouvel attachement, où il rencontrait un accord intellectuel parfait, remplit bientôt son existence, et lui per-
mit de supporter la perte de sa mère, qui mourut peu
après. Le goût des voyages lui avait passé; il s'était
attelé à cette longue et interminable entreprise de
l'*Histoire des Français,* qu'il devait mener jusqu'au
vingt-neuvième volume sans la finir; il trouvait encore,
à travers cela, le moyen de plaider pour une économie
politique moins hâtive que celle qui a prévalu, pour

une science moins avide de résultats généraux et de satisfactions théoriques et plus soucieuse des individus, plus compatissante pour les générations qui vivent et qu'on ne supprime pas en un clin d'œil. Son temps était pris, son âme était comblée. L'homme d'esprit en lui, le philosophe avait parfois quelque remords de son bonheur qui lui ôtait de la curiosité :

« Ma vie est heureuse, écrivait-il pour lui seul (26 février 1825) heureuse, mais uniforme ; je n'ai presque aucun désir qui me soit personnel ; j'ai aussi peu de craintes, sauf celles qui se rapportent aux destinées du genre humain. Ce qui remplit désormais ma vie, c'est mon affection pour ma femme ; elle me tient lieu de tous les autres liens ; elle ne me laisse désirer ni regretter aucune autre société... Je ne fais plus d'effort pour plaire aux autres... C'est ainsi que le bonheur lui-même nuit peut-être à notre perfectionnement. »

Il avait raison ; pas trop de bonheur, pas tant de plénitude conjugale et domestique, pas de béatitude, qui que vous soyez, artiste ou philosophe, si vous voulez avoir encore de l'aiguillon. Les idées religieuses de sa femme, protestante éclairée et sincère, agirent sur lui plus qu'il ne le pensait ; il n'était pas du même avis qu'elle, mais, tout en causant et en discutant, il s'en rapprochait :

« Nous avons parlé ce soir de l'efficacité de la prière : ma femme, Jessie, est persuadée qu'on ne peut prendre l'habitude de prier tous les jours sans devenir meilleur. Je lui opposais des faits et la dureté de cœur des dévots dans les religions autres que la sienne. Mais Jessie fait ce que font toutes les femmes, et bien des hommes aussi : elle commence par mettre

dans sa religion tout ce qu'il y a de mieux dans une belle
âme comme la sienne ; puis elle croit que c'est le caractère
de la religion en général, et que toutes les religions y parti-
cipent. Elle oublie qu'en prenant le genre humain entier,
ceux qui font entrer des vérités bienfaisantes dans leur religion ne sont pas un contre cent... »

Et, tout en raisonnant de la sorte, il se laisse mener
par sa femme au sermon ; il est tel de ces sermons
qu'il trouve assez à son gré. Genève était alors un foyer
de prosélytisme pour ce qu'on a appelé le réveil chrétien ou le méthodisme. Sismondi, tout en résistant, en
vient à écrire sur le progrès des idées religieuses, et
insensiblement il est entamé, il est gagné jusqu'à un
certain point et selon sa mesure ; il regarde dans son
cœur, et il écrit un matin dans son Journal :

« 31 décembre 1835. — Je sens désormais les traces profondes de l'âge, je sais que je suis un vieillard (il avait
soixante-deux ans), je sais que je n'ai plus longtemps à vivre,
et cette idée ne me trouble point. Ma confiance dans la parfaite bonté de Dieu, comme en sa justice, s'affermit tous les
jours. Je deviens plus religieux, mais c'est d'une religion
tout à moi, c'est d'une religion qui prend le christianisme
tel que les hommes l'ont perfectionné et le perfectionnent
encore, non tel que l'esprit sacerdotal l'a transmis... »

C'est vers ce temps que, dans sa correspondance avec
Mme Mojon, avec Mlle de Sainte-Aulaire, avec Channing,
il nous découvre tout un côté nouveau de son âme. En
changeant peu à peu d'horizon, Sismondi porte, dans
ses vues dernières, sa parfaite bonne foi, son bon sens,
cette cordialité qui élève et qui touche. Il s'attendrit et

toutefois ne s'abandonne jamais. Le philosophe donne
la main au chrétien, sans s'abdiquer ni s'abjurer soi-
même. Dans une lettre à Channing, il analyse admirablement la disposition religieuse propre au XIXe siècle,
en explique très-bien les origines, le point de départ,
les fluctuations aussi :

« Les sentiments religieux, écrit-il (8 septembre 1834), ont
été en progrès en France pendant le XIXe siècle, mais je ne
sais si les efforts imprudents de ceux qui voudraient les rani-
mer ne les font pas, au contraire, reculer de nouveau aujour-
d'hui. Comme vous, je suis persuadé que c'est un enseignement tout nouveau qui serait nécessaire pour satisfaire les
âmes pieuses; comme vous, je ne vois commencer nu le part
cet enseignement : bien au contraire, je vois reproduire la
religion par ses abus, par son côté haïssable. »

Sismondi représente à Channing, qui, de loin, paraît
avoir jugé trop indulgemment les choses, comment en
Amérique, pays neuf, on n'a pas eu à supporter le vieil
échafaudage religieux avec tout ce qui en était l'accompagnement et la conséquence, cette institution toute-
puissante et intolérante qu'il a fallu, avant tout, ren-
verser au XVIIIe siècle : ce fut une lutte et une crise par
où il était nécessaire de passer. Il expose nettement,
sans prétendre tout justifier, comment est sorti le cri
de guerre de la philosophie du XVIIIe siècle contre ce
qui était réellement haïssable sous la forme tout oppres-
sive où on l'avait devant soi et au-dessus de soi. Lui-
même a eu besoin, pour comprendre et s'expliquer
cette colère, de voir de près la lutte engagée dans d'autres pays arriérés qui retardaient sur 89 :

« Je n'aurais point compris, je crois, cette disposition des esprits, la haine, le *fanatisme antifanatique* de l'école encyclopédique, si je n'avais passé une grande partie de ma vie en Italie, si je n'y avais vue régnante cette même hiérarchie que j'avais laissée persécutée en France. Aussi j'arrivai en Toscane avec du respect pour le culte catholique, avec la croyance que le bien que faisait cette religion l'emportait de beaucoup sur le mal... »

Il fut obligé d'en rabattre après avoir vu de près l'intolérance maîtresse chez soi et à l'œuvre. Dès qu'on ne l'a plus sous les yeux avec les maux qu'elle engendre et les abus qu'elle éternise, on revient volontiers à une appréciation plus favorable d'une institution qui a eu sa grandeur historique et qui a produit tant de personnages éminents. C'est ainsi qu'en France, au sortir de la Révolution, un nouvel ordre de sentiments inverses et tout opposés remplaça ceux de la veille :

« Quand cette Église, dit-il dans cette même lettre à Channing, eut été renversée en France par le double effort des encyclopédistes et des révolutionnaires, quand surtout un peu de calme eut succédé à la tempête, le besoin des affections tendres des cœurs, le besoin de confiance et d'espérance, l'admiration pour la création, le sentiment de la spiritualité de notre être, la soif de l'immortalité se firent sentir dans les âmes. La vie politique était encore trop agitée pour que les hommes d'un esprit supérieur dirigeassent leurs spéculations vers le monde des esprits. C'est chez les femmes qu'on a vu renaître surtout le sentiment religieux ; mais leur influence s'est fait sentir sur la société tout entière. Presque tous les hommes accoutumés à penser, et dont les opinions s'étaient formées avant la Révolution, appartiennent encore à l'école de Voltaire, mais ils ont aujourd'hui soixante-dix ans, et ils

sont seuls : aucune des générations venues depuis n'a adopté
ni leur tour d'esprit ni leurs opinions ; aucun homme, âgé de
soixante ans et au-dessous, qui sache écrire, qui exerce la
moindre influence, ne professe une incrédulité moqueuse ; il
y a des doutes, mais du désir de se rattacher à des opinions
plus relevées ; il y a un besoin de religion et de respect pour
des croyances que peu de gens, cependant, peuvent adopter
complétement. C'est là la France ; ce n'est nullement ni l'Italie, ni l'Espagne... »

On ne saurait analyser plus finement les causes de la
renaissance religieuse de 1800, ni mieux définir l'état
des esprits vers 1831, état qui est encore à peu près
le nôtre. Mais en même temps, Sismondi marque avec
énergie la ligne à laquelle il s'arrête, et où bien des
esprits éclairés s'arrêteront avec lui. Son christianisme
au reste, de la manière dont il l'entendait, ne cessa de
germer en lui et de croître pendant les dix dernières
années de sa vie ; il y mettait tout ce qu'on peut désirer
d'un homme de bonne volonté ; il voudrait surtout
croire à l'efficacité de la prière et la concilier avec l'universalité et la nécessité des lois naturelles ; il y a des
moments où il lui semble saisir un trait de lumière sur
cet obscur et mystérieux sujet. En attendant, il assiste
sans scrupule et avec édification aux assemblées religieuses, même en y portant toutes ses réserves et ses
dissentiments secrets. Il s'y trouve tout à côté peut-être
de quelque orthodoxe calviniste qui croit à la doctrine
de la prédestination, ou de quelque socinien et ratio-
naliste qui ne voit dans le christianisme que le travail
successif des hommes les plus vertueux et les plus

éclairés de tous les âges, et dans la morale que l'héritage et le perfectionnement des siècles :

« Tous deux se disent chrétiens, et je le crois, écrivait-il à une amie digne de le comprendre, je les reçois comme frères, et j'ai du plaisir à m'associer à eux dans un hommage public de reconnaissance et d'amour à l'Être qui nous a donné l'existence et qui l'a douée de tant de bien. »

Qu'on la partage ou non, cette façon d'entendre le christianisme, et qui se rapproche de celle d'Abauzit ou de Channing, est élevée et bien pure.

Je ne puis cependant quitter Sismondi sans dire quelques mots de l'historien et de sa manière. Sismondi appartient à la classe des historiens moraux ; il est trop porté à expliquer toutes choses, même celles d'un âge très-éloigné et d'une forme sociale toute différente, par les contrastes et les vicissitudes de liberté et de despotisme, de vertu et de corruption, qu'il entend au sens moderne. Pour son *Histoire des Français,* que j'ai appelée précédemment une compilation, il protesterait contre un pareil terme, son livre étant réellement fait d'original et d'après les sources. Il a eu le mérite d'y puiser, l'un des premiers, avant les systèmes modernes et tant de découvertes réelles ou prétendues. Les idées des Thierry, des Guizot, ont peu influé sur lui ; on trouve, à le lire, un goût particulier de naturel et de sincérité ; c'est une lecture judicieuse, copieuse et saine. Il extrait les originaux sans y chercher finesse, en y cherchant pourtant un peu trop la leçon morale. Il a le soin et l'humanité, tout le long de son histoire, de se

préoccuper du peuple, de la situation qui lui est faite,
des progrès de sa condition ou de la continuité de ses
misères. Si j'avais à conseiller à une jeune personne
sérieuse, à une lectrice douée de patience, un livre
d'histoire de France qui ne faussât en rien les idées, et
où aucun système artificiel ne masquât les faits, ce
serait encore Sismondi que je conseillerais de préférence à tout autre. Il est assez le Rollin de l'histoire de
France ; mais c'est un Rollin qui n'a pas eu à traduire,
comme l'autre, d'admirables originaux. Il l'emporte
seulement par un bon sens plus mâle et une raison
plus solide. A côté des avantages, les inconvénients.
Il n'a aucun de ces partis pris décisifs, plus ou
moins brillants ou séduisants, aucun de ces coups de
clairon qui coordonnent les faits, les rangent à l'instant et les font marcher en bon ordre comme sous une
bannière ; l'histoire avec lui va comme elle peut ; mais
il est décidément trop long, et il n'a pas de courant
qui vous entraîne.

Sans être remarquable par le style et sans en avoir
un qui soit proprement à lui, il n'est pas incapable,
dans ses écrits, de certains mouvements touchants et
d'une véritable éloquence. On peut citer, comme
exemple en ce genre, les pages sur la ruine de la civilisation arabe et les pensées, aussi élevées qu'émou-
vantes, par où il conclut le chapitre II de sa *Littérature
du Midi*.

Politique, si l'on avait à le considérer au point de
vue de sa république de Genève, on le trouverait excellent citoyen, appliqué, loyal, fuyant les excès, plus

droit cependant qu'adroit. Le premier acte de sa vie
publique à Genève (1814) fut une brochure « assez âcre,
où il tournait la Constitution en ridicule, » et que son
ami De Candolle, voyant l'exaspération qu'elle excitait,
lui fit aussitôt retirer. Quelques-uns des derniers actes
publics de sa carrière lui valurent aussi de l'impopula-
rité. Cela ne prouve point précisément qu'il eût tort ;
mais, en général, il était plus préoccupé, dans la pratique politique, du droit et du devoir que de l'à-propos.

Il sentait autant que personne que toutes ces guerres
intestines de Genève étaient bien petites sur la carte de
l'Europe. Il ne pouvait se défendre de la pensée que,
lorsqu'on s'agitait le plus dans cette *paroisse de Calvin,*
on était comme les petites filles qui font le jeu des *Ma-
dames.* Cependant, quand d'autres le raillaient là-dessus,
il les reprenait avec vérité, en faisant remarquer que
« le bonheur de 30,000 âmes est aussi important que
celui d'un grand État. »

Son économie politique, telle qu'il l'avait adoptée et
qu'il la prêchait en dernier lieu, est toute particulière
et le caractérise. Il eût voulu ne rien brusquer, enrayer
plutôt qu'accélérer cette marche effrénée du progrès
qui se lance à toute vapeur dans toutes les voies sans
souci de ce qu'il rencontre, et donner aux générations
présentes le temps de reprendre haleine, de se mettre
au pas ou de s'écouler insensiblement à la veille des
applications nouvelles. Il faisait passer le sort des populations bien avant le triomphe des idées. Lui-même, il
poussait la charité dans l'habitude de la vie jusqu'à
donner la préférence, pour le labour de son champ, au

journalier le plus lent et le plus vieux; pour les répa-
rations de sa maison, à l'ouvrier le moins en vogue.
C'était, par moments, à faire sourire de lui en même
temps qu'à le faire mieux aimer. Il avait un serrurier
si mauvais et si maladroit, que tout le monde l'avait
quitté; il ne laissa pas de le garder jusqu'à la fin, malgré tous ses dégâts, pour ne pas lui faire perdre sa dernière pratique. Décidément, Sismondi n'était plus un
homme de ce siècle quand il mourut (25 juin 1842).

Quelqu'un qui l'a connu me le dépeint ainsi : il était
court de taille, assez gros, brun, l'air doux et affectueux;
bon, enjoué, sans ironie : on sentait en lui sa race italienne. Il était homme de cabinet et homme du monde,
sans que l'un nuisît à l'autre. Il se mettait au travail à
six heures du matin, travaillait jusqu'à midi; le reste
du jour se passait en visites et dans le monde. Sa
société était celle des savants de Genève où les femmes
sont fort mêlées : « Malgré tous nos malheurs, disait-
il, c'est encore à Genève, je crois, qu'on trouve le plus
d'esprit chez tout le monde, et comme marchandise
commune. » Ailleurs, à Coppet, à Paris, à Florence, Sismondi devait faire des frais : à Genève il s'en tirait
avec son esprit de tous les jours. Sa maison, grâce en
partie à son aimable compagne, était l'une des plus
agréables dans cette cité républicaine si bien policée,
dont il eut la douleur, avant de mourir, de voir ren-
verser tout l'édifice, et dont la chute hâta sa fin.

M. BOISSONADE

SES ARTICLES DE CRITIQUE LITTÉRAIRE·

RECUEILLIS ET PUBLIÉS

PAR M. COLINCAMP (1)

———

La première loi d'un portrait est de ne pas le faire dans un ton opposé à celui du modèle. Je ne dirai pas qu'on ait observé cette loi dans les deux intéressants volumes qu'on nous donne, et j'ajouterai-même qu'ils ne sont devenus tout à fait intéressants que parce qu'on ne l'a pas trop rigoureusement suivie. M. Boissonade, dont la supériorité consistait dans la connaissance fine et profonde qu'il avait de la langue et de la littérature grecques, n'a été un critique littéraire que pendant une dizaine d'années, et encore ne l'a-t-il été qu'avec réserve et discrétion. Aussi, je ferai remarquer tout

(1) Deux volumes in-8, chez Didier, quai des Augustins, 3.

d'abord, pour décharger ma conscience, que venir le présenter comme le type et le modèle de la *Critique littéraire sous le premier Empire* et mettre ce second titre, comme on l'a fait, au frontispice des deux volumes qu'on publie, c'est un peu abuser de la permission qu'on se donne généralement de grossir les choses dans le passé. Non, les articles de M. Boissonade dans le *Journal de l'Empire,* articles que, dans sa modestie, il signait de la dernière lettre de l'alphabet grec, d'un Ω, n'ont pas et n'eurent jamais l'importance qu'on leur prête aujourd'hui après coup; ils n'obtinrent jamais le succès et la vogue, plus ou moins mérités, qui s'attachaient dans le temps aux articles des Geoffroy, des Dussault, des Feletz, des Hoffman; ils ne sont pas toute la critique littéraire du premier Empire; que dis-je! ils n'en étaient qu'une des faces, un des côtés, — le cinquième côté. Ils en formaient un coin, des plus honorables. L'étude de l'Antiquité était alors chez nous en train de renaître; tout était à faire ou à refaire; les littérateurs et les critiques français le plus en renom avaient la légèreté et la manie de trancher sur ce qu'ils ne savaient qu'imparfaitement. La Harpe, tout le premier, était à redresser et à corriger sur maint article. M. Boissonade, dans son rôle modeste, avec son savoir déjà étendu et tout d'abord précis, son esprit net et fin, sa plume élégamment correcte, donna de bonnes indications, releva des erreurs, informa les curieux de quelques points d'érudition acquis et connus à l'étranger, glissa dans ses extraits d'excellents échantillons de traductions; de plus, il jetait par-ci par-là

quelques grains de malice à l'adresse des faux érudits
ou des pédants. La grammaire, la philologie française
lui durent aussi d'utiles aperçus. Lorsqu'il renonça
trop tôt (1813) à ce rôle d'informateur et de critique
littéraire de l'Antiquité, emploi qu'il avait plutôt effleuré
que rempli, et dans lequel aucun grand incident de
polémique ni aucun grand fait d'exposition n'avaient
signalé son passage, il laissa cependant des regrets et
de vifs souvenirs. Les amateurs, mais eux seuls, se
rappelaient ces articles signés Ω, ces extraits exacts qui
n'étaient bien souvent que d'excellentes notes dévelop-
pées. La saveur s'en augmentant pour eux avec les
années, ils se demandaient s'il ne serait pas intéressant
de les recueillir et d'en faire un volume à l'usage des
bons esprits qui savent goûter le sobre et le fin.

Tant que vécut M. Boissonade, il résista à cette ten-
tation et s'opposa aux instances que firent auprès de
lui des disciples dévoués. A plus d'une reprise, M. Phi-
lippe Le Bas voulut entreprendre ce recueil; un moment M. Boissonade parut ébranlé, mais ce moment
fut court : « Non, dit-il après un second temps de réflexion, si j'ai fait quelque chose, il ne faut pas le
mettre en comparaison avec des articles, la plupart im-
provisés. » Et il ferma péremptoirement la bouche à
M. Le Bas, quand celui-ci revint à la charge.

En parlant ainsi, il avait raison de son vivant. Ce
recueil fait par lui ou sous ses yeux, et selon son
esprit, n'eût pu être ce qu'il est devenu aujourd'hui.
Un autre disciple plus avisé et plus qualifié littéraire-
ment que M. Le Bas, un homme d'esprit qui réunit à

un savoir varié les talents de l'écrivain, M. Colincamp, aidé du fils de M. Boissonade, a entrepris d'élever ce monument à la mémoire d'un maître respecté : en allant contre son vœu, ni l'un ni l'autre ne se sont trompés dans l'objet de leur piété. Ils ont déjà obtenu ce résultat, que tous dorénavant peuvent apprécier et estimer celui dont les œuvres jusqu'ici restaient closes ou éparses, et dont le nom seul était connu hors du cercle des savants. Pour atteindre ce but, il a fallu quelques efforts et assez d'adresse. L'amitié a un peu forcé les tons. Une sorte de verve ingénieuse et abondante s'est répandue sur toutes les parties de l'annotation et du commentaire. Les grandes eaux de l'admiration ont joué. M. Boissonade, qui avait horreur des éloges outrés, qui en était véritablement confondu et qui en souffrait, littéralement parlant, au moral et au physique, a été loué et préconisé un peu plus que de raison. Tout le monde l'a été, à son exemple. Lui, il était franc, sobre et non pas du tout libéral et banal d'éloges envers autrui : on a dérogé à cette réserve qui lui était habituelle et qui tenait à son goût même; la publication présente semble s'être faite sous l'invocation d'une clémence universelle, et tous les noms du temps (y compris le nôtre) y ont reçu des éloges charmants, bien doux à l'amour-propre, mais qu'il n'eût certes pas tous également ratifiés. Je suis bien sûr que, dans le petit Journal qu'il tenait pour lui et où il écrivait ses moindres pensées et ses jugements, il y avait plus d'une sévérité à l'adresse de quelqu'un de ceux qui sont célébrés aujourd'hui presque en son nom. Heureu-

sement ce petit Journal, qui s'intitulait *Éphémérides*
comme celui de Casaubon, a été presque tout entier
brûlé, et par lui-même; il n'en est resté qu'un cahier,
choisi comme à plaisir (1). Ainsi donc, je le répète pour
n'avoir plus à y revenir (et que son aimable biographe
me le pardonne), non, mille fois non, le mode de peinture employé à son égard n'est pas de tout point approprié au modèle; non, on ne saurait, sans une transformation trop visible, présenter M. Boissonade sous
d'aussi larges aspects, le montrer aussi ouvert et aussi
hardi de vues qu'on le fait ici; il avait réellement un
peu peur, quoi qu'on puisse dire, des idées générales
et de tout ce qui y ressemble, il s'en garait et s'en
abstenait le plus possible; on l'aurait bien étonné si on
lui avait dit « qu'il préparait l'avénement de la presse
philosophique; » il avait, moins que personne, « de
ces lueurs qui semblent des anticipations de l'avenir. »
Tout cela est à côté et au delà. Ce n'est ni de sa manière de penser ni de son style. On l'appelle attique et,
en un sens, on a raison; mais convenez aussi que
jamais esprit proclamé attique n'a été loué d'une ma-

---

(1) A l'exemple de M. Boissonade, M. Hase, le savant et profond
philologue, l'homme minutieux et prudent, avait ses *Éphémérides,*
mais il les tenait en grec. M. Dübner possède au complet ses car-
nets qui contiennent les particularités les plus curieuses, les anec-
dotes académiques les plus piquantes, assure-t-on : il ne s'agit que
de pouvoir les lire. M. Dübner est à peu près le seul qui puisse se
tirer de ce grimoire d'abréviations et d'annotations familières. Ce
n'est qu'à l'abri de tous ces voiles et de tous ces retranchements
que M. Hase osait ouvrir le fond du cœur et décharger ses pensées
à huis clos. Il tenait même ses comptes de ménage en grec.

nière plus asiatique et plus somptueuse. Ayant fait
toutes mes réserves, j'ai le droit maintenant d'ajouter
que ces deux volumes doivent peut-être à ce genre de
commentaire animé et plein d'effusion, à tout ce luxe
inusité, d'avoir du mouvement et de la vie; d'un peu
nus et d'un peu secs qu'ils eussent été autrement (les
écrivains qu'on appelle attiques le sont parfois), ils
sont devenus plus nourris, plus riches, d'une lecture
plus diversifiée et, somme toute, fort agréable; seulement, dans le plat varié qu'on nous sert, cela saute
aux yeux tout d'abord, la sauce a inondé le poisson.

I.

M. Boissonade, qu'on a perdu en 1857 à l'âge de
83 ans, ce doyen des hellénistes français, n'était pas
seulement un savant des plus distingués, un esprit
sagace et fin : c'était un caractère original. J'insisterai
sur ce dernier côté. M. Naudet, dans les notes de
l'Éloge académique qu'il a consacré à son docte confrère, nous le montre bien tel qu'il était. On se donne
l'air, il est vrai, de vouloir réfuter M. Boissonade dans
les aveux et les témoignages qu'il a pris soin de laisser
sur lui-même, et qui sont un peu brusques et rudes en
effet. Ce n'est qu'une affaire de forme. Et qui donc
sait mieux à quoi s'en tenir en pareil cas que celui
qui s'observe sans cesse? Un premier trait assez singulier commencera à le peindre : M. Boissonade né en
1774, fils d'un militaire gentilhomme qui mourut gou-

verneur de Castel-Jaloux, se nommait Boissonade de
Fontarabie et était de souche noble et ancienne. Il ne
l'a jamais dit, et il a toute sa vie caché sa noblesse
avec autant de soin que d'autres en mettent à afficher
ou à confectionner la leur. Élève du collége d'Harcourt,
il entra de bonne heure aux affaires étrangères; mais
il en sortit sur quelque dénonciation politique en 1795.
Il était des élégants du temps, des muscadins et un
peu de la jeunesse dorée; il put être soupçonné d'en
avoir les opinions. Toutes ces premières années de sa
jeunesse se dérobent; après avoir essayé sans succès
de rentrer dans l'administration, il se livra décidément
à l'étude, et à celle du grec en particulier, pour lequel
il se sentait une vocation. Il avait concouru pour un
prix proposé par l'Institut sur la question suivante :
« Rechercher les moyens de donner parmi nous une
nouvelle activité à l'étude de la langue grecque et de
la langue latine. » Son mémoire obtint une mention;
l'auteur n'en garda pas moins l'anonyme. C'est un trait
de plus. On voit par ce premier écrit, conservé dans
les archives de l'Institut, quelle idée complète l'auteur
s'était formée dès lors du *critique*, à prendre le mot
dans toute la rigueur du sens et dans son application
aux œuvres de l'Antiquité.

Nous autres critiques, qui le sommes le plus souvent
par pis aller et parce que nous n'avons pas su faire
autre chose, nous ne nous doutons pas de tout ce
qu'exige de soins et de préparation le métier de *critique*, entendu ainsi en son sens exact et primitif. La
première condition est de savoir en perfection la langue

dont on va apprécier les écrits, distinguer les emplois
et les styles, peser les locutions et les mots ; c'est bien
le moins quand on prétend s'ériger en censeur ; et
pour cela il n'est que de commencer par lire, la plume
à la main, et, s'il se peut, en observant l'ordre chrono-
logique, tous les auteurs d'une langue : c'est là le premier point. Puis, chemin faisant, il importe d'acquérir
et d'amasser toutes les connaissances accessoires en
tout genre qui mettent à même de juger des matières
dont ces auteurs si divers ont traité. Il y en a là pour
une vie et pour plusieurs vies. « Le champ de la critique est toujours ouvert, » disait Boissonade. Il y entra
tout d'abord sous les auspices des grands noms, l'illustre Bentley et les savants de l'école de Leyde, Hems-
terhuys, Valckenaer, Ruukenius, Wyttenbach. Il aspi-
rait à devenir leur disciple ou leur émule en France.
Un jeune savant allemand, Bast, qu'il connut alors, le
mit au fait des travaux de l'érudition allemande ; mais
il avait moins de penchant de ce côté que de celui de
l'école de Leyde ou de l'école anglaise. Pour lui, nos
savants hellénistes français d'alors, les Larcher, les
Villoison, n'avaient pas le nez assez fin.

Il s'agissait de s'attaquer à quelque portion de l'Antiquité qui fût neuve et qui permît au débutant de
montrer sa force. M. Boissonade (et c'est un reproche
qu'on lui a fait) s'adressa à des Grecs des temps posté-
rieurs, à des compilateurs sans originalité, à des rhéteurs ou à des sophistes de second et de troisième
ordre, et il se confina, il se cantonna exclusivement
dans cette classe obscure d'auteurs inédits, laissant

de côté (au moins dans ses publications et en tant
qu'éditeur) les grands écrivains et les vrais classiques.
Ce ne fut que plus tard qu'il dirigea et *procura*, dans la
Collection Lefèvre, la jolie édition des poëtes grecs,
surveillant, corrigeant le texte, et n'y mettant d'ailleurs
que le moins de notes possible. En agissant de la sorte,
M. Boissonade donna certainement la mesure de son
savoir en grec aux vrais érudits; mais il limitait par
avance son action et son influence, il circonscrivait sa
portée.

Ici, il faut en convenir, il nous échappe complète-
ment dans le détail, tout autant que si nous avions à
apprécier un géomètre et un analyste d'un ordre élevé.
A le prendre cependant partout où je puis l'atteindre,
je crois pouvoir indiquer sans trop de tâtonnements
son genre de mérite, ses qualités et tout à la fois ses
faiblesses, — son faible du moins, — ses gentillesses
d'esprit, sa supériorité, là où elle existe, et aussi ce que
lui-même appelait sa médiocrité.

II.

M. Boissonade était très-modeste, mais d'une modestie raisonnée; il se jugeait. Il n'y a aucune raison de
récuser le témoignage de cet homme sincère sur lui-
même; il suffit d'en adoucir un peu l'expression et d'y
ajouter un sourire. M. Boissonade était de ceux qui se
défient d'eux-mêmes, qui ne sont jamais plus contents
et plus à l'aise que quand ils parviennent à penser et à

sentir avec les pensées et les paroles des autres, soit
celles des anciens, soit celles des illustres ou même des
moindres d'entre les modernes. Il lisait tout avec une
attention ingénieuse. Il avait ramassé dans les divers
auteurs toutes les phrases qu'il jugeait applicables à sa
propre nature et à son caractère. Ainsi armé et s'en-
hardissant sous le casque et le bouclier d'autrui, il dit
tout sur son compte ; il s'y confesse résolûment et sans
pitié sur sa sauvagerie, sa misanthropie ou sa promptitude à s'effaroucher, sa fuite du monde, sa rétivité, son
goût absolu de l'indépendance, sa délicatesse extrême
qui le rendait plus sensible encore au mal qu'au bien,
et qui lui faisait dire avec Bernardin de Saint-Pierre :
« Une seule épine me fait plus de mal que l'odeur de
cent roses ne me fait de plaisir. » C'est aussi avec des
phrases d'auteurs célèbres qu'il répondait tout bas à
ceux qui lui reprochaient de prendre pour texte de sa
critique d'aussi minces et aussi ingrats sujets que ceux
qu'il semblait affectionner :

« L'explication de ce qu'on appelle ma modestie est, disait-
il, dans ce vers de Plaute (*Amphitryon*, acte premier, scène
première) : « *Facit ille...* Il fait là ce que ne font pas ordinairement les hommes, il se rend justice. »

« — Pourquoi ne rien faire de plus important? vous le
pourriez, vous le devriez. » — Réponse :

Arguor immerito. tenuis mihi campus aratur.

(C'est Ovide qui dit cela dans *les Tristes* : — Je ne mérite
pas le reproche : mon affaire est de cultiver un mince domaine.)

Sénèque, dans le traité *De la Brièveté de la vie* : « *Alium in supervacaneis...* Un autre se consume en minuties sur des vétilles. »

Et Ménage : « J'ai tiré de côté et d'autre tout ce que j'ai composé. »

« Comme j'ai beaucoup, beaucoup trop écrit, se disait encore M. Boissonade, j'ai fait bien des fautes : ceux qui écrivent peu, qui ont le temps de soigner leurs moindres ouvrages, en font peu et même n'en devraient pas faire. Je m'applique ce vers de l'*Œnomaus* d'Euripide : *L'homme qui fait le plus de choses est celui qui fait le plus de fautes.* »

Il a renouvelé plus explicitement encore, s'il est possible, les mêmes aveux, les mêmes témoignages d'humilité dans la préface mise en tête d'un de ces auteurs des bas temps qu'il éditait pour la première fois, préface très-joliment traduite par M. Colincamp :

« Vous vous trompez, répond-il aux amis qui s'obstinent à le croire capable de mieux, je fais ce que tout le monde devrait faire, je ne m'abuse pas sur moi-même. Si j'ai choisi un si petit champ à défricher, c'est que mes ressources ne sont pas grandes; *ingeniolum tenue.* Personne n'est plus sévère que moi à mes babioles. Les auteurs chez qui le style et la langue sont admirables, je les aime, je les lis, je les relis avec enthousiasme, je tâche d'entrer dans le sanctuaire de leur pensée et d'en concevoir toutes les beautés; mais je ne les éditerai jamais, parce que je ne me crois pas assez de pénétration ni assez de science pour suffire à une telle entreprise. Les critiques les plus farouches qui censureraient mes erreurs, s'il s'agissait d'une édition de Démosthène, d'Homère ou de Thucydide, seront plus indulgents pour des fautes dont un Diogène ou un Cratès, un Marinus ou un Nicétas sont les seules victimes. »

Tout cela est charmant; remarquez que, quand il
écrit en latin, M. Boissonade ose plus et s'émoustille
davantage que quand il écrit en français; il use et
abuse même des diminutifs; il se permet toutes ses coquetteries et ses gentillesses (je tiens au mot). Il a
enfoui et caché dans les commentaires qu'il donne de
ces ennuyeux et illisibles auteurs nombre de petites
notes très-agréables et toutes françaises; sachons gré
à M. Colincamp d'être allé les dénicher comme des
rayons de miel dans des creux de rochers. Puis, quand
on a dit tout ce qui convient sur ces rares fleurs et ces
exquises inutilités, il est bon de s'arrêter à temps et
de ne rien exagérer. La supériorité réelle de M.-Bois-
sonade n'est que sur un point, un seul; il savait le
grec.

Ah! savoir le grec, ce n'est pas comme on pourrait
se l'imaginer, comprendre le sens des auteurs, de certains auteurs, en gros, vaille que vaille (ce qui est déjà
beaucoup), et les traduire à peu près; savoir le grec, c'est
la chose du monde la plus rare, la plus difficile, — j'en
puis parler pour l'avoir tenté maintes fois et y avoir toujours échoué; — c'est comprendre non pas seulement les
mots, mais toutes les formes de la langue la plus complète, la plus savante, la plus nuancée, en distinguer
les dialectes, les âges, en sentir le ton et l'accent, —
cette accentuation variable et mobile, sans l'entente de
laquelle on reste plus ou moins barbare; — c'est avoir
la tête assez ferme pour saisir chez des auteurs tels
qu'un Thucydide le jeu de groupes entiers d'expressions qui n'en font qu'une seule dans la phrase et qui

se comportent et se gouvernent comme un seul mot ;
c'est, tout en embrassant l'ensemble du discours, jouir
à chaque instant de ces contrastes continuels et de ces
ingénieuses symétries qui en opposent et en balancent
les membres ; c'est ne pas rester indifférent non plus à
l'intention, à la signification légère de cette quantité de particules intraduisibles, mais non pas insai-
sissables, qui parsèment le dialogue et qui lui donnent
avec un air de laisser aller toute sa finesse, son ironie
et sa grâce ; c'est chez les lyriques, dans les chœurs
des tragédies ou dans les odes de Pindare, deviner
et suivre le fil délié d'une pensée sous des métaphores continues les plus imprévues et les plus diverses, sous des figures à dépayser les imaginations les
plus hardies, c'est, entre toutes les délicatesses des
rhythmes, démêler ceux qui, au premier coup d'œil,
semblent les mêmes, et qui pourtant diffèrent ; c'est
reconnaître, par exemple, à la simple oreille, dans
l'hexamètre pastoral de Théocrite autre chose, une
autre allure, une autre légèreté que dans l'hexamètre
plus graves des poëtes épiques... Que vous dirais-je encore ? savoir le grec, c'est l'apprendre sans cesse et
poursuivre une étude qui ne saurait être un hors-d'œuvre dans la vie, et qui, comme un Ancien l'a dit du
métier de la marine, doit être et rester jusqu'à la fin
un exercice de tous les jours, de toutes les heures :
sans quoi l'on se rouille et l'on ne sait plus bien.

M. Boissonade savait le grec comme je viens de le
définir, et à ce titre (n'en déplaise au grand Molière),
il méritait sinon les baisers des belles, du moins tous

les respects et le plus humble coup de chapeau des
profanes ou demi-profanes. Hors de là, c'était un esprit
juste, net, exquis, mais limité. On a sa mesure et on
peut la prendre, quand lui-même il ne nous l'aurait pas
donnée.

III.

Il est permis de regretter, malgré tout ce qu'il a pu
dire pour son excuse, qu'avec un peu plus d'audace il
n'ait pas fait autrement. Il avait dans sa première jeunesse plus de hardiesse qu'il n'en montra depuis. On le
voit, à l'entrée de la carrière, briser une lance contre
l'illustre Coray au sujet de quelques passages de Théo-
phraste. Coray, atteint et un peu piqué, le lui rendit et le
traita presque comme un imberbe, en lui citant un vers
d'Aristophane : « Il faut commencer par être rameur
avant de mettre la main au gouvernail. » Boissonade
n'eut guère jamais, depuis, de ces pointes de polémique :
il eût trop craint les représailles. « Rien n'est si bon
que la paix, » écrivait-il un jour à un helléniste mieux
armé que lui et qui sait vivre, quand il le faut, sur le
pied de guerre (1). Lui, il était devenu incapable de soutenir même une discussion, une contradiction directe,
et à l'Institut, un jour qu'il y lisait un mémoire, il fut
désarçonné... par qui?... par Gail! Il ne s'y laissa pas
prendre deux fois et garda depuis un silence obstiné.
On a imprimé de lui une lettre au savant critique hol-

(1) M. Rossignol.

landais Wyttenbach, qui lui avait été annoncé comme
adversaire; il y saigne du nez, comme on dit, et
rend les armes avant le combat (1).

Il n'eut pas non plus tout le courage de ses goûts.
Parmi les auteurs grecs dont il fit choix de bonne heure
pour s'en occuper, il en est un qui est bien moins méprisable que les autres : c'est Aristénète, auteur peu
connu, dont le nom même n'est pas certain, mais dont
on a des Lettres galantes qui ne ressemblent pas mal à
ce que pourrait être un tel recueil de la main de Dorat
ou plutôt de Crébillon fils : il en est vraiment de charmantes dans le nombre, et toutes sont curieuses sur

(1) Voici en deux mots l'histoire, telle qu'elle nous est donnée
par les Lettres de Wyttenbach (*Wyttenbachii Epistolæ*) publiées
par Mahne à Gand, 1829. Wyttenbach s'était occupé d'Eunape, et
il avait déjà fait sur cet auteur bon nombre de remarques, lorsqu'il
fut arrêté par l'état de ses yeux ou par toute autre cause. Boissonade, de son côté, eut l'idée de donner une édition d'Eunape;
mais dans le cours de son travail, ayant appris que Wyttenbach
avait amassé des notes et matériaux sur le même sujet, il le pria
de lui en faire part, l'assurant que ce serait une recommandation
et un ornement pour son livre. Wyttenbach lui promit de lui tout
donner, en l'avertissant que ce tout n'était que bien peu de chose :
« *Quidquid habeo copiolarum, id totum tibi lubenter impertiam;
sed est illud totum leve et exiguum.* » Cependant, peu après, Boissonade avait reçu plus d'un avis qui lui avait mis, comme on dit,
la puce à l'oreille : « Il me revient de plusieurs côtés, » écrit-il à
Wyttenbach, dans l'extrait rapporté par Mahne, « que vous songez
« à publier séparément, et dans un livre particulier, votre travail
« sur Eunape; et, si je suis bien informé, ce livre contiendra
« beaucoup de choses qui me causeront une profonde douleur
« (*multa erunt quæ mihi non parum mœstitiæ afferent*). Je ne
« puis croire d'abord que vous me refusiez l'ornement que je sol-
« licite pour mon livre, et, dans tous les cas, bien que j'aie la

l'article des mœurs dans l'Antiquité. M. Boissonade,
qui devait, plus tard, éditer Parny et Bertin, qui était
galant d'inclination et qui aimait fort les érotiques,
avait pris d'emblée du goût, on le conçoit, pour Aristénète : c'était un gibier à son usage. Lorsque l'esprit
est entièrement libre et qu'on le laisse se diriger la
bride sur le cou du côté qu'il veut, il choisit naturellement ce qu'il aime. Il n'en est pas autrement en littérature : on y porte volontiers le goût de ce qu'on
préfère dans la vie et de ce qu'on pratique ou de ce
qu'on a le regret de ne pas assez pratiquer. Le belliqueux choisit l'*Iliade* pour lecture ; le voyageur,

« conscience de m'être souvent lourdement mépris et surtout
« d'être passablement ignorant dans l'histoire de la philosophie
« où vous tenez le sceptre, Wyttenbach (*in qua tu regnas, Wytten-*
« *bachi*), j'aime à croire que vous êtes trop généreux pour songer
« à faire de moi un sujet de risée : ce n'est pas là le caractère que
« je vous connais. » Un érudit plus ferré que Boissonade, et plus
crâne aussi, eût répondu aux amis de Wyttenbach : « Je l'attends
l'arme au poing et je serai toujours prêt à le servir. » Un beau
duel avec un illustre est une bonne fortune pour tout débutant qui
aspire à se faire un nom. Mais Boissonade ne l'entendait pas ainsi,
à la Rodrigue : c'eût été sortir tout à fait de son caractère et de
ses mœurs. De son côté, Wyttenbach se montra bon prince ; il
n'eut rien de plus pressé que de tranquilliser Boissonade, de l'assurer qu'on l'avait mal informé ; il lui envoya ses notes pour les
insérer dans son Eunape. Dans une lettre précédente, du 15 février 1808, par laquelle il répondait déjà à Boissonade qui n'avait
osé, disait-il, lui envoyer son Philostrate comme étant trop
faible et trop plein de fautes, il lui avait fait cette légère leçon
sous forme d'éloge : « *Neque convenit tantæ tuæ doctrinæ tanta sive*
μικροψυχία, *sive* εἰρωνεία... Savant comme vous êtes, c'est vraiment
trop de pusillanimité à vous, ou d'irònie. » Le mot de *pusillanimité* est en grec, mais il est lâché.

l'*Odyssée* ; le voluptueux se détourne vers Tibulle ou
Ovide : ainsi fait le commentateur. Rien d'étonnant
donc que M. Boissonade, jeune, aimable, savant, se soit
dirigé du côté d'Aristénète, vers ces thèmes d'amour
qui permettaient et exigeaient tant de rapprochements
piquants, agréables, chatouilleux. Non content de vouloir l'éditer, comme il fit ensuite en 1822, sous forme
tout à fait respectable et savante, il l'avait d'abord
traduit en français à l'usage de ceux qui aiment les
anciens et qui ne peuvent les lire en leur langue.
Il attendit, il tarda, et bientôt il n'osa plus. Cette traduction, joli péché du Directoire, est restée inédite, et
s'est par malheur perdue. On n'en connaît que la préface, qu'il avait risquée comme un ballon d'essai.

Je viens de parcourir les différents articles que
M. Boissonade donna dans le *Journal des Débats,* ou *de
l'Empire* sur la littérature grecque. Ils sont fins, exacts,
instructifs ; le genre admis, ils sont assez piquants ; il
s'y moque assez légèrement de Petit-Radel, un pédant
qui avait voulu absolument être jugé sur ses vers
latins ; il le renvoie aux calendes grecques sur son
Longus, et ne parle que de celui de Courier ; il parle
aussi très-pertinemment de Sapho, d'Anacréon, de
Simonide, de l'Hymne homérique *à Cérès ;* mais hors
de là, nulle part et jamais, il n'aborde ni ne soulève
aucune question importante ; il n'ouvre la tranchée sur
rien. On était alors, en Allemagne, au plus fort de la
controverse homérique. L'illustre critique Wolf avait
institué le débat sur l'existence d'Homère et sur la formation des poëmes qui portent son nom. M. Boissonade

à à parler en 1809 de l'*Iliade,* à propos des traductions du prince Lebrun et de Bitaubé. C'était le cas de
dire son avis, si l'on en avait eu un. Eh bien, il ne dit
mot du fond : il passe outre à Homère, se détourne
sur je ne sais quel pastiche de préface en grec composé
autrefois par le prince architrésorier, et badine alentour avec assez de grâce ; mais d'Homère même, de
l'*Iliade,* de la question qui agitait et partageait les
grands érudits, rien. Il se comporte avec Homère
comme si tout était dit et épuisé à son sujet, comme si
Wolf n'était pas venu. On est tenté de s'écrier d'impatience en le lisant : *Sparge, marite, nuces...* Homme
aimable, vous vous amusez à la bagatelle, et les grandes batailles de la science se livrent sans vous.

Quand plus tard il éditera Homère dans la Collection
Lefèvre, il s'en tirera par un mot d'esprit, par un mot
charmant, qu'il emprunte, selon son habitude, à un
passage d'un ancien. « Je lis Wolf, disait-il, je l'admire,
mais il ne m'arrache pas mon assentiment. De temps
en temps, dans ma lecture, je pose le livre et je murmure entre mes dents avec le Chrémyle de la comédie :
*Non, tu ne me persuaderas pas, lors même que tu m'au-
rais persuadé.* » Il s'en tire par une plaisanterie, par
une défaite. C'était un parti pris : M. Boissonade éludait
les grosses questions.

IV.

Que je voudrais définir comme je le sens cet homme
exquis, délicat, incomplet, et dont l'esprit n'allait que

goutte à goutte ! J'ai causé avec plusieurs de ceux qui
le connaissaient mieux que moi : le nombre n'est pas
très-grand, croyez-le bien, de ceux-là qu'il avait admis
à son intimité; je ne sais s'il en est jusqu'à trois que je
pourrais nommer, et tel qui s'en vante aujourd'hui
n'en était pas. On ne le saisissait guère qu'à l'échappée
et de rencontre. Un jour, dans mon respect pour sa
science et pour ses condescendances d'amabilité, il
m'était arrivé de l'appeler savant et *vénérable*. M. de
Feletz vivait alors, et j'avais l'honneur d'être son collègue et son subordonné à la Bibliothèque Mazarine, de
la paisible administration de laquelle M. de Falloux ne
l'avait pas encore destitué. M. de Feletz, esprit critique
dans son genre et qui ne pouvait supporter en silence
ce qui lui paraissait faux ou exagéré, me dit : « Vous
l'appelez savant, c'est bien; mais pourquoi *vénérable?*
c'est trop fort, *respectable* serait assez. » Et il me
raconta alors des particularités singulières, telles qu'on
ne les savait bien que dans la famille des *Débats,* sur
cet homme original, timide, fier, ennemi de tout joug,
même conjugal, amoureux avant tout de sa liberté,
jaloux de la reprendre au moment de la perdre, et qu'une
circonstance fatale de jeunesse avait dû rendre plus
réservé encore et plus retiré.

Il y eut un temps (et cela dura des années) où il
cachait son logement; il dépaysait les curieux et les
dépistait; il ne recevait chez lui à aucun prix, et ses
meilleurs amis ne savaient où il demeurait. L'illustre
De Candolle, dans ses *Mémoires et Souvenirs* récemment
publiés, raconte qu'allant en Angleterre, en 1816, il

avait des lettres de recommandation pour sir Charles Blagden, secrétaire de la Société royale. L'ayant rencontré dans une maison tierce, il lui demanda la permission de les lui porter : « Non, non, lui répondit sir Charles, je ne reçois personne chez moi, et quand vous voudrez me voir, vous me trouverez tous les jours ici de deux à quatre heures; mais, ajouta-t-il, si je ne puis vous recevoir, je vous serai utile d'une autre manière, en vous faisant connaître le terrain sur lequel vous vous trouvez. » Et sur ce, il passa en revue avec son interlocuteur tous les botanistes anglais, lui peignant le caractère de chacun avec une exactitude que celui-ci eut bientôt l'occasion de vérifier, lui indiquant les moyens d'être bien reçu de tous et de n'en choquer aucun. Il finit en disant : « Eh bien, ce que je viens de vous dire ne vaut-il pas mieux qu'une invitation à dîner? » De Candolle n'eut pas de peine à en convenir, mais il trouva la méthode originale.

Cette méthode, sauf la crudité tout anglaise, était celle de Boissonade. Il ne donnait jamais son adresse et ne recevait ses lettres qu'à l'Institut. Les rendez-vous, quand on en exigeait, étaient à l'Institut encore, les jours de séance, à la Faculté ou au Collége de France après ses leçons. Il venait quelquefois à cheval faire sa leçon (je le répète comme on me l'a dit) et s'en retournait au galop; mais, si le fait est vrai, cela doit remonter à un temps très-ancien. Aux séances de son Académie, il se plaçait près de la porte, afin de pouvoir sortir le premier et s'esquiver. Il y parlait peu, je l'ai dit, mais ce peu était fort écouté. Son autorité y était grande; il semblait craindre d'en user. Avant d'être à Passy, où il se montra sur la fin peut-être un peu plus accessible, il habita plus d'un lieu, et notamment à Nogent-sur-Marne; là, personne ne peut se vanter d'avoir pénétré dans son intérieur. Un jour deux de ses confrères de l'Institut, Letronne et Gail, se trouvant à proximité de son habitation, et sentant leur estomac qui parlait, eurent l'idée de le voir, de lui demander rafraîchissement et réconfort; il fit dire qu'il n'y était pas. Il avait consenti un jour à aller présider l'examen dans un pensionnat ou un couvent près de là : ces dames vinrent ensuite pour le remercier; il ne les reçut point. Il craignait les suites de toute relation, les conséquences, ce qui enchaîne. Cela n'empêchait pas le farouche d'avoir de temps en temps des retours, des caprices de civilisation; il s'y montrait d'autant plus aimable, surtout avec les femmes. Mais, à la rencontre, pour tous et en tout lieu, il se montrait toujours gracieux en paroles; c'était un savant de bon ton.

Il avait dû être très-bien dans sa jeunesse. C'était la mode alors de porter la culotte, et il était admirablement jambé. Il avait des traits accentués sans être durs; de taille médiocre sans être petit, taille de danseur, d'homme de société, et qui se concilie avec l'élégance sans trop d'exiguïté. J'ai ouï dire que jeune il avait le goût des cannes élégantes, — badines encore plus que cannes, — avec des pommes de fantaisie. Il avait été et était resté fort galant; il dut être très-sensible aux pertes de l'âge et souffrir dans sa fierté de ce qui lui manquait pour avoir des succès complets en vieillis-

sant. Il l'a remarqué de Solon et des anciens sages :
pourquoi ne le remarquerait-on pas de lui? Il avait le
tempérament ardent et prompt; il était homme, dans
la rue, à s'arrêter et à oublier même une conversation
sur le grec, que son interlocuteur poursuivait tout seul,
pour regarder une beauté du peuple qui passait. Ce
coin de sa nature est essentiel; il se marque dans beaucoup de ses notes érudites et dans le choix de plus d'un
de ses sujets de publication.

Homme galant et galant homme, il l'était dans tous
les sens. En fait de sentiments et de procédés dans les
relations ordinaires, c'était la délicatesse même. Très-
reconnaissant pour les bons offices, de très-bonne composition pour ceux qui y allaient bonnement, il se
redressait et regimbait si l'on n'observait pas les égards.
Il faut voir comment, dans une lettre ferme, il remit
au pas Chateaubriand ou l'éditeur de Chateaubriand,
qui en avait agi trop lestement avec lui et avec trop
de sang-façon au sujet de la révision de l'*Itinéraire*. Un
jour Beuchot, un homme excellent, mais de peu de vue,
voulait publier en 1814 je ne sais quoi de satirique
contre des hommes qui étaient la veille au pouvoir;
M. Boissonade le rappela à la bonté et à l'équité par
une lettre qui est un modèle d'humaine sagesse :

« Ceux que vous nommez, que vous accusez, sur lesquels
vous appelez le ridicule ou peut-être quelque chose de plus
sévère (car les révolutions, faciles et humaines à leur origine,
sont quelquefois suivies de violentes réactions), ceux de qui
vous riez, d'un rire bien amer et bien cruel, sont d'honnêtes gens, séduits d'abord par des illusions très-séduisantes,

menés ensuite plus loin qu'ils ne l'avaient pensé. Êtes-vous donc leur juge? Êtes-vous exempt de fautes, vous qui leur faites de si vifs reproches? Vous, partisan illimité de la presse, n'avez-vous pas accepté une place où vous serviez le Gouvernement qui comprima cette liberté (1)? N'étiez-vous pas un des instruments de ce Gouvernement dont les instruments vous sont si odieux?

« Si les choses eussent duré, ne seriez-vous pas avancé? Une place plus élevée vous eût-elle trouvé bien fort? Obligé de parler publiquement, de louer publiquement, eussiez-vous refusé? Notre obscurité nous a préservés du danger. Savons-nous ce que nous aurions fait, si les faveurs fussent tombées sur nous? Soyez indulgent pour les autres. Qui n'a pas, qui n'aura pas besoin d'indulgence pour soi-même?... »

On croit entendre un personnage de Térence, transportant et appliquant à un cas moderne cette morale délicate à la fois et indulgente. — Je continue ce portrait tout composé de traits à bâtons rompus, et qui rentre assez dans le genre du modèle.

V.

M. Boissonade travaillait avec beaucoup de goût, sans beaucoup de suite. Il n'était pas propre aux travaux sérieux, suivis et d'ensemble, où tout se tient, où il y a commencement, milieu et fin. Aussi faisait-il le plus grand cas de ceux qui avaient cette faculté (comme Letronne) : lui il se lassait vite, il allait et revenait.

(1) Beuchot était rédacteur appointé du *Journal de la Librairie* sous l'Empire.

Tout ce qui n'était pas sentiment immédiat, aperçu d'un goût rapide, n'était pas son propre. Du moment que la réflexion devenait nécessaire, qu'il fallait que la vrille, pour percer la veine du bois, appuyât un peu fort; du moment qu'il rencontrait un nœud, une difficulté, ce n'était plus son fait; il se détournait. Jamais il ne traite une question; on ne pouvait le tenir sur une discussion proprement dite; il s'échappait, comme on dit, par la tangente. Le fort de son mérite, c'est comme philologue. Il affectait de n'être qu'un grammairien. Je ne sais quel ancien a comparé ceux qui s'appliquaient à la grammaire, faute de mieux, à ces amants de Pénélope, qui, rebutés par la maîtresse, se rejetaient sur les servantes. Mais, à voir M. Boissonade cultiver si gentiment la grammaire et conter fleurette à cette servante, il semblait qu'il n'eût tenu qu'à lui de s'adresser plus haut et de faire la cour avec succès à la dame elle-même.

Il aimait moins le latin que le grec, mais il le savait en perfection, bien qu'il l'écrivît d'une manière trop raffinée et tout artificielle. Il savait très-bien l'anglais; il ne savait pas l'allemand. Ses loisirs étaient consacrés à la culture des fleurs et au jardinage pour lequel il avait un goût de prédilection. Il avait fait des rapprochements curieux de nos plantes avec celles dont parlent les anciens. Il se piquait de connaissances botaniques et ne craignait même pas d'en faire montre, à l'occasion, dans son cours. Il aimait les fleurs en tout. Un jour, l'idée lui prit de traduire quelque chose du portugais (car il le savait aussi) : qu'alla-t-il choisir dans cette littérature si peu connue? Un petit poëme burlesque, imité du *Lutrin* et intitulé *le Goupillon*, une pure fleur artificielle. Il l'assaisonna de toutes sortes de jolies petites notes.

La note, *notula,* était son fort et son triomphe; la note courte et vive, bien amenée, bien touchée, s'arrêtant au moment où la dissertation commence. Sa note promet et ne tient pas; là où il faudrait discuter ou trancher, elle s'arrête. Un Bentley commencerait là où Boissonade finit.

Voulez-vous un échantillon de ces notes tant vantées qui sont comme un chapelet de citations et d'éruditions enfilées? Je n'ai que l'embarras du choix. A propos de l'*Électre* de Sophocle, il rencontre un vers qui est tout entier ou presque tout entier en monosyllabes : sur ce, il remarque et note tous les vers qu'il connaît, composés également de monosyllabes :

« Racine, dans *Phèdre* :

Le jour n'est pas plus pur que le fond de mon cœur.

« Le même, dans *Bajazet* :

Quand je fais tout pour lui, s'il ne fait tout pour moi...

« La Fontaine dans une fable (la 8ᵐᵉ du livre XII) :

Ce que je sais, c'est qu'aux grosses paroles
On en vient sur un rien, plus des trois quarts du temps.

« Saint-Ange, traduisant Ovide qui fait parler le Soleil amoureux :

Par moi seul on voit tout ; seul je vois tout au monde,
Mais je ne vis jamais rien de si beau que vous... »

Les vers cités ne remplissent même pas tous la condition voulue d'être d'un bout à l'autre monosyllabiques (1). Dans ces sortes de notes, M. Boissonade aime ainsi à mettre à la suite tous les passages plus ou moins analogues qu'il a remarqués et distingués à la loupe dans ses lectures : c'est un enfileur de perles. — A

(1) Puisque nous y sommes, je rappellerai qu'il y a de Moncrif un de ces vers monosyllabiques les plus jolis :

Qui plaît est roi, qui ne plaît plus n'est rien.

Et Vaugelas a fait, à propos de ces sortes de vers, une excellente remarque. Le grammairien délicat distingue en ceci entre la langue française et la langue latine ; s'il avait su le grec, il aurait eu là une occasion d'en faire un rapprochement avec le français, et de voir entre les deux langues une conformité de plus, en sautant par-dessus le latin : « Ce n'est point, dit Vaugelas, une chose vicieuse, en notre « langue qui abonde en monosyllabes, d'en mettre plusieurs de « suite. Cela est bon en langue latine, qui n'en a que fort peu « car, à cause de ce petit nombre, on remarque aussitôt ceux qui « sont ainsi mis de rang, et l'oreille qui n'y est pas accoutumée « ne les peut souffrir. Mais, par une raison contraire, elle n'est « point offensée de nos monosyllabes français, parce qu'elle y est « accoutumée, et que non-seulement il n'y a point de rudesse à « en joindre plusieurs ensemble, mais il y a même de la douceur, « puisque l'on en fait des vers tout entiers, et que celui de M. de « Malherbe qu'on allègue pour cela est un des plus doux et des « plus coulants qu'il ait jamais faits. Voici le vers :

« Et moi je ne vois rien, quand je ne la vois pas.

« Il ne faut donc faire aucun scrupule de laisser plusieurs mono- « syllabes ensemble quand ils se rencontrent. Chaque langue a ses « propriétés et ses grâces. Il y a des préceptes communs à toutes « les langues, et d'autres qui sont particuliers à chacune. »

quoi cela sert-il? demandera-t-on. — A bien peu sans
doute, à glisser une aménité au milieu d'un sujet aride,
à se dérider et à sourire entre gens instruits, et qui
ont leur jeu de *honchets* à leur manière.

A propos de ces jolies notes de M. Boissonade, qui
promettent plus qu'elles ne rendent, qui font venir l'eau
à la bouche et qui ne désaltèrent pas, où l'on trouve ce
qu'on n'attendait point et presque rien de ce qu'on y
cherche, un homme d'esprit parmi les érudits (1) me
disait : « Il me fait toujours l'effet de tenir entre ses
doigts sa tabatière d'écaille, et, en l'entr'ouvrant à
peine pour y prendre une prise, de chantonner à demi-
voix : *J'ai du bon tabac dans ma tabatière; j'ai du bon
tabac, tu n'en auras pas!* » Mais M. Boissonade n'y mettait pas tant de malice : il ne narguait personne ; il
prisait du bout des doigts, à sa façon, et ne faisait
qu'obéir à son goût.

Un vieil érudit gaulois, assez parent de Boissonade
par l'esprit et par la grâce, La Monnoye, était un jour
visité par Brossette, qui le félicitait fort de son érudition : La Monnoye répondit avec modestie qu'il n'était
point savant et qu'il ne pouvait se piquer que d'une
grande envie de savoir ; à propos de quoi il récita cette
épigramme délicate de Jean Second dans son livre des
Baisers :

(1) M. Loudierre, ancien professeur de rhétorique à Saint-Louis,
qui aurait pu faire des livres comme un autre, et à meilleur titre
que beaucoup d'autres, mais qui a mieux aimé faire des élèves ;
un esprit philosophique et fin, qui sait l'Antiquité sans superstition, et qui s'est toujours rendu compte de ce qu'il enseignait.

Non hoc suaviolum dare, Lux mea, sed dare tantum
Est desiderium flebile suavioli.

« Oh! ce n'est pas là donner un baiser, ma chère,
c'est donner seulement le regret mortel d'un baiser. »
Ces fins érudits sont volontiers égrillards en paroles
quand ils citent grec et latin : il faut bien qu'ils se
payent de leur peine et de leur ennui. M. Boissonade
eût envié, pour son compte, cette citation de La Monnoye, s'il l'avait connue. On peut dire de lui aussi qu'il
avait, en fait d'érudition, moins encore ce qui nourrit
que ce qui affriande.

Personne ne possédait mieux et ne citait plus volontiers, ne mettait plus souvent à contribution dans ses
notes la littérature française du second ordre, le menu
des auteurs et poëtes du XVIIIe siècle. Il se délectait à
relire non-seulement *le Méchant, la Métromanie,* mais
quantité d'autres comédies bien moindres, tout à fait
refroidies pour nous, et qui lui semblaient toujours
agréables. Un jour, venant de causer avec M. Mérimée,
dont il goûtait le savoir si précis, si positif, sous des
formes parfaitement aisées et mondaines, il écrivait
dans son Journal :

« J'applique à M. Mérimée ces vers d'Orphise à Clitandre dans *la Coquette corrigée :*

Mon amitié pour vous ne saurait s'augmenter,
Clitandre; j'aime en vous cet heureux caractère,
Qui vous rend agréable à la fois et sévère,
Cet esprit dont le ton plaît à tous les états,

Que la science éclaire et ne surcharge pas,
Qui badine avec goût et raisonne avec grâce. »

C'est flatteur et c'est vrai; mais assurément personne
autre n'eût jamais eu l'idée d'aller demander au poëte
Lanoue un portrait de Mérimée. J'y vois de l'agrément,
surtout de l'imprévu : je ne saurais y trouver la preuve
d'un grand goût. La ressemblance même y étant, il y
a trop de dissonance dans le ton. Orphise, Clitandre
et Mérimée, cela jure.

Rien non plus ne saurait me faire trouver d'un goût
excellent et simple tous les travestissements que prennent dans les notes latines de M. Boissonade les noms et
les ouvrages de nos littérateurs les plus connus ; et par
exemple, qui s'aviserait de reconnaître à première vue
les masques que voici ?

Destuchius in *Naturæ vi,*	Destouches dans *la Force du naturel;*
Russavius in *Julia,*	Rousseau dans *la Nouvelle Héloïse;*
Fontanius in *Conspicillis,*	La Fontaine dans le conte des *Lunettes;*
Rulhierus in *Ludis,*	Rulhière dans le poëme des *Jeux de main;*
Voltairius in *Asoto,* etc.	Voltaire dans *l'Enfant prodigue,* etc.

Ce sont là des amusements d'un goût douteux. Il
semble qu'un homme d'autant d'esprit et qui savait
son Molière autant que son Lanoue, aurait dû être
guéri à jamais de cette mascarade. Mais je prends

trop au sérieux des gentillesses de *scholar*, et j'ai tort.

Si l'on me demandait quelle est l'œuvre marquante de M. Boissonade comme érudit, je commencerais par répondre que je n'y entends absolument rien, et par conséquent pas assez pour prononcer; que j'ai ouï dire à de bons juges que précisément c'est cette œuvre de marque qui lui manque : puis, si l'on me poussait, je me risquerais jusqu'à conjecturer pourtant que cette œuvre, qui serait chez lui essentielle et caractéristique, pourrait bien être tout bonnement son édition d'Aristénète, méditée et couvée durant vingt-cinq ans, faite avec amour et complaisance. Ses autres éditions ont été bien souvent des tâches, des corvées, comme tout savant s'en donne ou en accepte dans sa vie, et le *Babrius* lui-même, ce fabuliste jusqu'alors inédit, qui peut passer pour son fleuron classique, lui a été imposé. Le ministre dont la confiance l'avait désigné pour en être le premier éditeur, et qui avait hâte de voir cette découverte mise en lumière, le pressait sans relâche. « Il fallait, — à moi du moins, — pour le publier convenablement, disait M. Boissonade, un an et plus, oui plus ; et le tout a été copié, traduit, expliqué en peu de mois, et réimprimé, remanié en peu de jours. » Dans cette publication tout officielle qui, malgré les défectuosités, lui fait beaucoup d'honneur et où le premier il rompit la glace, il n'eut donc que les ennuis et les épines du métier ; il était hors de toutes ses habitudes. D'ordinaire il avait besoin de prendre ses aises et de vaquer à ses scrupules. Mais entre tous les auteurs de son choix autour desquels il

musa et s'amusa, il me fait l'effet de ne s'être complu
et délecté souverainement qu'à son Aristénète, — plus
encore qu'à son Philostrate. Il faut voir comme il en a
distillé et dégusté chaque note, et des notes amou-
reuses, érotiques, galantes. C'est son *Parny* grec : il l'a
choyé entre tous.

Et après cela, après tout hommage rendu à la fleur
des érudits, au savant aimable et délicat, je m'adres-
serai aux nouveaux, à ceux qui s'élèvent : Jeunes érudits
et savants qui lui succédez, vous le savez mieux que
moi, si vous voulez maintenir l'Antiquité à son rang,
dans toute son estime, et intéresser à elle les esprits
des générations présentes et prochaines, ce n'est pas
en l'abordant désormais à la Boissonade et en vous
attaquant isolément à des points imperceptibles, c'est
en traitant les questions qui la concernent, dans toute
leur précision sans doute, mais aussi dans toute leur
étendue et leur généralité, et en rattachant les anciens
le plus possible au train moderne par une anse moderne
aussi, par quelque agrafe puissante, en leur demandant
tout ce qui se rapporte chez eux à l'histoire des idées,
des mythes, des religions, de l'art, de la police et de la
constitution des sociétés, à la marche enfin et au progrès de l'esprit humain et de la civilisation elle-même.
Boissonade pourtant, à le prendre tel qu'il est, avec ses
particularités et ses exclusions, reste unique et une
perle entre les érudits français.

Je serais ingrat si je ne disais que, dans ce portrait
où j'ai tâché d'être ressemblant et de me tenir avant

tout dans la ligne du vrai, j'ai beaucoup dû à un successeur et à un ami de M. Boissonade, à l'un des
hommes qu'il distingua le plus, à celui qu'il avait choisi
de son plein gré pour son suppléant, et à qui il écrivait, lui qui connaissait le prix de chaque mot : « Vous
savez beaucoup de choses, et vous les savez bien ; » à
M. Rossignol, dont l'amitié m'est précieuse autant
qu'honorable. Sa place était marquée, ce semble, dans
les deux volumes qu'on vient de publier : il y brille par
son absence. On eût gagné certainement à ne point se
passer tout à fait de lui et à consulter, jusque dans la
pompe du panégyrique, et pour se préserver du trop
d'excès, un si bon juge, un témoin d'un goût sain et
sévère. L'honneur du maître n'en eût point souffert ; la
vérité s'en fût trouvée bien. Le véritable atticisme n'est
ni de la complaisance ni de la mollesse.

ŒUVRES

DE

M. P. LEBRUN

DE L'ACADÉMIE FRANÇAISE

TOMES III, IV ET V (1)

———

Le ciel de l'art et de la poésie se dépeuple. L'astre d'Eugène Delacroix vient de se coucher en pleine flamme ; la blanche étoile de De Vigny s'est évanouie dans son pâle azur ; Alfred de Musset, dès longtemps, a disparu. Lamartine et Hugo, le dernier surtout, plus présent à distance et dans son éloignement, règnent encore au-dessus de l'horizon et dominent, et nous dorent ou nous échauffent de loin le front de leurs derniers soleils élargis. De nouveaux noms de poëtes

(1) Chez Perrotin, rue Fontaine-Molière, 41.

se lèvent et scintillent sur bien des points, un peu
confusément et au hasard, sans prééminence d'aucun ;
il serait prématuré et téméraire d'entreprendre de les
classer ; mais, en première ligne désormais, le dernier
et le plus jeune d'entre les anciens, se détache et
brille un rare talent, une muse charmante, capri-
cieuse, colorée de tous les tons, philosophique aussi
à sa manière, et qui n'a pas encore reçu les couronnes
qui lui sont dues : tous ceux qui aiment l'art et qui
apprécient le style ont nommé Théophile Gautier.

Aujourd'hui c'est à un poëte d'une tout autre génération que je veux revenir, puisque l'occasion s'en
présente ; je la croyais, je l'avoue, indéfiniment
ajournée. Il y a vingt ans que M. Lebrun publiait les
deux premiers volumes de ses OEuvres, contenant ses
tragédies et pièces de théâtre : *Ulysse, Marie Stuart,* et
ce *Cid d'Andalousie* dont l'insuccès même fut un honneur ; son poëme de *la Grèce,* et aussi cet autre poëme
lyrique sur *la Mort de Napoléon.* L'auteur promettait
pour un troisième volume quantité de pièces plus
légères, plus familières, des chants ou des causeries
d'autrefois, des épîtres, des odes ; cependant les années
s'écoulaient, et le volume promis ne venait pas : je
le regrettais, car j'avais eu communication de quelques-
unes de ces pièces tout à fait inédites ou parfaitement
oubliées, et elles me semblaient très-dignes d'être
mises ou remises en lumière. Elles paraissent enfin
aujourd'hui, et, au lieu d'un seul volume, l'auteur,
comme pour nous payer de l'arriéré, nous en donne
deux ; et il y a joint encore un dernier volume de prose.

En nous faisant l'amitié de nous les envoyer, à nous l'un des premiers, M. Lebrun a toute raison de dire : « Ce sera du moins une nouveauté que des poésies laissées un demi-siècle en portefeuille. A côté des odes que je ne voudrais pas appeler *officielles,* car elles sont nées d'une admiration jeune, naïve et désintéressée, beaucoup de pièces témoigneront que la poésie privée et individuelle n'était pas, au temps de l'Empire, aussi rare qu'on l'a cru. » Ce que M. Lebrun ne dit pas et que je me hâte d'ajouter, c'est que nombre de ces dernières sont des plus agréables et des plus touchantes.

I.

La position de M. Lebrun, entre les divers poëtes de notre âge ou de l'âge précédent, est particulière, et je la rappellerai en peu de mots. Né en 1785, il débuta sous l'Empire en 1805 et en reçut la pleine influence ; il fût, par l'inspiration et le timbre du talent, le plus jeune poëte de l'Empire, et, pour ainsi dire, éclos le même jour que lui, dans sa première grande victoire. Dès l'âge de douze ans, élève du Prytanée de Saint-Cyr, il versifiait et faisait des couplets pour les fêtes et solennités scolaires. A vingt ans, et n'ayant pas encore quitté ce collége du Prytanée, il débutait dans la carrière lyrique par une *Ode à la Grande Armée* publiée au *Moniteur* presque aussitôt que le bulletin d'Austerlitz, et qui parvenait à l'Empereur au lendemain de la victoire. Il y a, à ce sujet, toute une histoire ou histo-

riette assez amusante et qu'on sait en détail. M. Daru
a souvent depuis raconté à l'auteur comment les
choses s'étaient passées. C'était le soir, dans le salon
de Schœnbrunn : M. de Talleyrand, le maréchal
Berthier et M. Daru avaient dîné avec l'Empereur;
l'Empereur assis prenait son café, quand M. Daru,
ouvrant *le Moniteur* qu'il trouva sur la cheminée, fit
un mouvement de surprise. « Qu'est-ce, Daru? » dit
l'Empereur. — « Voilà, Sire, dans *le Moniteur,* une ode
sur la bataille. » — « Ah! et de qui? » — « De Lebrun,
Sire. » — « Ah! ah! voyons, lisez-nous cela, Daru. »
L'Empereur, non plus qu'aucun des auditeurs présents,
ne put se douter que l'ode fût d'un autre que du fameux Lebrun-Pindare, quoique celui-ci fût resté bou-
deur et un peu républicain. On loua, on critiqua.
Probablement, à quelques endroits, les plus connaisseurs dirent : « C'est bien là Lebrun avec ses hardiesses
et ses défauts. » L'erreur, même de la part de gens de
goût, était excusable : l'ode entière était animée d'un
beau feu. Ordre fut donné par Napoléon d'écrire au
ministre de l'intérieur qu'il accordait à Lebrun une
pension de 6,000 francs. On apprit bientôt que l'ode
n'était pas du célèbre lyrique, mais d'un élève de
Saint-Cyr. « N'importe! dit l'Empereur, qu'on lui
donne la pension. » Elle fut seulement un peu réduite :
le vieux Lebrun, du coup, eut et garda celle qu'une
première méprise lui avait fait donner. Il n'en fut pas
moins indigné contre le jeune cadet, sorti de terre on
ne sait d'où, qui lui volait ainsi d'emblée sa lyre et
son nom. Ce qu'il y avait de plus irritant, c'est que le

président du Sénat, François de Neufchâteau, plus candide que fin, lui avait fait à ce sujet de grands compliments et lui avait sans doute dit la phrase consacrée : « *Vous n'avez jamais rien fait de mieux.* » Aussi resta-t-il implacable dans sa rancune, et il laissa sans réponse la lettre, toute pleine de déférence et d'admiration, que le jeune débutant lui avait adressée en lui envoyant son ode. Celui-ci ne se vengea qu'en faisant une nouvelle ode, et très-belle, deux ans après, sur la mort du Pindare bourru.

Notre Lebrun reçut donc en plein le coup de soleil de l'Empire, et du premier jour il se consacra d'un cœur tout français et reconnaissant à en célébrer les gloires :

> Aigle, je m'attache à ton aile :
> Emporte-moi dans l'avenir !

A vingt ans, il méditait aussi de doter le siècle d'une épopée, *la Colombiade* ou la découverte de l'Amérique. Dans son ambition juvénile, il se promettait encore et cueillait déjà en rêve le laurier tragique. On aurait tort, aujourd'hui que ces choses restées inachevées et incomplètes sont si éloignées, que tant d'autres ont succédé pleines d'éclat, et que la poésie a régné en son été et à son midi sous des formes plus saisissantes et toutes radieuses, de ne voir en M. Lebrun qu'un homme de lettres et un homme de talent s'essayant avec art, avec étude, avec élégance, à des productions estimables et de transition. Il est bien, en effet, un poëte de transition et de l'époque intermédiaire, en

ce sens qu'il unit en lui plus d'un ton de l'ancienne
école et déjà de la nouvelle : tantôt, dans ses épîtres
familières, il rappelle le bon Ducis, également touchant et familier ; tantôt, dans ses petites odes gracieuses, il semble se rattacher et donner la main à
Fontanes finissant ; tantôt, dans ses stances méditatives
ou ses effusions patriotiques, on dirait qu'il ne fait
que côtoyer et doubler Lamartine qui prélude, ou Casimir Delavigne qui commence : tous ces accents
divers, ces notes de plus d'un genre se rencontrent
tour à tour et naturellement, sans disparate, dans les
vers de M. Lebrun, tout cela est sensible à la simple
lecture ; mais ce que je prétends, c'est que ce n'est
nullement par un procédé d'imitation ou par un goût
de fusion qu'il nous offre de tels produits de son talent, car il est, il a été poëte, sincèrement poëte, de
son cru et pour son propre compte ; il en porte la marque, le signe au cœur et au front : il a la *verve*.

Une verve inégale, intermittente, qui a ses allées
et ses venues, ses fuites et ses retours, qui l'abandonne
parfois, qui le ressaisit tout d'un coup, qui ne se soutient pas durant un long temps, mais une veine vraie
et franche, toute de source, à laquelle il obéit et s'a-
bandonne, et qui fait de lui, non pas un versificateur
plus ou moins savant et habile, mais un véritable frère
des poëtes.

Quoiqu'il ait peu produit, ce semble, à en juger surtout à la mesure abondante et surabondante d'aujour-
d'hui, il n'est pas de ceux qui se rongent les ongles et
s'arrachent les cheveux à faire des vers. Sa veine, aux

moments propices, n'a rien d'aride ni de rebelle. A vingt et un ans, retiré dans une solitude champêtre en Normandie, il exprimait pour lui et pour un ami, Achille Du Parquet, dans un Journal confidentiel, les dispositions et les facilités de son esprit, il laissait déborder l'ivresse de son âme :

> « Couvent de Caudebec, jeudi matin,
> 30 octobre 1806.

« Il me semble que depuis quelques jours une révolution s'est faite en moi; je sens comme un brasier dans ma tête et dans tout mon corps. Les vers coulent de ma veine sur le papier sans que j'aie même le temps de les comprendre et de les écrire. Depuis dimanche matin, j'ai fait trois actes de ma tragédie de *Pallas :* toute cette tragédie s'est placée subitement dans ma tête, sans travail, et comme d'elle-même.

« Je suis dans une émotion continuelle, tout en moi fermente. L'idée pleine d'*Évandre*, de *Pallas* et de *Dina*, je travaille dans une sorte d'extase et de joie depuis le matin jusqu'à l'autre matin, sans relâche et presque sans sommeil. Mes idées étaient auparavant laborieuses et pénibles; quand j'avais fait quinze ou vingt vers, je n'avais pas perdu ma journée : aujourd'hui, j'en fais cent, deux cents, et plus encore. Je profite avec hâte, et comme si je le dérobais, de ce moment de singulière effervescence; il ne peut durer longtemps; je n'y résisterais pas. Ma manière de travailler est si fatigante! ma poitrine est déchirée de mes cris. Je tombe le soir harassé, tant j'ai marché et déclamé tout le jour!

« Je crois vraiment que l'esprit qui anime nos soldats se communique aux poëtes; depuis huit jours la guerre est commencée, et la bataille d'Iéna a presque déjà terminé la campagne. »

J'ai cité le passage, surtout à cause de ces derniers

mots. On s'est étonné que le premier Empire, avec ses
miracles dans la guerre et dans la paix, n'ait pas suscité sur l'heure ses poëtes. On voit qu'il y en avait un
au moins, qui était présent sous les armes et qui ne
manquait pas à l'appel.

Napoléon, qui connaissait ses soldats en tout genre
et qui avait retenu le nom du nouveau Lebrun depuis
la lecture de Schœnbrunn, disait un jour à Mme de
Bressieux, dame d'honneur de Madame Mère et pro-
tectrice aimable du poëte à la Cour : « Ce jeune homme
a de la verve, mais on dit qu'il s'endort. » M. Lebrun,
dans sa jeunesse, sans précisément s'endormir, perdit,
en effet, du temps à rêver et à être heureux : il faut
en tout genre, quand on aime la gloire, être prompt à
saisir, à remplir sa destinée. Athlète, tandis que vous
tournez et retournez votre ceste et votre ceinture, ou
que vous polissez le timon et les roues de votre char,
la terre tremble, le stade se déplace, les astres se pré-
cipitent, les empires que vous méditez de célébrer
s'écroulent. Il n'est déjà plus temps de ravir la palme.
Demain, le fatal demain, est déjà venu... Mais que l'on
juge pourtant de l'effet instantané d'une telle parole
de l'Empereur, d'un tel coup d'éperon sur une jeune
imagination ardente et enthousiaste. Le coursier lyrique
s'en ressentit aussitôt. Il y a, dans les quelques odes
de M. Lebrun qui datent de ces années, des strophes
tout à fait belles ; il y court comme un souffle embrasé
des passions du temps. Contre la puissance et *le Vaisseau de l'Angleterre*, par exemple, en 1808, le disciple
et l'héritier de Malherbe s'écriait énergiquement :

Je vois, aux plaines de Neptune
Un vaisseau brillant de beauté,
Qui, dans sa superbe fortune,
Va d'un pôle à l'autre porté :
De voiles au loin ondoyantes,
De banderoles éclatantes,
Il se couronne dans les airs,
Et seul sur l'humide domaine,
Avec orgueil il se promène,
Et dit : « Je suis le roi des mers. »

Mais voici la belle strophe, celle de l'invective et de la menace, tout à fait à la Malherbe, et un peu dans son style légèrement vieilli :

Il n'a pas lu dans les étoiles
Les malheurs qui vont advenir ;
Il n'aperçoit pas que ses voiles
Ne savent plus quels airs tenir ;
Que le ciel est devenu sombre,
Que des vents s'est accru le nombre,
Que la mer gronde sourdement,
Et que, messager de tempête,
L'alcyon passe sur sa tête
Avec un long gémissement.

Il ne manque à de telles prophéties, pour être célèbres, que d'avoir été réalisées. Il n'a manqué à plusieurs des vers de M. Lebrun, composés à cette époque, que d'avoir éclaté à temps et de n'avoir pas trop gardé la chambre. La jeunesse croit avoir l'éternité devant elle, et l'heure est rapide, l'occasion est fugitive !

Lui-même il a fait son histoire, il nous a livré sa

confession de poëte dans une pièce de 1830, datée du joli pays de Champrosay et intitulée *la Muse du Réveil*. Une nuit, il s'éveille en effet, avant le jour ; il a senti un frémissement inaccoutumé : c'est bien la verve qui renaît en lui, c'est bien la fée, l'invisible fée, dont l'approche l'émeut et le transporte, c'est bien la Muse en personne :

> Si la fille du Ciel défend que je la voie,
> Je la sens à sa flamme et mieux à mon amour.

Il commençait à craindre qu'elle ne voulût plus le visiter ; elle devenait rare. Il était arrivé à ce point de la vie où la route au sommet et déjà au déclin se partage. La raison, la vie pratique, les affaires ont leur tour. Il y a en nous comme deux amis, comme deux frères, d'âge inégal, inégaux surtout de précocité, et d'humeur : le premier le plus vif et le plus prompt, si ardent, qui commence sitôt, qui s'ébat si joyeux, qui se lasse avant l'autre ; le second plus lent, plus engourdi dans la jeunesse, qui se décide tard, qui procède pas à pas, gagne du terrain peu à peu et reprend l'avance au milieu du chemin. Oh ! alors, quand le premier ne meurt pas tout à fait, il reste traînant et souffrant désormais ; il est comme un malade que le second doit soutenir parfois et supporter, sans trop le gourmander pourtant ; le frère solide, sensé, raisonnable, dont le tour est venu, donne le bras au frère poëte qui languit plus ou moins longtemps et qu'il est destiné à ensevelir. Nous avons tous, — nous surtout poëtes critiques, — connu de près ces deux frères.

La Muse pourtant ne s'en va pas tout d'un coup ni la
première fois ; elle revient sourire ou murmurer à de
certaines heures ; le poëte l'entend, se ranime et la
salue :

> C'est donc toi ! viens, capricieuse !
> Tout entier viens me rallumer ;
> De mon bonheur reine envieuse,
> Viens de ton âme m'animer.
> Que je t'ai de mois attendue !
> Je croyais ta flamme perdue,
> Et je disais : La Muse a cessé de m'aimer.
> Et tu m'aimais encor ! C'est donc toi ! ta présence,
> Après une si longue absence,
> Le rire aux yeux, me fait pleurer.
> Viens tout près d'une âme altérée,
> Ouvre-moi ta source sacrée,
> Viens dans ta source m'enivrer.
>
> . . . .
> Muse, sais-tu combien je t'aime !
> Sais-tu depuis quel temps ? l'aimeras-tu toujours
> Celui qui t'a donné les plus beaux de ses jours.
> Ses belles nuits, et tout lui-même ?
> Notre vie a fait un long cours,
> Depuis que je t'ai devinée
> Dans ce cher et doux Prytanée,
> Heureux berceau de nos amours.
> Vivront-ils les enfants de ce long hyménée ?
> Si peu nombreux et si faibles, hélas !
> J'ai trop matin commencé ma journée ;
> Avant qu'ils soient fleuris, j'ai cueilli mes lilas ;
> Bien jeune encor ! j'avais douze ans à peine.
> Que la journée ouverte si matin
> Vous paraît longue ! il la vaudrait mieux pleine.
> Mais elle fut du moins pure et sereine ;
> Puisse un beau soir en couronner la fin !

Il sent la Muse déjà prête à repartir ; il essaye de la retenir quelques instants de plus, en lui rappelant tous leurs chers souvenirs, à tous deux :

> Te souviens-tu, Muse adorée,
> Du premier temps où je t'aimais ?...
> Te rappelles-tu les jacinthes
> De nos bois secrets de Saint-Cyr ?...
> Te souviens-tu de Tancarville,
> Du vallon caché dans les bois ?...

A chaque rappel d'un souvenir, il lui dit comme Juliette à Roméo : « Ne pars pas ; non, ce n'est pas l'aurore... » Et dans une suite de couplets, réitérant sa supplication tendre, il lui nomme tour à tour, en manière de refrain, les constellations qui tiennent encore leur place nocturne dans le ciel : « Non, ce n'est pas l'aurore, l'étoile de Vénus est encore loin. — Non, ce n'est pas l'aurore, près du Cygne rayonne encore Jupiter. — Non, ce n'est pas l'aurore, la constellation de la Lyre est encore au zénith. » Tout ce motif est poétique et charmant.

Enfin elle part, elle s'est envolée ; le bouillonnement s'apaise, l'ivresse s'éteint par degrés :

> Ah ! que le charme se prolonge !
> Reviens multiplier les jours où je te plus !
> Reviens demain encor m'enchanter d'un beau songe.
> Si rare en mon séjour, ne reviendrais-tu plus ?
> Comme toute autre maîtresse
> La Muse aime la jeunesse ;
> Et mon front s'agrandit, et l'âge sérieux
> De cheveux grisonnants sème mes noirs cheveux !

Pourquoi ce chant éloquemment poétique, ce tendre adieu à la Muse, n'a-t-il point paru en 1830, à la date même où il fut composé? L'immortelle *Nuit* de Musset n'en serait pas moins belle; mais il aurait eu dans M. Lebrun un précurseur. Cette remarque s'applique à la plupart des vers qu'on lira : on y retrouve, dans presque tous, quelques-uns des tons qui ont prévalu depuis sur d'autres lyres. Évidemment l'homme heureux, le sage, l'homme du monde aussi et de société ont un peu nui chez M. Lebrun au poëte. Il ne s'est point hâté; une seule fois, il a saisi au vol l'heure rapide pour sa *Marie Stuart*. Pour le reste il a tardé, ajourné, préparé sans cesse ; il oubliait trop que les choses poétiques ne se mènent point avec lenteur, par acquisition graduelle et progrès continu. D'intervalle en intervalle, d'espace en espace, à je ne sais quel signal qui éclate dans l'air, de grands talents nouveaux prennent l'essor et se posent du premier coup sur des collines plus avancées d'où l'on découvre d'autres horizons : un nouvel ordre de perspectives s'est révélé, une nouvelle ère commence. Plus vigilant, on aurait pu y atteindre des premiers, y marquer son rang, et l'on se voit à jamais distancé. Ce qu'on doit dire à l'honneur de ces poésies anciennes nouvellement publiées, c'est qu'elles ne paraissent nullement surannées ni hors de saison ; elles ont gardé de la fraîcheur encore, parce que le sentiment en fut vrai et sincère.

II.

Tout en méditant de plus longs ouvrages, M. Lebrun, dans ses premières années, dépensa sa verve poétique en bien des pièces douces et touchantes que le public lira aujourd'hui pour la première fois. Il avait dû à la protection de Français de Nantes un de ces postes qui alors n'obligeaient à rien (ou à bien peu), et qui se donnaient à des gens de lettres distingués auxquels on voulait faire des loisirs. L'homme en place, ministre depuis hier, ne considérait point en ce temps-là un encouragement, un bienfait accordé à un poëte comme un abus. M. Lebrun était donc receveur principal — dans les Droits réunis, je crois, — au Havre, avec autorisation de non-résidence, et il passait ses étés solitaire, travaillant ou rêvant, dans la tour de Tancarville, au bord de la Seine, en face de Quillebœuf. Il a laissé de ce lieu inspirateur les plus aimables peintures en vers, et même en prose. On ne saurait mieux voir ni mieux dire :

« Entouré de bois et élevé au sommet d'une falaise, sur le bord de la Seine, à l'endroit où elle commence à devenir la mer, ce château domine de ses tours quelques maisons de pêcheurs et une petite vallée étroite et boisée, au fond de laquelle naît un ruisseau qui la partage, et qui vient se jeter à la Seine après avoir fait tourner un moulin. Les navires qui passent à la hauteur de Quillebœuf aperçoivent, à l'autre bord, une tour s'avançant à l'entrée d'un enfoncement vert et ombragé : c'est la tour principale de Tancarville, la tour de

l'Aigle. Deux tours inférieures s'élèvent à la suite, les tours
du portail, et plus loin deux autres encore, la tour du Lion
et la tour Coquesart. Lorsque j'habitais ce beau lieu, au temps
de l'Empire, il y avait, au pied de la tour de l'Aigle, un
petit port souvent rempli de barques et de navires qui y
faisaient relâche en remontant du Havre à Rouen. Maintenant, à la place du port, ce sont des prairies. Les vagues
venaient battre les falaises et couvrir la grève de coquillages :
maintenant des troupeaux y paissent. *Le temps a fait un
pas, et la face de la terre est renouvelée* (1). »

C'est en ce site des plus romantiques entre tous ceux
de la belle Normandie, qu'au milieu de ses livres et
de ses rêves M. Lebrun ne passa pas moins de neuf
belles saisons, jouissant du bonheur présent, anticipant
en idée l'avenir, prenant volontiers sa paresse pour de
l'étude, préparant de longues œuvres, se jouant à de
moindres essais, se laissant aller à l'inspiration du
moment, s'oubliant peut-être parfois en d'autres doux
songes et en des erreurs qui valent mieux que la gloire.
Il faut l'entendre nous raconter sa vie, et en prose
d'abord ; car sa prose a du naturel et de la grâce :

« C'est là que j'ai passé, dit-il, loin des distractions et des
entraînements du monde, de 1808 à 1816 ou 17, bien des
semaines ou des mois de la belle saison et de l'automne,
quelquefois avec un ami, le plus souvent tout seul, et alors
dans une solitude si profonde, si complète, que je demeurais
des jours entiers sans faire usage de la voix. J'avais meublé,
dans la tour de l'Aigle, une chambre à arceaux et à vaste
cheminée, avec de grands fauteuils de tapisserie et des tapis
à verdure et à personnages, dans le style des vieux temps, et

(1) C'est le mot de Chateaubriand dans *René*.

pour ressembler aux anciens maîtres. Seulement, je n'avais autour de moi ni vassaux ni officiers; je n'avais pas même un domestique. Allant trouver mon dîner dans la petite auberge du port, j'annonçais moi-même le moment où je me disposais à descendre, en attachant à la fenêtre de ma tour un petit drapeau. Le signal de l'auberge répondait au mien. Pour toute compagnie, un chien, un beau lévrier; pour toute distraction, quelques ruches d'abeilles, au bruit desquelles j'allais lire *Aristée* et *les Géorgiques;* et, dans la profonde et large embrasure de croisée à banc de pierre dont j'avais fait mon cabinet d'étude et ma bibliothèque, quelques bons compagnons rangés sur des tablettes de sapin, au-dessus de la table à serge verte : Homère, Virgile, Corneille, Pétrarque, Montaigne; ajouterai-je Ronsard, Ossian et même Clotilde de Surville? Ronsard! c'était assez bien pour le temps. Avoir lu trois cent mille vers (1) de Ronsard en 1808! en plein Empire! Je goûtais déjà, on le voit, aux sources où s'est abreuvée et plongée la Restauration. J'avais déjà découvert cette étoile de la pléiade qu'on n'a cru retrouvée que de nos jours. Quant à Clotilde de Surville, elle était, je l'avoue, ma favorite; je la savais par cœur, je l'aimais, je croyais en elle. J'ai reconnu avec regret le mensonge. Clotilde de Surville s'en est allée, hélas! avec Ossian, — hélas! avec tant d'autres illusions de ma jeunesse. On m'a dit depuis qu'Homère n'était pas vrai non plus. On ne sait plus que croire...

« Dans cette retraite, éloignée des villes et des grandes routes et alors tout à fait infréquentée, je passais donc ainsi les jours, étudiant, me préparant à de sérieux travaux, commençant de grands ouvrages. J'écoutais le bruit lointain de nos victoires, et mes chants en étaient l'écho, — ou le mouvement intérieur de mon âme, et mes vers réfléchissaient les images dont j'étais entouré. Le vallon de Tancarville était ma *Valchiusa;* j'y célébrais *mes* bois, *mes* tours, *ma* source,

---

(1) Je copie le chiffre de *trois cent mille;* il doit y avoir erreur. Quatre-vingt mille serait bien assez.

mon vieil if, *ma* roche de Pierre-Ganie; tout ce qui m'entou-
rait était à *moi*, à moi, à la manière de Rousseau; j'en étais
plus que le maître, j'en étais le possesseur. Beau temps!
j'étais jeune, plein d'avenir, ou du moins d'espérance; mon
cœur surabondait d'une continuelle joie... **Je ne comptais
que des heures sereines. »**

Quant aux descriptions en vers de ces lieux et de ces
temps, et du charme particulier qui s'y attache, je ne
puis que les indiquer à tous ceux qu'attire la vérité de
l'impression : lisez *le Hêtre* sur l'écorce duquel le poëte
a gravé un nom ; c'est une pièce qu'on dirait de la
dernière manière de Fontanes ; — lisez cette autre
pièce plus grave, plus méditative, *l'If de Tancarville*,
cet if dix fois séculaire, contemporain des premiers
barons normands, et devant lequel le poëte en contem-
plation s'écrie :

> Oh! comme sur la terre on laisse peu de trace!
> Pourquoi tant tourmenter nos rapides moments?
> Que je me sens mortel près de ce tronc vivace,
> Dont la nature a fait un de ses monuments!

— et les stances d'une douceur émue, *Retour à la solitude*; et *la Marée montante,* et l'espèce de soliloque ou
de réflexion demi-élégiaque, demi-philosophique, intitulée *la Mer et les Bois.* Quoique les bois et leur ombrage lui soient bien chers, la mer l'attire encore plus;
il a, vers la fin, des envies et des ardeurs de voyage :
il les satisfera. Dès 1818 l'Italie, la Grèce, l'Écosse, le
verront successivement accomplir tous les pèlerinages
de la gloire et de la poésie; il produit chemin faisant

et dans les intervalles ; il prépare surtout et toujours. Il a de la jeunesse je ne sais quelle idée qui la lui fait paraître plus longue et plus inépuisable qu'elle ne l'est. Cependant, la séve se ralentit tout d'un coup et ne monte plus ; la lassitude se fait sentir. Après 1830, il entre dans les affaires, dans la haute administration où l'honnête homme et l'homme de bien a laissé des traces. Il ne reverra plus son cher Tancarville qu'après trente années presque révolues d'absence (septembre 1845) ; en le revoyant, sa verve se ranime avec toutes les émotions de son cœur, et il le salue, il le célèbre encore une fois par une Épître où l'homme sensible et le sage jettent un dernier regard mélancolique, mais non morose, sur ce passé :

> Parmi tous ces débris où j'ai souvent erré,
> Où j'ai joui, souffert, aimé, rêvé, pleuré.
> Mon heureuse jeunesse en vingt lieux dispersée
> Soudain de toutes parts remonte à ma pensée.
> J'éprouve, pour courir vers tout ce que je vois,
> Une force inconnue à mes jours d'autrefois.
> Il me semble en mon sein sentir battre des ailes ;
> Un air intérieur me soulève avec elles,
> Me porte, et je m'envole à chaque lieu connu,
> Léger comme un oiseau vers son nid revenu.

Si je disais tout ce qui m'a frappé ou plutôt touché dans ces volumes, je dépasserais mes limites. Que de jolies pièces qui semblent telles encore, même après toutes les merveilles des rhythmes modernes ! ainsi les *Stances à trois jeunes filles* qui, au bord d'un étang, agacent un cygne, et que le poëte avertit de prendre

garde au destin de Léda ; ainsi ces autres stances aux
trois jeunes sœurs de Sainte-Aulaire, ramant ensemble
dans une promenade sur la Seine, et qu'il invite à se
laisser dériver au fil de l'eau. Un fragment d'ode (car
cela n'a l'air que d'un fragment), à propos d'un meurtre
célèbre, le meurtre de Fualdès, et dans laquelle est
célébrée la Justice aux mains éternelles et inévitables,
se dresse debout comme une colonne et rappelle vraiment Pindare ou Horace en ses grands jours. Mais, de
toutes ces poésies, celle qui unit le mieux les tons
divers me paraît être l'ode qui a pour titre et pour
sujet *les Catacombes de Paris,* et qui date de 1812.
Certes Victor Hugo les eût autrement décrites, ces
Catacombes, et dans cette ode qu'il n'a pas faite, je
vois d'ici en idée des merveilles de corridors, des pro-
fondeurs et des lacis de labyrinthes, et je crois sentir
une impression glaciale de terreur ; mais, en dehors de
toute comparaison pittoresque, l'idée philosophique et
humaine, chez M. Lebrun, est admirablement exprimée ; jugez-en plutôt :

Descendez, parcourez ces longues galeries,
Qui sous le Luxembourg et vers les Tuileries
S'étendent, et des morts montrent de toutes parts,
En long ordre, aux parois, les reliques dressées,
  Et des fronts sans pensées,
  Et des yeux sans regards.

Une rare clarté, tombant par intervalle,
De la voûte répand sa lueur sépulcrale,
Et rend visible aux yeux une éternelle nuit ;
Et d'instant en instant la goutte d'eau qui tombe

De cette immense tombe
Est seule tout le bruit.

Des habitants muets des souterraines rues
Les familles, dans l'ombre, incessamment accrues,
Comme nous s'agitaient sous les rayons du jour,
Et ceux qui sous le ciel s'agitent à cette heure
   Dans la même demeure
   Prendront place à leur tour.

J'ai vu passer un char entouré de puissance,
De soldats, de drapeaux ; autour, un peuple immense
Acclamait un héros, des combats revenu ;
Tout à coup, à ces cris, du peuple solitaire
   Qui se tait sous la terre
   Je me suis souvenu.

Si l'on vient sur ces bords pour voir et pour apprendre,
Quelle leçon plus haute, à qui saura l'entendre,
Que l'aspect saisissant de la double cité,
De ce peuple brillant et de ce peuple sombre,
   Dans la lumière et l'ombre
   L'un sur l'autre porté !

Si voisins ! si parents ! si pareils l'un à l'autre !
Mais tel aveuglement en ce monde est le nôtre,
Qu'on nous voit à leur sort vivre comme étrangers.
A peine si j'en crois moi-même à mes paroles,
   Tant nous sommes frivoles,
   Oublieux et légers !

. . . .

Et cependant nos ans dans les songes s'écoulent,
Et le peuple circule et les carrosses roulent,
Et l'on danse, et la nuit recommence le jour,
Et dans les beaux jardins à deux on se promène,

Et sous la nuit sereine
On se parle d'amour.

. . . . ,

Spectacle redoutable ensemble et salutaire!
D'ici, que sont les biens et les rangs de la terre?
Lorsqu'on remonte au jour, du Paris souterrain,
Gloire, richesse, honneurs, que suit la foule avide,
Comme tout paraît vide!
Comme tout paraît vain !

Tout ce qui doit finir est de peu de durée.
La gloire! ah! la plus belle et la plus assurée
Est-elle plus pour nous, dans le dernier séjour,
Que tous ces autres biens dont l'amour nous enivre,
Et qui n'y peuvent suivre
Leur possesseur d'un jour?

Ces travaux qui pour elle ont fatigué mes veilles,
A quoi bon, si jamais du monde à mes oreilles
Ne doit venir ici le sourd bourdonnement?
Si, s'arrêtant au seuil de la sombre demeure,
Pour nous ce bruit d'une heure
Cesse éternellement ?

Que nous faut-il? Un toit, la santé, la famille;
Quelques amis, l'hiver, autour d'un feu qui brille;
Un esprit sain, un cœur de bienveillant conseil,
Et quelque livre, aux champs, qu'on lit loin du grand nombre,
Assis, la tête à l'ombre,
Et les pieds au soleil.

Horace, Malherbe, Racan, vous reconnaîtriez certainement en ces strophes un disciple et un ami. L'expression, on le voit, y est naturelle, noble, élégante,

poétique même, pas assez créée toutefois, pas assez
vivement pittoresque, mais puisée dans l'impression et
vraie. Il y a des négligences et quelques incorrections,
rien qui heurte ni qui choque.

Dans les pièces écrites en Italie, je recommande les
jolies stances fort spirituelles et fort gaies sur *la République de Saint-Marin*, adressées avec à-propos à
Béranger, le sujet faisant un pendant exact à son *Roi
d'Yvetot*. — Dans un rhythme plus savant, et marchant
par couplets de cinq vers chacun, il est une autre pièce
écrite en pendant et en contraste du sacre de Charles X,
toute champêtre, un peu ironique, et à la manière
d'Horace, *la Vallée de Champrosay*; celle-ci était déjà
connue.

III.

J'en ai dit assez, ce me semble, pour montrer que
M. Lebrun peut se présenter avec confiance aux générations actuelles, si différentes qu'elles soient de celles
pour lesquelles il avait écrit d'abord et chanté. Lui-
même, il aime et agrée les poëtes nouveaux; il ne fut
jamais des derniers à les accepter et à les sentir. Il
tendit la main à Hégésippe Moreau dans les premiers
temps de sa détresse, et si l'infortuné avait pu être
sauvé par quelqu'un, il l'aurait été par lui. A l'Académie,
il se fait une loi et un plaisir de lire ces recueils nombreux qu'on y présente chaque année; ce fut lui qui
me dénonça avec instance les vers naturels et ingénument pittoresques de M. Calemard de Lafayette dans

son *Poëme des Champs*. Il signalait à notre attention, il
y a deux ou trois ans, la *Lëda* de M. André Lefèvre, un
enfant aussi de Provins et de la Voulsie. A la Chambre
des Pairs, au Sénat, il a toujours pris en main l'intérêt
des Lettres, ne se considérant jamais mieux à sa place
en ce haut lieu que lorsqu'il est appelé à les y représenter et à les défendre. Elles eurent toujours, et elles
ont là en lui leur avocat aussi ferme que modeste.

Quant à sa poésie elle-même, un dernier mot. Je ne
voudrais pourtant pas, en l'annonçant et la louant
comme je l'ai fait, paraître aucunement demander
grâce pour elle. Une telle poésie existe de droit et se
justifie à elle seule. — Poésie modérée, bien que depuis
lors nous en connaissions une autre, grande, magnifique, souveraine, et que nous nous inclinions devant,
et que nous l'admirions en ses sublimes endroits; —
poésie d'entre-deux, moins vive, moins imaginative,
restée plus purement gauloise ou française, plus conforme à ce que nous étions et avant Malherbe et après;
— poésie qui n'est pas pour cela la poésie académique
ni le lieu commun, et qui as en toi ton inspiration
bien présente; qui, à défaut d'images continues, pos-
sèdes et as pour ressources, à ton usage, le juste et
ferme emploi des mots, la vigueur du tour, la fierté du
mouvement ou la naïveté du jet; poésie qui te composes
de raison et de sensibilité unies, combinées, exprimées
avec émotion, rendues avec harmonie; puisses-tu, à
ton degré et à ton heure, à côté de la poésie éclatante
et suprême, te maintenir toujours, ne cesser jamais
d'exister parmi nous, et d'être honorée chez ceux qui

t'ont cultivée avec amour et candeur! lorsqu'en tout genre les choses modérées disparaissent, puisses-tu ne pas disparaître comme elles, poésie légitime et modérée!

Et pourquoi ces perpétuelles exclusions dans l'art? regardez la nature. Le Rhin n'empêche pas la Marne de couler et d'exister; le Rhône n'empêche pas le Lez (1).

(1) Pour ceux qui ignorent la géographie (et ils sont nombreux en France), nous dirons que le Lez est un fleuve qui se jette dans la Méditerranée et qui fait partie du bassin du Rhône. Par les sites qu'il traverse, par la variété et le pittoresque des rivages qu'il arrose, il rappelle les fleuves de la Grèce. Il y a sur ses bords tantôt le paysage sec et aride, tantôt et tout à coup le frais bosquet et l'ombrage comme pour l'Eurotas : et c'est le même ciel bleu

GAVARNI.

SES ŒUVRES NOUVELLES (1). — D'APRÈS NATURE (2).
— ŒUVRES CHOISIES (3). — LE DIABLE A PARIS. (4).
ŒUVRES COMPLÈTES (5)

La littérature gagne à s'étendre et à ne pas s'isoler, à ne pas s'enfermer en soi. Il fut un temps où, sous prétexte que l'esprit est au premier rang et que la matière ne vient qu'après, bien après, un homme qui lisait dans les livres et qui en faisait, avait

(1) Trente-quatre albums in-folio lithographiés; **chez Michel Lévy.**

(2) Quatre dizains, avec texte par MM. Jules Janin, Paul de Saint-Victor, Edmond Texier, Edmond et Jules de Goncourt; chez Morizot, rue Pavée-Saint-André, 3.

(3) Plusieurs volumes-albums, avec texte par MM. Théophile Gautier, Léon Gozlan, Laurent-Jan, etc., etc.; chez Hetzel, rue Jacob, 18.

(4) Chez le même.

(5) Très-belles photographies par Willème, imprimées par Panckoucke. La première livraison seule a paru : chez Willème et Cⁱᵉ, boulevard de l'Étoile, 42.

assez en dédain les *artisans,* si habiles qu'ils fussent :
il se mettait sans façon au premier rang et dans une
autre classe, naturellement supérieure. Ce dédain en
France a dès longtemps cessé. Il n'était plus de mise
chez les gens d'esprit, ni à la Renaissance ni au
xviie siècle. En ce siècle de Louis XIV pourtant, Charles
Perrault, chez nous, fit une chose considérable et neuve
en réunissant dans une même publication les portraits
des *Hommes illustres* dans les divers genres et en n'accordant pas plus de place dans ses notices aux grands
de la terre, « aux hommes de la plus haute élévation, »
qu'aux gens de lettres, et à ceux-ci qu'aux *artisans :*
c'est ainsi qu'on appelait encore ceux qui avaient
excellé dans les beaux-arts. Il ajoutait même que, s'il
s'était engagé dans une telle entreprise dont d'autres
que lui auraient pu mieux s'acquitter pour la partie
littéraire, c'était uniquement en raison de la connaissance particulière qu'il avait de ces matières d'art,
à la différence des orateurs « qui font souvent, disait-
il, de grandes incongruités quand ils en parlent, et
presque toujours à proportion de leur éloquence et de
leur grande habileté en autre chose. » La publication
de Perrault, si conforme à l'esprit moderne, ne fit pas
tomber d'un seul coup et comme par enchantement les
barrières; elle ne faisait que montrer la voie : si le divorce avait cessé, la séparation durait encore. Les artistes vivaient d'un côté, les lettrés d'un autre. Les grands
collecteurs et amateurs du xviiie siècle contribuèrent à
établir les communications, à généraliser le goût dans ses
applications diverses : Diderot, par sa curiosité active,

par sa chaleur et son éloquence sympathique, donna
après Perrault le plus grand exemple, et fit faire un
pas de plus à l'union des arts et des lettres. La création
de l'Institut qui assemblait dans un même lien toutes
les branches de l'esprit humain, tous les ordres de
savoir et de talents, consacra le fait en principe; mais
qu'il restait encore à faire en pratique et dans la
réalité! Aujourd'hui on est plus avancé; l'habitude est
prise, la partie est gagnée, et presque au delà; depuis
trente ans et plus, les nouvelles générations de lettrés
et d'artistes, qui s'élèvent et se pressent à la file, se
mêlent familièrement entre elles, se confondent même
volontiers. Il ne s'agit pas de déplacer les genres,
d'échanger les procédés, de transporter un art dans un
autre, ce serait aller trop loin; mais il importait, en
effet, de multiplier les points de vue, de comprendre,
d'embrasser sans acception de métier, toutes les
expressions de talent et de génie, toutes les origi-
nalités de nature, tous les modes de l'imagination ou
de l'observation humaine. La critique qui, par un reste
de préjugé ou de routine, se priverait de toute ouverture de ce côté, se retrancherait, de gaieté de cœur,
bien des lumières et beaucoup de plaisir.

J'ai parlé d'observation; et qui donc, si l'on cherche
parmi les noms d'auteurs ceux qui peuvent le plus
prétendre en notre temps à ce genre de mérite, qui
pourra-t-on citer de préférence à Gavarni? il est l'observation même. Tout ce qui a passé et défilé sous nos
yeux depuis trente-cinq ans en fait de mœurs, de
costumes, de formes galantes, de figures élégantes, de

plàisirs, de folies et de repentirs, tous les masques et
les dessous de masques, les carnavals et leur lendemain,
les théâtres et leurs coulisses, les amours et leurs
revers, toutes les malices d'enfants petits ou grands,
les diableries féminines et parisiennes, comme on les
a vues et comme on les regrette, toujours renaissantes
et renouvelées, et toujours semblables, il a tout dit,
tout montré, et d'une façon si légère, si piquante, si
parlante, que ceux même qui ne sont d'aucun métier
ni d'aucun art; qui n'ont que la curiosité du passant,
rien que pour s'être arrêtés à regarder aux vitres; ou
sur le marbre d'une table de café, quelques-unes de ces
milliers d'images qu'il laissait s'envoler chaque jour,
en ont emporté en eux le trait et retenu à jamais la
spirituelle et mordante légende. J'avais autrefois rencontré Gavarni, je ne l'ai connu que tard; mais j'ai
beaucoup causé avec ceux qui l'ont pratiqué de tout
temps, je me suis beaucoup laissé dire à son sujet, et
insensiblement l'idée m'est venue de rendre à ma manière cette physionomie d'un artiste qui en a tant
exprimé dans sa vie et qui les comprend toutes; j'ai
voulu l'esquisser telle qu'à mon tour je la vois et la
conçois et telle qu'on l'aime.

I.

Gavarni n'est qu'un nom de guerre; il s'appelle de
son nom de famille Chevallier (Sulpice-Guillaume),
né à Paris, mais, du côté de son père, originaire de
Bourgogne; du village de Saint-Sulpice, aux envi-

rons de Joigny. Il avait un oncle, frère de sa mère,
peintre connu de la fin du xviiie siècle, Thiémet. D'ailleurs on ne saisit rien dans ses origines qui soit de
nature à éclairer son talent. Il ne reçut pas l'éducation
classique et de collège, et il se trouvera ainsi plus
tard libre et affranchi de toute tradition, garanti contre
l'imitation qui naît du souvenir. Son éducation fut
toute professionnelle, géométrie, dessin, dessin linéaire
en vue de l'architecture. Il avait appris aussi à dessiner
la machine; on l'avait appliqué à cette branche de mé-
canique délicate et savante, les instruments de précision. Cette géométrie première, qu'il poussera plus
tard jusqu'à la science, lui servit de tout temps à
mieux saisir les disproportions et les désaccords; il eut
de bonne heure, comme on dit, le compas dans l'œil.
On lui proposa une place dans le cadastre, sans doute
pour des levées de plans, et il accepta; il avait vingt
ans, plus ou moins. Il va à Tarbes et y passe plusieurs
années. On me le dépeint alors un beau jeune homme,
à la chevelure d'un blond hardi, bouclée, élégante.
M. Leleu, ingénieur en chef du cadastre à Tarbes, lui-
même un peu poëte et dessinateur, appréciait Gavarni
et lui marquait de l'amitié. Gavarni, pendant ce séjour
dans un pays pittoresque, en face des Pyrénées,
essayait en tous sens son crayon : il dessinait des
modes, des costumes pyrénéens, des paysages, des
courses de chevaux, des descentes de diligence, etc.;
on me cite, entre autres dessins, *les Contrebandiers et
l'Inondation,* qu'il fit imprimer à Bordeaux : sa première manière était, me dit-on, d'un soigné naïf. De

là, vers la fin de son séjour, il envoyait à Paris, à
M. de La Mésangère, qui publiait le *Journal des Dames
et des Modes,* des dessins de costumes espagnols, de
travestissements. Il eut de bonne heure le goût, le
sentiment du costume et du travestissement; c'était
son plaisir et sa folie. Revenu à Paris, il continuait de
faire des dessins de diverses sortes et des aquarelles,
lorsqu'un jour Susse, qui lui en achetait une, exigea
une signature : « Le public, disait l'éditeur, aime des
œuvres qui soient signées. » Gavarni, mis en demeure
d'écrire un nom, se souvint alors de la vallée de
Gavarnie qu'il avait habitée et de la cascade qu'il
aimait, et, sur le comptoir de Susse, il signa son dessin
de ce nom d'affection qu'il mit seulement au masculin.
Et voilà toute l'œuvre future baptisée.

Il faisait ses débuts. M. de Girardin, qui faisait
également les siens par la publication de *la Mode* avec
Lautour-Mézeray, et qui de son coup d'œil d'habile
directeur était à l'affût des talents, s'adressa à Gavarni
dont il avait remarqué une suite de travestissements
lithographiés; il le fit chercher à Montmartre où l'artiste habitait alors. Gavarni succéda, à *la Mode,* à un
aimable crayon de femme, de jeune fille, mais dont les
dessins charmants n'avaient pourtant pas assez de
précision pour la gravure. On était en 1829, Gavarni
n'avait que vingt-cinq ans; lui aussi, il était de ce
groupe d'artistes chercheurs, voués à la production
féconde, à la rénovation de l'art dans tous les genres,
et dont la naissance, remontant aux premières années
du siècle, a été comme proclamée à son de trompe dans

ce vers célèbre : « Le siècle avait deux ans... » C'est
quatre ans qu'il faut dire pour Gavarni. Variez ainsi le
chiffre, selon les noms, depuis un jusqu'à cinq ; demandez même au vieux siècle de vous donner les trois
ou quatre dernières années de grâce auxquelles il ne
tient guère, et vous aurez, en sept ou huit ans, toute
la couvée réunie, tout le groupe (1).

Je ne m'arrête pas à Gavarni auteur, inventeur de
modes et de costumes ; je le devrais pourtant, car il a
le goût, le génie, l'invention en ce genre. « Personne,
me disait un des amateurs qui connaissent le mieux
toute son œuvre, personne de nos jours n'a enveloppé
la femme ni habillé l'homme comme Gavarni. » Un des
premiers tailleurs de Paris (2) a dit ce mot mémorable :
« Il n'y a qu'un homme qui sache faire un habit noir,

(1) C'est peut-être le cas de glisser ici une petite remarque chro-
nologique. *Le siècle avait deux ans...* En ceci on suppose que le
xixe siècle commence au 1er janvier 1800. C'est l'opinion commune,
et elle a prévalu, bien qu'elle ne soit point exacte. Le changement du
chiffre des centaines prête à l'illusion et fait devancer l'heure. La
même question s'est posée à la fin de chaque siècle. Un ami du savant
Tillemont, M. Vuillart, souhaitant une bonne fin d'année à l'un de
ses amis le jeudi, dernier jour de l'an 1699, écrivait : « Il y en a qui
prennent ce nouvel an pour le premier d'un siècle nouveau ; mais
il me paraît bien plus naturel de le prendre pour le dernier de
celui-ci. Car l'on n'est point persuadé qu'on soit payé de 100 écus
qui seraient dus, si l'on n'en a reçu que 99, et on voudrait le 100e
pour avoir la somme complète. Ainsi, etc. Et ce sera conséquem-
ment 1701 qui sera la première année du xviiie siècle de l'Église. »
Mais encore un coup, cela est bon pour un ami du savant chrono-
logiste Tillemont. Les poëtes s'en sont tenus à compter comme le
peuple, d'après le chiffre apparent.

(2) Humann.

c'est Gavarni. Voilà un habit fait il y a vingt-cinq ans,
il est toujours à la mode. Toutes les fois qu'un homme
distingué me demande un habit, c'est toujours le même
que je fais. » Cet arrêt du plus compétent des juges me
rappelle ce jeune homme devant une glace dans la *Vie
de jeune homme* (n° 14 de la série), et cet habit qu'il
essaye, si bien ajusté, adapté, si bien endossé, et qui
coûtera si cher à l'insouciant qui en est tout fier.
Gavarni porte en tout l'élégance et la distinction naturelle qui est en lui. Voyez sa personne; revoyez-la telle
qu'elle a dû être dans la fleur de la jeunesse. Peu
d'hommes, indépendamment de toute éducation et de
tout acquit, sont nés aussi instinctivement distingués;
j'entends par distinction « une certaine hauteur ou
réserve naturelle mêlée de simplicité ». Dans tout ce
qui sort de son crayon, de même : il est toujours
élégant, aussi peu *comme il faut* que possible quand il
le faut et que ses personnages l'y forcent, aussi bas
que le ton l'exige; il n'est jamais commun.

C'est moins encore quand il fait de la mode pure que
dans tout l'ensemble de son œuvre de jeunesse, que
Gavarni mérite cet éloge pour la grâce des costumes.
Malgré mon désir de ne pas les détacher et les
séparer du sujet, je dois remarquer encore qu'il a fait
révolution en ce genre au théâtre et dans les bals
costumés. C'est lui qui, dès les premiers temps de sa
célébrité, eut à dessiner la plupart des costumes pour
les théâtres de Paris; il en fit pour Bouffé, pour
Mlle Georges, pour Juliette, pour Mlle Ozy, pour Carlotta
Grisi, etc., pour tous les acteurs et actrices en renom,

pour Déjazet surtout; j'ai eu sous les yeux de ces
dessins originaux : jusque dans les plus simples indications au crayon, il y avait de l'esprit, de la gaieté. Quant
au carnaval, on peut dire véritablement qu'il l'a refait,
qu'il l'a rajeuni. Avant lui le carnaval était et restait
presque uniquement composé des types de l'ancienne
Comédie italienne, Pierrot, Arlequin, etc. Il l'a moder-
nisé sans le vulgariser; il a inventé le *débardeur*, ce
demi-déshabillé flottant, élégant, engageant, et où tous
les avantages et les agréments naturels trouvent leur
compte; il a refait un Pierrot tout neuf, original,
coquettement coiffé, aux plis mous, relâchés, mais
artistement agencés dans leur mollesse, un Pierrot plein
de grâce et à faire envie aux plus séduisants minois
(voir, entre autres, dans la série des *Bals masqués,* le
n° 4). Il est parti d'individualités, même grossières et
ignobles, comme celles du bal Chicard, pour arriver
à quelque chose de fin et de galant (voir le n° 10 des
Souvenirs du Bal Chicard; ne pas oublier la femme
étendue). C'est dans les premières années qui suivirent
1830 qu'on put reconnaître l'effet des travestissements
de Gavarni dans les réunions masquées; c'est au bal des
Variétés que s'est produit d'abord, dans toute sa nouveauté et sa fureur, le débardeur svelte, alerte, découplé,
déluré, en chemisette bouffante de satin blanc : tous les
beaux d'alors, la jeunesse à la mode, en arboraient la
livrée. Lord Seymour donnait le branle; d'aimables fous
avec lui menaient la danse; il y en eut un (M. de La
Battut) qui mourut d'épuisement presque en pleine fête.
Notre ami et voisin Nestor Roqueplan aurait là tout un

spirituel chapitre de mœurs à écrire; je ne l'entrevois
que de loin et fort en raccourci. Gavarni, en un mot, a
introduit et renouvelé la fantaisie dans l'amusement,
dans la joie nocturne aux mille falots. Un souffle de
Fragonard, de Watteau, l'a inspiré à son tour, ou
plutôt il n'a obéi qu'à la fée intérieure. Si on allait au
fond de cet esprit observateur, un peu triste, un peu
silencieux dans l'habitude, il se pourrait qu'en touchant
ce luxe, cette élégance, cette poésie de costume, ce gai
mensonge d'une heure, on fît vibrer la corde la plus
sensible. Il aime assez la vie, il ne la trouve pas mauvaise, il l'a satirisée sans être misanthrope, et seulement
parce qu'il ne pouvait s'empêcher de la voir telle qu'elle
est; mais enfin la vie dans la réalité lui paraît plate;
elle ne lui plaît jamais plus que quand il peut l'animer,
la poétiser, la travestir; il eût été capable de faire des
folies pour cela; « *Mon royaume pour un cheval!* »
disait ce roi démonté dans une bataille; et lui, il eût
été homme à dire jusque dans la détresse : « Je l'ai
trouvé! coûte que coûte, à tout prix, il me le faut, ce
beau costume que voilà! » C'est sa *toquade* à lui.

Je reviens bien vite à ce qui est proprement notre
gibier chez Gavarni, à ce qui est à demi littéraire. En
quittant *la Mode,* il passa à *l'Artiste,* à *la Silhouette*
(1832), il se répandit et dessina pour toutes les publications du moment; livré, voué à une production in-
cessante, il ne refusait aucun travail qui s'offrait, livres
illustrés, journaux à gravures, têtes de romances, etc.
J'ai entendu l'un des hommes qui l'apprécient le mieux
regretter qu'il eût été ainsi accaparé, saisi comme au

collet par la nécessité. Il faisait en 1831 des dessins à
la plume, dont l'un, montré à Gros, attira l'attention
du maître, qui dit : « Mais voilà un grand dessinateur ! » Un jour, un peintre, Louis Marvy, allant chez
Delacroix, le trouva dessinant... devant un Gavarni :
« Vous le voyez, dit Delacroix, j'étudie le dessin d'après
Gavarni. » Mais quelque carrière qu'eût pu s'ouvrir et
se frayer alors Gavarni dans une voie dite plus sévère,
je ne pense pas qu'il faille, même au point de vue de
l'art, rien regretter pour lui de ce qu'il a été, ni s'amuser à rêver ce qu'il aurait pu être. La nécessité, en
somme, lui a été plus mère que marâtre ; elle l'a forcé,
dans cette voie toute nouvelle où il faisait chaque jour
un pas de plus, à tirer de lui et de son talent l'œuvre
unique, légère, dispersée, innombrable, rieuse, aimable et satirique, profonde en définitive, qui assure à
son nom dès aujourd'hui et chez nos neveux ce souvenir
net, distinct, le plus à envier de tous pour l'artiste. La
dignité des genres, comme la noblesse des conditions,
n'existe que pour les contemporains, et la postérité ne
retient jamais mieux un nom que quand il signifie, à
lui seul, quelque chose d'à part et de neuf. Or, Gavarni
est devenu le nom d'un genre ; il est arrivé, sans le
chercher, à cette solution la plus essentielle dans la
destinée de tout artiste et, je dirai, de tout homme,
d'avoir fait ce que nul autre à sa place n'eût su faire.
A ce titre il restera.

Il tenta en 1834 une entreprise qui ne réussit
pas et ne pouvait réussir, étant plus d'un artiste
que d'un homme d'affaires, et qui, de si courte durée

qu'elle ait été, eut pour effet de grever longtemps sa vie ; il voulut fonder un journal, une publication où il fût maître et chez lui, et il commença le *Journal des Gens du monde*, recueil hebdomadaire, dans le genre de *l'Artiste*, et dont il ne parut qu'une vingtaine de numéros. A chacun de ces numéros, attaché avec des faveurs roses, il apporta un luxe d'élégance et de *comme il faut*, qui était dans ses goûts, mais qui dépassait ceux du public. Il y mettait des dessins proprement dits, costumes et sujets divers, sans ironie ni satire. Il y mit même des vers, et voici de lui quelques Stances fort jolies que je suis heureux d'en détacher. C'est toute une petite élégie de mystère et de bonheur :

MINUIT DANS LE BOIS.

Juillet 1834.

Cette nuit, dans le bois, une calèche errante,
De sa double lanterne éveillant l'écureuil,
A travers les rameaux revenait scintillante
    De Boulogne au bassin d'Auteuil.

La rêveuse, aux buissons d'une étroite chaussée,
Laissait nonchalamment balayer ses panneaux,
Dans le sable, sans bruit, doucement balancée,
    Comme une barque sur les eaux.

Et pour charmer encor ce nocturne voyage,
Dont la lune des bois gardera le secret,
Les jeunes baliveaux agitaient leur feuillage
    Où la serpe d'argent brillait.

De projets de bonheur la calèche était pleine ;
Nul ne sait quels regards venaient s'y caresser,
Ni de quelle main blanche on ôtait la mitaine
          Pour cueillir un premier baiser ;

Ni quelles voix ont fait de ces aveux qu'inspire
L'ombrage parfumé des arbres défendus.
Pourtant bien des échos, au moins pour en médire,
          Voudraient les avoir entendus !

Beaux diseurs de secrets, vous perdiez un mystère
Échappé de Paris pour ce cher entretien :
Les paroles allaient tomber dans la fougère,
          Et le salon ne saura rien.

Car aux légers panneaux les écussons s'effacent,
A l'heure où dans le bois va dormir l'écureuil,
Et vous ne suivez pas les lanternes qui passent
          La nuit près le bassin d'Auteuil.

Voilà une image du premier Gavarni, dont le goût
naturel eût été du côté de l'élégance et peut-être du
sentiment. Il est bon qu'il ait eu ce goût en lui, et en
même temps que ce goût ait été combattu par celui du
public et des entrepreneurs de journaux qui lui demandaient de la malice, du comique, et qui l'auraient
bien voulu pousser à la charge, s'il n'y avait résisté.
C'est de cette combinaison et de cette complication
même qu'est sorti tout son talent, formé et croisé de
plusieurs inspirations contraires. Un peu de violence et
de contrariété ne nuit pas à l'artiste, — je dis un peu
et pas trop.

II

Il dut donc sacrifier au goût du public lorsqu'il travailla pour *le Charivari,* pour *la Caricature.* Une remarque pourtant, et bien essentielle, se place ici, aux origines de son talent, et se vérifie dans tout le cours de son œuvre : une veine y fait défaut; absence heureuse! le crayon de Gavarni est innocent, il est pur et innocent de toute attaque et injure personnelle; cet homme, si habile à saisir le ridicule, ne fit jamais de caricature contre personne. Il n'a fait qu'une seule caricature politique dans toute sa vie, contre Charles X, *le Ballon perdu,* en 1830, et il se la reproche encore; il voudrait l'effacer. Cet artiste, qui a tant contribué au succès des journaux politiques les plus armés en guerre et les plus acharnés à la démonétisation des masques royaux, ce fin railleur a l'aversion et la haine de la politique, et n'y a jamais trempé : « Ces erreurs-là, dit-il, ne sont pas des miennes; elles ont trop de fiel et trop peu de sincérité. » — « Ce peuple insensé, dit-il encore, en parlant d'une de nos révolutions, avait poussé la question du progrès jusqu'au coup de fusil. » Il est donc trop philosophe pour être politique, de même qu'il est foncièrement trop élégant pour être caricaturiste. La caricature est l'outrage au vrai, — *outrage* dans le sens d'*outrance.* Lui il est peintre de mœurs; il n'a jamais fait une figure grimaçante exagérée. J'ai vu de sa façon un portrait aquarelle de son

vieil ami *Old-Nick* (Forgues), portrait de tout jeune
homme, long, fluet, riant, couché, la tête renversée en
arrière, les jambes étendues, dans cette délicieuse
position horizontale ou demi-horizontale que l'artiste
aime à reproduire, et par laquelle il exprime à ravir le
far niente, la flânerie, cette première condition du
bonheur : il a voulu, tout à côté, faire du même *Old-
Nick* une charge, et il n'a réussi qu'à faire un portrait
moins bien, en triste et en laid. Gavarni a bien des
cordes, il n'a pas celle de la caricature proprement
dite; il la laisse à Daumier, sans rival dans cette
partie.

Ni la politique, — orateurs et avocats politiques, —
ni la chicane et la basoche, à côté de Daumier; ni le
militaire et le troupier après Horace Vernet et Charlet,
et à côté de Raffet; mais à Gavarni l'ordre civil et moral,
régulier ou irrégulier dans tous les genres, la femme
et tout ce qui s'ensuit, à tous les degrés et à tous les
âges. — Il a repris le bourgeois après Henri Monnier,
créateur du type; mais au célèbre acteur-auteur il
laisse presque exclusivement les abîmes et les bas-
fonds d'où l'éloigne et le rejette toujours cette même
naturelle et instinctive élégance.

Quand il débuta au *Charivari,* c'était la vogue de
Robert Macaire; on lui demanda de faire une *Madame
Robert Macaire.* « Mais Robert Macaire, répondit-il, c'est
la filouterie, cela n'a pas de sexe. Quand ce serait une
femme, cela n'y ferait rien. C'est la filouterie féminine
qu'il faut faire; voilà le neuf. » Il transforma ainsi
l'idée qu'on lui suggérait et commença la série des

Fourberies de femmes en matière de sentiment (1837).
Il découvrait en même temps sa large veine où il
n'avait plus qu'à s'étendre et à se ramifier. On assiste
à la création ingénieuse de son genre.

III.

Comment analyser de telles séries? Comment détacher la légende et la séparer du dessin, faire comprendre l'une sans montrer l'autre? Chaque série de
Gavarni a une idée philosophique et se pourrait ren-
fermer dans un mot; mais ce mot, ce serait à lui de
nous le dire, et il le lui faudrait arracher. Ainsi, pour
les Enfants terribles, le mot générateur de la série, c'est
cet égoïsme profond de ces petits êtres qui, sans malice
d'ailleurs ni arrière-pensée, leur fait tout voir par rapport à eux et les empêche de se rendre compte en rien
de l'effet et de la catastrophe morale que leur imprudence va produire au dehors chez autrui. Ainsi, pour
la série des *Coulisses,* l'idée mère, c'est un contraste
perpétuel entre ce qui se joue à haute voix devant le
public et ce qui se dit de près au même moment entre
acteurs, — comme quand Talma, par exemple, en
pleine tragédie de *Manlius,* embrassé avec transport
par son ami Servilius, lui disait à l'oreille : « Prenez
garde de m'ôter mon rouge. » — Ainsi pour la série
des *Musiciens comiques* ou des *Physionomies de chanteurs,* c'est le contraste et la disparate entre les paroles

du chant ou la nature de l'instrument et la taille ou
la mine du musicien, du chanteur ou de la cantatrice
(une grosse femme chantant langoureusement : *Si
j'étais la brise du soir!*). Dans les *Fourberies de
femmes*, je ne me flatterai pas de trouver la formule
générale, mais cependant tout s'y rapporte à une fin, à
la fin féminine par excellence : tromper pour un certain motif. Après La Fontaine, après nos vieux con-
teurs, après les fabliaux, Gavarni a fait, sans réminiscence aucune, sa série toute moderne, saisie sur le
vif, d'après nature. Prenez la plus innocente de ces
fourberies, celle de la jeune fille au bras de son papa
qui la devine. — « *Comment saviez-vous, papa, que
j'aimais mosieu Léon?* » — « *Parce que tu me parlais
toujours de mosieu Paul.* » Allez à la plus calme, à la
mieux établie et la mieux réglée de ces fourberies con-
jugales : un jeune homme dans un salon est assis bien
à l'aise, installé dans un fauteuil, lisant comme chez
lui, le chapeau sur la tête; avec lui une jeune femme
près de la fenêtre, debout, tient à la main son ouvrage
et regarde en même temps dans la rue; et, pour toute
légende, ces mots : « *Le v'là!... ôte ton chapeau.* » D'un
mot, c'est toute l'histoire. C'est l'heure où l'on revient
du bureau; le sans-gêne n'est plus permis, il faut que
le monsieur ait l'air d'être en visite.

Gavarni excelle à ces légendes qui, en deux mots,
vous mettent au cœur du sujet, de l'intrigue ou de la
situation, et vous disent tout. Ainsi, dans *la Vie de
jeune homme* (n° 25), une femme élégante, une femme
du monde en chapeau, en écharpe, arrive et entre

dans un petit appartement; elle est au bras d'un jeune homme en robe de chambre qui, écartant une draperie de portière ou d'alcôve, la reçoit et l'introduit avec toutes sortes d'égards et d'attentions; et, pour toute légende, ce mot de la femme : « *C'est bien gentil chez vous, Monsieur Charles !* » Tout le roman s'est révélé, et juste à son heure, à ce moment plus que hasardé où l'on fait pour la première fois le pas décisif. — Ainsi encore, dans *les Enfants terribles :* on est dans un jardin public; une jeune femme dans le fond dont on ne voit pas le visage, mais qui a un air des plus convenables, est occupée à lire; sa petite fille joue près d'elle; un monsieur qui a lorgné la mère demande à la petite, en la prenant entre ses genoux et en y mettant toutes sortes de façons : « *Petit amour, comment s'appelle Madame votre maman?* » Et la petite, tout en jouant avec la canne du monsieur, répond d'un air presque offensé (mais peut-être c'est nous qui lui prêtons cet air) : « *Maman n'est pas une dame, Monsieur : c'est une demoiselle.* » Cruauté de l'innocence! Et ne vous voilà-t-il pas au fait en deux mots? que vous faut-il de plus?

La manière dont Gavarni trouve le plus souvent ses légendes est à noter. Il dessine sur la pierre couramment, du premier jet; il a le sentiment du vrai, du vraisemblable, dans les physionomies, dans les poses. Il fait donc des personnes qui sont entre elles en parfait rapport de mouvements, de gestes; mais comme son faire modifie quelque peu les figures qu'il veut reproduire, qu'il a vues en réalité ou plutôt qu'il a présentes dans l'esprit et en idée, comme de plus l'impression sur la pierre va les modifier quelque peu encore, il attend le retour de l'épreuve afin de faire dire à ses personnages *ce qu'ils ont l'air réellement de dire*; et c'est alors seulement qu'il se demande en regardant son épreuve : « Maintenant que se disent ces gens-là? » Il les écoute parler ou plutôt il les devine parler, et il devine juste. Supposez que, du premier ou du second étage, vous regardiez dans la cour deux personnes qui causent : vous voyez leurs gestes, leur jeu de physionomie, et vous n'entendez qu'imparfaitement leurs paroles ; elles ne vous arrivent qu'en bruit confus. Or, il s'agit de trouver, de ressaisir exactement ce propos, et à l'endroit le plus intéressant, le plus significatif. — J'ai vu ou entrevu autrefois en Suisse un bien savant homme et des plus sagaces, M. de Gingins ; il était sourd, mais complétement sourd, comme une souche ou un rocher ; de jour, dans le tête-à-tête, personne ne s'en serait douté ; il en était venu, à force de finesse, à deviner les paroles au mouvement des lèvres. Une fois, dans une voiture publique, il était en face d'un individu qui, ne le connaissant pas, se mit à causer avec lui; M. de Gingins répondait et soutenait la conversation; mais insensiblement le jour baisse et tombe, l'individu questionne toujours et s'étonne que M. de Gingins ne lui réponde plus : c'est que le mouvement indicateur avait fait subitement défaut. Eh bien, Gavarni fait avec ses personnages, pour ses légendes, ce que M. de Gingins faisait pour le dialogue avec son interlocuteur : il met sur leurs lèvres les paroles qui en doivent naturellement et nécessairement sortir.

« Un soir que nous parlions à Gavarni de ses légendes, racontent MM. de Goncourt, et que nous lui demandions comment elles lui venaient : « Toutes seules, nous dit-il ; j'attaque ma pierre sans penser à la légende, et ce sont mes personnages qui me la disent... Quelquefois ils me demandent du temps... En voilà qui ne m'ont pas encore parlé... » Et il nous montrait les retardataires, des pierres lithographiques adossées au mur, la tête en bas. »

Ces mots décisifs, ces paroles stridentes qui ouvrent des jours soudains sur une action, sur un ordre habituel de sentiments, et qui sont comme des sillons de lumière à travers la nature humaine, font de Gavarni un littérateur, un observateur qui rentre, autrement encore que par le crayon, dans la famille des maîtres moralistes. La légende de Gavarni, c'est une forme à part, et qui porte avec elle son cachet distinct, original, comme la maxime de La Rochefoucauld. On jouait aux maximes autour du fauteuil de Mme de Sablé, dans le même temps que La Rochefoucauld, de son côté, faisait les siennes : on pourrait de même jouer aux légendes, le soir, autour de la table où Gavarni dessine ses figures non encore baptisées, et pendant qu'elles se succèdent de quart d'heure en quart d'heure sous sa plume rapide. Mais avec Gavarni, quand c'est lui qui baptise, cela sort du jeu ; il frappe sa médaille comme pas un, il bat sa monnaie au bon coin, et elle entre dès lors dans la circulation ; elle court le monde.

Gavarni littérateur a écrit d'autres choses que ses légendes, et j'ai sous les yeux, en épreuves, un petit recueil projeté et non publié, se composant des divers morceaux qu'il a insérés çà et là, et qui devaient paraître réunis sous ce titre : *Manières de voir et façons de penser.* J'y distingue une nouvelle de fantaisie, *Madame Acker,* l'histoire d'une jolie fille languedocienne, qui sacrifie tout, sa liberté, son amoureux, son propre bonheur, à l'envie d'avoir le pied mignon et de chausser de petits souliers. Mais, en général, ce côté du talent de Gavarni manque de développement et est trop elliptique. L'humoriste épargne trop les transitions. Le recueil est plus intéressant pour le biographe que pour le public.

Comme Gavarni n'est qu'un amateur en ce genre, qu'il n'écrit pas pour écrire, mais pour se faire plaisir à lui-même, on trouverait là, en cherchant bien, le fin mot et le fond de sa pensée sur toutes choses. On y voit, et je l'ai déjà dit, ce qu'il pense de la politique ; on n'y voit pas moins ce qu'il pense de cette philosophie essentiellement idéale et illusoire qui, sans tenir compte de la pratique humaine et de l'expérience, prétend que « le beau n'est que la forme du bon ». Et il a même, à ce sujet, une manière de parabole ou d'apologue assez remarquable. On est à bord d'un navire ; le capitaine veille à la manœuvre : la mer est calme, le ciel serein, le vent propice ; la folle galère bondit de vague en vague et fend les flots. Les passagers, oisifs, attablés, s'amusent et chantent, et dissertent entre deux vins. *Dans quelle image est la beauté?*

c'est là le thème débattu et qui est sur le tapis. Chacun en juge à sa guise et en décide selon ses goûts :

— « La beauté, c'est ma mie, a dit l'écolier, le bonheur est dans l'amour. »

— « Le bonheur est en campagne, dit le soldat ; rien n'est beau comme un cavalier le sabre au poing. »

— « Si ce n'est un coffret plein et bien gardé, » répond l'avare.

Au tour du laboureur : — « Ce qui plaît le mieux à nos regards est un champ d'épis jaunes. »

Mais le poëte : — « C'est de laurier que la beauté se couronne. Par Apollon ! point de bonheur sans la pensée. »

Le joueur de flûte : — « A quoi bon la pensée ? sait-on ce que dit le rossignol ? on l'écoute. »

Et le peintre : — « La beauté n'a point d'images : c'est une image. »

— « La beauté, affirme le philosophe, c'est la vérité. »

— « C'est le succès, » s'écrie le partisan.

— « Oui ! ajoute l'aventurier, une belle fille au sein nu, elle tient les dés du joueur heureux. »

— « Oh ! fait le marchand, le bonheur ne joue pas, il calcule. »

Le moine vient à son tour : — « L'heureux croit, mes frères, la beauté prie. »

Mais tout à coup : — « Malédiction ! » — C'est la voix du maître qui vient effrayer les chanteurs. — « Malédiction ! taisez-vous... serrons la voile ! »

Pour le marin, la beauté, tête de bois, rit à la poupe du vaisseau quand on rentre au port après l'orage.

Et, en cet instant, une troupe de joyeux requins suivaient dans le sillage et pensaient entre eux : — « Rien n'est beau comme une galère qui va sombrer en mer toute pleine de passagers. »

Et dites après cela, philosophes, que « le beau est la

forme du bon ». Cet apologue est digne de Stendhal. —
Voulez-vous quelque chose de plus gai? voici la définition d'un bal :

« Un bal, c'est une corbeille de rubans et de gazes, confusément pleines de fleurs fraîches, de fleurs fanées et de
fleurs artificielles, parmi lesquelles, à la lumière des bougies,
se joue un essaim de papillons noirs. »

Il y a là toute une aquarelle vivante, claire, légère,
comme il les sait faire, et tachetée de noir par places
avec caprice et agrément.

IV.

Mais je reprends notre Gavarni dessinateur; c'est
sous cette forme que tous l'acceptent et le comprennent.
Il y eut dix années, où, à partir de 1837, il s'empara
de la curiosité publique, de la vogue; et lui et
Balzac, ils se mirent à peindre, à silhouetter dans tous
les sens la société à tous ses étages, le monde, le demi-
monde et toutes les espèces de mondes; ils prirent la
vie de leur temps, la vie moderne par tous les bouts.
Les *Artistes,* les *Actrices,* les *Lorettes; Paris le matin,
Paris le soir;* la *Physiologie de la vie conjugale,* toutes
les physiologies illustrées d'alors, celle de l'Étudiant,
de l'Écolier, de l'Amoureux, du Provincial, etc. : on se
perd à suivre Gavarni dans cette fécondité multiple et
simultanée (1). Rien d'imité, rien de cherché ailleurs;

(1) Un catalogue complet de Gavarni est à faire; un premier
essai, et très-utile, se trouve à la fin de l'agréable volume intitulé

il nage en pleine eau, et on nage avec lui dans le
courant et le torrent des mœurs du jour.

On a très-justement remarqué (1) que, dans cette
comparaison inévitable entre Balzac et lui, il a un rôle
plus net, plus sûr, plus incontestable. Balzac, que je
ne prétends nullement diminuer sur ce terrain des
mœurs du jour, et de certaines mœurs en particulier,
où il est expert et passé maître, Balzac pourtant s'emporte et manque de goût à tout moment; il s'enivre du
vin qu'il verse et ne se possède plus; la fumée lui
monte à la tête ; son cerveau se prend ; il est tout à fait
complice et compère dans ce qu'il nous offre et dans ce
qu'il nous peint. C'est une grande avance, je le sais, à
qui veut passer pour un homme de génie auprès du
vulgaire que de manquer absolument de bon sens dans
la pratique de la vie ou dans la conduite du talent.
Balzac avait cet avantage. Gavarni se possède toujours.
Il a dans son crayon de cette aisance et de cette grâce
dégagée qu'avait ce premier élève de Balzac, qui eût
pu être supérieur au maître si un disciple l'était jamais,
et si surtout il eût plus fait, et si enfin il eût vécu ; je
veux parler de Charles de Bernard. Gavarni a de
cette élégance dans le crayon, avec la verve en sus et
l'inépuisable facilité. En présence de cette mascarade

Masques et Visages (1857), dû à l'un de ses meilleurs amis, M. Mo-
rère, mort depuis peu. Ce petit volume est un premier canevas
qui mériterait d'être repris plus en grand; cela deviendrait un
guide, un fil conducteur dans l'œuvre de Gavarni, qui est bien
comme un labyrinthe.

(1) M. Henri Delaborde, dans son savant et intéressant article
sur la lithographie (*Revue des Deux Mondes* du 1er octobre 1863).

variée de la vie parisienne, si Balzac l'a plus fastueuse-
ment affichée et accusée, Gavarni l'a montrée plus
naïvement. Gavarni, crayon et légende à part, est un
esprit fin, silencieux, nourri de solitude et de méditation, qui ne donne pas exactement la note de sa valeur
dans le monde ; mais ce qu'il dit compte et ressemble par
le tour et la qualité au meilleur de son talent. Je lui ai
entendu faire sur Balzac cette observation fine et juste :

« Il y a des gens qui ont peu d'esprit en leur nom ; —
ainsi....; — ainsi Balzac lui-même : ils ont besoin, pour avoir
tout leur esprit et toute leur valeur, d'être dans la peau d'un
autre, d'être un autre (1). Pour Balzac, la personnalité individuelle n'existait pas, ou elle se marquait trop ; elle était
assommante ; il ne valait quelque chose que quand il s'était
fait autrui, un des personnages de ses créations ou de ses
rêves. Lui personnellement n'était que comme le concierge
et le portier de ses curiosités et de ses merveilles dramatiques ; sa *ménagerie,* comme il la nommait, était des plus
curieuses : celui qui la montrait était insupportable. »

Critiques de profession, trouvez donc mieux que cela !

(1) Corneille, le grand Corneille, dans un petit portrait de lui,
en vers, qu'il adressait à Pellisson pour le donner au Surintendant
Fouquet, et qui est fort spirituel, n'a pas dit autre chose sur son
propre compte :

> Et l'on peut rarement m'écouter sans ennui
> Que quand je me produis par la bouche d'autrui.

Il ajoutait dans le billet d'envoi : « Monseigneur le Surintendant
a voulu avoir ces six vers, et je ne suis pas fâché de lui avoir
fait voir que j'ai toujours eu assez d'esprit pour connaître mes
défauts, malgré l'amour-propre qui semble être attaché à notre
métier. » — L'ancien Balzac n'aurait pas écrit ce petit billet-là, ni
le moderne Balzac non plus : l'amour-propre les empêchait de se
voir et de se juger.

Est-ce à dire pourtant que Gavarni, maître comme il est de ses sujets et se tenant au-dessus, soit un moraliste dans un autre sens que celui de peintre de mœurs, et qu'il ait prétendu, dans la série et la succession de son œuvre, donner une leçon ? Ce point est assez délicat à traiter, et je ne le trancherai pas absolument. Sans doute Gavarni ne fait pas fi de la morale, et lui-même ne serait pas fâché qu'on mît à son œuvre, entre autres épigraphes, celle-ci : « Jamais l'honnêteté ne lui a paru méprisable ni grotesque. » Il s'est moqué des maris fats ou benêts et ridicules : il ne les a pas systématiquement sacrifiés. Il a vu l'ironie, la moquerie partout où elle était naturelle et de bonne prise, et dans sa série des *Maris vengés* il n'a pas épargné les amants; il les a surpris à leur tour dans les inconvénients du rôle, et les jours où ils sont eux-mêmes pris au piége. De même, dans *les Lorettes vieillies*, dans ces figures de portières, de mendiantes et de balayeuses, au-dessous desquelles on lit : « ... *a figuré dans les ballets ;* » ou bien : « *On a fait des folies pour Dorothée ;* » ou bien : « *Et moi, ma livrée était bleu de ciel ;* » dans cette autre série des *Invalides du sentiment,* où figurent tous les écloppés de l'amour et des passions, il a montré et étalé l'affreux revers. Mais y a-t-il eu précisément dessein de moraliser, de détourner du vice en effrayant ? je ne le pense pas du tout. L'observateur n'a fait que suivre le cours des années et nous rendre, avec une légère teinte de misanthropie et de tristesse, la juste et rigoureuse vicissitude des choses.

Ce qui est vrai, c'est que son goût primitif l'eût

peut-être tourné davantage vers les sujets de grâce et de sentiment; mais on avait affaire, dans les journaux auxquels il collaborait, à un public mêlé auquel on portait un grand respect. Il fallait à tout prix l'amuser et le satisfaire; plus d'une fois Gavarni a été obligé d'interrompre une série philosophique, celle des *Leçons et conseils* par exemple, de peur de lasser. Les éditeurs le poussaient vers le commun, il s'en tirait par le comique : il se voyait obligé ainsi de combiner les diverses exigences, celles du dehors et celles du dedans, les siennes propres, et d'être à la fois comique, pittoresque et profond, mais en attrapant toujours un côté vulgaire : ce dernier côté, il ne faisait que l'atteindre et l'effleurer. En avançant, Gavarni, devenu plus maître et sentant qu'il dominait mieux son public, s'est accordé plus volontiers la série philosophique; mais ceci touche à une seconde manière que nous aurons à caractériser.

Ce qui est également vrai et l'un des traits les plus essentiels à noter chez Gavarni, c'est l'humanité : il est satirique, mais il n'a rien de cruel; il voit notre pauvre espèce telle qu'elle est et ne place pas très-haut sa moyenne mesure : il ne lui prête rien d'odieux à plaisir. Qu'on se rappelle, au milieu même des joies, des accidents burlesques ou des turpitudes de *Paris le soir,* cette figure de femme au bras d'un jeune homme, et qui se baisse vers un groupe de pauvres petits mendiants couchés à terre et endormis, avec cette légende : « *Le plaisir rend l'âme si bonne !* » — et plus loin ces deux figures d'un petit mendiant accroupi et d'un malheureux adossé à la muraille, avec ces mots au bas :

« *Souperont-ils?* » — et dans la série de *Clichy*, entre tant de fausses gaietés et de misères, cette admirable scène du détenu visité le premier jour par sa femme et son petit enfant qu'il couvre de baisers, et la femme dont on ne voit pas le visage sans doute mouillé de larmes, et qui lui dit d'un ton gai, tout en vidant son panier : « *Petit homme, nous t'apportons ta casquette, ta pipe d'écume et ton Montaigne.* » Gavarni, au milieu de ses ironies et de sa veine railleuse, a toujours eu le respect du bon ouvrier, et il est resté fidèle en cela à de bonnes impressions premières ; il a fait un *Jour de l'an de l'ouvrier,* qui est une glorification des joies de famille dans le peuple. Trop sensé et de trop bon goût pour ne pas admettre et respecter les rangs, il n'est pas de ceux qui croient à la distinction des classes. Dans une lettre à Forgues sur les *Petites Misères de la vie humaine* qui ne put être insérée qu'en partie au *National* (1) à cause du trop d'irrévérence en politique, il y a une page des plus vraies et des plus touchantes d'humanité et de sentiment d'égalité, que je citerai peut-être un autre jour. En un mot, Gavarni, résumant sa philosophie morale, répéterait volontiers, pour son compte, avec ces deux bons vieux qui descendent de quelque barrière : « *Vois-tu, Sophie, il n'y a que deux espèces de monde, les braves gens et puis les autres.* »

Que de choses il me reste à dire encore ! Je n'ai qu'à peine entamé ce fécond sujet.

(1) Voir le *National* du 8 décembre 1842.

GAVARNI

SES ŒUVRES NOUVELLES. — D'APRÈS NATURE.
— ŒUVRES CHOISIES. — LE DIABLE A PARIS. — ŒUVRES
COMPLÈTES.

—

(SUITE.)

—

Ceci est une parenthèse que j'ouvre sur Gavarni, et
je me la permets parce que je la crois aussi intéres-
sante que neuve.

Ai-je eu raison d'indiquer chez lui cette tendance
première du côté du sentiment et de la délicatesse?
N'ai-je pas trop dit en insistant, ainsi que je l'ai fait,
sur la distinction comme caractère principal de son talent et de son crayon au milieu même de la vulgarité
ou plutôt de la réalité des sujets? Je ne le pense pas,
et aucun de ceux qui ont quelque peu connaissance de
son œuvre ne seront, je le crois, tentés de le contes-

ter. Mais enfin abondance de preuves ne nuit pas, surtout quand elles sont d'un genre nouveau, imprévu, et qu'elles se produisent en un langage que chacun comprend à l'égal au moins de celui du dessin et des images : je veux parler des preuves écrites et littéraires. Gavarni, on l'a vu, a eu dans un temps, à un moment de sa jeunesse, non pas des prétentions, mais des velléités ou de vagues projets littéraires; au nombre de ces projets était un roman, non terminé, dont je puis cependant donner une idée assez précise et citer quelques pages arrachées qui seront autant de jours ouverts sur sa manière de penser et de sentir. Ici on aura affaire à l'homme de sentiment et de tendresse plus encore que de plaisir : l'ironie est absente.

I.

La première scène se passe, j'en demande bien pardon pourtant aux amateurs de l'idéal, dans un omnibus, — oui, dans un omnibus :

« Un de ces soirs, dit l'auteur, le Diable, après avoir corrigé dans quelque imprimerie la trente-septième édition de ses Mémoires par M. Frédéric Soulié, grimpa, pour se distraire, sur le marchepied d'un omnibus. Un aigre coup sonna, et l'aiguille de fer dut marquer sur le cadran un voyageur nouveau : c'était le conducteur stupéfait. Lui-même, il venait de donner six sous au Diable et se laissait conduire.

« La casquette sur le coin de l'œil, Satan regarda donc les piétons d'une manière attentive. Il avisa bientôt dans la foule

un homme à gants frais : c'était Michel, une manière de
poëte. Celui-ci mordait machinalement la pomme de sa canne,
en comptant les pavés du trottoir au bout de ses bottes ver-
nies. Satan fit un signe, et Michel monta. Le Diable avait
une idée.

« A quatre pas de là, il aperçut une belle dame et fit un
autre signe. La belle dame monta. (Il pleuvait.)

« Ceci fait, Satan prit lestement à droite, à gauche, ce
qu'il put trouver en voyageurs de plus épais, de plus mal-
plaisant. Après avoir entassé bourgeois sur bourgeois dans
son coche et crié : « Complet! » il tira de dessous les jambes
d'un électeur éligible le petit tabouret pour s'asseoir. Ici
l'Ange déchu se prit à sourire, tout en faisant avec son ongle
un trou dans un parchemin. Les yeux rouges de l'omnibus
flamboyèrent alors, et les chevaux hennirent.

« A l'autre bout de Paris, la voiture s'arrêta; la belle dame
descendit d'abord, Michel ensuite... »

C'est là un joli début. Nos deux voyageurs descen-
dus causèrent. Il se trouva que si l'un était une manière de poëte et d'artiste, l'autre personne était une
grande dame, une femme de qualité, et de ce qu'on
appelle le faubourg Saint-Germain. Comment s'était-
elle décidée à monter en omnibus? On a déjà dit qu'il
pleuvait, et puis le Diable en personne s'en était mêlé
ce jour-là, et du moment que le Diable s'en mêle, c'est
assez.

La conversation d'abord ne fut pas facile. La jeune
femme ne se laissa pas aborder tout uniment et sans
se rébeller un peu; mais tous deux avaient de l'esprit, et leurs esprits d'emblée se prirent de bec, se
querellèrent. De cette première rencontre il résulta, à
deux jours de là, un rendez-vous; ce rendez-vous ne

se donna point non plus, on peut le croire, sans toutes sortes de façons et de cérémonies; mais Michel était beau, d'une taille noble, d'une grande finesse de physionomie, d'une parole aisée et sobre qui ne montrait que l'homme du monde et qui ne laissait deviner en rien le métier ni la profession. Enfin, il sut s'y prendre :

« — Madame, madame, lui dit-il au moment de la quitter, je vous reverrai, n'est-ce pas? — Vous êtes fou. — Oui. — Ou moqueur. — Oh! — Ou du moins bien étrange. — Qu'importe? — Eh bien, écoutez. — J'écoute. — Vous allez me donner votre parole de gentilhomme que... »

« M. Michel n'est pas gentilhomme, mais pour la fierté, c'est un Castillan. Il avait secoué la tête comme fait un dormeur quand on lui passe doucement une plume sous le nez.

« Je ne suis pas gentilhomme! » fit-il.

« Le poëte ne voulait pas de ces plumes de paon.

« — Eh bien, donnez-moi votre parole d'homme : vous ne chercherez jamais à me connaître... »

Michel, le poëte artiste, donna sa parole, et il la tiendra : il ne saura jamais au juste ce qu'était la dame. Cette rencontre d'omnibus ne sera, après tout, pour lui qu'une sorte d'aventure de bal masqué dont il ne connaîtra jamais bien le domino. Le premier rendez-vous, accordé à cette condition, eut-il lieu en effet, ou manqua-t-il, comme cela peut-être serait mieux? Y eut-il, au jour dit, un billet moqueur apporté par un petit commissionnaire au quai d'Orsay, lieu indiqué pour le rendez-vous, un billet mignon qui sentait l'iris, dont le cachet avait des armes, — couronne de

duchesse ou de comtesse, — et contenant ces seuls
mots à l'adresse de Michel : « Un des plus doux plaisirs d'une femme est de faire un regret; » et ne fut-ce
que plus tard, par l'effet d'un hasard nouveau, que
Michel retrouva la belle inconnue et reconquit l'occasion? Tout cela n'est pas très-déterminé dans ce que
j'ai sous les yeux; il y a des ratures, et l'auteur paraît
avoir hésité entre deux versions. Ce qui est certain,
c'est que bientôt une liaison s'engage, et l'on a un roman tout de sentiment et d'*analyse,* comme on disait
en ce temps-là. L'analyse, ce n'est pas Michel qui l'apporterait d'abord, il s'en passerait bien; c'est la dame,
la noble dame, désignée simplement sous le nom de
Marie, qui va l'introduire à toute force et obliger Michel à cet exercice imprévu, à cette escrime où il se
trouvera maître.

La situation est celle-ci : deux inconnus qui ignorent
réciproquement leur vrai nom, qui supposent ou soup-
çonnent seulement leur situation sociale exacte, et dont
toute la liaison se passe dans le mystère, dans une
sorte d'enchantement furtif et rapide qu'ils dérobent à
leurs entours. Le piquant, c'est que la femme qui a
fait ce premier pas si hasardé est une personne d'ailleurs de scrupule presque autant que de curiosité, une
âme fière, ombrageuse même, soucieuse des convenances, en quête du sentiment pur, prête à exiger
beaucoup, tout en donnant peu. Est-elle mariée, veuve?
est-elle libre? on l'ignore. Pas un mot ne sera dit entre
eux de ces circonstances en quelque sorte étrangères;
les difficultés ne naîtront pas du dehors ni d'aucun

événement contraire, et c'est en cela que le roman est
d'une grande délicatesse : elles sortiront uniquement
du cœur et de l'esprit des personnages, et viendront de
la femme en particulier.

La femme est bien de sa date et aussi de sa condition : il y a mélange et conflit en elle; elle a le goût
des beaux sentiments, des grands sentiments, un peu
de mélancolie, de la métaphysique; elle lit les romans
du jour, George Sand et Balzac. Elle y mêle parfois un
peu de Montaigne, mais pas à dose suffisante pour servir de correctif. Elle n'est pas non plus sans une teinte
marquée de religion; elle observe les dimanches et ne
manque pas les sermons du carême. C'est une figure
d'une grande vérité; plus d'une jeune femme du faubourg Saint-Germain devait être ainsi vers 1835. Avec
toutes ces recherches et ces incohérences, telle qu'on
l'entrevoit dans ces pages, elle est belle d'abord, très-
spirituelle, et a des moments d'un abandon charmant
qu'elle se reproche aussitôt et qu'elle voudrait retirer :
« pauvre femme qui veut qu'on l'aime et que l'amour
offense! »

Michel, l'artiste poëte, est amoureux, heureux ou
toujours prêt à l'être, bonnement, simplement, selon
la nature; il a le ciel dans le cœur; mais, au moment
où il croit tenir l'entière félicité, elle lui échappe; on
le désole par mille subtilités, par mille craintes. A
peine dissipées, elles renaissent d'elles-mêmes. Il ne
cesse de prêcher, et il le fait d'une façon fine, tendre,
poétique et sensée, gaie et légère, qui aurait dû être
pleinement persuasive, si la nature n'était pas plus

forte que toutes les raisons. Voici quelques-unes de ses
pensées; le roman est en partie par lettres :

« Soyez confiante. Je suis de si bonne foi! Ce que je veux
de vous, c'est vous-même. Que me fait le reste? Il y a dans
vos lettres un ton de hauteur dont je ne songe pas à être
blessé, car il est adorable. — Ce que je penserai de vous? —
Je ne sais. — Vous le verrez, dites-vous. — Eh bien, vous
le verrez. — Ce que vous êtes? — La femme ravissante que
j'ai vue! n'est-ce pas? que j'ai mal vue, que j'ai devinée!...

« Vous avez été au quai d'Orsay lundi! Moi, j'ai recherché
tout seul les rues que nous avions parcourues ensemble. J'ai
étudié ce cher quartier; j'ai cherché, cherché, trouvé
presque. Tout cela est oublié aujourd'hui. Je n'ai questionné
personne, ne craignez rien! Avez-vous lu Voltaire? Je m'in-
spirais de l'intelligence de Zadig qui, pour trouver la trace de
je ne sais plus quel prince ou quelle princesse, — à cheval,
je crois, — ne demandait rien aux gens et cherchait dans les
choses. Vous étiez un charmant problème, mais le voilà
résolu. »

Non, le problème n'est pas résolu, et il restera jusqu'à la fin un problème. Michel, s'il ne l'avait connu
jusqu'alors, apprendrait le respect près d'elle, près de
celle qui semblait s'offrir d'elle-même. Il y a un grand
Ange qu'elle invoque toujours et qui fait querelle entre
eux :

« C'est parce que je vous aime, Marie, que je hais ce grand
Ange imbécile que je vois toujours derrière vous. Que j'en
suis jaloux! que je voudrais lui avoir arraché jusqu'à la dernière plume!... J'aurais vendu mon âme à Satan, s'il ne
l'avait eue déjà, pour le plaisir seulement de plumer cet
Ange! »

Michel a beau plaisanter; il a l'air de rire, mais il avance bien peu. Comme il aime véritablement et qu'il a de la délicatesse, il ne s'irrite pas. Elle croit tout perdu pour une légère faveur; il la raille de ses tourments, de ses petits malheurs dans le bonheur :

« Vous êtes adorable, enfant! vous voulez que je pleure avec vous de vos chagrins de poupée. — La poupée n'a pas été sage. — Tous ces petits tourments d'une femme sont le bonheur d'un homme. »

Il lui prêche l'instinct, il lui en veut d'avoir trop d'esprit et d'en mettre à tout :

« Votre instinct, c'est le meilleur de vous. La pensée d'une jolie femme n'a jamais rien de mieux à faire que de s'humilier devant son instinct. C'est votre noblesse. Si vous tenez à Dieu, c'est par Ève. »

Elle est bien fille d'Ève, en effet; elle le prouve en venant chez lui, en s'y laissant conduire. Elle y vient d'abord sans savoir où elle est, ni chez qui. Elle médite avec l'ami mystérieux un petit voyage. Malgré cela, la passion avance peu de son côté; elle fait des objections, des raisonnements sans fin; on lui répond, et c'est en entrant dans son idée qu'on essaye de l'amener insensiblement plus loin :

« Vous ne pouvez pas m'aimer encore, parce que vous êtes une femme, et que les femmes n'aiment pas ainsi pour un oui, pour un non. Il faut à leur tendresse une garantie, une consécration. Il leur faut le temps. Elles n'aiment pas tout de suite elles aiment plus tard, — beaucoup, — trop

peut-être. Vous ne m'aimez pas. Il n'y aura pas de bonheur
pour vous dans ce petit voyage que nous pouvons faire
ensemble mais il y aura, j'en suis certain, du plaisir, le
plaisir de me savoir heureux. Si vous m'aimiez, le bonheur
serait pour vous, le plaisir pour moi. »

Cette belle n'entend pas avoir affaire au désir; elle
le trouve vulgaire et grossier; il faut qu'elle en prenne
son parti pourtant :

« Le désir, vous me l'avez donné, vous le savez, ma reine !
Oh! vous ne doutez pas de cela! J'ai le crime de lèse-majesté
dans le cœur depuis votre baiser. Vous savez si je mérite
d'avoir le poing coupé. « L'homme a deux mains, » a dit
Victor Hugo, et il entend que c'est pour faire le bien. Je me
réjouis d'avoir deux mains en pensant au mal. Pardonnez-
moi le souvenir, ma souveraine; j'ai l'espoir plus coupable
encore. »

Et, à un autre moment, il poétise sa pensée jusqu'à
dire :

« La femme qui donne le bonheur n'est qu'une femme, la
femme qui donne le désir est une reine. »

Tout cela est très-galant. Marie y prend goût, mais
par esprit, par curiosité plus que par tendresse. Elle
ne comprend pas toute la puissance du désir qu'elle
inspire; elle ne le ressent pas : tout au plus elle dai-
gnera par moments faire semblant de le partager et de
le ressentir. Son bonheur d'ailleurs, lorsqu'elle s'accorde des instants, est toujours inquiet, agité, mêlé de
craintes. Elle a, de cette ardeur dans tout ce qui n'est

pas l'amour, tout ce qu'il en faut pour la faire souhaiter dans l'amour. On ne cesse de lui dire : *Soyez femme, restez femme* : elle vise à l'Ange. Il y a chez elle des restes d'Elvire, il y a des commencements de Lélia. Elle a des vides dans la sensibilité, des curiosités de savoir je ne sais quoi. Ce type de jeune femme, à sa date, est parfaitement observé et dessiné, et sans exagération dans aucun sens. C'est d'après nature.

Michel se montre d'un caractère heureux et bien fait; il apprécie la distinction et le charme de sa conquête, — de sa demi-conquête. « Si vous n'aviez pas cette noblesse de goût qui vous rend si charmante, je n'aurais pas le désir de vous plaire. » Il est très-amoureux, pas assez pour faire des folies ni pour rien brusquer. Il essaye de se mettre au point de vue de Marie, et quand elle a fort raisonné sur ce qu'il implore d'elle et qu'elle a épilogué sur les différentes manières d'aimer et sur celle même qu'elle ne comprend pas, il lui dit :

« Eh bien, n'en parlons plus, laissons mon rêve. C'est une poésie sur laquelle votre raison a soufflé. Ces petits amours sont des oiseaux fort farouches; les grands mots surtout leur font peur. »

En général, Michel se fait peu d'illusion sur les femmes; il sait la vie, il sait ce que valent la plupart du temps ces grandes défenses : « La parole chez les femmes est toujours un mensonge convenu; on peut facilement la mal traduire et se tromper de ruse. » Mais ici ce n'est pas le cas. Marie est une exception, à ses yeux; il la comprend, elle; il l'accepte et la croit sur ce qu'elle dit et sur ce qu'elle oppose de résistance sincère :

« Les femmes ont le semblant d'une chose dont vous avez la réalité. Votre pudeur, c'est vous. »

Le malheur est que Marie n'est pas simple, elle n'est pas toujours la même; elle a trop lu, trop subtilisé. Elle a trop pensé : le trop d'esprit amène bien des sottises dans l'amour. Elle cherche le triste pour le triste, elle le choisit. Si elle s'avance jusqu'à la passion, c'est pour n'en tirer que l'amertume; elle se plaît à voir dans l'amour lui-même avec ses félicités « une couronne d'épines. » Michel épuise avec elle toutes les nuances de l'affectueux et du tendre :

« Que n'êtes-vous, Marie, une pauvre fille habitant quelque mansarde! Vous auriez humblement travaillé toute la semaine. C'est aujourd'hui dimanche, jour de repos et de plaisir. Vous seriez coiffée de votre cornette la plus gentille, et je serais humblement agenouillé auprès de votre chaufferette. J'aurais mis des gants jaunes pour vous plaire, ou je les aurais cachés pour ne pas vous déplaire. Vous n'auriez vu que moi en moi, comme je ne cherchais que vous en vous. Et vous ne sauriez pas lire, Marie, heureusement! et vous n'auriez pas pris dans tous ces beaux livres des phrases pour des idées! »

Mais quand il lui parlait avec cette effusion, avec ce naturel d'un amant artiste et philosophe, la grande dame en elle se réveillait avec ses hauteurs; elle parlait avec dédain de ces filles du peuple comme ignorant le noble et le fin de la passion. « Oui, répondait-elle, celui qui paye leur entrée au bal est toujours le plus aimé. » Sur quoi Michel, un peu froissé, lui disait : « Pourquoi ne me renvoyez-vous jamais une pensée sans l'avoir fanée? »

II.

Le désaccord au fond règne entre eux. Il voudrait transformer la femme du monde, lui ôter de ses préjugés et du factice des salons, en lui laissant tout son charme. Il a pour maxime que « le monde polit les mauvaises natures et gâte les bonnes. » Il lui voudrait rendre, à elle, toute sa bonté, son intégrité. Il y a des moments où il exprime ce vœu avec une énergie qui devait dépasser le but et faire reculer celle qu'il ne pouvait convertir et entraîner :

« Je voudrais faire de l'amour un autre monde où rien ne fût de celui-ci. J'ai des horreurs profondes pour les formes, pour les considérations de tous les jours. A force de remuer les choses dans la pensée, elles changent de valeur et on éprouve cette lassitude de l'intelligence qui ne la fait se reposer que dans le paradoxe ; et il arrive que parfois le *distingué* vous devient si commun, l'esprit vous paraît si bête, et qu'enfin tout ce qu'on préconise vous est si peu, qu'on irait volontiers boire au cabaret avec des charbonniers pour trouver quelque distinction, — et qu'on y va plus ou moins. »

Tantôt il y met plus de tendresse et un accent ému, éloquent, qui élève et passionne le regret :

« Oh! l'on ne voudrait pas surtout que le monde prît rien

à votre amour ni qu'il lui donnât rien ; que le cher enfant ne vous apportât rien le soir des dégoûts, des ennuis du jour ; qu'il ne fût ni dandy, ni bourgeois, ni goujat, ni vilain, ni gentilhomme, rien de commun ! pas plus athée que dévot.

« Tiens, Marie, avant de quitter cette pensée, laisse-moi te dire qu'un de mes plus doux souhaits aurait été de te donner cette noble indépendance de la raison, cette fierté dans ce que l'homme a de plus fier, la pensée. Chère orgueilleuse ! que j'aurais aimé à souffler sur ton front, entre deux baisers, cette puissance de tout voir sans éblouissement ; j'aurais voulu te faire regarder tout en face ; j'aurais surtout aimé à te voir sourire dédaigneusement au nez de tous ces valets de l'intelligence qui vont, la livrée au cerveau, servant chacun quelque chose à tout le monde, — Pierre une philosophie, — Paul un scepticisme, — celui-ci une croyance, celui-là un blason ; un autre ne portant rien, ou seulement portant des gants jaunes... Je t'aurais montré : Ceci est un maçon, ceci est un marquis, mais ceci est un homme...

« Nous aurions eu ensemble l'esprit de tout prendre et de laisser tout, même l'esprit, quand il serait devenu de trop entre nous. Il est prodigieux que nous nous trouvions si éloignés par les choses de la pensée, quand elles ont en nous tant de rapports cependant ! Cela tenait à un rien... Enfin, Marie, vous êtes vous, et j'étais moi : qu'y faire ? »

La situation se dessine vivement, ainsi que les caractères : il y a au fond deux natures et deux conditions différentes en jeu. Michel, aussi, demande un peu trop ; il veut faire d'une femme plus qu'elle ne peut être, si elle n'est philosophe et Ninon ; mais alors ce n'est plus la femme, c'est la camarade et l'amie. Marie frissonnait à de certains mots, elle marquait du dégoût.

« Oh ! vous me croyez bien vulgaire, n'est-ce pas ? lui disait Michel en ces moments, je hais pourtant la vul-

garité plus que vous peut-être ; mais je la vois ailleurs
et là où vous ne la voyez pas... Tout est relatif ; ce qui
vous manque à vous, Marie, c'est de la vulgarité. » Il
y a d'autres moments où Michel est plus dans le possible avec elle, où il entre mieux dans ce qui peut
atteindre un cœur de femme et le toucher. Il est question d'un voyage à deux, de l'accompagner en chemin à
quelque campagne où elle doit passer quelques heures
et de la reprendre au retour. Marie hésite ; elle semble
craindre du côté du respect. Michel la rassure tout en
la raillant :

« Que vous me comprenez peu si vous ne voyez pas que
j'aurai toujours pour la faiblesse le respect que je pourrais
refuser à l'orgueil, si vous croyez descendre à mes yeux en
devenant femme, simple et bonne : vous vous élevez au contraire!... Mais vous confondez : vous dites *respect*, vous
entendez *estime*. On ne respecte pas une femme qu'on aime,
on l'aime. L'amour est une démangeaison de manquer de respect à chaque instant. Pour l'estime, c'est autre chose ; mais
c'est une chose inutile aussi à expliquer. L'amour sans
l'estime est un amour qui ne songe pas à vous et qui ne vous
regarde pas. Vous êtes de ces reines de femmes dont le baiser honore.

« Ne cherchez donc pas d'humilité en moi, pauvre orgueilleuse! mais frappez-y à toutes les délicatesses, et vous me
réjouirez. »

La maladie de 1834 agit sur cette imagination de
femme ; l'esprit aussi a ses modes. Elle a tout à la fois
des Pères de l'Église et du Voltaire, et du roman noir
dans sa tête et du Byron, et avec cela de brusques éclats
de joie enfantine ; mais ils sont courts. Marie lit trop,

je l'ai dit; elle est pleine de ces livres du temps où l'on ne parlait jamais d'amour sans parler de croyances et sans faire intervenir l'humanité :

« Marie, Marie! quelle vie vous faites-vous? Que lisez-vous? qu'écrivez-vous? Je vois dans les lettres que vous m'adressez un reflet d'études graves. Des mots d'histoire et de philosophie vous échappent. Vous croyez à l'histoire, et vous doutez de la vie! »

Marie écrit beaucoup; elle aime à écrire : « c'est la seule chose d'elle qu'elle donne sans craindre trop. » Elle croit aimer : « Vous dites que vous m'aimez, Marie. Vous aimez l'amour, — l'amour qui se lit dans les livres. » Quand par hasard l'un et l'autre peuvent arracher à leur vie si diversement partagée une heure rapide, une heure de mystère, qu'en fait-on? Au lieu d'en user pour vivre vite, on disserte trop souvent, on met le raisonnement à la place du plaisir. « Voyez-vous courir les écoliers quand l'heure de jouer sonne?... Mais la cloche enchantée n'est pour nous que le signal de la métaphysique. » Qu'importe? ces heures sont encore des heures heureuses, et l'on ne se quitte point sans un vif désir de se retrouver. « J'ai toujours pensé, dit Michel, que les querelles étaient arrangées par la Providence pour les raccommodements. »

Et puis, le lendemain de ces journées de bonheur, tout est changé tout d'un coup sans qu'on sache pourquoi. Que s'est-il passé? Marie a changé de ton; elle met en avant les grands mots, « ce besoin d'aimer qui ne peut être satisfait par rien; » ou encore : « Tout ce qui est grand, est triste. » Elle est femme à dire : « Je vous aime de toutes les puissances de mon cœur, et je ne veux pas de votre amour. » Que voulez-vous donc, Marie ?

Il perd ses raisons à la réfuter; il en a pourtant de bien naturelles et d'insinuantes, où il entre du cœur et de l'esprit :

« Ce sont là des paradoxes, ne cesse-t-il de lui répéter à propos de ces grands axiomes de tristesse; je ne crois pas au triste. Le triste n'est pas vrai, car il suffit de le nier. Mais ce n'est pas le rire que j'aime, c'est le sourire. Vous ne sauriez pas rire : je ne le sais guère non plus. J'essaye aussi.

« Ne vous moquez pas des enfants : l'enfance a le plaisir. Si je savais le plaisir dans des boules de neige, j'irais chercher de la neige au Mont-Perdu ! »

Il y a un jour, un jour unique où ce nuage noir de Marie semble s'être dissipé, où il lui échappe de dire qu'elle veut être aimée tout bonnement « pour tout ce que Mᵐᵉ Denis regrette; » mais ce mot naturel, ce mot que Michel appelle adorable, comme elle le reprend et le retire! comme elle a hâte de l'expier! La première lecture, un drame, un roman nouveau, va derechef tout gâter en elle et tout assombrir :

« Nous nous étions quittés si bons amis! où avez-vous été prendre toute cette tristesse? Vous vous préoccupez des rêves creux de votre *héroïne* (1). Ce roman est un bien plus mauvais livre que beaucoup d'autres. Son moindre tort est de

_____

(1) L'héroïne d'un roman à la mode : mettez-y le nom que vous voudrez.

faire croire à un malheur de plus. Ce livre dispose l'imagination d'une certaine façon, pour la désoler ensuite selon la
fantaisie de l'auteur, — grand artiste, mais pauvre philosophe! Le monde réel, le présent n'est pas si désenchanté
que vous voulez le voir, allez! Dites! ne vous souvenez-vous
pas avec quelque joie au cœur de ce doux moment qui a commencé nos rapports, de cette soudaine et délicieuse intelligence... Mais les femmes ne veulent croire qu'à l'amour
parlé; il faut leur chanter les désirs, il faut prêcher quand le
cœur bat. Vous voulez que je parle. Les félicités de l'amour
sont dans le silence. Oh! j'étais amoureux de vous alors! Il
n'y a pas de madrigaux pour dire cela...

« Oh! je méprise la parole et les phrases. L'esprit est une
misère. Les sots s'aiment mieux que les autres... J'ai souvent pensé que des gens qui ne parleraient pas la même
langue, un Russe et une Espagnole, je suppose, pourraient
passer ensemble de bien douces soirées, sous les bosquets
d'un jardin, — pourvu qu'il fasse un peu de lune. Il faut au
moins s'entrevoir...

« Vous allez voyager, il est tout simple de vous dire que
vous penserez quelquefois à moi; pensez-y surtout quand le
soir viendra et que la voiture montera lentement une côte;
imaginez que je suis auprès de vous et que nous ne sommes
pas seuls, mais que j'ai pris votre main sous votre mantelet.
Rêvez, rêvez alors... »

Mais voici un dernier passage qui sort du ton senti-
mental et tendre, et qui, ce me semble, est éloquent,
élevé, poétique à la fois et philosophique, tout un jet
brillant de hardiesse et de libre fantaisie. On ne saurait
l'omettre dans une étude qui a pour objet avant tout
d'éclairer la nature distinguée dont Michel n'est pour
nous qu'un léger masque à demi transparent. Un jour
donc que Marie questionnait Michel, et le questionnait

sur toute chose humaine ou divine, — car il entre évidemment beaucoup plus de curiosité que d'amour dans
son goût pour lui, — Michel, interrogé, répond :

« Marie, je n'ai pas tout vu, quoique je sois fort curieux;
je n'ai pas tout analysé; je n'ai pas tout nié, Dieu merci !
Vous dites que je sais plus que vous. Je suis pourtant fort
ignorant, mais voici ce que je sais et comment je sais. J'ai
pour raison une sorte d'oiseau qui peut voler haut et voir de
loin. Quand les religions et les intérêts de ce monde, si nombreux, si divers, criaient autour de moi à me rendre sourd,
dans ces rues tortueuses de cette vie de nos jours, dans les
corridors de cette Babel où nous sommes, j'envoyais l'oiseau
dans quelque point de l'espace d'où il pût voir tout ce qui se
fait, tout ce qui s'est fait, dit, édifié, détruit, refait, redit,
depuis qu'on agit et qu'on parle en ce monde, et l'oiseau
revenait me dire : Les sociétés sont folles; partout Dieu n'est
et n'a été que l'enseigne d'une boutique; la morale n'est
qu'un comptoir; le bien et le mal sont des faits; le devoir est
une mesure. Qu'est-ce qui est beau? qu'est-ce qui est laid?
demandais-je à l'oiseau. — Tout. — Où est la poésie? —
Partout.

« Voilà ce que je sais, Marie, ce que j'ai appris. La Fantaisie est la reine du monde. »

C'est l'artiste et le poëte qui parle. La Rochefoucauld,
tout politique, disait de même et diversement : « La
Fortune et l'humeur gouvernent le monde. » Une réflexion ne vous frappe-t-elle pas? Ceux qui s'intitulent
philosophes et qui ne sont que des professeurs ou des
raisonneurs de philosophie, ne se doutent pas du degré
de philosophie véritable auquel atteignent naturellement et de prime saut quelques-unes de ces natures
qu'on appelle artistes. — Mais Michel, après avoir fait

voir et dire à l'oiseau babillard tant de choses merveilleuses et à étonner les simples, se rabattait l'instant
d'après à donner à Marie d'aimables et riants conseils
bien capables de l'apprivoiser :

« La vie, telle qu'elle est, est pleine de choses heureuses,
Marie ; les plaisirs de la pensée sont infinis. Pourquoi se faire
un tourment de l'esprit ? pourquoi n'être pas doucement
joyeux ? Avec les lettres, les sciences, les arts, nous avons
encore l'amour, l'amour qui vaut tout cela, cent fois tout
cela ! mais l'amour enfant, blond, caressant, l'amour païen,
— chrétien même, bon Dieu ! si vous le voulez à toute force,
— vous voyez que je n'y tiens pas, pourvu qu'il ait un peu
de malice et qu'il soit tout nu et bien gentil. »

Je ne voudrais pas abuser du plaisir de citer parmi
ces pages, déjà si nombreuses, d'un livre inachevé ;
mais cette finesse de sentiment et d'analyse, cette délicatesse d'expression sous forme écrite, jettent certainement un jour sur le talent de Gavarni, et nous expli-
quent les distinctions secrètes de son crayon, même
lorsque ensuite il ira, comme il dit, au cabaret. On a pu
remarquer dans tout ce qui précède quantité de pensées qui feraient des légendes tendres et en sens inverse
de celles que l'on connaît. Avant d'avoir eu la légende
ironique, Gavarni l'a eue amoureuse ; et par exemple,
cette pensée encore, cette devise : « Le bonheur de
l'amour n'est pas le bonheur qu'on a, c'est celui qu'on
donne. »

III.

Le roman ne finit pas. La femme du monde a bien
vite senti qu'elle avait affaire à un poëte, à un artiste,
à un homme d'une autre race. Michel, en s'interdisant,
selon sa promesse, de soulever le léger masque de la
femme, a déposé le sien à un certain jour; il s'est
livré, elle a gardé sur lui ses avantages. Elle en profite
pour se révolter; là où sa confiance aurait dû plutôt
redoubler, elle est entrée en méfiance. Le fait est que
Michel, malgré ses instants de joie et de triomphe, ne
l'a point complétement soumise et domptée; il n'a pu
parvenir à la réduire dans son orgueil, dans son raffinement d'esprit; il ne lui a pas donné le sentiment
qu'elle était vaincue : et la conscience qu'il a de ce peu
de succès intérieur le décourage à son tour et le refroi-
dit. Car un des secrets de l'amour, il le lui dira au dernier moment, « c'est qu'il faut toujours qu'un homme
domine une femme, — par la force, par l'intelligence,
par l'orgueil, par la fierté, par tout ce qui est mâle en
lui; — et c'est pour cela, ajoute-t-il, qu'on n'aime jamais bien une femme qu'on ne comprend pas, qu'on
craint de blesser en frappant autour d'elle des choses
qu'on ne saisit pas bien... Que voulez-vous qu'un
homme fasse de l'orgueil d'une femme? » Elle l'a donc
amené à douter insensiblement de lui et à ne savoir
que faire d'elle, à s'avouer qu'il n'a jamais bien su lui-
même où saisir précisément cette pensée fuyante dans

le vain nuage dont elle s'environnait. La désillusion est
venue d'elle, d'elle seule, mais elle est venue.

A force de nier l'amour en autrui et de le trouver
trop froid à son gré, ou trop peu sublime au prix de la
flamme éthérée qu'elle rêve, elle lui a soufflé du froid,
en effet, elle a tué le charme :

« Je commence à voir clair en nous, lui écrit Michel dans
un dernier adieu : vous me disiez si fermement que j'étais
froid et que j'analysais, que parfois je croyais que vous
m'aimiez beaucoup et que je vous aimais peu. Vous m'auriez
fait croire, Marie, que je ne vous aimais pas! Votre orgueil
est d'une éloquence étrange. N'écrivez jamais, Marie, à
l'homme qui vous aimera! »

Malheureuse Marie, belle, spirituelle, aimée, qui a
eu trop d'esprit seulement, qui a trop craint la vulgarité, qui n'a pas compris que l'imagination ne consiste
pas à rêver l'impossible, et que son plus sublime effort
est de trouver « la poésie de la réalité; » âme malade
des préjugés de l'éducation et du faux idéal qui flottait
dans l'air à cette époque; une de ces femmes qui, avec
toutes leurs délicatesses, ont des sécheresses soudaines
qui froissent les cœurs délicats, et à laquelle enfin,
pour tout reproche, Michel, en se séparant, a pu dire :
« Marie, vous manquez de simplicité! »

Mais se serait-on attendu, je vous prie, que le peintre
dont le crayon railleur a tant dévoilé de misères et de
duplicités féminines dans un ordre vulgaire, nous con-
duirait à étudier sous sa plume discrète une telle
femme, une telle distinction maladive de la sensibilité?

Il avait bien, on le voit, à l'origine et par goût, l'aristocratie du talent.

Et maintenant qu'on sait comment Gavarni entendait le sentiment dans sa jeunesse, lorsqu'on verra
ensuite tel de ses dessins, et pour n'en citer qu'un
seul, cette aquarelle, par exemple, — véritable élégie,
— où une châtelaine penchée au bord d'une terrasse
attend impatiemment et semble appeler une lettre, apportée par le messager qui s'avance à pas lents et
lourds dans un chemin couvert; à ce moment de fièvre
et de désir où elle croit distinguer le bruit de ses pas
sans l'apercevoir encore, et où visiblement elle hâte de
ses vœux, de son geste et comme de toute l'attitude de
son corps, la marche du bonhomme qui ne se presse
guère, on comprendra qu'il ne faisait que rendre là
une de ces images de tout temps familières à sa fantaisie et à sa sensibilité gracieuse.

Derrière tout misanthrope, il y a eu un ami des
hommes, ami trop tendre le plus souvent et qui a reçu
de trop sensibles blessures. Ainsi, derrière un ironique
il y a eu un croyant, un cœur confiant du moins, aimant, affectueux, et ce *Michel*, pour l'appeler d'un nom,
cet amoureux d'autrefois, cet homme délicat et humain
n'est jamais mort chez Gavarni : il a eu jusqu'à la fin
des retours marqués dans son talent.

On aura plus tard les propos du philosophe amer et
morose sous le nom et le masque allégorique de Thomas Vireloque : on a vu ici la philosophie première,
toute gaie et souriante, dans Michel. L'artiste, quoi
qu'il fasse, s'en souviendra toujours. Au fond, c'est

bien la même dans les deux âges, sauf la couleur et le
sourire.

A côté de la vie qui dans sa jeunesse lui permettait
de semblables rêves, il en avait une autre, une double,
et toute visible. Il avait, à côté du boudoir et du mystère, ce qu'il appelle quelque part « sa cour des miracles et ses truands. » Il nous y faut venir; mais il est
vraiment trop tard pour aujourd'hui,

GAVARNI.

SES ŒUVRES NOUVELLES. — D'APRÈS NATURE.
ŒUVRES CHOISIES. — LE DIABLE A PARIS. — ŒUVRES
COMPLÈTES.

(SUITE ET FIN.)

I.

Gavarni, en ses années de jeunesse, était comme le centre d'un tourbillon ; il vivait dans un monde d'artistes, de joyeux amis ; — joyeux, entendons-nous bien, et n'exagérons pas. La vie d'un artiste sérieux est, avant tout, dans le travail. Gavarni travaillait d'ordinaire par jour ses dix-huit heures sur vingt-quatre, et c'est ainsi qu'il est arrivé à produire ce chiffre de pièces qui n'est pas encore bien connu : les uns disent dix mille ; d'autres, qui doivent être bien informés aussi, prétendent que c'est dix fois plus. Mais le soir

11.

on se reposait, on secouait sa fatigue, et la chambre
de l'artiste se remplissait d'amis et de camarades qui
se dédommageaient par une orgie de paroles d'avoir
travaillé ou rêvé tout le jour :

« Ces nuits, disait Gavarni en les dépeignant de sa plume
la plus vive, ces nuits résument bien la journée elle-même.
On pense à sa pensée, on rêve au rêve; on se moque de
tout, de la vie, de l'art, de l'amour, des femmes qui sont là
et qui se moquent bien de la moquerie! Philosophie,
musique, roman, comédie, peinture, médecine, amours, luxe
et misère, noblesse et roture, tout cela vit ensemble, rit
ensemble; et quand ces intelligences barbues et ces plâtres
vivants habillés de satin sont partis, il reste ici pendant deux
jours une odeur de punch, de cigare, de patchouli et de
paradoxe, à asphyxier les bourgeois. On ouvre les fenêtres
et tout est dit. »

Voilà bien l'image d'une soirée d'artistes dans l'atelier. C'était au n° 1 de la rue Fontaine-Saint-Georges
que Gavarni tenait sa cour des Miracles. Nommerai-je
quelques-uns des gais amis qui se réunissaient le plus
habituellement autour de lui? Pourquoi non? A ceux
qui me reprochent de trop m'amuser au détail en de
semblables sujets, je ne répondrai qu'en redoublant de
soin pour laisser à ceux qui viendront après nous le
plus de renseignements précis et le plus d'idées vivantes
sur un passé déjà si enfui pour nous-mêmes et si lointain dans le souvenir. C'était donc Balzac; Léon
Gozlan, Jules Sandeau, Théophile Gautier, Méry, Mé-
lesville; — Forgues, que la nature a fait distingué et
que la politique a laissé esprit libre ; Édouard Ourliac,

d'une verve, d'un entrain si naturel, si communicatif,
et. qui devait finir par une conversion grave ; un Italien
réfugié, patriote et virtuose dans tous les arts, le comte
Valentini, qui payait sa bienvenue en débitant d'une
voix sonore et d'un riche accent le début de la *Divine
Comédie* : *Per me si va...* C'était le médecin phréno-
logue Aussandon, qui signait *Minimus Lavater* et qui
avait la carrure d'un Hercule ; Laurent Jan, esprit
singulier, tout en saillies petillantes et mousseuses ; le
marquis de Chennevières, esprit poétique et délicat,
qui admire avec passion, qui écoute avec finesse ; —
nommerai-je, parmi les plus anciens, Lassailly l'excen-
trique, qui, même en son bon temps, frisait déjà l'extravagance, qui ne la séparait pas dans sa pensée de la
poésie, et qui me remercia un jour très-sincèrement
pour l'avoir appelé *Thymbræus Apollo?* —C'était Anténor
Joly, entrepreneur infatigable, qui avait la bosse de la
direction théâtrale et aussi la rage du petit journal, et
qui, pour enrôler notre ami dans je ne sais quelle
feuille nouvelle, lui écrivait :

« Je suis l'homme petit journal. Je date des Figaros :
Figaro I, avec Saint-Alme, Jules Janin, etc. ; — Figaro II,
avec Bohain, Nestor Roqueplan, Gozlan, Karr, etc. ; —
Figaro III, avec Delatouche, Félix Pyat, George Sand, etc., etc. »

Qu'allais-je faire? j'oubliais Henry Monnier, l'aîné
de Gavarni de quelques années et son franc camarade,
dont j'ai sous les yeux lettres sur lettres réclamant
des costumes pour les rôles de sa femme, et parfois
dans un latin macaronique transparent (*Indigo vestis*

mihi uxoris ad proximam operam dramaticam, etc.).

Charlet, d'un autre temps, d'une tout autre génération, et de sa barrière du Maine, n'était en rien de ce monde-là ; mais il estimait de loin Gavarni, et il lui écrivait un jour, à l'occasion d'un jeune homme que celui-ci lui recommandait pour l'examen de l'École Polytechnique où Charlet était professeur :

« Mon cher confrère, demandez-moi *tout* hors ce que vous me demandez, car je ferai *tout* pour vous prouver toute l'estime que je professe pour votre talent.

« Nous ne sommes point assez sévères peut-être à l'École pour le dessin, et il faudrait vraiment que le dessin de M. D... fût d'un mauvais à faire frissonner les cheveux de la nature pour avoir le zéro fatal.

« En tout autre cas, dans toute autre circonstance, votre recommandation serait, croyez-le bien, d'un grand poids pour moi, parce qu'ainsi que je vous le dis, je fais grand cas de votre talent, que la masse accueille sans l'apprécier. Elle prend pour des caricatures les jolis Watteau que vous jetez au vent; vos dessins si fins et si spirituels annoncent un sentiment très-fin de couleur, tout à fait dans le goût de Watteau, qui fut un très-grand coloriste. On ne peut apprécier ce maître par ce que nous avons en France. Mais j'ai vu en Angleterre d'admirables tableaux, etc. »

Cet éloge de Charlet s'applique bien aux dessins de Gavarni, tant qu'il fut le chroniqueur malin et gracieux du monde élégant et de la jeunesse : une seconde manière viendra, que ne soupçonnait pas Charlet.

Grandville, le fabuliste du crayon, l'auteur avec Forgues des *Petites Misères de la vie humaine,* et qui n'avait de l'esprit que dans ses croquis, n'était pas non

plus des habitués. Grandville était un sauvage. Quand
Gavarni voulut le connaître, il en fut très-flatté, mais
il s'en fit une affaire. Forgues les voulait réunir à dîner
soit au Cercle, soit au restaurant. Grandville s'effraya à
l'idée du Cercle ; il crut voir dans ce mot toute l'image
d'un souper-Régence. Le dîner à trois se fit. Grandville
s'y prépara comme à un événement ; il se pommada,
se parfuma et crut n'en avoir jamais fait assez pour
être à la hauteur. Gavarni en fut pour ses frais de naturel et ne réussit point à le familiariser. Ce dîner
trop laborieux ne recommença pas.

II.

Cependant les années s'écoulaient, et l'observateur
impartial des diverses réalités humaines mûrissait en
Gavarni, tandis que de son côté le dessinateur aussi se
fortifiait de plus en plus et s'enhardissait. Son faire
devenait plus sûr et plus décisif en même temps que
ses observations s'étendaient à d'autres travers encore
qu'à ceux de la jeunesse. Le Gavarni-Fragonard passait
insensiblement au La Bruyère. Une circonstance tout
accidentelle vint hâter singulièrement cette transformation qui était en train de se faire peu à peu, et qui
se marquait dans les illustrations sans nombre de
Monte-Christo, du *Juif-Errant*, des *Contes fantastiques*,
etc., etc. ; dans les séries achevées ou commencées des
Mères de famille, du *Chemin de Toulon*, des *Contemporains illustres*, etc. Gavarni partit pour l'Angleterre sur

la fin de 1847; il était à Londres aux fêtes de Noël de
cette année. Il y était allé, croyant n'y passer que
quelques jours : il y resta presque quatre ans. Ce
furent des années toutes d'étude, de réflexion, d'observation solitaire, de production aussi, et d'un renouvellement vigoureux et fécond. Il arrivait précédé par
sa réputation de peintre spirituel des mondanités et
des élégances parisiennes : l'aristocratie anglaise crut
avoir trouvé en lui un dessinateur, un artiste tout à
son gré et à son choix, comme elle l'eut bientôt dans
Eugène Lami. Elle ne tarda pas à s'apercevoir qu'elle
avait trop présumé. Que se passa-t-il dans l'esprit de
Gavarni?

Il avait, à son arrivée, l'intention de profiter des
ouvertures obligeantes qui lui étaient faites. Le duc de
Montpensier qui lui avait témoigné de l'amitié lui procura une introduction auprès du prince Albert. La reine
des Belges recommanda elle-même Gavarni à M. Meyer,
secrétaire du prince. M. Antoine de Latour, au nom du
duc de Montpensier, écrivait à Gavarni, à la date du
25 janvier 1848 : « Il est revenu à Son Altesse Royale
que la reine Victoria s'étonnait de ne pas vous avoir
encore vu. Si vous avez hâte de mettre Sa Majesté dans
votre galerie, il paraît que Sa Majesté n'est pas moins
impatiente de poser. C'est un bon moment dont vous
profiterez, et je crois vous faire plaisir en vous le disant. » M. Meyer, de la part du prince Albert, invitait
Gavarni à venir à Windsor le 2 février : « Vous trouverez, lui disait-il, Son Altesse Royale toute prête à
poser pour vous. » Gavarni eut l'audience, et il n'y

donna pas suite. L'aimable comte d'Orsay, qui le pa-
tronnait en Cour et dans ce grand monde, en fut pour
ses avances et ses bienveillantes intentions.

Encore une fois, que se passa-t-il dans l'esprit de
l'artiste? quelque chose de bien simple. Hasard ou
choix, il avait commencé par se loger à portée de Saint-
Giles, le quartier pauvre. En s'y promenant, il prit
goût tout d'abord aux types de figures qui l'environ-
naient, et il y élut en quelque sorte domicile en y louant
une chambre qui lui servait d'observatoire et d'atelier.
L'observateur en lui fut saisi par la vue de la nature
anglaise, si particulière, si forte, si crûment grossière,
si finement élégante là où elle l'est. « On ne sait pas,
dit Gavarni, ce que c'est que la richesse et la pauvreté,
que le luxe et la misère, que le vol et la prostitution,
quand on n'a pas vu l'Angleterre. » La Chine elle-
même, dans son monde d'antipodes, ne lui aurait point
paru plus étrange et plus neuve. Lui, si habitué à lire
dans la physionomie humaine, il se prit à pénétrer
avec avidité dans ces physionomies d'une autre race,
si énergiques et si fines, comme dans une langue nouvelle qu'il aurait apprise. Il hanta la taverne; il étudia
sur place et chez eux les voleurs, si différents de ceux
de France, les filous (*pick pockets*) à figures si aiguës,
si tranchées, les boxeurs au type animal et féroce : l'un
d'eux, le fameux boxeur Smith, flatté de tant d'attention, lui offrit son amitié. Quant aux femmes du peuple,
il en trouva qui, la pipe à la bouche, renchérissaient
par le grossier sur nos chiffonnières et nos androgynes;
mais en même temps combien de filles du peuple, en-

core distinguées, encore élégantes sous la guenille, et
auxquelles il ne manque que d'être mieux nourries
pour faire des demoiselles! La faim se montre à Londres comme nulle part ailleurs, et s'y étale d'un air
affreux, à belles dents. Paris, avec sa bonne humeur
et sa bonne grâce, avec une certaine humanité de ton
et de mœurs qui y est généralement répandue, adoucit
tout et sauve les transitions : Londres laisse se heurter
à nu les contrastes. Le Diable à Londres ne fait pas
rire comme le Diable à Paris. Ce qui séduisit Gavarni
d'abord et le fixa, ce fut donc ce contraste brutal et
impitoyable de luxe, d'élégance, d'horrible et hideuse
misère. Il l'a rendu en mainte page avec une énergie
poignante. Qu'on voie, dans *les Anglais chez eux*, ce
groupe effrayant, *Misère et ses petits*, et cette autre
planche intitulée *Convoitise!* On n'a jamais fait de
misère plus misérable, de haillons plus haillons que
ceux-là. Dans *Convoitise,* que voit-on en effet? au milieu d'un paysage d'automne, agreste, hérissé et dépouillé par les premiers froids, un misérable, quelque
mendiant irlandais, vêtu en lambeaux, pieds nus, qui
considère de derrière une haie, dans quelque verger,
un mannequin oublié, un bâton surmonté d'un chapeau
et de vieux habits, planté là pour effrayer les oiseaux.
Ces vieux vêtements de l'épouvantail lui paraissent,
au prix des siens, toute une garde-robe de prince, et
il les regarde, bouche béante, d'un air inexprimable
d'envie et de convoitise. Il y a des abîmes de misère
au fond d'un pareil désir. Le paysan de La Bruyère,
« cet animal farouche, noir, livide et tout brûlé du

soleil, qui fouille et remue la terre, » est un Apollon au prix de cet animal à face et à membres de squelette, qui convoite des haillons un peu moins haillons que les siens.

Une pensée, et non pas une pensée affichée, mais une pensée infuse et sous-entendue, se mêle à ces dessins qui déjà se suffiraient à eux seuls par leur caractère de vérité. Gavarni veut-il nous montrer la fin et l'issue d'un combat de boxeurs, c'est d'abord le vaincu, celui qui est resté sur le carreau : on l'emporte pâle, étendu, la tête renversée, sans connaissance et comme prêt à rendre le dernier soupir ; vous tournez la page et vous voyez le vainqueur : celui-ci, on ne l'emporte pas ; il est debout, on le porte ; deux camarades ont besoin de toute leur force pour le soutenir ; éborgné, fracassé, démoli, croulant, il lui faudra bien des jours pour se refaire, s'il y parvient jamais. Tel est, se dit-on involontairement, tel, en bien des cas, le vainqueur ! tel est le soir d'une victoire !

Les combats des rats et du terrier à Londres ont eu en Gavarni le plus spirituel des peintres narrateurs. Que d'esprit et de goût pittoresque dans la manière dont tous les actes de ce petit drame sont coupés, divisés par compartiments, présentés gaiement au regard ! Comme les spectateurs de la galerie sont là attentifs, dans toutes les postures de dos, de face, de côté, appuyés et penchés chacun à sa manière ! Il y a chez Gavarni un heureux arrangement qui préside à tout.

Mais, pendant son séjour en Angleterre, Gavarni ne s'en tint pas à Londres et à ses spectacles journaliers,

aux figures de marins, aux nourrices de Saint-Giles,
aux buveuses de gin et aux balayeuses en chapeau, il
voyagea; il voulut visiter les campagnes et les hautes
terres; il alla en Écosse et y fit moisson. Il en rapporta
quantité de types pittoresques aussi neufs que charmants, *le Joueur de cornemuse*, la fille des rues à
Édimbourg (l'élégance même, nu-pieds et en lambeaux),
et toutes sortes de figures rustiques et campagnardes
(*Rustic groups of figures*), très-beaux dessins publiés
par Day à Londres. Malgré le grand nombre de dessins envoyés par lui à *l'Illustration* et la série des
Anglais chez eux, on ne connaît que très-imparfaite-
ment en France cette branche exotique de l'œuvre de
Gavarni. Ce qu'on peut dire, c'est qu'il est entré d'emblée et à fond dans la nature anglaise, dans toutes les
formes de cette misère horrible et aussi de cette grâce
singulière. Les gens comme il faut ont pu être choqués
d'abord qu'il les ait négligés : il ne les a pas omis
toutefois, et il y a de lui des devants de loges d'Opéra
peuplés de toutes les variétés de têtes aristocratiques,
et parés de toutes les blancheurs éblouissantes. En
regard de ses boxeurs, je me plairais à mettre *un
Mariage dans le grand monde,* tous ces beaux fronts
inclinés devant l'élégant ministre qui les prêche en
cravate blanche, ou encore ces deux dames qui se
promènent dans West-End, le valet de pied derrière,
à distance, tenant sous le bras les volumes du roman
nouveau qu'elles viennent d'acheter : c'est du plus
haut ton.

III.

Quels que soient donc les motifs qui aient déterminé Gavarni à mener à Londres le genre de vie assez singulier qu'il y observa ; que ç'ait été pur dégoût du trop d'aristocratie, attrait vif pour une nature populaire qui se déployait devant lui et se laissait lire à livre ouvert dans sa franchise ; que peut-être aussi cette réserve ait tenu au soupçon qu'il eut dès son arrivée, qu'on cherchait à exploiter son nom et sa présence, il ne perdit point son temps dans cette période de recueillement et de retraite durant laquelle il ne cessa de produire et de méditer. Son expédition d'Angleterre ne fut point un échec, mais un effort, un exercice de conquête et d'agrandissement aux frontières de son talent. Que n'essaya-t-il point à Londres dans ces longues heures dont aucune n'était perdue pour le travail ? Il fit des mathématiques, beaucoup et à fond. La géométrie est pour Gavarni une étude chère qu'il a approfondie, qu'il a poussée fort loin et qu'il a conduite par certaines considérations qui lui sont propres jusqu'aux limites de la découverte (ce n'est pas à nous d'en juger). Il y fit aussi de la peinture à l'huile, et, pour y réussir, il ne lui a manqué que de s'y consacrer davantage. Il écrivit même pour lui des *Réflexions sur l'Angleterre,* et j'ai lu tout un chapitre où sont racontées d'une manière simple et encadrées dans un paysage bien anglais les funérailles modestes du roi Louis-Phi-

lippe. Enfin, l'Angleterre fut pour lui et pour son talent
une hôtesse nourricière et féconde. Quand il revint en
France, sur la fin de l'été de 1851, il était riche d'observations, plein de sujets, plus que jamais rompu à la
science du dessinateur, capable d'oser et d'entreprendre
en dehors même du champ aimable et si varié qu'on
lui avait reconnu jusque-là pour son domaine. Il le fit
bien voir par les nombreux dessins qu'il donna en ce
temps à *l'Illustration,* et surtout par la rentrée tout à
fait brillante, triomphante, qu'il fit en 1852 dans le
journal *Paris* que dirigeait M. de Villedeuil. Il s'engagea
à y faire « une lithographie par jour; » il tint la gageure
pendant plus d'une année et y ouvrit simultanément
ses séries nouvelles : *les Partageuses, Histoire de politiquer, les Lorettes vieillies, les Propos de Thomas Vireloque, les Invalides du sentiment,* etc. Il entrelaçait ces
diverses suites et les menait de front. Par la vigueur
du dessin, par le choix des sujets, par la pensée qui
s'y attachait, il était entré dans sa seconde manière.

Je m'explique. Quand on interroge Gavarni lui-
même, il n'a pas la conscience des deux manières distinctes et tranchées. Un travail et un effort continuel
amenèrent avec eux le progrès : voilà tout ; mais il n'y
eut pas de changement à vue, de renouvellement ou de
redoublement systématique. Ce fut la maturité qui
produisit naturellement son effet. Entre les deux Gavarni, la différence est qu'il y eut de tout temps en lui
une prodigieuse et spirituelle facilité, et qu'avec les
années il s'y ajouta la puissance. Dans la première
moitié de son œuvre, on a un charmant petit maître

dont le crayon se joue aux costumes et aux ridicules :
dans la seconde, c'est un dessinateur vigoureux, coloré,
d'un grand caractère, un vrai peintre par le génie du
crayon. Les légendes se ressentent aussi des deux âges :
plus faciles, plus fraîches et plus gaies dans le premier
temps, elles sont plus creusées, plus cherchées quelquefois dans la seconde époque; elles se répètent;
elles s'attristent. Si elles perdent un peu, le dessin
gagne et s'en dispenserait aisément.

Je me trouve, en présence de cette seconde moitié de
l'œuvre, dans le même embarras où je me suis trouvé
en face de la première. Comment décrire et montrer ce
qu'on voit d'un coup d'œil et qu'on goûte avec ses
sens? Je prends sa création la plus éloignée des premières grâces et de tout ce qui était couleur de rose, son
Vireloque. Il a mis sous le nom et le masque de cette espèce de monstre, de ce personnage « à demi Quasimodo,
à demi Diogène » (comme le définit M. de Saint-Victor),
toute sa misanthropie et son amertume, son noir, ce
qui reste de l'ancien Michel quand toutes les aurores
sont éteintes, quand tous les soleils sont couchés.

MM. de Goncourt possèdent de ce Vireloque un por-
trait-aquarelle d'une touche singulièrement vigoureuse et qui a tout l'aspect de l'huile. C'est une aquarelle rehaussée et compliquée qui porte sur du fusain,
et qui se fortifie de tons crayeux; à première vue, on
dirait presque un Decamps. Sur un fond de ciel gris,
au milieu d'un paysage nu et plat qui est assez celui
de la plaine des environs de Paris, se détache l'horrible
vieillard, espèce de chiffonnier au moral de toutes les

guenilles et de toutes les désillusions humaines. Il tient
d'une main un panier d'ordures, de l'autre un grand
bâton, et la main qui s'y appuie est d'un dessin admirable. Le reste est horrible; les jambes sont d'un
squelette, les pieds de je ne sais quel animal fourchu.
Il porte des lunettes, mais elles sont relevées sur son
front et ne lui servent guère : d'ailleurs il est borgne.
Tel est le triste spectateur final que Gavarni va donner
à la farce humaine après que le bal est fini, quand le
feu d'artifice est tiré, et qu'il ne reste plus que les
lampions fumants et des décors vus à l'envers. Un des
premiers mots de Vireloque est sanglant : il s'arrête à
considérer un être ignoble, tombé ivre-mort, et, pour
toute légende, il dit : « *Sa Majesté le Roi des animaux!* »
Et une autre fois, tandis qu'il écoute accroupi je ne sais
quel prêcheur humanitaire debout qui s'exalte et pérore,
les cheveux dressés sur la tête, ce court dialogue s'engage : « —... *L'homme est le chef-d'œuvre de la création.* »
— « *Et qui a dit ça?* » — « *L'homme.* » Gavarni se plaît
à faire assister son Vireloque et à le faire applaudir
aux jeux cruels des enfants, aux traits précoces de la
méchanceté humaine. Ce Vireloque, au reste, comme
il l'entend, exprime bien moins la haine des hommes
que la haine de tous les mensonges humains.

Mais n'insistons pas trop sur cette philosophie amère
qui n'est pas une habitude, qui n'est qu'une extrémité
de la pensée dernière de Gavarni, et revenons avec lui
à de plus amusantes satires. Il est passé, le temps des
amours légères et des espérances, et aussi des crayons
légers; parmi ceux qui me reviennent à l'esprit en ce

moment, il en est un plus agréable encore et plus riant
que tous les autres : c'est, dans un album des *Mélodies*
de Mme Gavarni, l'un des dessins intitulé *Chanson* et
le jeune adolescent qui la personnifie ; grâce, gaieté,
fraîcheur, lumière, tout ce qui rit à la vie est dans ce
dessin-là. Mais les temps sont loin ; adieu refrains et
chansons ! on a marché depuis lors ; on est au revers
du coteau et sur les pentes désormais dépouillées : tous
les sentiers y ramènent. Je choisis, dans ces séries
dernières et désenchantées, celle qui me paraît la plus
facile, la plus directe et la mieux trouvée, la plus
heureuse vraiment de ces contre-parties, gaie encore
et plaisante, sans rien d'odieux : *les Invalides du sentiment*. C'est ainsi que l'artiste appelle tous ceux qui ont
largement usé de la jeunesse et qui sont arrivés à
l'heure ingrate et fatale où l'illusion n'est plus possible
et où l'on se répète tout bas, avec M. de Parny : « *C'en
est fait, j'ai cessé de plaire !* »

Amusante et instructive série entre toutes, un chef-
d'œuvre d'un bout à l'autre, le vrai dénoûment de la
pièce, sans rien de forcé, sans rien d'obscur ! On a là
un *Anatole*, un *Chérubin*, un *Antony*, un *Werther*, un
ci-devant *Joconde*, un *M. le chevalier de Faublas* vieilli,
un autre de ces beaux d'autrefois, assis à table sans
oser manger, faisant triste mine à son assiette, et se
disant d'un air de Tantale : « *Le cœur m'a ruiné l'estomac !* » Tous portraits d'une expressive et surprenante
vérité.

L'idée toute naturelle de cette série, c'est, on le conçoit, le contraste entre le passé et le présent, entre ce

qu'on fut et ce qu'on est; c'est le saillant presque ridicule de ce contraste. Mais ce n'est pas tout que ce désaccord qui saute aux yeux : il faut aussi qu'il y ait du rapport; il faut qu'après avoir souri à première vue du contraste et du changement, à la réflexion on reconnaisse et l'on se rende compte; qu'après s'être écrié : « *Ce n'est pas possible!* » on ajoute : « *Et pourtant c'est bien cela, c'est bien lui!* » Joconde ou Philibert le mauvais sujet, par exemple, ne doivent pas vieillir comme René, comme Werther ou le vaporeux Raphaël (1). Antony vieillira avec aigreur et maigreur, tel autre avec rondeur. Il y a bien un peu de caprice dans le nombre, et de purs baptêmes de fantaisies, comme ce chevalier Desgrieux avec son rhumatisme qui le fait marcher de côté; mais, en général, il faut qu'on retrouve le monument sous la ruine, que jusque sous le décrépit on devine celui qui a été beau et conquérant, et la manière particulière dont il l'a été; que la parodie, en un mot, rappelle la chanson. Gavarni excelle à ces intentions fines. Le gentilhomme qui a vendu ses bois et ses moulins, et qui traîne ses quilles, ne vieillit pas comme Anatole ou le bel Adolphe du boulevard et du café Riche. Il y a dans ces invalides quelques Anglais tels que Childe-Harold ou Oswald : il sont et restent bien Anglais de type jusque dans leur décadence.

Gavarni entend si bien la physionomie humaine qu'il nous fait d'abord reconnaître la nation au visage.

---

(1) Le Raphaël de Lamartine.

Ainsi, dans *Histoire de politiquer*, il y a deux interlocu-
teurs qui se querellent et dont l'un dit à l'autre : « *Eh
bien! touchez-y, à la Prusse!* » Et à la manière dont il
dit cela, on reconnaît une bouche qui a parlé allemand
toute sa vie. De même, dans la mélancolie et le spleen
final de Childe-Harold et d'Oswald, à ces longues
figures aristocratiques plus allongées que de coutume,
on reconnaît sensiblement un lord invalide à sa manière, et pas un autre.

Le propre des séries de Gavarni est de vous mettre
en train et de vous donner des idées dans le même
sens. Eh bien! dans ses *Invalides du sentiment,* il en a
pourtant oublié un, ce me semble, l'invalide content,
celui qui ne regrette rien, qui trotte toujours, qui n'a
perdu que sa jeunesse et ses écus, et qui serait prêt,
si on le lui offrait, à recommencer à l'instant sa ruine.
Je l'ai connu, celui-là : il s'appelait Fayolle, un menu
littérateur, un auteur de petits vers sous le premier
Empire; il s'était ruiné avec ce qu'on appelait alors
les Nymphes de l'Opéra, et il vivait sur la fin à Sainte-
Périne, où il est mort. Le plus leste des invalides, il
courait tout le jour Paris et les bibliothèques. Quand
on lui rappelait le temps passé, et qu'on lui demandait
s'il ne regrettait pas l'emploi de sa fortune, il répondait en souriant et de l'air d'un chat qui vient de boire
du lait : « Ah! elles étaient bien gentilles! »

Une des plus jolies séries par l'idée, ce sont *les Toquades;* c'est comme un pendant au chapitre *De la
Mode,* chez La Bruyère, chapitre qui s'intitulerait aussi
bien *Des Manies.* A chacun la sienne : Diphile a les oi-

seaux, un autre a les insectes ou les chenilles, ou les
reliures en maroquin. Chez Gavarni, cet amateur de
fleurs a son grand arbre, son cèdre empoté et à l'état
de bouture : il le tient à la main et se sourit de plaisir
à lui-même en le contemplant. Tel autre passe des
heures accoudé sur son journal ; tel a toujours l'œil à
son baromètre ; tel qui se croit moins fou a la voisine
d'en face qu'il lorgne du matin au soir ; celui-ci a la
chasse à l'affût où il se morfond, celui-là la pêche à la
ligne où il s'enrhume. Je recommande surtout le bonhomme en bonnet de nuit qui fait une *réussite,* et cet
autre bourgeois, mécanicien amateur, en lunettes, si
acharné à *tourner* qu'il en oublie le boire et le manger.
On remarquera que dans *les Petits bonheurs* et dans
les Toquades se retrouvent quelques-uns des mêmes
motifs et des mêmes sujets. Mais, dans la première des
séries, la manie est vue du côté jeune et sous un jour
riant : dans l'autre elle est regardée sinon par un misanthrope, du moins par un observateur indifférent et
un peu ironique, qui n'y met rien de flatteur.

Je touche en passant et j'effleure le sommet des
choses. Comme beauté et grandeur de dessin, j'admire,
dans cette effrayante série de malfaiteurs qui s'intitule
le Chemin de Toulon, la scène des deux bandits qui,
dans un site aussi âpre et aussi dépouillé que celui des
gorges d'Ollioules, se prennent de querelle et ont ensemble des mots. Il y a la scène d'avant et la scène
d'après. Dans celle-ci l'un des deux vient d'être étendu
roide mort, tandis que le camarade qui a fait le coup
tourne le dos et se dépêche d'allonger le pas. Mais que

cet homme étendu sur le premier plan est donc admirablement jeté par terre, et comme on sent qu'il est tombé à la renverse, d'un seul coup, à l'improviste! Et pour toute légende, on lit au bas : « *Ils ont eu des mots!* » Ah! c'est bien tout le contraire de la mort d'Abel. C'est Caïn tué par Caïn.

Et comme beauté de dessin dans un autre genre, et comme charme, on me fait remarquer dans le quatrième *Dizain* ce nᵒ 40, cette femme debout, cette débardeuse montée sur une banquette et adossée à une loge dans un bal masqué, plongeant de l'œil dans la salle et regardant amoureusement la danse sans y prendre part cette fois; avec ces mots : « *Il lui sera beaucoup pardonné, parce qu'elle a beaucoup dansé!* » Que de grâce et de complaisante lassitude dans la pose, dans tout le geste! quel abandon! quelle mollesse accomplie et absolue de tout point! Ah! que celle-ci est bien tout l'opposé de la statue de Vesta!

Parmi les sujets que vient de reproduire excellemment la photographie, je ne puis m'empêcher de signaler encore, pour le dessin comme pour le sentiment, cette scène de l'homme du peuple, de l'ouvrier faisant choix d'une épouse, lui posant la main sur l'épaule, et dans un langage grossier, que la légende a rendu au naturel, lui déclarant une affection grave pourtant et des plus sérieuses : l'attitude et le visage de cette femme debout, les yeux baissés, acceptant avec simplicité une vie commune qui lui sera rude, ont un véritable caractère de chasteté. Ce sont là, à leur manière, de *justes noces*, comme diraient les anciens. Et

celui qui croirait que l'artiste a uniquement voulu
plaisanter et se permettre une légèreté se tromperait
fort : il a voulu, sous forme vulgaire, exprimer le
côté humain bien senti et montrer l'honnêteté de la
chose.

IV.

Pour voir et pour rendre tant de scènes et de figures,
comment s'y prend Gavarni? A-t-il eu besoin précisément de voir de ses yeux tout ce qu'il dessine ensuite
et qu'il intitule à bon droit *D'après nature?* Je ne le
crois pas. Il a son monde en lui. Comme tous les
observateurs nés tels, il est doué d'un sens particulier
très-délié; il a sa seconde vue, il a le flair. Il observe
en rêvant et en ruminant, sans chercher bien loin et
sans regarder toujours autour de lui. Cela lui entre
confusément, pour ainsi dire; il se fait un travail de
nutrition au dedans, et à son heure l'invention se produit, laquelle n'est qu'une observation à la seconde
puissance. Son intelligence de la physionomie humaine
est telle que rien qu'à voir un individu il lui arrive
souvent de mettre sur son visage non-seulement son
caractère, mais sa profession.

Quand il dessine, il ne va point au hasard et ne
laisse point courir son crayon à l'aventure, sauf à corriger. Jamais il n'a fait une figure sans en avoir l'idée
nette dans son imagination; il a le bonhomme dans la
tête. L'a-t-il vu en effet dans la réalité et l'a-t-il retenu?

C'est possible. Dans tous les cas, l'individu existe pour lui dans sa pensée : il voit le modèle.

Son art, son habileté de dessinateur sur pierre exigeait une étude, une description; elle a été faite par MM. de Goncourt. Ils ont expliqué avec une vivacité et une sorte de rivalité de plume comment de son crayon il attaque la pierre, comment il la traite avec un sans-façon, avec une hardiesse qu'on n'y avait jamais apportés avant lui, et ils nous ont donné l'idée de ce génie du dessin en action. Un des amateurs qui savent le mieux leur Gavarni et à l'aimable obligeance duquel je dois beaucoup pour m'avoir facilité ce travail, M. Royer, allant le voir un jour, le trouva à même d'une pierre et cherchant un effet de dessin qu'il avait remarqué chez Daumier. C'était un de ces grands lavis, un de ces effets généraux et larges comme Daumier en sait trouver. Cela le dépitait de ne pouvoir y atteindre : « Je ne sais, disait-il, comment ce diable de Daumier s'y prend; c'est à croire qu'il attache la brosse à son ventre et qu'il frotte la pierre avec. » Quiconque a vu les grands dessins de Gavarni, notamment ses deux vues du *Marché des Innocents*, le côté des hommes, porteurs et charretiers, et celui des marchandes et commères, comprendra le résultat le plus savant de son procédé et de sa manière : par l'ordonnance des groupes, par la vigueur et la gradation des tons, par le relief et la profondeur des plans, ce sont des peintures.

Il a obtenu dès longtemps, dans le genre non classé qui est sa création, je ne dis pas toute la vogue (il l'eut

12.

dès l'abord), mais toute l'estime réfléchie et motivée
de ceux dont le suffrage compte et marque les rangs.
Il était déjà au comble de son succès qu'une distinction à laquelle tout artiste attache du prix lui manquait
encore. Un jour qu'il se trouvait dans le cabinet de
M. Cavé, directeur des Beaux-Arts, celui-ci lui demanda
s'il lui serait agréable d'avoir la croix, et sur sa réponse
affirmative : « Eh bien! voilà de l'encre et du papier,
écrivez votre demande. » — « Heim! fit Gavarni, s'il
faut la demander soi-même, je ne l'aurai jamais. » A
quelques années de là, il la reçut sans avoir eu à y
songer. M. le comte de Nieuwerkerke, sans le connaître
personnellement, le proposa de lui-même au Prince-Pré-
sident, et Gavarni fut décoré le 16 juillet 1852. Sa nomination, proclamée avec d'autres en séance solennelle
au Louvre, fut accueillie par une double salve d'applaudissements. Quelque temps après, Gavarni, qui
s'entend peu aux compliments, alla chez M. de Nieuwerkerke : « J'ai voulu voir, lui dit-il, celui qui a eu
l'idée de décorer Gavarni. »

Arrivé à la plénitude de la vie, à la conscience du
talent satisfait qui désormais peut indifféremment continuer ou se reposer, et qui a fait sa course, — après
bien des traverses et une de ces douleurs cruelles qui
éprouvent à fond le cœur de l'homme (1), — Gavarni
ne formait plus qu'un souhait : rêver, travailler encore, et trouver son dernier bonheur, comme Candide, à cultiver son jardin. Car il avait, il a un

_____

(1) La perte d'un fils.

jardin, à ce qu'on appelait le Point-du-Jour, au bord
de la Seine, son jardin d'Auteuil, et plus grandiose
que celui de Boileau, un petit parc en vérité, avec
quinconce de marronniers, avenue, terrasse, un vrai
coin royal de Marly. Et il y vivait depuis des années,
l'embellissant, l'ornant à plaisir, y plantant des arbres
rares, ifs d'Irlande, genévriers, cyprès, cèdres du
Liban, et le *Thuya filiformis,* et le *Wellingtonia gi-
gantea,* et que sais-je encore? Celui qui avait aimé
à la folie les travestissements n'avait pas de plus
grande joie à cette heure que de cultiver la nature. Il
était devenu aussi un jardinier consommé ; comme ce
vieillard de Virgile, il savait les expositions heureuses,
les saisons propices, le terrain où se plaît le mieux
chaque arbre, et le voisinage qui le contrarie. Mais,
hélas! qu'est-il advenu? un de ces tracés géométriques
inflexibles, une de ces courbes d'ingénieur qui n'obéis-
sent qu'au compas, est venue prendre de biais le beau
jardin et bouleverser tout le nid. Adieu la tranquillité
et le bonheur! O ligne aveugle et inflexible, ne pou-
viez-vous donc vous détourner un peu et vous laisser
attirer doucement du côté de ceux (comme il y en a
beaucoup) qui ne demandent qu'à être traversés de
part en part, sauf à être ensuite largement guéris et
dédommagés? Et comment dédommager ici? comment
évaluer l'ombrage, la fraîcheur matinale, les longues
heures amusées, tant de petits bonheurs tout le long
du jour, et le vœu final exaucé, la douce manie satisfaite, si vous voulez l'appeler de la sorte, la chimère,
enfin? Tout en n'étant pas insensible au progrès de la

grandeur publique, il m'est bien souvent arrivé, je
l'avoue, à l'aspect de ces abatis de maisons qui pre-
naient en écharpe de vieux quartiers de Paris et des
faubourgs tout entiers, de regretter et de recomposer
une dernière fois en idée ce que démasquait tout d'un
coup le prodigieux ravage, ces petites maisons cachées,
blotties dans la verdure et toutes revêtues de lierre,
qui avaient été longtemps l'asile du bonheur; mais
jamais je ne me suis mieux rendu compte de ce genre
de regret qu'en voyant menacé d'une coupe prochaine
le jardin de Gavarni.

LE MARÉCHAL DE VILLARS.

___

LE DERNIER MOT

SUR LA VICTOIRE DE DENAIN (1);

___

La littérature classique bien conçue n'a pas seulement à s'occuper des chefs-d'œuvre de la langue, tragédies, épopées, odes, harangues et discours, elle ne néglige pas les victoires : je veux dire les victoires illustres, celles qui font époque dans la vie des nations. Sans parler même de ces journées à jamais mémorables

(1) Tome XI des *Mémoires militaires* relatifs à la Succession d'Espagne sous Louis XIV, dans la collection des documents nédits sur l'Histoire de France. — Tome XIV du *Journal* de Dangeau, publié par MM. Eud. Soulié et L. Dussieux ; ce dernier y a joint un Appendice essentiel et toute une dissertation sur l'affaire de Denain.

contre les Perses et le grand roi, je ne conçois pas un
Grec instruit, sachant son Homère, applaudissant son
Sophocle, et qui n'aurait pas eu une idée précise de la
bataille de Leuctres, cette invention éclose du génie
d'Épaminondas. Et qu'est-ce donc lorsqu'un Épaminondas est raconté par un Xénophon? De même le
Français serait incomplet, qui applaudirait le Cid en
son beau temps et qui ne suivrait pas dans son vol
d'aigle et dans ses soudains mouvements la victoire de
Rocroy ; de même encore, un Prussien qui, se reportant
à l'époque de Frédéric, posséderait son Lessing et qui
ignorerait la victoire de Leuthen. Il y a de ces batailles
classiques aussi, dont il faut avoir l'entière intelligence
comme on l'a de tout chef-d'œuvre. Le patriote ici et
l'homme de goût se confondent. Parmi ces noms fameux,
il en est un qui, pour nous Français, l'est moins encore
par la grandeur de l'action que par l'à-propos et l'urgence, par l'imprévu de l'événement et les conséquences
promptes qui en jaillirent : c'est Denain, qui fit tourner
la chance depuis si longtemps contraire et qui releva
l'honneur de notre drapeau tout à la fin de Louis XIV.
Le règne si long de Louis XIV, à soixante-neuf ans
d'intervalle, est comme enfermé entre Rocroy et Denain,
un début si brillant et si glorieux, et un retour de fortune si tardif, si désiré et si nécessaire. Denain mérite
donc d'être connu, étudié comme Rocroy, d'autant
plus que le récit de ce beau fait d'armes offrait des
points douteux et non éclaircis, des obscurités qui
n'ont été levées que dans ces derniers temps. En
paraissant sortir ainsi quelquefois de ce qui est réputé

le domaine proprement littéraire, on n'a pas la prétention de devenir autre chose que ce qu'on est. Un bouillant esprit, et qui exagérait tout (1), a dit avec emphase : « Comprendre, c'est égaler. » C'est là, sous air d'axiome, une pensée fausse. Pour comprendre un tableau et se bien représenter le genre de talent qui l'a conçu et exécuté, on n'est pas un peintre ; pour comprendre l'idée et l'exécution d'une action de guerre, on n'est pas un général : on reste un critique ; l'essentiel est de l'être avec le plus d'ouverture autour de soi et le plus d'étendue qu'on le peut.

I.

Voltaire, au chant VII de *la Henriade,* introduisant le fantôme divin de saint Louis et lui faisant révéler en songe à Henri IV le cours des choses futures et les destinées de sa race, a dit :

> Regardez dans Denain l'audacieux Villars,
> Disputant le tonnerre à l'aigle des Césars.

Quand on y regarde de près et en prose, Denain, avec les circonstances qui l'accompagnèrent, nous apparaît dans un éclair moins rapide et sous un jour un peu différent. Pour s'en rendre compte, il faut avant tout remonter en arrière et se former une juste idée de l'état de la France pendant les campagnes précédentes.

(1) M. de Balzac.

Le prince Eugène et Marlborough réunis nous faisaient la guerre en Flandre, assiégeaient et reprenaient les villes autrefois conquises par Louis XIV, et menaçaient nos frontières. Après avoir essayé sans succès des autres généraux et même de Vendôme, on leur opposa Villars (1709). Celui-ci arrivait avec l'éclat de ses victoires en Allemagne et sur le Rhin : il voulut s'opposer au siége de Mons, livra la bataille de Malplaquet, y fut grièvement blessé et la perdit. Mais cette bataille perdue avait cela de particulier, à la différence des précédentes, qu'on y avait combattu avec une valeur acharnée, qu'on y avait fait plus de mal encore aux ennemis qu'ils n'étaient parvenus à nous en faire, et que le moral des troupes était relevé. Villars de son lit de souffrance, envoyant au roi des drapeaux pris sur l'ennemi, put écrire sans trop de fanfaronnade : « Si Dieu nous fait la grâce de perdre encore une pareille bataille, Votre Majesté peut compter que ses ennemis sont détruits. » Ce qui reste vrai et ce qui est reconnu pour exact par les historiens militaires et les gens du métier les plus compétents, c'est que Villars, avec une armée inégale, recevant d'une telle vigueur le choc de ces énormes forces combinées des généraux alliés, et leur mettant plus de trente mille hommes hors de combat, garantit cette année-là nos frontières et obligea la Coalition à de nouveaux efforts qui demandaient du temps.

Villars avait des ennemis ; il les méritait par son bonheur à la guerre, qui ne s'était démenti et ne devait se démentir que cette fois, et par cet air de jactance qui accusait des défauts en partie réels, et qui recouvrait des qualités dont les malveillants se gardaient bien de convenir ; mais il est certain qu'il valait infiniment mieux que n'affectaient de le montrer les mauvais propos des courtisans et des jaloux. Il fut très-beau à Malplaquet et le lendemain. Qualités et défauts, Villars était bien en tout un type parfait de l'officier français tel qu'on l'a vu de tout temps et tel qu'il est encore. Il savait autant et mieux qu'aucun général comment il faut prendre le soldat et toucher en lui le ressort. C'est dans l'une des ces campagnes de Flandre où le pain manquait et où le prêt ne venait guère, où l'argent, cette *étoile de gaîté,* ne brillait que par son absence, que, pour dissiper une mutinerie commencée, il eut l'idée de faire battre la générale. Les séditieux, en entendant l'appel accoutumé, coururent aux armes d'un mouvement machinal comme pour combattre l'ennemi. Ce stratagème est l'inverse de celui de César qui apaisa une émeute militaire au Champ de Mars en apostrophant les mutins du nom de *Quirites,* comme qui dirait *Citoyens* ou *Messieurs.* Ces vétérans des Gaules, surpris et humiliés de se voir traités de bourgeois, rentrèrent à l'instant en eux-mêmes. Villars, en faisant battre le tambour, criait au contraire aux siens *Milites, Milites,* et les refaisait deux fois soldats, sans qu'ils eussent même le temps d'y songer. Dans les deux cas, on avait su toucher la fibre du soldat romain ou français à l'endroit sensible et le piquer d'honneur.

Villars connaissait les hommes. On raconte l'histoire d'un officier, d'un lieutenant-colonel brave, irrépro-

chable jusqu'alors, lequel, à Malplaquet, placé en un
poste périlleux, s'enfuit et courut jusqu'à Calais, sa
ville natale. Il en eut tant de honte qu'il se dénonça
lui-même au général, offrant sa tête en expiation,
renvoyant sa croix de Saint-Louis et se condamnant à
une humiliation publique pour le reste de ses jours.
On a même donné la lettre de Villars en réponse à ce
touchant aveu. Villars pensait peut-être à ce brave
officier qui fut lâche un jour, quand il écrivait au
ministre de la guerre, M. Voisin :

« ... Connaître les hommes, j'avoue que ce n'est pas
l'affaire d'un jour. Moi qui vous parle, quoique je les étudie
assez, il y en a que je n'ai pas connus dans les premiers com-
merces que j'ai eus avec eux. D'ailleurs, les hommes changent,
et tel qui a été fort bon devient médiocre et quelquefois
misérable. »

Et encore, dans une autre lettre à ce même ministre,
en parlant de la bravoure :

« C'est la première qualité que je demande à la guerre.
« On dit toujours que tout le monde est brave ; et vous ne
sauriez imaginer, quand ce vient au fait et au prendre, le
peu que l'on trouve de certains courages qui veulent bien
marcher à la tête de tout. Autre chose est d'envoyer les
troupes à l'ennemi, ou de les mener soi-même bien fièrement,
et le premier. »

Un de ses talents comme chef était donc de connaître son monde, et, dans l'occasion, de l'électriser.
L'année qui suivit Malplaquet, dans la campagne de
1710, Villars, assez mal remis de sa blessure, eut

d'abord pour adjoint le maréchal de Berwick, comme
il avait eu l'année précédente le maréchal de Boufflers.
Mais Berwick, destiné à commander l'armée du Dauphiné, n'était là que provisoirement et pour le cas où
on livrerait une nouvelle bataille. Villars parlait fort de
la donner, et d'autant plus haut qu'il se doutait bien
que Berwick, général flegmatique et froid, était chargé
de tempérer ce qu'on appelait sa trop grande ardeur :
« C'est pourquoi, dit-il, je n'hésitais pas à proposer
les projets les plus hardis, persuadé qu'on en rabattrait
toujours assez. » C'est ainsi qu'il fit mine de se mettre
en marche comme pour aller secourir Douai, dont il
croyait fort bien cependant ne pouvoir faire lever le
siége. Ses collègues, les maréchaux de Berwick et de
Montesquiou, n'étaient pas d'avis de commettre l'armée
au delà de la Scarpe. Lui il tint à marcher en plaine à
l'ennemi par manière de défi et pour rendre le cœur
aux troupes ; mais, cette démonstration faite, il n'eut
garde de se risquer à attaquer. Il sentait bien, malgré
tous ses airs d'audace, qu'une seconde bataille comme
celle de Malplaquet n'avancerait pas les affaires. Les
suites étaient faites, comme il le disait, pour étonner
un bon Français et lui donner à réfléchir. Il déclarait
au roi ne pouvoir prendre sur lui plus de responsabilité, à moins qu'il ne reçût un ordre positif ; et si
l'ordre était venu, il eût été le premier sans doute à
proposer les objections. Durant toute cette campagne
où l'ennemi s'empara de plusieurs places, Douai,
Béthune, Aire, Saint-Venant, Villars se borna à faire
traîner les siéges en longueur, à intercepter des convois,

et à se rattraper sur de petites affaires de détail où il
avait le grappin sur l'ennemi. C'est par ce jeu prudent
et serré, et par l'habileté de ses manœuvres, qu'il
parvint à couvrir Arras, cette capitale de l'Artois, sur
laquelle l'ennemi avait d'abord jeté ses vues et qui lui
aurait ouvert l'entrée dans l'intérieur du royaume.
Aussi l'historien des *Mémoires militaires,* rédigés sous
Louis XVI et publiés seulement de nos jours, n'hésite-
t-il pas à conclure son récit de la campagne de 1710
en ces termes, si avantageux à Villars :

« Ce général sauva, pour la deuxième fois, la France,
peut-être aurait-il conservé quelque place de plus si, d'un
côté, un reste d'espérance de paix, et, de l'autre, le danger
de mettre le royaume au hasard d'un événement douteux,
n'eût dicté les ordres du roi à son général, et si le général
lui-même n'eût été retenu et par la crainte des risques auxquels un combat pouvait l'exposer, et par le mauvais état
dans lequel étaient les troupes.

« Ces motifs, peut-être autant que l'habileté des généraux
ennemis, contribuèrent à leur succès. Ils furent grands,
mais ils coûtèrent cher aux alliés, tant pour les dépenses
exorbitantes que leur occasionnèrent les siéges, que par la
perte, suivant leur propre aveu, de plus de quarante mille
hommes, tués ou enlevés par les maladies qui désolèrent
leur armée. »

L'*audacieux* Villars savait donc se comporter, quand
il le fallait, comme un général très-prudent.

La campagne de 1711 ne fut encore qu'une campagne
de tactique et de chicane. La mort de l'empereur Joseph
et des nuages qui s'élevaient en Angleterre sur la faveur

de Marlborough influèrent sans doute sur l'activité des
alliés. Villars, en se montrant toujours très-jaloux de
livrer une bataille rangée, dont il crut même avoir trouvé
l'occasion dans les plaines de Lens, n'eut pas ordre de
l'engager et n'en fut peut-être pas très-fâché au fond :
il prit sa revanche, selon sa coutume, en tentant de
petites actions. Forcé de se tenir sur la défensive, il la
rendit aussi active et aussi nuisible à l'ennemi que
possible, soit qu'il attaquât des camps isolés, des partis
de fourrageurs, soit qu'il comblât des cours d'eau et
coupât la navigation des rivières. Son principal objet,
et il l'atteignit, était de protéger Arras et Cambrai, dont
la conquête était la visée de Marlborough. « Rompre
les desseins des ennemis sans commettre son armée, »
c'était l'ordre que le roi lui donna, et il s'acquitta
parfaitement de la mission. Il eut le déboire, il est
vrai, de perdre Bouchain presque sous ses yeux, sans
pouvoir le secourir ; désagréable échec, et même assez
grave en ce qu'il livrait passage à l'ennemi entre l'Escaut et la Sambre, et lui permettait désormais de porter
la guerre sur une partie de la frontière moins suscep-
tible de défense. Villars, dans ses Mémoires, parle avec
grand dédain et pitié de cette campagne de 1711, si
peu féconde en entreprises et en résultats, et où l'on se
ruinait misérablement en détail : l'historien des *Mémoires militaires,* qui a suivi de près le général dans
ses moindres mouvements et dans ses lettres au roi et
au ministre, lui rend plus de justice pour « la fermeté
de ses vues, la justesse de ses combinaisons et la précision de ses manœuvres, » pour être parvenu aussi à

rétablir le bon esprit et la confiance dans l'officier et le soldat :

« En résumant, dit-il, les détails contenus dans ce Mémoire, et en se rappelant non-seulement les progrès que les alliés avaient faits la campagne précédente sur les frontières du royaume, mais aussi les vastes projets que leurs généraux avaient formés pour celle-ci, il est difficile de refuser à M. le maréchal de Villars la gloire d'avoir, pour la troisième fois, sauvé la France. »

II.

Nous approchons de Denain, bien lentement, il est vrai, et il n'y a pas apparence jusqu'ici ni présage de coup de tonnerre. C'est avant de partir pour l'armée, à la campagne suivante de 1712, que Villars recueillit de la bouche de Louis XIV les magnanimes paroles qui ont été souvent répétées. Ces paroles de Louis XIV, qui exprimaient une si noble et royale résolution pour un cas extrême, avaient déjà été dites à Villars presque dans les mêmes termes à un précédent départ, et le roi les redit aussi, parlant au maréchal d'Harcourt : c'était le fond de sa pensée et de son âme, tant que pesèrent sur lui et sur son royaume ces conjonctures désastreuses.

L'entrée en jeu cependant n'était plus tout à fait la même pour la campagne de 1712 que pour les années d'auparavant ; un grave affaiblissement avait atteint les forces alliées : Marlborough était tombé en disgrâce.

Le duc d'Ormond le remplaçait dans le commandement des troupes anglaises; mais les négociations avec l'Angleterre avançant chaque jour, le moment approchait où il se séparerait du prince Eugène. Celui-ci, pressentant sourdement que les Anglais, comme on dit, branlaient au manche, devait désirer une action générale prochaine où il les aurait encore pour alliés et compagnons d'armes. Villars et le duc d'Ormond, prévenus chacun très-secrètement de l'état et du progrès des négociations entre leurs Cours, devaient éviter de s'engager, et il ne fallait pas que Villars, par trop d'insistance guerrière et par quelque mouvement imprudent, plaçât le duc d'Ormond entre son devoir et son honneur. D'autre part, il importait aussi de ne point montrer de la timidité. Villars avait, de plus, pendant cette campagne, un adjoint et collègue qui était devenu très-influent, le maréchal de Montesquiou, lequel, ordinairement, commandait l'armée de Flandre durant la saison d'hiver, et qui avait grand appui en Cour. Villars devait se concerter avec lui, et enfin il ne faisait rien sans en avoir référé au roi et au ministre de la guerre, Voisin. Louis XIV, sur un échiquier aussi déterminé, aussi rapproché du centre, et où l'échec au roi était à tout coup si menaçant, avait un avis militaire personnel; il passait des heures à étudier les cartes de Flandre et il répondait ou faisait répondre à Villars sur ses moindres démarches en parfaite connaissance de cause.

Le maréchal de Montesquiou proposa, dès le commencement de la campagne, de tirer des lignes depuis la tête de l'Escaut jusqu'à la Somme pour couvrir la

Picardie, et de s'y retrancher; projet que Villars dut soumettre à la Cour, par déférence pour un confrère, bien qu'il le désapprouvât en principe. La défense derrière des lignes n'est aucunement dans l'humeur française. Aller en avant et à l'arme blanche est bien plutôt notre affaire. D'autres projets de défense, conçus par des officiers généraux de l'armée de Flandre, s'élaboraient autour du général en chef, et on les envoyait à Versailles, souvent à son insu. On se plaignait de ce que Villars ne livrait point de bataille, et quand on se croyait à la veille de la livrer, plusieurs murmuraient déjà qu'il n'était pas sage de « mettre tous ses œufs dans un panier. » Versailles et Paris étaient trop voisins du camp : on espionnait, on critiquait; les deux maréchaux avaient chacun leur monde et leurs partisans; il y avait longtemps qu'il ne s'était vu un état-major si frondeur.

Cependant le prince Eugène, n'ayant pu déterminer le duc d'Ormond à un engagement général, se résolut à faire un siége; il assiégea d'abord Le Quesnoi, qui se rendit le 3 juillet après douze jours de tranchée ouverte et d'une défense jugée insuffisante; puis il porta ses vues sur Landrecies, qu'il investit avec le gros de ses forces, et dont la prise lui eût ouvert le Soissonnais : il se passait ainsi d'Arras et de Cambrai, et forçait par une autre clef le cœur de la France. Les Anglais, à dater de ce moment, cessèrent de prendre part aux opérations, et l'armistice entre eux et nous était publié le 17 juillet. Mais les Anglais seuls se retirèrent; les troupes allemandes auxiliaires qui avaient été jusqu'alors à la solde de l'Angleterre se mirent incontinent au service de l'Empire.

On passait par bien des incertitudes et des péripéties. Tant que la suspension d'armes du côté des Anglais resta indécise, Louis XIV désira que Villars « gardât le milieu entre l'inaction et une bataille dans laquelle on eût risqué le tout; » et c'est à ce moment que l'idée d'une attaque sur Denain, d'une diversion sur les derrières de l'ennemi, fut suggérée de Versailles par Louis XIV lui-même. Le prince Eugène, en portant son armée entre l'Escaut et la Sambre, continuait de tirer ses approvisionnements et ses vivres de la place de Marchiennes avec laquelle il restait en communication, moyennant le camp retranché de Denain sur l'Escaut. Les lignes de communication, de Marchiennes à Denain, s'appelaient insolemment « le chemin de Paris. »

Louis XIV, il faut lui rendre cette justice, écrivait de Fontainebleau, le 17 juillet, au maréchal de Villars, cette lettre qui en suppose une autre antérieure sur le même sujet :

« Ma première pensée avait été, dans l'éloignement où se trouve Landrecies de toutes les autres places d'où les ennemis peuvent tirer leurs munitions et convois, d'interrompre leur communication en faisant attaquer les lignes de Marchiennes (ou de Denain), ce qui les mettrait dans l'impossibilité de continuer le siége; mais, comme il m'a paru que vous ne jugez pas cette entreprise sur les lignes de Marchiennes praticable, je m'en remets à votre sentiment par la connaissance plus parfaite que vous avez étant sur les lieux... »

Le ministre de la guerre, M. Voisin, dans une lettre

au comte de Broglie qui servait sous Villars et commandait les réserves de l'armée, écrivait à la même date :

« On prétend que le prince Eugène doit se déterminer
ces jours-ci à faire un nouveau siége de Landrecies ou de
Maubeuge. Je vous supplie de me mander si vous jugez
qu'en faisant le siége de Landrecies, ils puissent toujours
conserver leur communication à Douai par Marchiennes,
pour en tirer leurs convois et munitions de guerre, ce qui
est fort éloigné de Landrecies; et il est néanmoins bien
difficile qu'ils les puissent faire venir d'ailleurs... *S'il était
possible dans ce grand éloignement d'attaquer leurs
lignes de Denain pour couper la communication, ce moyen
paraîtrait le plus assuré et le moins hasardeux pour les
obliger à lever le siége;* et vous feriez bien d'en écrire
vous-même à M. le maréchal de Villars et de lui en envoyer un
projet, lui marquant le nombre de troupes dont vous auriez
besoin, de quelle manière et en quel temps il devrait les
faire marcher, etc., etc. (1) »

Voilà donc l'idée d'une diversion sur Denain proposée
aussi clairement que possible. Mais tout, à la guerre,
dépend de l'occasion et du moment. Personne, dans les
officiers généraux de l'armée, ne paraît avoir cru cette
attaque praticable à ce premier moment antérieur à
l'investissement de Landrecies. Le gros des forces du
prince Eugène était alors trop rapproché des lignes de
communication, et celles-ci eussent été soutenues aussitôt par toute la droite de son armée. Il fallait, pour

(1) Ces lettres ne sont pas données aussi au complet, ni discu-
tées avec autant de netteté dans le tome X des *Mémoires militaires*
qu'au tome XIV du *Journal de Dangeau,* dans l'Appendice qui est
dû à M. Dussieux.

que l'entreprise pût réussir, que le prince Eugène fût
tout entier engagé et occupé autour de Landrecies, et
l'*originalité* militaire de cette attaque sur Denain était
de la faire non pas avec un détachement, mais avec le
gros de l'armée française qui se déroberait de devant
Eugène et lui masquerait sa marche pendant un temps
suffisant. L'idée générale, suggérée très-sensément par
Louis XIV et sur laquelle il revient plus d'une fois, ne
devint donc un trait de génie militaire et une heureuse
pensée stratégique que moyennant transformation.

Louis XIV cependant voulait qu'on fît quelque chose :
lui qui avait recommandé la prudence et d'éviter une
affaire générale tant que la négociation se poursuivait
avec l'Angleterre, il exigeait maintenant qu'on tentât
plus qu'on ne le faisait, et qu'on jetât le dé plus hardiment :

« Mon intention, mandait-il à Villars le 21 juillet, n'est
pas de vous engager à faire ce qui est impossible; mais,
pour tout ce qu'il est possible d'entreprendre pour secourir
Landrecies et empêcher que les ennemis ne se rendent maîtres
de cette place, vous devez le faire; votre lettre n'explique
point en quoi consiste le désavantage qui peut se trouver en
attaquant les ennemis entre la Sambre et le ruisseau de
Prisches (1). Je suis persuadé que les ennemis ne manque-
ront pas de profiter du temps que vous leur donnez, et la
chose demande une détermination plus prompte. »

(1) C'était le terrain dont il paraît qu'on pouvait faire choix
pour livrer une bataille décisive. Le comte de Broglie, après
reconnaissance, ne jugea point la plaine d'au delà de la Sambre
aussi défavorable à une affaire générale que le disait Villars.

Villars, en effet, d'ordinaire si porté à l'offensive, reculait devant une action générale engagée avec le prince Eugène dans ces conditions-là, c'est-à-dire dans un pays boisé où il aurait affaire à toute l'infanterie ennemie, appuyée à des lignes. En cet embarras et pour expédient, il en vint alors à cette idée d'une diversion sur Denain, que le roi avait ouverte et proposée le premier et que le maréchal de Montesquiou, qui l'avait eue de son côté ou qui s'en était pénétré de bonne heure, lui conseillait de toutes ses forces :

« Je compte faire demain (écrivait-il le 21 juillet au ministre) toutes les démarches qui pourront persuader l'ennemi que je veux passer la Sambre, et je tâcherai d'exécuter le projet de Denain qui serait d'une grande utilité : s'il ne réussit pas, nous irons par la Sambre. Je suis assez bon serviteur du roi pour garder la bataille entière pour le dernier. Elles sont, comme vous savez, dans la main de Dieu, et de celle-ci dépend le salut ou la perte de l'État, et je serais un mauvais Français et un mauvais serviteur du roi si je ne faisais les réflexions convenables. »

Nous lisons à nu dans les perplexités de l'âme de Villars. — Mais ce projet annoncé sur Denain s'évanouit presque aussitôt par suite d'un avis défavorable donné par le prince de Tingry, commandant à Valenciennes, qui devait y contribuer. Villars se détermina donc à passer la Sambre et à se disposer comme pour une bataille. Le roi fut mécontent de ces airs d'incertitude et de tous ces revirements; il le lui fit savoir, et le ministre de la guerre lui écrivait de Fontainebleau, à la date du 23 juillet :

« Toutes vos lettres sont pleines de réflexions sur le hasard d'une bataille; mais peut-être n'en faites-vous pas assez sur les tristes conséquences de n'en point donner et de laisser pénétrer les ennemis jusque dans le royaume, en prenant toutes les places qu'ils veulent attaquer. Il me semble, à vous parler naturellement, qu'après les ordres réitérés de Sa Majesté, les plus fortes réflexions du général doivent être pour bien faire ses dispositions et profiter des moments. Je crois vous faire plaisir de vous parler avec cette liberté.

« Le roi, après avoir entendu la lecture de votre lettre et après avoir fait la réflexion que je viens de vous marquer, m'a dit qu'il attendait votre courrier : *ce ne sera pas sans quelque espèce d'inquiétude.* »

Il était impossible d'intimer plus nettement l'ordre de combattre, et de le faire sur l'heure. On était à bout de délais; il fallait à tout prix tenter le sort, vaincre ou périr. C'est à ce moment extrême et décisif (ô fortune aléatoire de la guerre!) que tout à coup les affaires changèrent de face; le projet de la Sambre fut abandonné; on reprit celui de Denain pour l'exécuter, non pas avec un détachement, mais avec toute l'armée : ce qui était l'idée hardie et l'idée neuve. On n'a rien trouvé dans les papiers de la Guerre qui fasse connaître positivement quel fut le motif d'un changement aussi subit; mais, d'après tout ce qui se lit dans les lettres du roi et des maréchaux de Villars et de Montesquiou, il n'y a nul doute que ce fut celui-ci qui détermina le premier. Villars en est lui-même convenu dans ses Mémoires. Montesquiou revint à le charge auprès de son collègue sur cette idée, à laquelle il tenait, d'une attaque sur Denain, et tout se fit de concert avec lui.

En conséquence, rien ne fut négligé, dans la journée du 23 juillet, de ce qui pouvait donner le change au prince Eugène pour lui faire croire à une bataille le lendemain devant Landrecies; on travaillait à jeter des ponts sur la Sambre comme si toute l'armée devait y passer; on fit un gros détachement comme pour reconnaître le terrain où l'on devait combattre. Puis, le 23 au soir, l'armée fut mise en mouvement sans savoir où on la conduisait; le secret avait été gardé entre les deux maréchaux et le très-petit nombre d'officiers indispensables. Les troupes ne laissèrent pas de murmurer, lorsqu'elles virent qu'on les menait à gauche comme pour tourner le dos à l'ennemi; on crut d'abord à un mouvement rétrograde. Bientôt l'éclaircissement se fit. Les nuits, à cette époque de l'année, sont fort courtes. Il fallait se hâter. Le marquis de Vieuxpont, qui commandait l'avant-garde, manda, à cinq heures du matin, qu'il ne pourrait passer l'Escaut qu'à huit heures. Villars, à cette nouvelle, put craindre que le prince Eugène éclairci sur notre marche n'y mît obstacle. Le maréchal de Montesquiou, qui semblait avoir fait de cette opération sur Denain son affaire, insista pour continuer; on arriva à l'Escaut à l'heure dite, et tandis que Montesquiou faisait construire en toute hâte des ponts, Villars diligenta l'armée et l'arrivée des troupes : les deux maréchaux passèrent ensemble l'Escaut. Le prince Eugène cependant, averti vers quatre heures du matin, accourut au galop de Landrecies à Denain avec quatre ou cinq officiers seulement, et, les premières dispositions prises pour la défense, il retourna pour ramener

à temps, s'il se pouvait, son armée. Montesquiou, chargé
d'attaquer les retranchements, dut attendre, pour commencer, que Villars, qui était retourné aux ponts pour
presser les troupes, l'eût rejoint. L'attaque se fit de
concert « avec beaucoup d'ordre et une magnifique disposition. » Les bataillons s'avancèrent sous le feu de
l'ennemi, l'arme au bras, sans plier, sans tirer un coup
de fusil. Le poste fut emporté d'assaut; on prit milord
d'Albemarle qui commandait, avec quinze officiers
généraux et dix-sept bataillons. Il y eut beaucoup de
tués et de noyés, un pont qu'ils avaient sur l'Escaut
s'étant rompu sous eux. Ce pont rompu qui coupait le
passage empêcha à la fois la retraite des fuyards et
l'arrivée du secours d'Eugène, devenu ainsi spectateur
impuissant.

III.

Chose singulière! on a de ce fait d'armes de Denain
le récit de Montesquiou, tout à son avantage naturellement; on n'a pas le bulletin officiel du général en chef.
Villars envoya le jour même au roi le marquis de Nangis, qui fit un récit verbal, et l'on en est réduit, de son
côté, à la narration succincte qui se lit dans ses *Mémoires*
et qui n'a pas la valeur d'une relation détaillée.

Selon Montesquiou (1) qui, non content de tirer tout de

(1) Le récit du maréchal de Montesquiou, très-distinct de celui
de Villars, paraît n'être arrivé d'abord au roi que par voie verbale
également; mais on possède une relation écrite que ce maréchal

son côté, accuse Villars d'incertitude pendant l'opération même, ce maréchal aurait eu l'idée de s'arrêter
lorsqu'il apprit de M. de Vieuxpont, à cinq heures du
matin, qu'on ne pouvait être à l'Escaut avant huit
heures :

« Comme il était grand jour, M. le maréchal de Villars crut
que, le prince Eugène pouvant voir notre marche, c'était un
obstacle invincible à notre entreprise; en conséquence, il
ordonna aux officiers du campement d'arrêter l'armée et de
la faire camper où elle se trouvait; ce qu'ayant appris,
j'allai joindre M. le maréchal de Villars, à qui je dis que
l'armée des ennemis ne pouvant marcher à Denain qu'à notre
vue par la hauteur de Quérénaing, sur laquelle on ne voyait
personne, je le priais de vouloir bien toujours marcher sur
l'Escaut; qu'y étant arrivés nous verrions si les ennemis
marchaient à Denain; que si on apercevait leur armée, marcher et être à portée de secourir ce poste, nous serions toujours les maîtres de ne point passer l'Escaut et de camper,
moyennant quoi il n'y avait nul risque à courir. Il se rendit
à mes raisons, et nous continuâmes notre marche, après
avoir perdu une heure de temps. »

Telle est la version de Montesquiou, désobligeante
pour Villars. Ce dernier, dans ses *Mémoires*, dit au
contraire :

« A la pointe du jour, comme j'étais à deux lieues de
l'Escaut, le marquis de Vieuxpont me manda qu'il était découvert, et me pria de lui faire savoir ce qu'il fallait faire.

fit avec détails et complaisance pour être mise sous les yeux de
Louis XIV, lorsqu'il dut produire ses titres et état de services
avant d'être admis dans l'Ordre du Saint-Esprit.

Puységur proposa de marquer le camp dans l'endroit où l'on était. « A quoi diable songez-vous? lui répondis-je; avançons! » Et en même temps j'envoyai des officiers au grand galop dire à Vieuxpont de jeter ses ponts, et moi-même je me mis dans ma chaise de poste pour aller plus vite. »

Selon Montesquiou encore, au moment où il se disposait à brusquer l'attaque du retranchement, avant que Villars, retenu près des ponts, eût pris le temps de le rejoindre, il fut retardé par un message de ce dernier :

« Dans le temps que j'étais en mouvement, M. le maréchal de Villars m'envoya MM. de Nangis et de Contades pour me dire de retarder, qu'on lui conseillait de se retrancher. Moi qui ne pouvais approuver ce retard, je voulus persister dans mon attaque, voyant que le temps pressait; sur quoi M. de Contades me sollicita si vivement d'amitié de ne point attaquer sans parler à M. le maréchal de Villars, qui n'était pas éloigné, m'assurant que j'étais un homme perdu si l'attaque ne réussissait pas, que j'y consentis et fus le trouver à cinq cents pas. Il venait à moi, et en m'abordant me demanda si j'étais encore d'avis d'attaquer; que les ennemis étaient préparés et qu'on lui conseillait de se retrancher. Je lui répétai tout ce qui devait l'en empêcher, après quoi il se rendit en me disant : « Puisque vous êtes d'avis d'attaquer, marchons. »

Que Villars ait voulu différer l'attaque jusqu'à ce qu'il fût arrivé et présent de sa personne, c'est possible et c'est naturel; mais il ne paraît pas qu'après les précautions prises pour assurer son arrière-garde contre un retour du prince Eugène, il ait hésité sur l'attaque du camp;

et comme le marquis d'Albergotti lui proposait de faire
des fascines pour combler les retranchements : « Croyez-
vous, lui répondit-il en lui montrant l'armée ennemie
dont les têtes de colonne s'apercevaient déjà, que ces
messieurs nous en donnent le temps ! Nos fascines seront
les corps des premiers de nos gens qui tomberont dans
le fossé. »

Ces rivalités jalouses sur un si beau fait d'armes
accompli *de concert* sont misérables. La version de Montesquiou, qui n'est pas d'un très-bon camarade, courut
Versailles et y trouva des échos. Saint-Simon, qui s'en
est emparé en l'exagérant, triomphe, et il poursuit de
sa haine le victorieux jusqu'au sein de sa victoire. Il ne
tient pas à lui que nous ne croyions, en vérité, qu'il a
fallu mener Villars à Denain comme un chien qu'on
fouette. La postérité, elle, de sa vue à distance, ne s'y
est pas trompée : elle a été plus juste dans l'appréciation totale et un peu confuse. A y regarder de plus près,
l'honneur de Montesquiou est, certes, d'avoir eu la
visée sur Denain (qu'elle soit venue primitivement de
Louis XIV ou de lui), de l'avoir proposée à Villars avec
insistance sous la forme d'un plan militaire aussi hardi
que praticable, et d'avoir été en première ligne dans
l'exécution. L'honneur de Villars est d'avoir accueilli et
adopté cette idée, de l'avoir préférée, somme toute,
au péril d'une bataille rangée, d'y avoir présidé avec
vigueur, tout en y apportant de temps en temps au
coup d'œil de prudence en arrière. Mais il ne cessa
point d'être le général en chef, et un général intrépide,
celui qui entrait dans les retranchements de Denain à

cheval à la tête de ses troupes, et qui recevait en personne la soumission du duc d'Albemarle et des sept ou
huit lieutenants généraux de l'empereur; il avait le
droit d'écrire au ministre, du camp de Denain, le soir
même (24 juillet) :

« Je n'ai pas le temps, Monsieur, de vous écrire une bien
longue lettre; je ne puis trop me louer des troupes. Je n'ai
point donné de ces batailles générales qui mettent le royaume
en peine; mais j'espère, avec l'aide de Dieu, que le roi reti-
rera de grands avantages de celle-ci. »

Et, en effet, si l'idée originale de Denain n'est pas
de Villars, il se l'appropria tout à fait par la manière
brillante et rapide dont il sut profiter de ce premier
succès; à la façon soudaine dont il en tira les conséquences, on aurait pu l'en croire le seul auteur et le
père, et l'on peut dire que, par l'usage qu'il en fit, il
éleva ce coup de main heureux à la hauteur d'une
grande victoire. Non content d'avoir sauvé Landrecies,
il reprit à l'instant l'offensive sur tous les points; délo-
geant l'ennemi de tous ses postes sur la Scarpe, priant
M. de Montesquiou de se charger de la prise de Marchiennes, réunissant lui-même ses garnisons comme
n'ayant plus à craindre pour ses places, il se mit en
devoir, malgré les alarmistes qui ne manquaient pas
autour de lui, de reconquérir Douai, Le Quesnoi, Bouchain. Il avait retrouvé la veine; il ne la laissa point
refroidir, et toute la fin de cette campagne, qui influa
sur la conclusion de la paix, fut marquée par des éclairs
de fortune glorieux et des sourires consolateurs.

Il reste donc vrai de dire avec Napoléon dans son jugement résumé des campagnes du prince Eugène : « En 1712, il prit Le Quesnoi et assiégea Landrecies. Le maréchal de Villars sauva la France à Denain! » Ce mot restera celui de l'histoire. Le nom de Denain, attaché à celui de Villars, ne fait que représenter et couronner les services des trois campagnes précédentes, méritoires et sans éclat.

IV.

Toute part d'éloges accordée au mérite de M. de Montesquiou pour la spécialité de l'opération, il n'est que juste (ce que ne fait pas assez, ce me semble, le rédacteur des *Mémoires militaires*) de ne point effacer devant un trop jaloux collègue le vainqueur de Denain. Non, dirai-je à mon tour en pensant à Saint-Simon et à tous ceux qui ont dénigré Villars, non, dirai-je à la suite d'un bon guide (1), ce n'était pas un soudard fanfaron, un pur *miles gloriosus,* que l'homme qui a gagné la bataille de Friedlingen, qui a défendu en 1705 la vallée de la Moselle contre Marlborough, si plein d'estime pour un tel adversaire; qui a gagné la première bataille de Hochstett en 1703, et qui forma alors ce grand projet de marcher sur Vienne par le Danube, pendant que Vendôme, débouchant d'Italie à travers les Alpes du

---

(1) M. Dussieux.

Tyrol, viendrait le rejoindre sur l'Inn, projet que Bonaparte et Carnot reprirent en 1796-97, que Napoléon reprit en 1805 et exécuta en 1809. Villars put être critiqué à bon droit par Napoléon pour sa campagne d'Italie en 1733, et pour avoir méconnu alors le vrai point stratégique, la ligne défensive de l'Italie qui est sur l'Adige ; mais (circonstance atténuante) il avait alors quatre-vingts ans. Dans toute sa carrière active antérieure, il a montré l'instinct et le sentiment de la grande guerre, de brillantes et solides parties, des talents de plus d'un genre qui le classent comme capitaine à une belle place entre ceux qui viennent après les plus grands. Denain, le salut de la France, les beaux siéges qui suivent, tout cela est d'un homme heureux, trop heureux pour ne pas être digne des faveurs de la fortune. Il semble que c'est à lui et pas à un autre que Montesquieu a pensé lorsqu'il a dit : « Quand on veut abaisser un général, on dit qu'il est heureux. Mais il est beau que sa fortune fasse la fortune publique. » Et songeant moi-même à Villars, à Masséna, à ces grands hommes de guerre qui ont eu des vices, mais qui peuvent aussi montrer dans leur vie ces nobles pages, Rivoli, Essling et Zurich, ou bien Friedlingen, Hochstett et Denain, je dirai qu'il convient de leur appliquer les paroles de Périclès dans l'Éloge funèbre des guerriers morts pour Athènes :

« A ceux qui ont de moins bonnes parties, il est juste que la valeur déployée contre les ennemis de la patrie soit comptée en première ligne ; car le mal disparaît dans le

bien, et ils ont été plus utiles en un seul jour par ce service
public, qu'ils n'ont pu nuire dans toute leur vie par leurs
inconvénients particuliers. »

C'est la conclusion qui me paraît la plus digne pour
ce chapitre d'histoire.

Lundi 9 novembre 1863

LETTRES INÉDITES

DE

MICHEL DE MONTAIGNE

ET DE QUELQUES AUTRES PERSONNAGES
DU XVIᵉ SIÈCLE

PUBLIÉES PAR M. FEUILLET DE CONCHES (1).

MONTAIGNE,
Maire de Bordeaux

Nos superstitions sont de plus d'un genre, et toutes elles tiennent de près à des religions. La religion de l'histoire, en ce qu'elle a de fondamental, repose sur des pièces authentiques, actes et papiers d'État, traités, instructions, dépêches et correspondances, etc. La

---

(1) C'était un chapitre du troisième volume des *Causeries d'un Curieux,* alors sous presse ; l'auteur en avait fait un extrait à part, tiré à 240 exemplaires ; imprimerie de Plon, rue Garancière, 8.

superstition historique et biographique s'attache aux
moindres lettres et billets des personnages célèbres,
aux signatures, aux reliques insignifiantes. Mais comment distinguer et marquer le point précis où la religion finit, où la superstition commence? Comment dire
à la curiosité : *Tu iras jusque-là, et tu ne t'enquerras
pas plus loin?* Comment prévoir à l'avance que telle
découverte ou trouvaille sera importante et capitale,
telle autre piquante et singulière, telle autre futile? Il
faut donc en prendre son parti et laisser faire les
curieux, les laisser courir et battre la campagne en tous
sens à leur guise, sauf ensuite à distinguer et à choisir
dans ce qu'ils nous rapporteront. J'ai en ce moment
présent à la pensée plus d'un exemple de chaque genre
de recherche et de chaque nature de résultats. C'est
ainsi, pour citer un cas des plus considérables, que le
savant M. Teulet, ce modèle de l'éditeur historique consciencieux et grave, nous apportera des séries complètes et suivies des relations de la France et de l'Écosse
au XVIᵉ siècle. Nous y verrons un à un tous les fils dont
se compose la trame la plus solide de l'histoire, le dessous et l'envers de la tapisserie; nous apprendrons à y
connaître au naturel quelques figures de diplomates
guerriers, d'hommes d'État, gens d'esprit ou même
écrivains originaux, que les récits du dehors et le spectacle de l'avant-scène laissaient à peine soupçonner (1).

_____

(1) Voici le titre de l'ouvrage de M. Teulet : *Relations politiques de la France et de l'Espagne avec l'Écosse au XVIᵉ siècle*
(5 volumes in-8°; chez Mᵐᵉ veuve Jules Renouard, rue de Tour-
non, 6). Les quatre premiers volumes contiennent les correspon-

L'histoire sévère se détend un peu et se diversifie, la libre curiosité commence dans les recherches que je vois faire depuis quelque temps au comte Hector de Laferrière : il trouve ou on lui communique, par exemple, un livre de dépenses de Marguerite, reine de Navarre, la sœur de François Ier, et il en profite pour nous donner une Étude ingénieuse et plus précise qu'on ne l'avait fait encore sur les dernières années de cette bonne et estimable princesse (1). Depuis lors, M. de La- ferrière est passé à l'histoire pure, en allant prendre copie en Russie des nombreuses lettres de Catherine de Médicis que possède la Bibliothèque impériale de Saint- Pétersbourg ; mais il est resté fidèle à la variété de ses goûts et à sa littérature première en y ajoutant, chemin faisant, quantité de menu butin recueilli ou glané sur d'autres branches plus agréables qui s'offraient à lui. Nous arrivons ainsi par degrés à tant de collecteurs et amateurs d'autographes qui, dès qu'ils ont réuni un certain nombre de pièces ou de bagatelles auxquelles ils s'amusent, ont hâte de les publier, et, qui, s'ils n'éclairent pas grand'chose, aident du moins à orner ou à égayer parfois des points de biographie littéraire. Tout cela trouve sa place, son usage ; et l'excès, quand il y en a, tombe de lui-même.

Il ne saurait y avoir excès dans ce que nous donne et nous donnera en tous ces genres divers le curieux par

dances françaises, et le cinquième renferme tous les documents espagnols, particulièrement relatifs à Marie Stuart.

(1) *Marguerite d'Angoulême,* son livre de dépenses, un vol. in- 18, chez Aubry, rue Dauphine, 16.

excellence, le possesseur du plus beau et du plus riche cabinet particulier qui se puisse voir. M. Feuillet de Conches a, depuis des années, réuni avec une ardeur, avec une passion qui n'a d'égale que son obligeance, des raretés sans nombre, depuis les pièces qui sont le plus faites pour éclairer l'histoire jusqu'à celles qui ne sont que des amusements, des singularités biographiques et morales. Il a commencé à nous ouvrir son trésor, y compris celui de son érudition, dans deux volumes, où il est un peu question de tout et où il a tenu à faire montre d'abord de ce qui concerne l'antiquité ; mais l'antiquité n'est pas précisément ce qu'on lui demande, et, si instruit qu'il soit, il n'est pas là non plus dans son domaine : on l'attendait avec impatience sur les époques modernes, et aujourd'hui il vient nous en offrir un avant-goût en extrayant de son tome troisième des lettres de Henri IV, de la reine Marguerite, de Du Plessis-Mornay, et aussi de Montaigne. C'est à ces dernières que nous nous attacherons. Elles proviennent des papiers de la famille de Matignon et appartiennent au prince actuel de Monaco. M. Feuillet de Conches les a encadrées dans un récit animé qui les explique et leur rend toute leur signification. Je reprendrai à mon tour le chapitre de la vie de Montaigne auquel elles se rapportent, et qui est l'époque de sa mairie à Bordeaux. J'ai déjà montré Montaigne en voyage (1) ; on va le voir ici dans l'exercice d'une magistrature publique. Toutes ces parties se rejoignent : le miroir est comme

(1) Voir au tome II des *Nouveaux Lundis.*

brisé ou à facettes, mais chaque facette, chaque fragment nous présente bien le même homme.

I.

Montaigne, lorsqu'il apprit sur la fin de son voyage
d'Italie, aux bains de Lucques où il se trouvait à ce
moment (septembre 1581), son élection inopinée à la
mairie de Bordeaux, et quand après une première hési-
tation il crut devoir accepter, Montaigne n'était nullement étranger aux fonctions publiques. Il avait été
autrefois conseiller au Parlement, et durant treize
années. Treize années employées à une profession,
même quand on ne s'y adonne pas de tout cœur, cela
ne peut être indifférent dans la vie d'un homme comme
lui, ni dans la vie d'aucun homme. Il en était sorti en
1570, à l'âge de trente-sept ans, et avait déposé sans
regret la robe pour reprendre l'épée de ses pères. S'il
parut d'abord un peu gauche à la porter, à ce que dit
Brantôme, il finira par s'y accoutumer, et il aura
même jusqu'à un certain point une carrière militaire,
bien qu'on ne sache trop où la placer. Ce qui est plus
certain c'est qu'il avait passé les dix années qui avaient
suivi sa sortie du Parlement, tantôt à la Cour et mêlé
à plus d'une négociation, tantôt dans son château à
composer ses *Essais*. C'était un usage établi, et qui
datait de François Ier, que les gentilshommes vinssent
à la Cour et s'y fissent présenter sans y être amenés par
aucun office particulier. Montaigne profita de la per-

mission, dans les intervalles du temps où il écrivait les
deux premiers livres des *Essais,* et plus d'un passage
fait allusion au spectacle qu'il y avait eu sous les yeux.
Il obtint même en ces années le titre et la charge de
gentilhomme ordinaire de la Chambre du roi, qui lui
donnait de droit un pied au Louvre.

Quel contingent la Cour, la familiarité des grands et
des princes, apporta-t-elle à l'expérience de Montaigne ?
pour quelle part entra-t-elle dans la morale des *Essais?*
On peut se faire cette question, de même qu'on a pu se
demander quelle part sa profession de magistrat avait
apportée dans sa connaissance et son jugement des lois
et coutumes qui régissent les sociétés. La réponse à
ces diverses questions est facile depuis que M. Grün a
établi les divers temps et les principaux chapitres de la
vie publique de Montaigne. On peut différer avec lui
sur la mesure de ses conclusions et sur ce qu'elles ont
parfois de trop marqué ; mais il a le mérite d'avoir posé
les cadres de la discussion et d'en avoir, le premier,
rassemblé avec méthode les éléments.

Nous avons vu Montaigne en voyage, ajoutant chaque
jour par sa curiosité à ses connaissances et à ses plaisirs : et en général, il semble n'avoir voulu prendre de
chaque état nouveau, de chaque profession ou fonction
accidentelle où il entrait, que ce qu'il en fallait pour
compléter son éducation personnelle, pour perfection-
ner son outil intérieur par une application fréquente et
variée. L'action ne semblait être pour lui qu'une occasion à mieux voir et à tout comprendre. Il traversait
ses divers rôles, il ne s'y tenait pas. Il ne devenait un

autre personnage que pour un temps et un passage assez courts. Cela même, quand il entrait dans une affaire, circonscrivait sa portée d'action et limitait son succès.

Ainsi pour le dire tout d'abord et sans crainte d'anticiper sur ce qu'on sait déjà, ce n'avait pas été un grand magistrat pas plus que ce ne fut un grand négociateur que Montaigne, pas plus que ce ne fut un grand citoyen et maire de sa ville ; il ne prenait pas assez les choses du dehors à cœur pour y primer et exceller ; il ne prenait à cœur que les choses de l'homme en général, et celles de Michel de Montaigne en particulier. Mais il fut et il parut, dans toutes ces charges et conditions de rencontre et de circonstance, avec les qualités de bon sens, de modération et d'humanité qu'on lui connaît, avec un excellent esprit et un zèle qui, dans ses intermittences, avait des accès assez vifs, bien que ne se soutenant pas. Il ne fut pas grand, mais il fut bon en tous ses emplois.

C'est bien tel et sous ces traits tout conformes à son caractère que nous allons le retrouver et le reconnaître dans la charge nouvelle qui lui était déférée. Ici pourtant il semblait qu'un plus grand zèle, et plus soutenu, était nécessaire, et qu'en devenant le premier magistrat de sa cité, il prenait, comme nous dirions aujourd'hui, une responsabilité plus grande qu'il ne l'avait jamais fait jusqu'alors.

Il le sentit bien. Aussi hésita-t-il, et son premier mouvement fut de refuser et de s'excuser. C'est en ce sens qu'il répondit d'abord aux jurats de Bordeaux qui,

en lui annonçant sa nomination, le priaient instam-
ment de venir y faire honneur. Mais il se ravisa : « On
m'apprit, dit-il, que j'avais tort, le commandement du
roi s'y interposant aussi. » Il se mit en route pour revenir, avant d'avoir reçu la lettre et l'injonction du roi
datée du 25 novembre 1581. Montaigne, qui avait quitté
Rome dès le 15 octobre, était de retour dans son château le 30 novembre, juste à temps pour y recevoir
cette lettre du roi qui ne lui eût pas laissé la liberté du
refus. La voici en propres termes :

« Monsieur de Montaigne, pour ce que j'ai en estime grande
votre fidélité et zélée dévotion à mon service, ce m'a été
plaisir d'entendre que vous avez été élu maior de ma ville de
Bourdeaux, ayant eu très-agréable et confirmé ladite élection,
et d'autant plus volontiers qu'elle a été sans brigue et en votre
lointaine absence. A l'occasion de quoi mon intention est, et
vous ordonne et enjoins bien expressément que, sans délai ni
excuse, reveniez, au plus tôt que la présente vous sera rendue,
faire le dû et service de la charge où vous avez été si légiti-
mement appelé. Et vous ferez chose qui me sera très-agréable,
et le contraire me déplairait grandement. Priant Dieu, Monsieur de Montaigne, qu'il vous ait en sa sainte garde. »

Montaigne s'honora fort, et avec raison, de cette
charge de maire ; il y fut réélu après deux années,
en 1583. Il la remplit donc étant âgé de 48 à 52 ans
(1581-1585) :

« C'est une charge qui doit sembler d'autant plus belle,
dit-il, qu'elle n'a ni loyer ni gain autre que l'honneur de son
exécution. Elle dure deux ans ; mais elle peut être continuée
par seconde élection : ce qui advient très-rarement. Elle le

fut à moi et et ne l'avait été que deux fois auparavant, quelques années y avait, à M. de Lansac et fraîchement à M. de Biron, maréchal de France, en la place duquel je succédai ; et laissai la mienne à M. de Matignon, aussi maréchal de France... La fortune voulut part à ma promotion par cette particulière circonstance qu'elle y mit... Alexandre dédaigna les ambassadeurs corinthiens qui lui offraient la bourgeoisie de leur ville ; mais quand ils vinrent à lui déduire comme Bacchus et Hercule étaient aussi en ce registre, il les en remercia gracieusement. »

Montaigne s'égaye et badine. Il semble vraiment que, comme Alexandre fit pour la bourgeoisie de Corinthe, il n'ait accepté lui-même la mairie de Bordeaux que quand il connut que des maréchaux de France ne l'avaient pas dédaignée.

Le fait est que c'était une charge très-honorable et considérable que d'être maire de Bordeaux. Le maire était pris d'ordinaire parmi les nobles de haute qualité, « parmi les plus vaillants et capables seigneurs du pays. » Il montait à cheval selon les occurrences, ayant une compagnie dressée pour pourvoir aux désordres en temps de paix et de guerre. Si le maire de Bordeaux avait quelque chose de plus militaire que les maires des autres cités, le bourgeois de Bordeaux aussi était plus militaire, plus près du gentilhomme que les autres bourgeois. Les Bordelais avaient des priviléges dont ils étaient fiers et jaloux. Au XVe siècle, le bourgeois de Bordeaux avait le droit de porter toujours des armes ; il ne reconnaissait pour chef militaire que le maire. Condamné au dernier supplice, il avait l'honneur d'être décapité comme les gentilshommes. Le bourgeois de

Bordeaux n'était aucunement taillable ; il pouvait tenir tous biens noblement, etc. Ces prérogatives et priviléges, maintenus et respectés par les rois d'Angleterre pendant leur domination en Guienne, ne le furent pas autant par les rois de France, malgré leur première promesse. On sait ce que fit le connétable de Montmorency en 1548. Envoyé par le roi pour châtier une rébellion et venger le meurtre du gouverneur de Bordeaux, Monneins son propre parent, qui y avait péri odieusement massacré, il arriva devant cette ville, enflammé de colère, n'y voulut entrer que par la brèche et en ennemi, après avoir fait abattre trente toises de murailles, désarma les bourgeois, en envoya cent cinquante au dernier supplice ; et en outre il fit dresser un épouvantable arrêt par le maître des requêtes, Étienne de Nully, le plus violent des hommes, arrêt par lequel il interdit le Parlement, fit enlever toutes les cloches de la ville, supprima les priviléges des bourgeois, les contraignit d'en brûler eux-mêmes les titres et chartes, et de plus, ils durent déterrer le corps du gouverneur Monneins « avec leurs ongles, » aller en habits de deuil devant le logis du connétable lui crier miséricorde, et lui payer en fin de compte 200 mille livres pour les dépenses de son armée (1). Le spectacle de cette entrée épouvantable et de cette exécution laissa une longue horreur imprimée aux âmes, et quand on lit ensuite le traité de *la Servitude volontaire* d'Étienne de La Boëtie,

---

(1) Voir le vieux Mézeray, excellent rapporteur de ces choses du XVIᵉ siècle.

l'ami de jeunesse de Montaigne, on ne peut s'empêcher d'y reconnaître un profond sentiment de représailles autant et plus peut-être qu'un ressouvenir et une imitation de l'antiquité. Le récit de l'entrée du connétable à Bordeaux est la préface indispensable à lire au Traité de La Boëtie. De tels royalistes font de tels républicains.

Cependant il y avait eu réparation et en grande partie réintégration depuis. Les traces de l'exécution terroriste de 1548 avaient disparu peu à peu. La grande cloche de la ville avait retrouvé sa voix en 1561 ; son silence, qui rappelait une grande calamité publique, avait cessé. Le reste des honneurs et priviléges avait été rendu, ou à peu près. C'est à cette mairie dès longtemps restaurée et remise en son lustre que Montaigne fut élu, et dans des circonstances et avec des particularités si honorables et si flatteuses pour lui.

Tout d'abord Montaigne procéda avec ceux qui venaient de l'élire comme il avait fait avec les princes qui durant ses séjours à Paris l'avaient pris pour médiateur et négociateur : il ne se donna pas pour meilleur et plus grand qu'il n'était ; il les prévint de ses défauts et de ses manquements ; il fit toutes ses réserves pour qu'ils n'eussent ensuite aucun mécompte et ne se crussent pas en droit de se plaindre de l'objet de leur choix.

Il faudrait relire ici le chapitre tout entier de ses *Essais* (le Xe du livre III) qui lui a été inspiré par les souvenirs de sa mairie ; c'est encore lui qui nous en dit plus que personne sur sa gestion publique et sur l'esprit qu'il y apporta. En accordant toute autorité à son témoignage, à sa déposition concernant lui-même, il ne s'agit que de le bien entendre et de ne pas le prendre au mot sur tous ses aveux. Ces gens de goût, Montaigne et Horace, quand ils nous parlent d'eux et qu'ils se jugent, doivent être écoutés avec intelligence et sourire, avec quelque chose de ce sourire fin qu'eux-mêmes ils ont en nous parlant.

Dès son arrivée, il se *déchiffra* donc fidèlement et se détailla tel qu'il était ou croyait être à MM. de Bordeaux, « sans mémoire, sans vigilance, sans expérience et sans vigueur, sans haine aussi, sans ambition, sans avarice et sans violence. » C'était en grande partie en souvenir de son respectable père et en reconnaissance des services autrefois rendus par lui à la ville, qu'ils l'avaient élu. Montaigne aimait et admirait fort son père, « l'âme la plus charitable et la plus populaire qu'il eût connue. » Mais lui, il n'est point tel ni débonnaire de nature et d'humeur à ce degré ; il n'est point disposé à être, comme son père, perpétuellement agité et tourmenté des affaires de tous ; il confesse ne pouvoir le suivre et l'égaler en cela ; il n'est pas homme à se jeter à tout moment, comme un Curtius, dans le gouffre du bien public. Pour lui, la sagesse elle-même a ses mystères, son double sanctuaire, comme Bacchus, comme Cybèle et Cérès. Or, le secret de la sagesse est de trouver le vrai point de l'amitié que chacun se doit à soi-même, ni plus ni moins. Ce vrai point de l'amour de soi n'est ni dans l'égoïsme proprement dit, ni dans le trop de dévouement non plus. Ni sacrifice, ni égoïsme.

Ce n'est pas qu'on ne puisse et qu'on ne doive même se sacrifier au besoin, une fois s'il le faut, à l'occasion et dans quelque grande circonstance ; mais habituellement, non :

« Je ne veux pas qu'on refuse aux charges qu'on prend l'attention, les pas, les paroles et la sueur, et le sang au besoin...; mais c'est par emprunt et accidentalement, l'esprit se tenant toujours en repos et en santé, non pas sans action, mais sans vexation, sans passion. »

Cet équilibre intérieur, cette possession de soi est ce que Montaigne a à cœur plus que tout le reste. Il se loue donc d'avoir gardé la juste mesure dans l'exercice des charges publiques, de s'être donné à autrui sans s'être ôté à soi-même, « sans s'être départi de soi de la largeur d'un ongle. » On ne conduit jamais mieux la chose publique que lorsqu'on se possède ainsi. En dehors des choses sérieuses et même au jeu, cela sert de se posséder toujours. Il va plaider ainsi dans tout ce chapitre pour son propre tempérament; il fait la théorie de sa manière d'être. Que voulez-vous ! il est trop tard pour se changer, quand on a passé la plus grande partie de sa vie; « il n'est plus temps de devenir autre. » De propos en propos, il oublie un peu son point de départ, et il en vient, selon sa coutume, à se développer à nous et à se dévider tout entier. Il nous débite d'un trait tout son système de morale pratique. Ce ne sont que des rôles que nous jouons dans la vie; ne les prenons que comme des rôles. Que l'homme demeure sous le comédien. Sachons distinguer *la peau de la chemise;*

« c'est assez de s'enfariner le visage, sans s'enfariner
la poitrine. » Lui, il juge son métier, tout en le faisant.
Il juge son parti, même en s'y engageant ; et, d'un
camp à l'autre, il rend justice à l'adversaire. Jusque
dans les brouilleries politiques où il se trouve mêlé, il
réserve la santé et clarté de son entendement. Quand
il faut absolument se décider pour ou contre, il y a un
point principal, un *nœud* du débat qui le décide à
prendre un parti plutôt qu'un autre ; hors de là, il reste
quasi neutre et indifférent. Et de discours en discours,
revenant au propos de sa mairie, il répond à ceux qui
lui ont reproché d'y avoir trop peu fait. Il leur oppose
ses raisons. « J'aime le bruit, je ne m'en défends pas, »
disait un grand philosophe (ou professeur de philosophie) de ce temps-ci, qui est en tout le contraire de
Montaigne. « Pour moi, dit à l'opposé Montaigne, je
loue une vie glissante, sombre et muette. » Et il faut
voir comme il justifie et motive son goût, cette antipathie qu'il a de toutes les parades et de tous les charla-
tanismes. C'est songer à sa réputation personnelle plus
qu'au bien de la chose, que « d'attendre à faire en
place publique ce qu'on peut faire en la chambre du
Conseil, et de venir étaler en plein midi ce qu'on eût
mieux fait la nuit précédente. » Il n'est pas de ceux
qui pensent « que les bons règlements ne se peuvent
entendre qu'au son de la trompette. » Et puis il s'exagère si peu l'honneur de ces postes secondaires ! Passe
pour l'ambition d'un Alcibiade, d'un Alexandre, d'un
Achille, cela en vaut la peine ; mais pour ces honneurs
municipaux et ces dignités de quartier dont tout le

bruit se mène d'un carrefour à l'autre, il n'y a pas de quoi s'en entêter. Montaigne se moque des maires trop orgueilleux.

En somme, il conclut juste : il n'a pas fait monts et merveilles dans sa charge, il ne s'est pas entièrement satisfait lui-même ; il a fait pourtant mieux et plus qu'il n'avait promis à son entrée : il n'aura laissé après lui que de bons souvenirs et des regrets.

II.

Maintenant, si nous écoutons d'autres que Montaigne, nous en saurons un peu plus, non sur l'esprit de sa conduite, mais sur ses actes mêmes, et le tout s'appuiera et se confirmera en définitive.

« Sa mairie, dit M. Grün, peut se diviser en deux périodes : la première, calme et pacifique, fut consacrée presque exclusivement aux affaires municipales, et Montaigne s'en acquitta si bien, qu'il fut réélu. La seconde période devint moins facile ; l'agitation politique s'y mêla aux soins des intérêts de la ville. » Ce fut durant cette seconde mairie que Montaigne plus exposé montra à un moment beaucoup de zèle, bien de l'habileté et de l'activité, et aussi, vers la fin, quelque faiblesse ou du moins quelque lassitude.

Il est à croire (et cela a une certaine importance à cause des derniers actes qui pourraient compromettre l'honneur de la mairie de Montaigne) qu'il entra en fonction dès la fin de l'année 1581, ce qui ferait expirer sa seconde mairie à la fin de l'année 1585

Le lieutenant général du roi en Guienne à cette époque était le maréchal de Matignon, bon capitaine, et encore meilleur politique, très-fin, modéré et des plus capables. Lui et Montaigne devaient naturellement s'entendre. Les lettres de Montaigne, à lui adressées, font foi d'un parfait concert entre eux.

Tout s'était bien passé pendant trois années; Montaigne avait suffi aux affaires de la ville au dedans, aux négociations du dehors et aux sollicitations en Cour; il était même populaire; sa réélection, un moment contestée comme contraire aux statuts, avait été maintenue à la satisfaction générale; on était au commencement de la quatrième année (1585) : ce fut cette fin de magistrature qui devait accumuler en quelques mois tous les ennuis et garder en quelque sorte pour le bouquet tous les genres de difficultés et de périls.

Le duc de Guise avait pris les armes; la Ligue se formait et s'étendait : Henri III était débordé ou bien près de l'être, Bordeaux, capitale de la province, et dont le roi de Navarre était gouverneur titulaire, devenait naturellement le point de mire des plus ardents ligueurs. Le Château-Trompette qui bridait la ville était aux mains du baron de Vaillac, qu'on savait dévoué de cœur et d'âme à la Ligue; des prédicateurs violents et fanatiques excitaient le peuple. Pour des catholiques purement politiques tels que le maréchal de Matignon et Montaigne, la position devenait délicate et difficile.

Le maréchal fit preuve de grande habileté; il fit avorter l'émeute. Il assembla chez lui dans le courant d'avril le maire, les jurats, les principaux du Parlement; il y manda le baron de Vaillac sous prétexte d'avoir à lui communiquer quelques ordres du roi. Quand tout le monde fut réuni, le maréchal commença à discourir sur les desseins des ligueurs, sur les troubles qu'ils excitaient au cœur du royaume, et sur le danger où ils mettaient Bordeaux en particulier; puis, se tournant brusquement vers le baron de Vaillac, il lui dit que sa fidélité était suspecte au roi, et qu'en conséquence il eût à remettre incontinent le Château-Trompette entre ses mains. Vaillac surpris essaya de se justifier et de payer de paroles; mais le maréchal, coupant court aux beaux semblants, lui dit que, s'il n'obéissait sur l'heure et n'ordonnait à ses officiers, et à sa femme qui était dedans, de lui ouvrir et rendre le château, il le ferait pendre haut et court à la vue du château même. Et pour preuve que c'était sérieux, il fit venir à l'instant Le Londel, capitaine de ses gardes, et lui ordonna de désarmer Vaillac :

« Il s'adressa ensuite à M. de Montaigne, maire, et lui commanda de faire savoir dans toute la ville les intentions du roi et celles de son lieutenant général, afin de disposer les bourgeois, bons et fidèles serviteurs du roi, à se joindre à ses troupes pour forcer la garnison du château à se rendre, si la punition de Vaillac ne les décidait pas à se soumettre. »

Vaillac, pressé de toutes parts, se soumit et commanda lui-même à ses gens de sortir et de rendre le château.

Brantôme, qui raconte le fait, se demande si toutes ces adresses et subtilités dont le maréchal de Matignon savait si bien se servir, et qui lui avaient fait une réputation à part d'homme habile autant qu'heureux, ne venaient point de quelque démon ou esprit familier qu'il avait à son service, comme le bruit en courait parmi le peuple. Nous pouvons dire, sans abuser des mots, que Montaigne, avec son bon sens, tant qu'il eut l'honneur d'être l'associé et le collaborateur du maréchal, dut être, à sa manière, l'un de ces esprits familiers, et le plus sûr.

Neuf lettres de lui au maréchal, écrites pendant des absences, courses ou séjours qu'ils firent l'un ou l'autre hors de Bordeaux, et toutes se rapportant aux cinq premiers mois de cette année 1585, avant et après l'acte de vigueur du mois d'avril, marquent assez à quel point l'union de pensée et de conseil était étroite et entière entre l'habile lieutenant général et le sage maire de la cité.

Le roi de Navarre, avons-nous dit, avait titre et qualité de gouverneur de la Guienne pour le roi. Il était naturel qu'on l'informât du fait important qui venait de se passer au sujet du Château-Trompette. Mais écrire est toujours périlleux. Il y avait d'ailleurs beaucoup de mesure à observer dans ces communications avec le roi de Navarre, pour ne pas donner ombrage à l'esprit ultra-catholique et ligueur. Le maréchal de Matignon, au lieu d'écrire, aima mieux communiquer verbalement les nouvelles, et Montaigne fut chargé de les porter en personne à Bergerac, où se trouvait alors Henri. Aucun messager ne pouvait être plus agréable.

Montaigne connaissait de longue main le roi de Navarre. Quelques mois auparavant (19 décembre 1584), il avait eu l'honneur de le recevoir, de lui donner à souper et à coucher en son château de Montaigne : honneur qui se renouvellera trois ans plus tard en octobre 1587 ; il lui donnera même alors le plaisir de la chasse dans un de ses bois. Henri IV était bien le roi que Montaigne prévoyait de loin et souhaitait de tout point à la France.

Des lettres de Du Plessis-Mornay à Montaigne, d'une date antérieure à 1585, mais écrites dans le même temps de cette mairie de Bordeaux, nous montrent combien, du côté du roi de Navarre, on se fiait en lui à titre de caractère modéré et conciliant, et nous prouvent qu'on aimait en toute circonstance à le prendre pour témoin et garant des intentions, comme quelqu'un qui, « en sa tranquillité d'esprit, n'était *ni remuant ni remué pour peu de chose.* »

Henri III, également satisfait de la prise du Château-Trompette, en remercia le maréchal et y ajouta l'ordre de marcher sur Agen, dont la reine Marguerite prétendait se faire une place de guerre et de sûreté. Pendant cette expédition du maréchal, Montaigne se trouva seul, en qualité de premier magistrat, chargé de la police et de l'ordre de la cité (mai 1585). Il y avait dans le courant du mois une revue générale indiquée de toutes les compagnies bourgeoises, et comme qui dirait de la

garde nationale de Bordeaux. Dans l'état d'agitation
des esprits, on pouvait craindre non-seulement une
manifestation, mais des accidents et même des coups
de vengeance au milieu des salves et mousquetades des
soldats citoyens. Plusieurs, parmi les magistrats municipaux, hésitaient à y paraître ; Montaigne donna le
conseil très-sage de ne témoigner aucune crainte, « de
se mêler parmi les files, la tête droite et le visage ouvert, » de demander même aux capitaines de faire faire
à leur monde « les salves les plus belles et les plus
gaillardes qu'il se pourrait en l'honneur des assistants,
et de n'épargner la poudre. » La prudence ici consistait à se montrer hardiment. Cette bonne contenance,
que chacun tint d'après son conseil, eut son effet, et le
péril fut conjuré.

La lettre mémorable de Montaigne, écrite au maréchal de Matignon et datée de la nuit du 22 mai, est
déjà connue depuis une quinzaine d'années ; elle a été
amplement discutée et commentée par plus d'un et par
moi-même. Elle fait le plus grand honneur à celui qui
l'a écrite. On y voit Montaigne actif, aux aguets, prê-
tant l'oreille à tous les bruits, ayant l'œil à tout, et à la
garde des portes, et du côté de la mer au mouvement
des galères, et à celui des troupes dans la campagne ;
informant le maréchal avec détail, avec un surcroît
d'exactitude, et surtout pressant le plus possible son
retour. Mais il était temps qu'une situation si tendue
cessât ; on l'entrevoit, pour peu qu'elle se prolonge, un
peu trop forte et trop onéreuse pour Montaigne. Une
autre lettre de lui au maréchal, donnée pour la pre-

mière fois par M. Feuillet de Conches et datée de cinq jours après (27 mai), nous le fait voir dans cette même crise d'inquiétude et de vigilance, mais poussant décidément le cri d'alarme. Le baron de Vaillac, après sa soumission forcée et au lieu d'être allé rendre compte au roi de sa conduite, comme il s'y était engagé, continuait ses menées aux alentours de Bordeaux :

« Le voisinage de M. de Vaillac, écrivait Montaigne, nous remplit d'alarmes, et n'est jour qu'on ne m'en donne cinquante bien pressantes. Nous vous supplions très-humblement de vous en venir, incontinent que vos affaires le pourront permettre. J'ai passé toutes les nuits ou par la ville en armes, ou hors la ville sur le port ; et avant votre avertissement, y avais déjà veillé une nuit sur la nouvelle d'un bateau chargé d'hommes armés qui devait passer. Nous n'avons rien vu, et avant-hier soir, y fûmes jusques après minuit, où M. de Gourgues se trouva ; mais rien ne vint. Je me servis du capitaine Saintes, ayant besoin de nos soldats. Lui et Massip remplirent les trois pataches. Pour la garde du dedans de la ville, j'espère que vous la trouverez en l'état que vous nous la laissâtes. J'envoie ce matin deux jurats avertir la Cour de Parlement de tant de bruits qui courent et des hommes évidemment suspects que nous savons y être. Sur quoi, espérant que vous soyez ici demain au plus tard, je vous baise très-humblement les mains, etc. »

Le maréchal revint et soulagea Montaigne de son fardeau. Approuvons en tout ceci M. le maire, mais pourtant ne l'admirons pas trop. Que l'enthousiasme pour une lettre retrouvée ne nous emporte pas. Il fit bien, il fit très-bien, et voilà tout.

III.

Ici, on va le voir, finit son beau rôle, et il est à regretter pour lui que son temps de mairie n'ait pas expiré en cet été de 1585, vers ce mois de juin : il sortait de l'exercice de sa charge avec tous les honneurs de la guerre. Mais la suite et la fin sont un peu moins belles, quoique je ne voie pas que personne, en ce temps-là, lui en ait fait un sujet formel de reproche. C'est nous aujourd'hui qui sommes plus délicats et plus sévères. Quoi qu'on en pense, il restera du moins évident pour tous qu'après cet effort et ce déploiement de vigueur et de zèle pendant les six premiers mois de l'année, Montaigne avait jeté son feu; il avait donné son coup de collier, et il se crut quitte : il retomba aisément dans cette modération naturelle, éloignée de tout héroïsme.

Il faut savoir qu'il existait à Bordeaux du côté du couchant, et non loin des jardins de l'archevêché, un marais qui exhalait pendant l'été des miasmes pestilentiels. Des quartiers de la ville s'en ressentaient périodiquement et presque chaque année. En 1585, la maladie fut d'une intensité extraordinaire; de juin jusqu'à décembre, il ne mourut pas moins de quatorze mille personnes. En de telles circonstances, le devoir d'un maire semble tout tracé : il est à son poste d'honneur au fort du danger; il fait ce que firent, à Dreux le poëte Rotrou, victime de son zèle; l'évêque Belzunce

à Marseille, et d'autres encore; — ce que fit le maréchal d'Ornano, maire lui-même de Bordeaux, dans une
autre épidémie de 1599. Il se plonge au milieu du danger, au foyer du cloaque. Or, où est Montaigne, dont la
seconde mairie expirait précisément en ces mois-là, à
cette fin d'année ou de saison, — où est-il? — Il est
absent.

Quelqu'un, je le répète, lui a-t-il dans le temps reproché cette absence? Je ne le vois pas. A-t-il cru devoir
s'en justifier dans ses *Essais?* Non. Il semble n'avoir
pas pensé qu'il en fût besoin. M. Grün lui-même, en
ceci le plus sévère de ses juges, prend soin de relever
quelques circonstances qui sont tout à fait à sa décharge. Montaigne n'a pas quitté la ville à cause de la
peste; il est simplement absent quand la peste éclate.
— Ah! il est bien vrai qu'il n'y est pas revenu. Il faut
être un Malesherbes par le cœur pour s'en revenir
exprès de Lausanne après le 10 août, sans nécessité,
tout exprès pour offrir ses bons offices à Louis XVI et
mettre sa propre tête au hasard du couteau. Montaigne
était donc absent, son château au pillage, les siens en
marche et à l'aventure dans une contrée également
pestiférée. Il se mit à la tête de sa petite caravane.
Peste, guerre et famine, Montaigne, sans les chercher,
en eut sa bonne part alors, durant ces six mois de
calamité.

Après cela, il est toujours singulier et un peu fâcheux
que, sollicité par les jurats de venir, suivant l'usage,
présider, dans les premiers jours d'août, à l'élection de
son successeur et à celle des nouveaux conseillers mu-

nicipaux, il n'ait pas cru devoir se hasarder jusque
dans la ville, « vu le mauvais état où elle était, » et
qu'il ait proposé, pour preuve de dévouement et pour
sacrifice extrême, de se rendre tout au plus à un petit
village voisin. « Je m'approcherai mercredi le plus près
de vous que je pourrai, c'est-à-dire à Feuillasse, si le
mal n'y est arrivé. » On voit qu'il prend toutes ses précautions avant de communiquer avec les atteints et
soupçonnés de contagion. La lettre est là qui subsiste
et parle plus clair qu'on ne voudrait.

Cicéron, dans une de ses plus admirables pages, se
souvenant de ce sage pratique et de cet heureux épicu-
rien, de ce voluptueux exquis et raffiné, Thorius, n'hésite pas à déclarer, ou plutôt c'est la vertu elle-même,
nous dit-il, qui proclame par sa bouche que Régulus
mourant dans les tourments de la faim et de l'insomnie
a été plus heureux que Thorius buvant dans la rose.
Ce n'était pas un Thorius ni précisément un raffiné en
délices que Montaigne ; c'était encore moins un Régulus. La vie et les actions se ressentent toujours de la
philosophie qu'on a embrassée. Il y a un beau mot de
Mirabeau : « Tout homme de courage devient un homme
public le jour des fléaux. » Montaigne, homme public,
n'a pas fait ni senti qu'il devait faire ce qu'eût fait un
Mirabeau et d'autres, qui, dans l'habitude, valaient
moins que lui.

Les excuses, encore un coup, ne manquent pas, et le
bon sens les suggère. Sans parler des graves raisons
qu'il avait d'être absent et éloigné, protection des siens,
pillage de sa maison, il ne faisait défaut à l'appel que

pour deux ou trois mois au plus, *in extremis,* pour
ainsi dire, et tout à la fin d'une seconde magistrature
dont il était quasi dépouillé dès lors, et où un autre,
déjà nommé, l'allait remplacer. Il ne tient qu'à nous,
à le voir errant à la tête de sa petite tribu et cherchant
pour elle les gîtes les plus sûrs, de louer en lui un bon
et courageux père de famille qui sut remplir tous ses
devoirs envers ceux dont le salut lui était plus particulièrement confié.

J'entre autant que personne dans l'esprit de ces raisons, et je reconnais même dans cette conduite le véritable Montaigne tel que je me le suis toujours représenté,
avec toutes ses qualités de bon esprit, de modération,
de prudence, de philosophie et de parfaite sagesse; à
quoi il ne manque que ce qui n'est plus en effet de la
philosophie et de la sagesse, ce qui est de la sainte
folie, de la flamme et du dévouement. Et de même que,
conseiller au Parlement de Bordeaux, il faisait toutes
les remarques que le bon sens et l'humanité pouvaient
suggérer à un aussi excellent et aussi libre esprit,
témoin des chicanes, des procédures sans fin, des misères et des horreurs, des *gèhennes* et des tourments,
mais sans s'attacher toutefois à une réforme, sans la
prendre à cœur et s'y vouer par zèle pour l'humanité
et la justice, comme il appartenait à l'âme d'un L'Hôpi-
tal; de même, en qualité de maire et de chef d'une
cité, il n'avait rien d'un Eustache de Saint-Pierre, ou
d'un Guiton, maire de la Rochelle, de ceux qui se sacrifient et s'immolent volontiers pour un peuple ou pour
une cause. Calme, modéré, de bon conseil, actif et vigi-

lant même quand il le fallait, mais prudent avant tout,
il eût été, j'imagine, s'il eût vécu en 1814, un des chefs
de cette municipalité de Paris qui consentit à capituler,
après une journée de combat, plutôt que de risquer
plus longtemps le salut et la sécurité d'une capitale.
Honnête homme, oui; mais grand cœur, non. Si vous
l'appelez ainsi, monsieur Feuillet, vous allez trop loin
et je vous arrête. Il suffisait, en ces meilleurs moments,
de l'appeler un noble cœur, et qui avait des sentiments
délicats. La grandeur et la force de Montaigne (et il
en a), il faut les chercher ailleurs et où elles sont, dans
les monuments de sa pensée et de son esprit.

THÉOPHILE GAUTIER.

POÉSIES. — VOYAGES. — SALONS. — CRITIQUE DRAMATIQUE.
ROMANS : *Le Capitaine Fracasse* (1).

C'est une dette que je me reprochais de n'avoir pas encore payée à l'un de nos confrères les plus distingués en art et en poésie, connu et aimé de tous, pas assez connu et apprécié, ce me semble, dans quelques-unes de ses branches les plus rares et les plus perfectionnées. Gautier critique, Gautier auteur des charmants feuilletons qu'on lit chaque jour, a fait tort à Gautier poëte. Il y a bien un Gautier universellement accepté, qui est celui des voyages; celui-là, on le vérifie à chaque pas, dès qu'on met le pied dans les pays qu'il nous a rendus

---

(1) Librairie de Charpentier, quai de l'École, 28.

et exprimés en traits si saillants et si fidèles. Curieux,
touristes, militaires, tous, à cet égard, lui rendent justice; le maréchal de Saint-Arnaud, débarquant à Constantinople en mai 1854, écrivait à son frère en France :
« Si tu veux une description de Constantinople, prends
Théophile Gautier. » Ainsi de l'Espagne, ainsi de Saint-
Pétersbourg, ainsi de tout pays où il a chevauché par
monts et par vaux, ou qu'il n'a fait que saisir un jour
au passage. Il a épargné le travail à ses successeurs, il
les en dispense. Pour le physique il a tout dit; il a montré les villes, le climat; il a fait toucher et palper la
lumière. Mais à côté de ce Gautier usuel et commode,
il en est un autre qui n'est bien apprécié et goûté que
des initiés. Je voudrais aider à le faire comprendre.
Autrefois j'ai pu moi-même ne pas être très-juste pour
lui à ses débuts. J'étais en train de m'éloigner, de me
détacher du tronc romantique au moment où il s'y gref-
fait et où il y entrait pour en ressortir avec son épanouissement particulier. J'étais sensible à quelques
excès, à quelques efforts dont la singularité me choquait, dont l'originalité ne m'était pas démontrée. Je
me suis accroché à quelques angles en le croisant.
Aujourd'hui je le juge en lui-même dans son développement entier et continu, dans sa nature d'artiste complète. La tige a donné avec le temps tous ses jets et
poussé tous ses nœuds successifs : elle a bien son port
à elle, son unité, son attitude, sa couronne et son luxe
de feuillage, ses fleurs éblouissantes, d'un pourpre ou
d'un blanc de neige éclatant, ses fruits d'or de forme
étrange, élégante, de saveur amère, et dont les plus

voisins du tronc sont légèrement empoisonnés. Il est et il restera une des productions les plus à part, et les plus compliquées comme les plus brillantes, de cette époque d'art qui a tant donné.

I.

Malgré sa répugnance pour le réel proprement dit et son habitude de tout voir à travers un certain cristal et dans un certain miroir, je le prendrai, pour commencer, dans la réalité et le positif. Théophile Gautier est né le 31 août 1811, à Tarbes; son père était du Dauphiné, et sa mère de Brie. Il vint dès son bas âge à Paris, j'allais dire il y revint, tant il en est. Il fit ses toutes premières classes au collége Louis-le-Grand, et ses études proprement dites à Charlemagne en qualité d'externe libre. Il était bon élève, de force régulière. Son père, qui avait une place dans l'octroi, était bon latiniste et servait de répétiteur à son fils. Il eût été possible dès lors, m'assure-t-on, de noter chez l'écolier un goût singulier pour l'espèce de latin qui n'est pas précisément celle qu'on recommande le plus; Tite-Live et Cicéron l'ennuyaient déjà, et il se rejetait plus volontiers sur des auteurs archaïques ou de décadence, sur un latin moins simple et plus primitif ou plus avancé. Le latin espagnol ou africain le tentait. Martial ou Catulle, un brin d'Apulée, du Pétrone; le raffiné perçait déjà.

D'où venait ce goût de raffinement presque inné? De

qui le tenait-il? Comment l'avait-il saisi et, pour ainsi
dire, humé à travers l'air? Comment (et il se l'est
demandé plus tard avec bien de l'énergie sous le
masque de son d'Albert), comment, nourri dans le
milieu domestique le plus calme et le plus chaste, dans
une atmosphère pure et saine, allait-il deviner et choisir en tout de préférence le point gâté, faisandé, le
ragoût épicé qui relève et qui est surtout fait pour
plaire aux palais blasés? C'est là, dans ce talent singulier et précoce, un germe, un élément mystérieux
comme celui qui entre à l'origine dans tous les talents.

Dès le collége, il commençait à dessiner et à versi-
fier. Sa première poésie fut une traduction ou imitation
de *Héro et Léandre,* le poëme de Musée; une autre de
ses pièces de vers avait pour sujet *Calirhoé offrant sa virginité au fleuve Scamandre,* d'après un tableau de Lan-
crenon. Il entreprit aussi en vers de dix pieds un poëme
de l'*Enlèvement d'Hélène* d'après celui de Coluthus (1);
il y en avait deux chants et demi de faits, lorsque,
son goût ayant mûri d'un degré, il les jeta au feu. Il se
préoccupait dès lors de Brantôme, de Rabelais, des
vieux auteurs français. Nul esprit d'enfant et d'adolescent n'était plus préparé, on le voit, et plus prédestiné
que le sien à prendre vivement la fièvre littéraire qui
déjà courait et régnait au dehors.

Encore au collége, il ne résista pas au goût qui le
portait vers la peinture, et, dans son année de rhéto-

_____

(1) Le poëme de Coluthus avait été assez récemment remis en
circulation et en lumière par la traduction de M. Stanislas Julien,
dont ce fut le début en littérature (1821).

rique, il sacrifiait une des classes, celle du matin; pour
aller étudier chez Rioult, qui avait son atelier rue Saint-
Antoine, près du temple protestant. Rioult était un
peintre de l'école de Prud'hon; il avait fait notamment
un *Eudore et Cymodocée,* un *Roger enlevant Angélique
sur l'hippogriffe,* et un autre tableau encore, emprunté
de la chevalerie, dont Théophile Gautier a donné la
description dans une de ses plus anciennes pièces de
vers : c'est dans une causerie du soir avec un ami,
pour l'engager à rester quelques moments de plus et à
prolonger la veillée au coin du feu. Nous causerons,
lui dit-il, poésie, littérature, et des jeunes et des vieux,
des nouveaux d'aujourd'hui et de ceux d'autrefois; et
venant à la peinture :

Je te dirai comment Rioult, mon maître, fait
Un tableau qui, je crois, sera d'un grand effet :
C'est un ogre lascif qui dans ses bras infâmes
A son repaire affreux porte sept jeunes femmes;
Renaud de Montauban, illustre paladin,
Le suit l'épée au poing : lui, d'un air de dédain,
Le regarde d'en haut; son œil sanglant et louche,
Son crâne chauve et plat, son nez rouge, sa bouche
Qui ricane et s'entr'ouvre ainsi qu'un gouffre noir,
Le rendent de tout point très-singulier à voir :
Surprises dans le bain, les sept femmes sont nues;
Leurs contours veloutés, leurs formes ingénues
Et leur coloris frais comme un rêve au printemps,
Leurs cheveux en désordre et sur leur cou flottans,
La terreur qui se peint dans leurs yeux pleins de larmes
Me paraissent vraiment admirables; les armes
Du paladin Renaud faites d'acier bruni,
Étoilé de clous d'or, sont du plus beau fini :

Un panache s'agite au cimier de son casque,
D'un dessin à la fois élégant et fantasque;
Sa visière est levée, et sur son corselet
Un rayon de soleil jette un brillant reflet.
Mais à ce tableau plein d'inventions heureuses
Je préfère pourtant ses petites baigneuses...

Voilà bien le genre à sa date, la poésie pédestre et familière, telle qu'on l'essayait alors. Gautier la pratiqua du premier jour dans toute son aisance.

A l'atelier comme au collége, et dès qu'il eut le pinceau en main, Gautier se montra curieux, chercheur et visant à sortir du lieu commun par une manière : son maître notait et dénonçait cette disposition en lui.

Il demeurait alors place Royale, nº 8. Victor Hugo n'y devait venir habiter au nº 6 que deux ou trois ans plus tard. Gautier n'avait pas attendu jusqu'alors pour le connaître. Dès 1829 ou 1830, il lui avait été présenté par Gérard de Nerval et Petrus Borel. Il fit partie de ces bandes héroïques d'*Hernani*, de ces beaux jeunes gens aux formes robustes, à la mine brillante (*Insignes pinguissima coma et excellentissimo cultu pueri*, comme dit en un cas tout semblable Suétone), lesquels, disposés en pelotons et distribués selon une tactique nouvelle, remplaçaient, dans ces soirées de lutte et d'applaudissements, les ignobles gladiateurs du lustre. C'était comme peintre et comme élève d'atelier que Gautier figurait alors, non comme littérateur : il n'était pas connu à ce dernier titre, et il hésitait encore entre les deux carrières. Il ne tarda pourtant pas à faire ses preuves dans ce dernier genre et à donner ses prémices

Il publiait en 1830, le 28 juillet (le moment était bien choisi!); chez le libraire Mary, passage des Panoramas, un petit recueil de vers : *Poésies de Théophile Gautier*, avec cette épigraphe : *Oh! si je puis un jour!* Il prenait ainsi rang en date dans l'école, tout aussitôt après Alfred de Musset, qui ne l'avait devancé dans la publicité que de quelques mois. Il n'avait pas ses dix-neuf ans accomplis.

Ce petit volume, dans sa première forme, dans son ordre naturel où les pièces se présentent selon l'heure et l'instant où elles sont nées, a pour moi du charme; il nous offre un Gautier jeune, enfant, « sous une blonde auréole d'adolescence » qu'il ne garda pas longtemps. Le recueil commence ainsi, par un soupir et par un regret :

Virginité du cœur, hélas! si tôt ravie!
Songes riants, projets de bonheur et d'amour,
Fraîches illusions du matin de la vie,
Pourquoi ne pas durer jusqu'à la fin du jour?

Pourquoi?... Ne voit-on pas qu'à midi la rosée
De ses perles d'argent n'enrichit plus les fleurs;
Que l'anémone frêle, au vent froid exposée,
Avant le soir n'a plus ses brillantes couleurs?

Ne voit-on pas qu'une onde, à sa source limpide,
En passant par la fange y perd sa pureté,
Que d'un ciel d'abord pur, un nuage rapide
Bientôt ternit l'éclat et la sérénité?

Le monde est fait ainsi; loi suprême et funeste!
Comme l'ombre d'un songe, au bout de peu d'instans

Ce qui charme s'en va, ce qui fait peine reste :
La rose vit une heure, et le cyprès cent ans.

Et ce sont ensuite des amours d'enfant, des paysages
riants et doux, un chemin qui serpente en ruban dans
le vallon, un sentier le long de la haie et du ruisseau,
et qu'on préfère à tous les autres tout pareils et où il
y a également une haie, une source et des fleurs, parce
qu'il conduit directement à la petite grille du parc et
qu'il s'y rattache un tendre souvenir. Ce sont des pointes
de clochers « montrant du doigt le ciel, » comme chez
Wordsworth; et çà et là aux endroits plus accentués,
des silhouettes gothiques, des tours de cathédrales dessinant leurs dentelles de pierre sur des couchants en-
flammés. Sans doute il serait aisé de signaler dans ces
premiers essais plus d'une réminiscence : le Gautier
original ne s'y prononce pas encore. Deux ou trois pièces
à peine, *le Cauchemar, la Tête de mort,* présagent le
besoin de sensations plus fortes : elles viendront assez
tôt. Mais ici, partout, même dans les choses d'enfance
et jusque dans les blancheurs de l'aube, le trait est toujours pur, net, sans rien qui hésite; le vers est parfait
de rhythme et de forme. Dans ce petit volume de 1830,
si on le prend à part, en soi et non noyé, comme plus
tard, au milieu des Poésies complètes, on surprend
l'adolescence du talent qui se dessine dans toute sa
grâce.

Je n'irai pas chercher dans les œuvres en prose, dans
les romans de Théophile Gautier, son autobiographie
précise : il pourrait la récuser, et trop d'art s'y mêle à

tout moment à la réalité pour qu'on ose se servir sans
beaucoup de précaution de cette clef-là. Je ne puis cependant m'empêcher, dans ce personnage de d'Albert qui
est son René à lui, de noter ce touchant passage de la
confession à son ami d'enfance Silvio, lorsque, déplorant
la forme de corruption précoce et profondément tranquille, qui lui est survenue et qui lui est propre, il lui
rappelle avec une sorte de vivacité attendrie le court
éclair de leur pure et commune adolescence :

« Te souviens-tu de cette petite île plantée de peupliers, à
cet endroit où la rivière forme un bras? — Il fallait, pour y
aller, passer sur une planche assez longue, très-étroite et qui
ployait étrangement par le milieu ; — un vrai pont pour des
chèvres, et qui en effet ne servait guère qu'à elles : — c'était
délicieux. — Un gazon court et fourni, où le *souviens-toi
de moi* ouvrait en clignotant ses jolies petites prunelles
bleues... »

Suit une description détaillée, minutieuse, comme
l'auteur sait les faire, — et d'Albert, en effet, nous est
donné lui-même comme un peu auteur, bien qu'inédit,
— et il ajoute :

Que nous étions bien faits pour être les figures de ce
paysage! — Comme nous allions à cette nature si douce et si
reposée, et comme nous nous harmonisions facilement avec
elle! Printemps au dehors, jeunesse au dedans, soleil sur le
gazon, sourire sur les lèvres, neige de fleurs à tous les buissons, blanches illusions épanouies dans nos âmes, pudique
rougeur sur nos joues et sur l'églantine, poésie chantant dans
notre cœur, oiseaux cachés gazouillant dans les arbres, lumière, roucoulements, parfums, mille rumeurs confuses; le

cœur qui bat, l'eau qui remue un caillou, un brin d'herbe ou une pensée qui pousse, une goutte d'eau qui roule au long d'un calice, une larme qui déborde au long d'une paupière, un soupir d'amour, un bruissement de feuille... — quelles soirées nous avons passées là à nous promener à pas lents, si près du bord que souvent nous marchions un pied dans l'eau et l'autre sur terre !

« Hélas ! cela a peu duré, chez moi du moins ; — car toi en acquérant la science de l'homme tu as su garder la candeur de l'enfant. — Le germe de corruption qui était en moi s'est développé bien vite... »

La seconde édition des Poésies (1833), qui portait pour titre : *Albertus ou l'Ame et le péché, légende théologique,* du nom de la pièce principale, et qui avait au frontispice une eau-forte de Célestin Nanteuil, marquait un pas de plus. *Albertus* est une légende « semi-théologique, semi-fashionable, » une galanterie et une diablerie. Un jeune beau de la ville de Leyde, un jeune peintre qui croit posséder la plus ravissante maîtresse de la ville, se trouve, minuit sonnant, au moment suprême, n'avoir entre ses bras qu'une horrible vieille, une sorcière infâme. On en tirerait au besoin une moralité sur le néant et le mensonge du plaisir : on croit mettre la dent dans une orange, et l'on mord dans la cendre. Mais c'est l'exécution de la fable, c'est le détail et l'encadrement qui est d'un curieux et d'un fini achevés. Le récit se déroule en couplets ou douzains auxquels aucune condition de l'art pittoresque et sévère ne fait défaut. Théophile Gautier est devenu un maître. Je me demande, — je commence à me demander (et cette question je me la ferai plus d'une fois en relisant

Gautier poëte) pourquoi, tandis que les poésies paral-
lèles de Musset, les moindres couplets de *Mardoche*, de
Namouna coururent aussitôt le monde, la jeunesse plus
ou moins viveuse et lettrée, et finirent même par gagner
assez tôt les salons, le succès de Gautier s'est longtemps
confiné et se renferme encore dans un cercle d'artistes
et de connaisseurs. On me dira, je le sais bien, que
Musset, au milieu de ses négligences et de ses laisser
aller de parti pris, a des cris du cœur qu'il a portés à
la fin jusqu'au déchirant et au sublime. Mais l'explication ne me suffit pas tout à fait; et dans *Albertus*, après
une série d'apostrophes à l'amour, je trouve une suite
de stances (de 50 à 58) qui me paraissent, jusque dans
leur ironie, trahir une sensibilité véritable :

> Moi, ce fut l'an passé que cette frénésie
> Me vint d'être amoureux. — Adieu la poésie !
> — Je n'avais pas assez de temps pour l'employer
> A compasser des mots : — adorer mon idole
> La parer, admirer sa chevelure folle,
> Mer d'ébène où ma main aimait à se noyer;
> L'entendre respirer, la voir vivre, sourire
> Quand elle souriait, m'enivrer d'elle, lire
> Ses désirs dans ses yeux ; sur son front endormi
> Guetter ses rêves, boire à sa bouche de rose
> Son souffle en un baiser, — je ne fis autre chose
> Pendant quatre mois et demi.

Relisez tout ce passage d'*Albertus*. Et je rappellerai
cette autre stance encore de la fin de l'épisode :

> Tout ce bonheur n'est plus. — Qui l'aurait dit ? nous sommes
> Comme des étrangers l'un pour l'autre ; les hommes

Sont ainsi : — leur toujours ne passe pas six mois. —
L'amour s'en est allé Dieu sait où. — Ma princesse,
Comme un beau papillon qui s'enfuit et ne laisse
Qu'une poussière rouge et bleue au bout des doigts,
Pour ne plus revenir a déployé son aile,
Ne laissant dans mon cœur, plus que le sien fidèle,
Que doutes du présent et souvenirs amers.
— Que voulez-vous ! — la vie est une chose étrange;
En ce temps-là j'aimais, et maintenant j'arrange
  Mes beaux amours en méchants vers.

Il ne se peut rien de mieux senti et de mieux dit, de
mieux fait et de plus fluide. On sait Musset par cœur,
et c'est à qui renchérira en louanges; je ne m'en plains
pas. *Albertus* et tout ce qui s'ensuit n'a été remarqué
que d'un assez petit cercle (1).

Tout en ayant l'air de braver le public, ou de le nar-
guer, il n'est que de le prendre en dessous par une de
ses veines. Théophile Gautier négligea toujours et dédaigna ce qui parle le plus au public français; il se fit un
malin plaisir et un jeu de le contredire en toute rencontre, affectant de ne s'adresser qu'à quelques-uns. Il
s'en tint le plus habituellement à l'ironie et à l'art pur.

(1) Sans compter que le public français (j'y reviendrai) ne peut
guère porter qu'un poëte nouveau à la fois, notez encore que c'est
presque toujours par des côtés accessoires, étrangers à la poésie
pure, qu'il l'adopte et qu'il l'épouse. Chez Musset, le mondain et
plus que mondain, le débauché homme d'esprit, à la mode de 1832,
a servi singulièrement le poëte. Plus tard, le roman ou la légende
de Venise, avec l'accompagnement des *Lettres d'un Voyageur*, n'a
certes pas nui au triomphe des *Nuits*. La jeunesse s'exalta pour
l'amoureux passionné qu'elle ne discuta plus et elle s'écria, quand
elle le perdit : *Adieu, notre grand Poëte!*
   Ardoris nostri magne Poeta, jaces!

II.

Passé de l'atelier dans le cénacle littéraire il eut quelque temps un pied dans l'un et un pied dans l'autre, et même lorsqu'il eut quitté la peinture, le divorce entier ne s'opéra jamais, il resta peintre avec sa plume. Les *Jeune France,* publiés en 1833 et au fort de la seconde fièvre romantique, sont comme un album des modes, costumes et travestissements de ce temps-là. Ces livres, qui marquent une date et un genre, gagnent à être feuilletés et relus après des années : ce sont des témoins de mœurs. S'il est vrai que Théophile Gautier partagea ou eut l'air de partager quelques-uns des travers qu'il décrit, il était impossible de les railler avec plus de conscience, d'esprit et de finesse.

En ce temps-là précisément (1833), il était allé se loger avec quelques amis dans la rue et l'impasse du Doyenné, ce reste du vieux Paris, un îlot perdu et oublié dans un coin de la place du Carrousel. Il a décrit, en tête d'un article sur Marilhat (1), l'une des scènes de cette vie d'artiste qu'il menait en commun avec Camille Rogier, Gérard de Nerval et Arsène Houssaye, ses proches voisins, et où venaient prendre journellement leur part Bouchardy, Célestin Nanteuil, Jean ou *Jehan* Duseigneur; *Petrus* Borel le *Lycanthrope;* Dondey qui, par anagramme, se faisait appeler *O'Neddy,* à l'irlandaise,

(1) Voir le volume intitulé *l'Art moderne,* page 95.

et qui lançait un volume de vers intitulé *Feu et Flamme;* Auguste Maquet qu'on appelait, lui, *Augustus Mac-Keat,* à l'écossaise. C'était à qui, dans ce jeune monde, donnerait à son nom comme à son costume une coupe non bourgeoise, une tournure bien moyen âge ou étrangère. La rue et l'impasse du Doyenné, à deux pas de la royauté citoyenne, et lui faisant la nique, était le quartier général des *Jeune France.* Braves gens, vous haussez les épaules et vous dites que ce sont là des exagérations, des excentricités, de pures manières, un genre extravagant et après tout facile à copier, toutes vérités claires comme le jour et que vous vous mettez en devoir de démontrer point par point. Bonnes gens, je vous arrête, vous êtes devancés; la critique est faite, elle l'est de main de maître : et par qui? par Théophile Gautier lui-même. Il a peint sur place et d'après nature les *Jeune France;* il les a pris sur le vif, il les a tirés à bout portant et a épuisé en trois ou quatre tableaux la physiologie du genre. Son *Daniel Jovard* notamment, ce jeune classique bourgeois pudibond, converti d'un tour de main au romantisme le plus féroce par son ami Ferdinand de C..., est à mourir de rire. Pauvre Jovard! « il était voltairien en diable, de même que monsieur son père, l'homme établi, le sergent, l'électeur, le propriétaire; il avait lu en cachette au collége *la Pucelle* et *la Guerre des Dieux, les Ruines* de Volney et autres livres semblables : et c'est pourquoi il était esprit fort comme M. de Jouy et prêtrophobe comme M. Fontan; » — bon Jovard (prenez bien garde de ne pas vous tromper et de ne pas prononcer *Jobard*), « il aurait plutôt

nié l'existence de Montmartre que celle du Parnasse; il
aurait plutôt nié la virginité de sa petite cousine, dont,
suivant l'usage, il était fort épris, que la virginité d'une
seule des neuf Muses; — bon jeune homme! je ne sais
pas à quoi il ne croyait pas, tout esprit fort qu'il était :
il est vrai qu'il ne croyait pas en Dieu; mais, en revanche, il croyait en Jupiter, en M. Arnault et en
M. Baour mêmement; il croyait au quatrain du marquis
de Saint-Aulaire, à la jeunesse des ingénuités du
théâtre, aux conversions de M. Jay; » il croyait jusqu'aux promesses des arracheurs de dents, des grands
orateurs de l'Opposition et au fameux programme de
l'Hôtel de ville : — et voilà que, pour avoir causé un
quart d'heure au foyer du Théâtre-Français, et un jour
de tragédie encore, avec ce satané Ferdinand qui n'est
venu là que pour profaner le lieu et y relancer une
maîtresse, il est retourné comme un gant en un clin
d'œil. — « Et Aristote et Boileau! s'écrie-t-il en vain
dans sa détresse, et les bustes! » Et il montrait du
doigt les images des grands et petits classiques qui
peuplent le foyer :

— « Bah! lui répond Ferdinand, ils ont travaillé pour leur
temps; s'ils revenaient au monde aujourd'hui, ils feraient probablement l'inverse de ce qu'ils ont fait; ils sont morts et enterrés comme Malbrouk et bien d'autres qui les valent, et dont
il n'est plus question; qu'ils dorment comme ils nous font
dormir; ce sont des grands hommes, je ne m'y oppose pas.
Ils ont pipé les niais de leur époque avec du sucre; ceux de
maintenant aiment le poivre : va pour le poivre! Voilà tout
le secret des littératures... »

Les recettes de détail viendront après, une à une; il
suffira d'une seconde séance pour dévoiler au néophyte
tous les arcanes du genre; le catéchisme ultra-roman-
tique sera donné au complet. Tout cela est fin, ironique, moqueur; et l'ironie y est si bien distillée et
filée que celui qui la répand semble parfois le même
que celui aux dépens de qui elle se joue. On ne distingue plus, on ne sait plus où l'on en est, et si aguerri,
si peu bourgeois et classique qu'on soit, on est tenté
de dire en se frottant les yeux : « Ah çà! de qui se
moque-t-on ici? » Et il est à croire que c'est un peu
de tout le monde (1).

Un culte dominait toutes ces ironies, un seul, sincère
et profond, celui de l'art. Il y aura plus tard, à dix
ans de là, vers 1843, une Bohême littéraire qui a aussi
produit ses œuvres et qui a eu sa folle et libre moisson,
la Bohême de Murger. On aurait entre elle et les *Jeune
France* de 1833 à noter plus d'une différence (2). Le
monde de Murger est plus naturel et à l'abandon, il est
aussi plus sensible : *le Manchon de Francine* n'aurait
jamais pu naître au milieu des dagues de Tolède et des

(1) Voir à l'*Appendice,* à la fin de ce volume, une note sur l'effet
que produisait dans sa nouveauté un *jeune France* devant ce 93
romantique, les Lameth et les Barnave de la veille s'effaçaient; plus
d'un même donnait sa démission.

(2) Ce que je vais dire n'est qu'à première vue. Je n'ai pas présents tous les noms de la vraie Bohême, et il en est sorti, je le crois
volontiers, plus d'un artiste et d'un écrivain qui a sa valeur. Je
sais que M. Champfleury a écrit, dans des Mémoires personnels,
l'histoire de ces années d'épreuve, et ce récit, à son tour, aura
bien son intérêt avec le temps. Mais, en ce moment, je pense surtout au parrain de la bande, à Murger.

yatagans damasquinés de 1833. Ici, chez les *jeunes France,* on prenait même par ton des airs féroces ; on aurait cru ressembler à M. Bouilly et se déshonorer, si l'on s'était permis de s'attendrir ; on arborait, peu s'en faut, pour devise le vers de Térence ainsi retourné : « *Je suis homme, et en conséquence je ne m'intéresse à rien d'humain.* » Mais, tout compte fait et tout balancé la rue des Canettes me paraît d'ailleurs fort inférieure en visée à l'impasse du Doyenné : elle vit au jour le jour, elle n'a pas l'horizon du passé, l'enthousiasme exalté pour tous les vieux maîtres gothiques et non classiques, le mépris du médiocre, l'horreur du lieu commun et du vulgaire, l'ardeur et la fièvre d'un renouvellement. Genre pour genre, travers pour travers, celui de 1833 est d'un degré plus élevé.

Dans l'un et dans l'autre groupe, un trait qu'ils ont en commun, c'est l'absence de toute passion politique. Mais, dans le monde Murger, la politique est absente naïvement et par indifférence : dans l'impasse du Doyenné, elle est dédaignée, conspuée, comme inférieure et bourgeoise, et tout à fait *garde nationale.* Je signale l'excès ; mais la raison aussi, — j'entends la raison poétique, — la fantaisie, nourrice de l'art, y trouvaient leur compte ; et lorsqu'un des adeptes se détachait de cette société si parfaitement désintéressée et si vraiment innocente dans ses fureurs, pour entrer tout de bon dans la violence, dans la conspiration et la haine, quels vers aimables et doux Théophile Gautier lui adressait, en le rappelant cette fois à la nature non distincte de l'art !

A UN JEUNE TRIBUN.

Ami, vous avez beau, dans votre austérité,
N'estimer chaque objet que par l'utilité,
Demander tout d'abord à quoi tendent les choses
Et les analyser dans leurs fins et leurs causes;
Vous avez beau vouloir vers ce pôle commun,
Comme l'aiguille au nord, faire tourner chacun;
Il est dans la nature, il est de belles choses,
Des rossignols oisifs, de paresseuses roses,
Des poëtes rêveurs et des musiciens
Qui s'inquiètent peu d'être bons citoyens,
Qui vivent au hasard et n'ont d'autre maxime,
Sinon que tout est bien, pourvu qu'on ait la rime,
Et que les oiseaux bleus, penchant leurs cols pensifs,
Écoutent le récit de leurs amours naïfs.
Il est de ces esprits qu'une façon de phrase,
Un certain choix de mots tient un jour en extase
Qui s'enivrent de vers comme d'autres de vin,
Et qui ne trouvent pas que l'art soit creux et vain.
D'autres seront épris de la beauté du monde
Et du rayonnement de la lumière blonde;
Ils resteront des mois assis devant des fleurs,
Tâchant de s'imprégner de leurs vives couleurs;
Un air de tête heureux, une forme de jambe,
Un reflet qui miroite, une flamme qui flambe,
Il ne leur faut pas plus pour les faire contents.
Qu'importent à ceux-là les affaires du temps
Et le grave souci des choses politiques?
Quand ils ont vu quels plis font vos blanches tuniques,
Et comment sont coupés vos cheveux blonds ou bruns,
Que leur font vos discours, magnanimes tribuns?
Vos discours sont très-beaux, mais j'aime mieux des roses...

Voyez toute la pièce. Ce sont tous ces charmants vers

que je reproche au public, qui lit avec plaisir les feuilletons de Théophile Gautier, de ne pas avoir présents et de ne pas assez couronner. Je compte sur mes doigts : sur quarante ou trente-neuf lettrés d'élite, il n'y a certainement pas plus de huit personnes à l'Académie française qui les connaissent (1).

III.

Je ne puis ni ne veux éluder le livre de prose de Théophile Gautier que je considère comme capital dans son œuvre, et qui recèle une physiologie morale toute singulière, *Mademoiselle de · Maupin,* qu'il mit deux ans à composer et qu'il publia en 1836. Et ici je m'expliquerai très-nettement. Je ne conseille la lecture du livre à aucune de mes lectrices du *Constitutionnel;* c'est un livre de médecine et de pathologie. Tout médecin de l'âme, tout moraliste doit l'avoir sur une tablette du fond dans sa bibliothèque. Ce n'est pas ce que la plupart y cherchent qui me frappe surtout, quoique l'idée première cependant soit aussi juste que vive. Une jeune fille noble, de vingt ans environ, d'un esprit hardi, d'un caractère entreprenant, poussée aussi par le vague instinct d'une nature moins uniquement féminine chez elle qu'elle ne l'est d'ordinaire chez ses semblables,

(1) Cela s'est modifié depuis ; cela change d'année en année par les renouvellements. Je ne voudrais pas faire le prophète, mais il me semble que Théophile Gautier est mûr pour l'Académie ou que l'Académie est mûre pour Gautier.

s'est souvent dit que les jeunes filles, les femmes du monde ne connaissaient pas les hommes et ne les voyaient qu'à l'état d'acteurs et de comédiens; elle a désiré savoir ce qu'ils se disent quand ils sont entre eux et qu'ils ont jeté le masque. Devenue libre et maîtresse d'elle-même par la mort d'un vieux parent, elle veut en avoir le cœur net; elle tente l'aventure, prend un déguisement viril et se lance tête baissée à travers la vie. Un certain reflet de Watteau, ou mieux encore une teinte des comédies-féeries de Shakspeare, répandue par le romancier sur le monde qu'elle va traverser, ôtera toute vulgarité aux incidents et aux scènes qui se succéderont. Mais, encore une fois, je laisse l'action, très-secondaire dans le livre, je ne m'attache qu'à d'Albert, au jeune homme qu'elle rencontre et qui s'émeut d'abord à sa vue.

D'Albert est une forme dernière de la maladie de René. Il en est une nuance tranchée, une variété extrême, la plus désespérée. Dès ses premières années et au sein d'une éducation de famille calme et honnête, sous l'aile d'une bonne mère, il est arrivé à la corruption d'esprit la plus profonde, à la satiété et à la nausée avant le plaisir. Sous le duvet de l'adolescence et avant aucun acte extérieur, il était gâté. La source qui paraissait dormir, croupissait déjà. Son cœur, tout coi et tranquille en apparence, mûrissait, ou plutôt, selon son expression énergique, pourrissait « comme la nèfle sous la paille. » Blasé avant d'avoir commencé, roué avant d'avoir fait un pas, tel est d'Albert. D'où lui vient ce malheur, cette monstruosité morale? — D'Albert aime

la beauté et n'aime qu'elle ; mais il l'aime à un degré
où il devient à peu près impossible de la rencontrer, et
lorsqu'il aura l'air d'aimer quelque être qui lui en offre
une certaine image, il sentira que ce n'est là qu'un prétexte et un fantôme, et que réellement il n'aime pas.
D'Albert est né trop tard ; il y a aussi des climats pour
les âmes, et, une fois le vrai climat manqué, elles sont
à jamais dépaysées et souffrent d'une nostalgie immortelle. Lui, il devait venir au temps de la belle Grèce et
de la molle Ionie, en ces âges chantés et illustrés par
l'antique Anacréon, par Alcée, par Ibycus, Solon, ou
Mimnerme, ou par le glorieux Pindare. Il a trois désirs : « les armes, les chevaux, les femmes. » Trois
choses lui plaisent avant tout : « l'or, le marbre et la
pourpre ; éclat, solidité, couleur. » Tous ses rêves sont
faits de cela. D'Albert n'a rien, mais absolument rien
de chrétien. Le Christ, pour lui, n'est pas venu et n'est
pas mort. C'est le dernier disciple, le plus corrompu, de
Platon ; c'est le dernier Alcibiade. Un tel anachronisme
est une dépravation aussi. Son effréné désir serait de
remonter le cours des âges, de faire rebrousser le fleuve
de l'humanité. D'Albert aime l'impossible, et il s'y
acharne. Il a soif de posséder et de s'assimiler ce qu'il
n'est donné à nul homme de ravir et ce qu'il est permis
tout au plus de concevoir et de contempler. Il a en lui
l'orgueil et les ambitions d'un Dieu : tantôt il voudrait
faire rentrer dans sa propre nature et absorber en soi,
sentir *soi* tout ce qu'il désire, et il se demande par moments si le monde n'est pas une ombre et si rien de ce
qui n'est pas lui existe ; tantôt il n'aspire, au contraire,

qu'à sortir et à s'échapper de lui-même, à traverser les
autres existences, à les revêtir et à les user par une
suite d'incessantes métamorphoses. La Grèce même, en
ce sens, est dépassée ; on est reporté jusqu'à l'Inde et
à ses mystères. Cette forme bizarre de l'ennui, cette
impuissante fureur, cette infidélité raffinée auprès de
ce qu'il aime, est certes, comme je l'ai appelée, un
dernier et suprême renchérissement de la maladie de
René.

Deux ou trois scènes, qui ont le tort de parler trop
complaisamment aux sens, ont masqué la pensée philosophique de ce livre qui est fait pour déconcerter plus
d'un lecteur vulgaire. On cherchait du *Faublas*, et l'on
se trouve à chaque instant arrêté et retardé par des
espèces de chants et de mélodies qui viennent à la traverse, et qui sont comme un écho de certains dialogues
de Platon. Je pourrais noter, comme dans un opéra,
nombre de ces beaux airs ou de ces hymnes : *Si tu viens
trop tard, ô mon Idéal, je n'aurai plus la force de t'aimer*, etc.; *O Beauté, nous ne sommes créés que pour
t'aimer et t'adorer à genoux*, etc. Le livre est plein de
ces couplets qui recommencent sans cesse comme dans
une monodie. Théophile Gautier jeune s'est mis là tout
entier. Il n'avait que vingt-cinq ans.

La Comédie de la Mort, qui parut en 1838, nous
montre de plus en plus développée dans le poëte à qui
le préjugé n'accorde guère que la palme de la description, une pensée intime et amère d'ennui, de dégoût
consommé, la réflexion désespérée et fixe d'un néant
final universel. Ici la forme est inspirée du Moyen-Age,

de sa mythologie et des images de la mort qui lui sont
familières. C'est une suite d'évocations lugubres, après
une promenade au cimetière le jour des Morts; tour à
tour Raphaël, Faust, Don Juan, Napoléon lui-même,
apparaissent aux yeux du poëte qui demande à la vie
et à la tombe son secret; nul de ces grands revenants
ne le sait, chacun renvoie à l'autre. Faust dit : « Aimez,
vous ferez bien mieux que d'étudier. » Don Juan dit :
« Interrogez la science, apprenez, apprenez, vous avez
plus de chance de ce côté que du mien. » Le grand
Empereur enfin, après avoir pressé dans sa main le
globe, trouve qu'il sonne creux, et se prend à envier
l'idylle du chevrier de son île natale à travers les hal-
liers. Que si le poëte, après cela, se rejette vers l'antique Grèce et sur le plaisir couronné de roses, on sent
que c'est pour s'étourdir; c'est de guerre lasse et en
désespoir de cause. Il a cru supprimer le Christ; il n'a
pu supprimer le Moyen-Age et ses terreurs, et le sentiment de l'infini qu'il nous a légué.

Toujours, au milieu du festin, au sein de l'ivresse,
et quand le poëte enflammé exhalera l'ardeur de ses
chants entre les bras de Théone ou de Cinthie, la Mort
se lèvera tout à coup et apparaîtra devant ses yeux,
non la Mort des anciens dont l'idée ne faisait qu'aiguiser plutôt et raviver le sentiment du plaisir, mais la
Mort de la Danse macabre, avec son ricanement féroce,
et qui vous met et vous laisse au cœur une certaine
petite crainte à l'Hamlet que la nuit funèbre ne soit pas
le long sommeil, mais le rêve, et que tout ne soit pas
fini après la vie :

La mort ne serait plus le remède suprême
L'homme, contre le sort, dans la tombe elle-même
    N'aurait pas de recours,
Et l'on ne pourrait plus se consoler de vivre,
Par l'espoir tant fêté du calme qui doit suivre
    L'orage de nos jours !

Une des productions les plus poétiques de Théophile
Gautier et qui, par son tour et sa hardiesse, est encore
inspirée du Moyen-Age, — du Moyen-Age irrévérent et
en pleine décadence, — c'est la saynète qui a pour
titre *une Larme du Diable* (1839). Si c'était traduit de
Gœthe ou de Heine, on en aurait parlé avec éloge et
liberté, au lieu de se voiler et de l'interdire. Nous
avons besoin en France que certaines liqueurs nous
arrivent ainsi transvasées; sans quoi, elles sont trop
fortes et font éclater le flacon. Et à ce propos on remarquera combien l'idée du Diable revient souvent dans
l'imagination du poëte, comme pour piquer la somno-
lence heureuse et stimuler l'ennui. Tout grec qu'il est
et des plus païens, je ne suis pas bien sûr qu'il n'y
croie pas un peu, au Diable.

IV.

En ces annees, le poëte chez Théophile Gautier était
mûr et complet : il avait eu dès l'abord l'instrument;
il était allé aussi au fond de son inspiration; il en avait
fait le tour. Son premier voyage en Espagne, qui est
de 1840, et qui fut dans sa vie d'artiste un événement,

lui avait fourni des notes nouvelles d'un ton riche et
âpre, bien d'accord avec tout un côté de son talent; il
y avait saisi l'occasion de retremper, de refrapper à
neuf ses images et ses symboles; il n'était plus en peine
désormais de savoir à quoi appliquer toutes les couleurs
de sa palette. Son recueil de Poésies publié en 1845.
par tout ce qu'il contient, et même avant le brillant
appendice des *Émaux et Camées,* est une œuvre harmo-
nieuse et pleine, un monde des plus variés et une sphère.
Le poëte a fait ce qu'il a voulu; il a réalisé son rêve
d'art; il ne se borne nullement à décrire, comme on l'a
trop dit, pas plus que. lorsqu'il a une idée ou un sentiment, il ne se contente de l'exprimer sous forme directe. Il nous a donné toute sa poétique dans une de
ses plus belles pièces, *le Triomphe de Pétrarque,* où il
s'adresse, en finissant, aux initiés et aux poëtes :

> Sur l'autel idéal entretenez la flamme.
> . . . .
> Comme un vase d'albâtre où l'on cache un flambeau,
> Mettez l'idée au fond de la forme sculptée,
> Et d'une lampe ardente éclairez le tombeau

C'est là son secret, son procédé, et il le met religieu-
sement en pratique. Est-il amoureux, par exemple,
souffre-t-il : au lieu de se plaindre, de gémir, de se répandre en larmes et en sanglots, de presser et de tordre
son cœur au su et vu de tous, ce qui lui paraît peu
digne, — car il ne sied pas, selon lui, que le poëte
geigne en public, — il se contient, il a recours à quelque

imagé comme à un voile, il met à son sentiment nu
une enveloppe transparente et figurée; il dira :

LE POT DE FLEURS

Parfois un enfant trouve une petite graine,
Et tout d'abord, charmé de ses vives couleurs,
Pour la planter, il prend un pot de porcelaine
Orné de dragons bleus et de bizarres fleurs.

Il s'en va. La racine en couleuvres s'allonge,
Sort de terre, fleurit et devient arbrisseau;
Chaque jour, plus avant, son pied chevelu plonge,
Tant qu'il fasse éclater le ventre du vaisseau.

L'enfant revient; surpris, il voit la plante grasse
Sur les débris du pot brandir ses verts poignards.
Il la veut arracher, mais la tige est tenace ;
Il s'obstine, et ses doigts s'ensanglantent aux dards

Ainsi germa l'amour dans mon âme surprise;
Je croyais ne semer qu'une fleur de printemps :
C'est un grand aloès dont la racine brise
Le pot de porcelaine aux dessins éclatants.

On ne saurait présenter et symboliser un amour douloureux sous un plus juste et plus ingénieux emblème.
— Veut-il exprimer la quantité de fantaisies qui viennent chaque soir, à l'heure où le rêve commence, se
former et s'assembler dans son imagination oisive, et
qui ne demandent qu'à prendre forme et couleur chaque
matin, il dira :

LES COLOMBES.

Sur le coteau, là-bas où sont les tombes,
Un beau palmier, comme un panache vert,
Dresse sa tête, où le soir les colombes
Viennent nicher et se mettre à couvert.

Mais le matin elles quittent les branches :
Comme un collier qui s'égrène, on les voit
S'éparpiller dans l'air bleu, toutes blanches,
Et se poser plus loin sur quelque toit.

Mon âme est l'arbre où tous les soirs, comme elles,
De blancs essaims de folles visions
Tombent des cieux, en palpitant des ailes,
Pour s'envoler dès les premiers rayons.

C'est la perfection dans la grâce. — Quand je me remets à feuilleter et à parcourir en tous sens, comme je
viens de le faire, ce recueil de vers de Gautier, qui
mériterait à lui seul une étude à part, je m'étonne
encore une fois qu'un tel poëte n'ait pas encore reçu de
tous, à ce titre, son entière louange et son renom. Serait-il vrai qu'en France nous soyons en poésie comme
en religion, exclusifs et négatifs? M. de Narbonne,
causant avec Napoléon qui, dans une heure de mécon-
tentement, avait parlé d'établir une Église nationale,
disait ce mot qu'on rappelait tout récemment : « Il n'y
a pas assez de religion en France pour en faire deux. »
Serait-il vrai aussi qu'il n'y a pas en France assez de
poésie pour en admettre deux et trois et plusieurs? Une

fois notre liste dressée des poëtes en vogue, nous la fermons.

Je continuerai cette étude du talent de Théophile Gautier dans son application à la prose.

THÉOPHILE GAUTIER.

POÉSIES. — VOYAGES. — SALONS. — CRITIQUE DRAMATIQUE. — ROMANS : *Le Capitaine Fracasse.*

—

(SUITE.

—

On n'est pas impunément poëte en ce temps-ci : à peine a-t-on prouvé qu'on l'était bien et dûment, avec éclat ou distinction, que chacun à l'envi vous sollicite de cesser de l'être. La prose, de toutes parts, sous toutes les formes, vous sourit, vous invite, vous tente, et finalement vous débauche. Je n'en sais, parmi les poëtes de ce temps-ci, qu'un seul, Brizeux, qui fasse exception et qui ait tenu bon jusqu'au bout pour la vertu poétique immaculée. Je me rappelle qu'en 1831, vers le temps où parut sa gracieuse idylle de *Marie*, comme je le visitais en compagnie d'un ami, directeur d'un journal, nous le trouvâmes au lit, dans une assez pauvre chambre d'hôtel où il logeait, et assez mécontent du sort; nous l'engageâmes à travailler et à se joindre à nous pour quelques articles littéraires : à quoi il nous répondit d'un ton sec : « Non, je veux que ma carte de visite reste pure. » Ce qui, je dois le dire, nous parut légèrement impertinent, à nous qui alors étions jusqu'au cou dans la prose. Brizeux aima mieux toute sa vie se soumettre à bien des gênes que de prendre sur son cours d'eau poétique un filet suffisant pour faire tourner quotidiennement le moulin. Il avait même fini par pousser si loin l'horreur de la prose, qu'il n'écrivait plus ses rares petits billets, toujours fort courts, à ses amis, qu'au crayon et dans un caractère à peine visible, de peur sans doute que les lignes qu'il risquait ainsi ne vinssent à être lues un jour et à le compromettre. Mais il est arrivé pour lui comme pour tous les chastes Joseph, c'est qu'on a attribué cet excès de vertu et de continence à son peu de tempérament.

Il n'en était pas ainsi de Théophile Gautier. Il fut tenté de bonne heure, et il céda. Il n'était pas de ces talents qui redoutent si fort la polygamie. Balzac, le premier, ayant lu *Mademoiselle de Maupin,* lui dépêcha un jour Jules Sandeau, à la rue du Doyenné où il était encore, pour l'engager à travailler à la *Chronique de Paris,* et Gautier y contribua en effet par quelques nouvelles et des articles de critique. Il collabora aussi au journal du soir, *la Charte de 1830,* fondé par Nestor Roqueplan vers 1836, — sans y faire ombre de politique, bien entendu. Il entra au *Figaro* avec Alphonse Karr; il y mit des articles de fantaisie, entre autres *le Paradis des Chats.* Le roman de *Fortunio,* où la fantaisie de

l'auteur s'est déployée en toute franchise et où il a glo-
rifié tous ses goûts, se rapporte à ce temps de collabo-
ration. Ce roman très-osé, et sur un ton qu'il ne renouvellera plus, parut d'abord dans le *Figaro,* chapitre
par chapitre. On déchirait une feuille faisant partie du
journal, et cela devait former un livre. La première
édition du roman était composée de ces feuillets réunis; l'édition régulière suivit aussitôt (1838). Mais
dès 1837, Théophile Gautier était entré au journal
la Presse, où il élut domicile pour bien des années, et
qui lui fut comme une patrie. A dater de ce moment,
il fit partie de ce brillant escadron d'écrivains que
M. Émile de Girardin ralliait sous son habile direction,
et dont Mme de Girardin n'était elle-même que la première et la plus vaillante lance. Sa double carrière de
critique d'art et de critique dramatique commence ré-
gulièrement à *la Presse* pour ne plus s'interrompre
depuis. Il n'y resta pas moins de dix-huit ans, jusqu'en 1855, et c'est alors seulement qu'il entra, pour
s'y caser, au *Moniteur.*

I.

Il débuta à *là Presse* par des articles d'art, notamment sur les peintures d'Eugène Delacroix à la Chambre
des Députés. Il ne fut appliqué qu'un peu plus tard à
la critique du théâtre. On avait essayé de diverses
plumes ; Gautier eut son tour avec Gérard; ils faisaient
les feuilletons du théâtre à deux et signaient G. G.;

pour faire la contre-partie du célèbre J. J. des *Débats*.
Cette combinaison dura près d'un an, après quoi Gautier resta seul et maître du feuilleton.

Maître! que disons-nous, et quel critique peut se
vanter de l'être? Le journal, tel qu'il est constitué de
nos jours, a créé une charge, une fonction capitale et
des plus actives, laquelle, à son tour, réclame impé-
rieusement son homme : c'est celle de critique ordinaire et universel. Vous l'êtes ou vous ne l'êtes pas par
disposition première et naturelle, qu'importe? il vous
faut à toute force le devenir. Les poëtes, lorsqu'on fait
d'eux des critiques (car, on ne saurait se le dissimuler,
la poésie de nos jours, c'est le luxe et l'ornement; la
critique, c'est le gagne-pain), les poëtes ont une difficulté particulière à vaincre : ils ont un goût personnel
tres-prononcé. Le père de la duchesse de Choiseul lui
répétait souvent dans son enfance : « Ma fille, n'ayez
pas de goût. » Ce sage père savait que les délicats sont
malheureux. De même, la première leçon qu'un père
prévoyant devrait donner à son fils, si ce fils se desti-
nait à devenir un critique journaliste, ce serait, selon
moi : « Mon fils, n'ayez pas le goût trop dégoûté; apprenez à manger de tout. » Or, imaginez un poëte,
c'est-à-dire un être accoutumé à cultiver et à chérir un
idéal, à le caresser dès l'enfance sur l'aile de la fantaisie, imaginez ce poëte subitement mis à pied par la
fortune et obligé par métier d'essayer de toutes les
combinaisons, de déguster tous les breuvages et toutes
les boissons à leur entrée, ou, si vous aimez mieux, de
tremper le doigt dans toutes les sauces. On regimbe

d'abord, puis l'on s'y fait ; on prend sur soi. La critique
des artistes et poëtes est sans doute en certains cas la
·plus vive, la plus pénétrante, celle qui va le plus au
fond ; mais elle est, de sa nature, tranchante et exclu-
sive. Une fois qu'elle a dit son mot, elle a fini ; elle n'a
plus qu'à se taire. Mais comment se taire quand on a
un feuilleton à remplir? Il faut parler; il faut juger,
même quand les choses n'en valent guère la peine ; il
faut s'étendre et motiver, et savoir intéresser encore,
tout en louant et en blâmant. La nécessité fait loi et,
bon gré, mal gré, vous accouche. Oh ! que d'esprit ainsi
dépensé! que d'idées, que d'aperçus, que de bon sens
sous air de boutade, que d'inspirations heureuses
ainsi dispersées en germe et jetées au vent! que de
poudre d'or embarquée sur des coquilles de noix au fil
du courant! Que si cela vous étonne et vous afflige,
prenez-vous-en aux inventions et aux cadres du jour de
créer ainsi des critiques d'office qui n'auraient jamais
songé à l'être sans cela. Vous qui parlez de cet élégant
feuilletoniste si à votre aise et à la légère, on voit bien
que vous ne savez pas ce que c'est qu'un poëte condamné à la corvée à perpétuité.

Pour moi, qui viens de relire bon nombre de ces
feuilletons de Théophile Gautier sur l'*Art dramatique,*
j'ai plutôt admiré comme il s'acquitte de sa tâche en
parfaite bonne grâce, comme il se tire des difficultés
et triomphe à demi de ses goûts sans les sacrifier toutefois. Veuillez, en effet, réfléchir un peu et vous rendre
compte de ses gênes. Il y a des genres tout entiers,
réputés des plus français, auxquels il répugne, — et la

Tragédie, — et l'Opéra-Comique, — et le Vaudeville; il
mettrait volontiers le pied dessus pour les écraser une
bonne fois, s'il l'osait. Il a dans la pensée un type de ·
théâtre à lui, une scène idéale de magnificence et
d'éclat, de poésie en vers, de style orné et rehaussé
d'images, de passion et de fantaisie luxuriante, d'enchantement perpétuel et de féerie; il y admet la convention, le masque, le chant, la cadence et la décla-
mation quand ce sont des vers, la décoration fréquente
et renouvelée, un mélange brillant, grandiose, capricieux et animé, qui est le contraire de la réalité et de
la prose : et le voilà obligé de juger des tragédies modernes qui ne ressemblent plus au *Cid* et qui se ressemblent toutes, des comédies applaudies du public,
et qui ne lui semblent, à lui, que « des opéras-comiques
en cinq actes, sans couplets et sans air; » ou bien de
vrais opéras-comiques en vogue, « d'une musique
agréable et légère, mais qui lui semble tourner trop
au quadrille. » Il n'est pas de l'avis du public, et il est
obligé dans ses jugements de compter avec le public.
Ce qu'il loue le plus, ce qu'il soutient et défend de
tout son cœur, les tentatives dramatiques d'amis illustres, n'obtiennent que des succès douteux et très-com-
battus : il lui faut dissimuler tant qu'il peut ces résis-
tances obstinées de la masse bourgeoise à ce qu'il
admire et à ce qu'il aime. Rachel paraît et semble res-
susciter avec éclat un genre qu'il abhorre. Ponsard
reprend en sous-œuvre la tragédie, et son succès de
bon sens est un nouvel échec à la cause de l'imagination pure. Il y a plus : la muse de la maison, la bril-

lante Delphine fait elle-même des rôles pour Rachel, et
le critique, ces soirs-là, se voit pris et serré comme
dans un étau. C'est au milieu de toutes ces difficultés,
de tous ces écueils, que le feuilleton de Théophile Gautier a à se gouverner et à naviguer, et il s'en tire toujours d'un air d'aisance, d'élégance, avec infiniment
d'adresse et toute la grâce d'une gondole qui se joue-
rait en plein canal (1).

On lui a reproché comme critique, surtout vers la fin,
une souveraine indulgence et indifférence. Il a acquis
en effet un surcroît de mansuétude avec les années ; le
Gautier du *Moniteur* n'est plus tout à fait celui de *la
Presse*. Mais je ne trouve pas cependant qu'il ait cette
indifférence absolue qu'on lui prête ; il sait très-bien
marquer et faire sentir toujours ses nuances d'affection
ou de déplaisance. Quand il est forcé de louer ce qu'il
aime moins, il n'y a qu'à bien l'écouter ; il indique
finement le degré en baissant le ton et en mettant une
sourdine à la louange. J'ai noté de lui un éloge de
Béranger qui est, à cet égard, un petit chef-d'œuvre.

Notre métier de critique (je parle de ceux qui le font

----

(1) Théophile Gautier, depuis que ceci est écrit, s'est lui-même
expliqué sur la fonction de feuilletoniste, et ce qu'il en a dit, au
moment où je le lisais, m'a dicté, à moi-même, cette remarque :
« On admire chez Fontenelle la description des fonctions d'un lieutenant de police dans l'Éloge de d'Argenson, — chez Cuvier, la
description des fonctions et des qualités d'un intendant général
d'armée dans son Éloge académique de Daru. Apprécions de même
chez Théophile Gautier, parlant sur le cercueil de Fiorentino (il
n'a pas choisi l'occasion), la charmante et si distinguée définition
du métier de feuilletoniste (*Moniteur* du 5 juin 1864). C'est de
première qualité. »

avec délicatesse et en honnêtes gens) a ses secrets, et
il n'est que de les bien connaître. Un homme d'esprit
et de tact qui avait vieilli dans le journalisme me disait
un jour :

« Un critique, en restant ce qu'il doit être, peut
avoir jusqu'à trois jugements, — trois expressions de
jugement : — le jugement secret, intime, causé dans la
chambre et entre amis, un jugement d'accord avec le
type de talent qu'on porte en soi, et, par conséquent,
comme tout ce qui est personnel, vif, passionné, prime-
sautier, enthousiaste ou répulsif, un jugement qui, en
bien des cas, emporte la pièce : c'est celui de la *prédilection* ou de l'*antipathie*.

« Mais on n'est pas seul au monde, on n'est pas le
type et le modèle unique et universel ; il y a d'autres
moules que celui que nous portons en nous, il y a
d'autres formes de beauté en dehors de celle que nous
adorons comme la plus parente de notre esprit, et elles
ont le droit d'exister. Au sein de cette infinie variété
des talents, pour les embrasser et les critiquer, la première condition est de les comprendre, et, pour cela,
de s'effacer, ou même de se contrarier et de se combattre. Il faut, si l'on veut rester juste, introduire à
chaque instant dans son esprit un certain contraire.
Cela constitue le second jugement, réfléchi et pondéré,
en vue du public : c'est celui de l'*équité* et de l'*intelligence*.

« Enfin il y a un troisième jugement, souvent com-
mandé et dicté, au moins dans la forme, par les circonstances, les convenances extérieures ; un jugement

modifié, mitigé par des raisons valables, des égards et des considérations dignes de respect : c'est ce que j'appelle le jugement de *position* ou d'*indulgence*. »

Il y a de ces trois sortes de jugements dans les feuilletons de Théophile Gautier, comme chez nous tous. Ce qu'il y a surtout, c'est infiniment d'esprit et, sous air de paradoxe, plus d'une vérité. Ainsi, à propos d'une pièce (*la Fille du Cid*) de Casimir Delavigne :

« Dans le monde des arts, il y a toujours au-dessous de chaque génie un homme de talent qu'on lui préfère. Le génie est inculte, violent, orageux; il ne cherche qu'à se contenter lui-même et se soucie plus de l'avenir que du présent. — L'homme de talent est propre, bien rasé, charmant, accessible à tous; il prend chaque jour la mesure du public et lui fait des habits à sa taille, tandis que le poëte forge de gigantesques armures que les Titans seuls peuvent revêtir. — Sous Delacroix, vous avez Delaroche; sous Rossini, Donizetti; sous Victor Hugo, M. Casimir Delavigne. »

Ainsi encore, à propos d'une pièce de Marivaux, il glissera ce spirituel éloge de la *manière* :

« *Marivaudage!* c'est bientôt dit, mais n'en fait pas qui veut, et peu de gens ont eu cet honneur de donner un vocable nouveau à la langue. Marivaux a l'horreur du vulgaire, et il cherche l'esprit. — Qu'est-ce que cela fait, puisqu'il le trouve? — Il est maniéré. — Soit! pourtant il ne faudrait pas trop dire de mal des maniérés : ce sont des gens de beaucoup de talent et d'invention, qui ont eu le tort de venir lorsque tous les magnifiques lieux communs, fonds du bon sens humain, avaient été exploités par les maîtres d'une façon supérieure : ne voulant pas être copistes, ils ont tâché de renouveler la face de l'art par la grâce, la délicatesse, le trait, les milles coquetteries du style ; le riche filon était épuisé, ils ont poursuivi la fibre dans ses ramifications les plus imperceptibles. C'est encore une assez belle part. Il n'est pas donné à tout le monde d'arriver à une époque vierge, au sortir d'une barbarie relative, où l'on puisse être simple, grand et naïf. Quand la société s'est compliquée, que les mœurs se sont effacées à force de se polir, que le goût usé se blase de chefs-d'œuvre, il faut cependant faire quelque chose, ou répéter dans une suite de contre-épreuves, de plus en plus pâles, les types classiques... Si Marivaux n'avait pas les défauts que l'on critique en lui et qui ne sont, à vrai dire, que des qualités poussées à l'excès, il se perdrait obscurément parmi la foule obscure des plats imitateurs de Molière. La *manière* l'a sauvé. »

On ne peut mieux dire en parlant de Marivaux, ni mieux plaider indirectement pour soi-même, quand on est Théophile Gautier.

II.

En 1840, il fit son premier voyage d'Espagne. Il avait peu couru jusqu'alors et n'avait fait qu'un tour en Belgique et en Hollande. Le Théophile Gautier des premières poésies se représente à nous comme un jeune homme frileux et casanier, « vivant au coin du feu avec deux ou trois amis et à peu près autant de chats (1). »

(1) Ce premier Théophile Gautier, antérieur aux voyages et avant qu'il fût devenu l'homme des feuilletons, se trouve très-bien ésquissé en quatre pages du Recueil intitulé *Galerie de la presse, de la littérature et des beaux-arts* (première série, 1838). Dans ces pages signées A. M. (Auguste Maquet?) on voit très au net ce qu'était alors Gautier aux yeux des amis de sa première jeunesse.

Le voyage d'Espagne le fit un tout autre homme et le
transforma. Il a remarqué à propos du peintre d'Orient,
Marilhat, que l'âme a sa patrie comme le corps, et que
souvent ces patries sont différentes. En mettant le pied
en Espagne, lui-même il reconnut aussitôt son vrai
climat et sa vraie terre. C'est, dit-il, ce qui l'a saisi le
plus dans sa vie. Son talent découvrit du premier coup
d'œil un ample champ de tableaux et trouva à s'y épa-
nouir en pleine jouissance et félicité. Il y devint dès le
premier jour le peintre accompli que nous savons.

La conquête littéraire véritable de Théophile Gautier
est de ce côté, et je dois y insister. Où en était avant
lui la description locale, celle des pays et des climats? Cette description n'est véritablement née qu'au
xviiie siècle avec Rousseau, Buffon, Bernardin de Saint-
Pierre, Volney, Saussure : elle s'est continuée avec
éclat et distinction dans notre siècle par Chateaubriand,
Ramond, de Humboldt... Cependant que de choses il
restait encore à désirer pour le détail et la précision !
Bernardin de Saint-Pierre écrivait le 1er janvier 1772
ce qu'il aurait pu redire aussi exactement soixante ans
après :

« L'art de rendre la nature est si nouveau, que les termes
mêmes n'en sont pas inventés. Essayez de faire la description
d'une montagne de manière à la faire reconnaître : quand
vous aurez parlé de la base, des flancs et du sommet, vous
aurez tout dit. Mais que de variétés dans ces formes bom-
bées, arrondies, allongées, aplaties, cavées, etc. ! Vous ne
trouverez que des périphrases : c'est la même difficulté pour
les plaines et les vallons...

« Il n'est donc pas étonnant que les voyageurs rendent si
mal les objets naturels. S'ils vous dépeignent un pays, vous
y voyez des villes, des fleuves et des montagnes; mais leurs
descriptions sont arides comme des cartes de géographie :
l'Indoustan ressemble à l'Europe; la physionomie n'y est
pas. »

Mais Bernardin de Saint-Pierre, parlant depuis Théophile Gautier, ne dirait certainement plus la même
chose, et s'il avait des critiques ou des plaintes à faire,
elles seraient d'un genre différent.

Le propre de l'homme de lettres, il n'y a pas longtemps encore, était d'être empêché dès qu'on le tirait
de ses livres, et de ne pas savoir comment se nomment
les choses. Théophile Gautier s'est montré, à cet égard,
le contraire de l'homme de lettres. Il n'est jamais plus
à l'aise que quand on le met en face d'une nature ou
d'un art à développer et à exhiber. Son talent semble
créé tout exprès pour décrire les lieux, les cités, les
monuments, les tableaux, les ciels divers et les paysages. Ce n'est pas un de ces talents qui se réservent
pour donner en deux ou trois grandes occasions, qui
s'y préparent à l'avance, et qui, une fois le grand site
décrit, le grand morceau exécuté, se détendent et se
reposent : c'est chez lui un état pittoresque habituel,
facile, une manière continue, et pour ainsi dire inévitable, de tout voir et de montrer ce qu'il a vu. Je viens
de relire ce volume sur l'Espagne : depuis le moment
où l'on y entre avec lui par le pont de la Bidassoa,
jusqu'à celui où l'on s'embarque à Valence, tout est
peint, déroulé aux regards. Henri Heine, le railleur,

rencontrant Gautier à un concert de Listz à la veille de
son départ, lui avait dit : « Comment ferez-vous pour
parler de l'Espagne quand vous y serez allé? » Théophile Gautier, pour cela, s'y prit d'une manière bien
simple : ayant vu l'Espagne pour son compte, il la fit
voir telle et toute pareille à tous. Il fallait, à cet effet,
une double faculté qui n'en fait qu'une chez lui : avoir
un coin particulier dans l'organe de la vision, et y
joindre un don, particulier aussi et correspondant,
pour l'expression des choses de la vision.

Quoiqu'il puisse sembler bien naïf, avec un écrivain
dont le récit forme comme un bas-relief ou un panorama continu et où tout est tableau, de prétendre en
détacher un et de venir le présenter dans un cadre, je
veux le faire pour l'endroit capital de ce voyage d'Espagne, pour le moment décisif qui est l'entrée en
Andalousie. C'est à cet instant que Gautier reçut le
coup de soleil qui le bronza, et qu'il salua véritablement et d'un amoureux transport cette Espagne tirant
sur l'Afrique, sa vague chimère jusque-là et son rêve.
Je suppose donc qu'on ait à lire quelque chose de
Théophile Gautier devant Bernardin de Saint-Pierre, ce
grand juge du pittoresque, et un juge difficile, aisément
mécontent ; voici la page que je choisirais :

« La route s'élevait en faisant de nombreux zigzags. Nous
allions passer le *Puerto de los perros* (passage des chiens,
ainsi nommé parce que c'est par là que les Maures vaincus
sortirent de l'Andalousie); c'est une gorge étroite, une brèche
faite dans le mur de la montagne par un torrent qui laisse
tout juste la place de la route qui le côtoie. On ne saurait

rien imaginer de plus pittoresque et de plus grandiose que cette porte de l'Andalousie. La gorge est taillée dans d'immenses roches de marbre rouge dont les assises gigantesques se superposent avec une sorte de régularité architecturale; ces blocs énormes aux larges fissures transversales, veines de marbre de la montagne, sorte d'écorché terrestre où l'on peut étudier à nu l'anatomie du globe, ont des proportions qui réduisent à l'état microscopique les plus vastes granits égyptiens. Dans les interstices se cramponnent des chênes verts, des liéges énormes, qui ne semblent pas plus grands que des touffes d'herbe à un mur ordinaire. En gagnant le fond de la gorge, la végétation va s'épaississant et forme un fourré impénétrable à travers lequel on voit par places luire l'eau diamantée du torrent...

« La Sierra-Morena franchie, l'aspect du pays change totalement; c'est comme si l'on passait tout à coup de l'Europe à l'Afrique : les vipères, regagnant leur trou, rayent de traînées obliques le sable fin de la route; les aloès commencent à brandir leur grands sabres épineux au bord des fossés. Ces larges éventails de feuilles charnues, épaisses, d'un gris azuré, donnent tout de suite une physionomie différente au paysage. On se sent véritablement ailleurs; l'on comprend que l'on a quitté Paris tout de bon; la différence du climat, de l'architecture, des costumes, ne vous dépayse pas autant que la présence de ces grands végétaux des régions torrides que nous n'avons l'habitude de voir qu'en serre chaude. Les lauriers, les chênes verts, les liéges, les figuiers au feuillage verni et métallique, ont quelque chose de libre, de robuste et de sauvage, qui indique un climat où la nature est plus puissante que l'homme et peut se passer de lui.

« Devant nous se déployait comme dans un immense panorama le beau royaume d'Andalousie. Cette vue avait la grandeur et l'aspect de la mer : des chaînes de montagnes, sur lesquelles l'éloignement passait son niveau, se déroulaient avec des ondulations d'une douceur infinie, comme de longues houles d'azur. De larges traînées de vapeurs blondes bai-

gnaient les intervalles; çà et là de vifs rayons de soleil gla-
çaient d'or quelque mamelon plus rapproché et chatoyant de
mille couleurs comme une gorge de pigeon. D'autres croupes
bizarrement chiffonnées ressemblaient à ces étoffes des anciens
tableaux, jaunes d'un côté et bleues de l'autre. Tout cela était
inondé d'un jour étincelant, splendide, comme devait être
celui qui éclairait le Paradis terrestre. La lumière ruisselait
dans cet océan de montagnes comme de l'or et de l'argent
liquides, jetant une écume phosphorescente de paillettes à
chaque obstacle. C'était plus grand que les plus vastes perspectives de l'Anglais Martynn, et mille fois plus beau. L'infini dans le clair est bien autrement sublime et prodigieux
que l'infini dans l'obscur. »

On vient de supprimer, à l'École des Beaux-Arts, le
grand prix de paysage, et l'on a bien fait : en fait de
paysages, les comparaisons sont impossibles ; les plus
humbles, les plus inattendus, les plus agrestes sont
souvent ceux qui plaisent le plus : et cependant il y a
une grandeur dans l'éclat qu'il n'appartient qu'aux
vrais maîtres de savoir saisir, et dans cette belle page
le peintre a tout réuni.

L'endroit le plus étudié du livre et le plus caressé,
s'il est permis encore une fois de choisir dans une
peinture aussi continue, c'est Grenade et ses merveilles, l'Alhambra et le Généralife. Théophile Gautier
y arrivait tout plein de la Grenade des *Ballades* et des
Orientales ; il dut rabattre de quelques illusions au
premier abord devant la Grenade réelle et moderne ;
mais bientôt, à la visiter en détail et à la bien pénétrer, il retrouva tous ses ravissements. Il ne se contentait pas de hanter, d'habiter même par moments ces

palais et antiquités moresques qui étaient sa première
et souveraine passion, il voyait aussi la société, allait
à la *tertulia* presque chaque soir et se mêlait familièrement aux belles jeunes filles et aux enfants rieuses.
Il y éprouva des sentiments qu'on lui refuse trop,
parce qu'il ne les a pas étalés, et, en dehors du récit,
il s'est réservé de les enfermer discrètement dans la
forme sculptée des vers. Qu'on lise sa jolie pièce aux
Trois Grâces de Grenade, Martirio, Dolorès et Gracia.
Voici de lui un tout petit couplet, un *air* détaché qui
est aussi daté de Grenade et qui fait songer :

> J'ai laissé de mon sein de neige
> Tomber un œillet rouge à l'eau.
> Hélas! comment le reprendrai-je,
> Mouillé par l'onde du ruisseau?
> Voilà le courant qui l'entraîne!
> Bel œillet aux vives couleurs,
> Pourquoi tomber dans la fontaine?
> Pour t'arroser j'avais mes pleurs!

Un vrai couplet à mettre en musique par Mozart. —
Théophile Gautier a dû à Grenade et à son ciel enchanté
des heures de mélancolie, — « d'une mélancolie sereine
bien différente de celle du nord. » Le poëte plastique,
tout occupé de « donner une fête à ses yeux, » et leur
recommandant de bien saisir chaque forme, chaque
contour des tableaux qui se développaient devant eux
et qu'ils ne reverraient peut-être plus, s'y révèle avec
une vivacité de sentiment et d'émotion qui témoigne
d'une organisation particulière. Après une description
heureuse du Généralife qui n'est, en quelque sorte,

que le pavillon champêtre de l'Alhambra, et dont le charme principal consiste dans les jardins et les eaux, il termine par une image vivante et d'une adoration toute sympathique :

« Un canal, revêtu de marbre, occupe toute la longueur de l'enclos, et roule ses flots abondants et rapides sous une suite d'arcades de feuillage formées par des ifs contournés et taillés bizarrement. Des orangers, des cyprès sont plantés sur chaque bord... La perspective est terminée par une galerie portique à jets d'eau, à colonnes de marbre, comme le *patio* les myrtes de l'Alhambra. Le canal fait un coude, et vous pénétrez dans d'autres enceintes ornées de pièces d'eau et dont les murs conservent des traces de fresques du XVIe siècle... Au milieu d'un de ces bassins s'épanouit, comme une immense corbeille, un gigantesque laurier-rose d'un éclat et d'une beauté incomparables. Au moment où je le vis, c'était comme une explosion de fleurs, comme le bouquet d'un feu d'artifice végétal : une fraîcheur splendide et vigoureuse, — presque bruyante, si ce mot peut s'appliquer à des couleurs, — à faire paraître blafard le teint de la rose la plus vermeille! Ses belles fleurs jaillissaient avec toute l'ardeur du désir vers la pure lumière du ciel ; ses nobles feuilles, taillées tout exprès par la nature pour couronner la gloire, lavées par la bruine des jets d'eau, étincelaient comme des émeraudes au soleil. Jamais rien ne m'a fait éprouver un sentiment plus vif de la beauté que ce laurier-rose du Généralife. »

Et à ce laurier-rose glorieux et triomphant, « gai comme la victoire, heureux comme l'amour, » il a même adressé des vers et presque une déclaration, telle vraiment qu'Apollon eût pu la faire au laurier de Daphné.

III.

Une fois mis en goût de voyage et cette nouvelle
vocation reconnue et déclarée, Théophile Gautier ne
chôma plus et ne résista qu'autant qu'il était retenu
par sa chaîne au cou, « dans la niche qu'on lui avait
faite au bas du journal, » ainsi qu'il s'est lui-même
représenté. Il revit l'Espagne, dès qu'il le put, en 1846.
Il avait vu l'Afrique, l'Algérie, pour la première fois
en 1845, en juillet-août, au plein cœur de l'été, ayant
pour principe qu'il faut affronter chaque pays dans
toute la violence de son climat, le Midi en été, le Nord
en hiver ; se donner l'ivresse de la neige, comme celle
du soleil. Il ne devait visiter l'Italie qu'en 1850, l'Orient
et Constantinople qu'en 1852. C'est alors qu'il revint
par Athènes, et qu'il y reçut une seconde sensation et
impression aussi forte que celle qu'il avait éprouvée en
Espagne : l'effet même, tel qu'il en juge aujourd'hui,
lui paraît avoir été plus décisif et plus profond. En
présence du Parthénon, du temple d'Érechthée, de ces
immortels débris d'un art qui fait comme partie de la
nature, de ces montagnes pas trop hautes, de cet horizon aux lignes sobres et parfaites, il fut saisi par un
sentiment d'harmonie et de proportion. Athènes lui
donna le sens de la mesure : ce fut à tel point que
Venise, au retour, y perdit, et, dans son délicieux pêle-
mêle, lui parut moins divine qu'auparavant.

Lui qui avait quelquefois aimé et rêvé des monstres, il put se dire, à la vue de l'Attique, de ce pays qui a été comme créé exprès sur l'échelle humaine : « J'ai connu trop tard la beauté véritable! » Je n'oserais assurer pourtant qu'il alla dans son regret jusqu'au repentir ; mais je tiens à bien marquer cette disposition particulière qu'il a à entrer pour ainsi dire dans chaque climat, à s'y incorporer et à s'y soumettre. Ce n'est plus une personne distincte, c'est le climat même. Athènes, après Grenade, ne fut que le plus admirable accident.

Son voyage d'Afrique, en 1845, l'avait aguerri à toutes les fatigues. Il fit en amateur la première expédition de Kabylie dans l'état-major du maréchal Bugeaud, qui lui avait donné une tente, deux chevaux et un soldat. De cinq amateurs qui suivirent l'expédition, trois moururent de fatigue ou de chaleur. Il revint à Paris, vêtu en Arabe, coiffé du fez, chargé du burnous et, sur l'impériale de la diligence depuis Châlons, tenant entre les jambes une jeune lionne qu'on lui avait confiée. Il eut lui-même une rentrée de lion : hâlé, fauve, avec des yeux étincelants. Je le vois encore tel qu'il était à cette date et à cette époque fortunée, dans toute la force et la superbe de la seconde jeunesse, dans toute l'ampleur et l'opulence de la virilité ; aspirant la vie à pleins poumons, à pleine poitrine ; ayant sa mise à lui, et, sur cette large poitrine dilatée, étalant pour gilet je ne sais quelle étoffe couleur de pourpre, une cuirasse pittoresque, de même que Balzac avait eu dans un temps sa canne à la pomme mer veilleuse. Deux petits poneys, dignes de Tom Pouce, attelés à un élégant coupé dont la caisse en roulant rasait le pavé, portaient partout un maître à teint olivâtre qui remplissait majestueusement le dedans, et semblaient prêts eux-mêmes, à chaque visite où l'on s'arrêtait, à monter sans façon jusqu'à l'entre-sol. C'est alors, dans une de ces heures de satisfaction et de naturel orgueil, qu'il put écrire ces vers qu'il a intitulés spirituellement *Fatuité* (le propre du poëte est d'exprimer au vif chaque sentiment qui le traverse et qui fut vrai, ne fût-ce qu'un moment) :

Je suis jeune, la pourpre en mes veines abonde ;
Mes cheveux sont de jais et mes regard de feu,
Et, sans gravier ni toux, ma poitrine profonde
Aspire à pleins poumons l'air du ciel, l'air de Dieu.

Aux vents capricieux qui soufflent de Bohême,
Sans les compter je jette et mes nuit et mes jours,
Et, parmi les flacons, souvent l'aube au teint blême
M'a surpris dénouant un masque de velours.

Plus d'une m'a remis la clef d'or de son âme ;
Plus d'une m'a nommé son maître et son vainqueur ;
J'aime, et parfois un ange avec un corps de femme,
Le soir descend du ciel pour dormir sur mon cœur.

On sait mon nom ; ma vie est heureuse et facile ;
J'ai plusieurs ennemis et quelques envieux ;
Mais l'amitié, chez moi, toujours trouve un asile,
Et le bonheur d'autrui n'offense pas mes yeux.

Ce sont là des vers magnifiques dans leur genre, des

vers plantureux et surabondants de santé et de séve.
On comprend qu'on soit quelque peu tenté d'être maté-
rialiste, quand la matière est si riche et si belle.
Jamais homme maigre et chétif ne fera de cette poésie-
là. — Mais je vois d'ici triompher les railleurs et les
demi-bienveillants. Voilà donc, diront-ils, où en viennent ces désespérés et ces forcenés de l'idéal comme
d'Albert, tous ces petits-neveux de René! — Hélas! oui,
il suffit de vivre et de continuer d'aller pour que peu à
peu ces premières tristesses s'abattent, pour que tôt ou
tard ces grands orages s'apaisent. Que voulez-vous? le
sceptique à la fin se lasse de chercher toujours à vide,
l'ennuyé se distrait, le désespéré s'engourdit ou se
console; rien qu'à dissimuler même, insensiblement
on enferme son mal et l'on s'en déshabitue. Raison,
résignation ou feinte, il se fait en nous, avec les années,
un second nous-même, qui masque et quelquefois
étouffe le premier. D'Albert est guéri ou semble l'être,
ce qui, à la longue, revient au même : Fortunio le remplace. L'homme fait, l'homme réel a succédé au jeune
homme des songes. La nature, en ce qu'elle a de vigoureux et de vivace, l'emporte. C'est la loi. Et dans le
Gœthe de Weimar, dans ce personnage majestueux et
paisible de la fin ou du milieu de la vie, qui donc
reconnaîtra Werther?

J'ai encore bien à dire sur le critique d'art et sur le
romancier. Une trentaine de volumes pour le moins,
qui composent l'œuvre de Théophile Gautier, sont
devant moi. Je ne sais pas étrangler en deux ou trois

tours de phrases convenues à l'avance un homme de
talent qui écrit depuis plus de trente ans. J'en demande
pardon à ceux qui ont ce secret et qui ne sentent pas
que c'est une injustice.

THÉOPHILE GAUTIER.

POÉSiES. — VOYAGES. — SALONS. — CRITIQUE DRAMATIQUE. — ROMANS : *le Capitaine Fracasse.*

(SUITE ET FIN.)

I.

La critique d'art, la manière dont il l'a exercée et comprise, constitue l'une des innovations et l'un des talents spéciaux de Théophile Gautier. Depuis que Diderot et Grimm ont inauguré en France la critique des Salons, ce sont presque toujours des littérateurs qui ont rendu compte des expositions de statues ou de tableaux, et presque toujours ils l'ont fait plus ou moins au point de vue de la littérature. C'était le cas surtout pour les critiques d'art qui écrivaient sous la Restauration. M. Delécluze seul avait manié le pinceau ; mais

son instruction, très-réelle et estimable quand elle se
tenait dans le domaine historique, ne servit guère à
lui affiner le goût. Les autres auteurs remarqués pour
leurs jugements ou leurs comptes rendus de Salons,
M. Guizot, M. Thiers, Stendhal, — Jal, expression de
l'opinion moyenne, — avaient pu se rencontrer souvent
et causer avec des artistes, mais ils ne l'étaient pas
eux-mêmes. Ce ne fut guère qu'après 1830 que la critique d'art acquit, avec un développement croissant,
un plus haut degré de précision et de compétence en
chaque branche spéciale. Les juges, à force d'examiner
et de voir de près, achevèrent de se former. Et ceux
qui y apportaient une philosophie élevée de l'art comme
Vitet, et ceux qui y introduisaient une psychologie
ingénieuse comme Peisse, ne cessaient de voir et de
comparer. Charles Lenormant mériterait d'être cité
aussi à côté d'eux, s'il avait eu autant de goût que
d'avidité de savoir et de zèle. L'étroite union qui existait dans le groupe romantique entre les poëtes et les
peintres tourna vite au profit de la critique qui dès lors
se fit de plus en plus en parfaite connaissance des procédés de l'atelier. Chez Gustave Planche, la morgue
habituelle compromettait trop souvent le bon sens;
chez d'autres moins hautains, l'étude constante venait
à l'appui de la finesse des aperçus et donnait toute
valeur à la sagacité des analyses : les Paul Mantz, les
Chennevières se sont formés de la sorte. Une publication à la fois spéciale et répandue, *l'Artiste,* sous la
direction d'Arsène Houssaye, conviait les jeunes plumes
et préparait le goût de plus d'un expert. La *Gazette des*

Beaux-Arts ouvrit son cadre aux gens du métier. Mais je ne puis nommer tous ceux qui ont marqué depuis quinze ans et plus dans cette voie, et je n'ai point qualité pour les ranger : deux, entre autres, ont été signalés hors ligne, et ici même (1), pour leur science intelligente et leur universalité : Charles Blanc et Théophile Gautier. Celui-ci y joint et y apporte en sus un talent pratique, un art de description qui n'est qu'à lui.

La description de Théophile Gautier, en présence des tableaux qu'il nous fait voir et qu'il nous dispense presque d'aller reconnaître, a cela de particulier qu'elle est exclusivement pittoresque et nullement littéraire, et qu'elle ne se complique pas, tant qu'elle dure, de remarques critiques et de jugements. Les critiques même, s'il en vient après quelqu'une, sont des plus légères. Est-ce à dire que Théophile Gautier, en nous montrant les tableaux, ne les différencie pas à nos yeux et ne nous avertisse pas du degré d'estime qu'il y attache? Loin de là, nul, en nous faisant pénétrer dans le talent de chaque peintre, dans la nature et dans l'intention de chaque œuvre, ne nous met plus à même de les qualifier.

Dans les nombreux *Salons* qu'il a faits et qu'il est loin d'avoir tous recueillis en volumes, je prendrai presque au hasard quelques exemples pour bien définir sa manière et expliquer son procédé.

A-t-il à parler d'Ingres, de Delacroix, voyez comme

(1) Article de M. Ernest Chesneau, dans *le Constitutionnel* du 4 novembre 1863.

18.

il sait, dans le choix même des termes employés à
décrire et à caractériser leurs œuvres, impliquer l'éloge
et le limiter à ce qui est dû. Dans Ingres, c'est l'idéal
èt le style, c'est la beauté absolue et en quelque sorte
abstraite, — chez Delacroix, c'est la couleur non moins
absolue, le mouvément et la passion, qu'il s'attache à
demontrer en chaque toile par une reproduction des
plus fidèles. Chaque peinture, chaque fresque, on croit
la voir à la lumière dont il la décrit, et on la voit non-
seulement dans son projet et sa disposition, mais dans
son effet et son ton ou sa ligne. Le système de Gautier,
en décrivant, est un système de transposition, une
réduction exacte, équivalente, plutôt qu'une traduction. De même qu'on réduit une symphonie au piano,
il *réduit* un tableau *à l'article.* Et tout ainsi que pour
la symphonie transposée et réduite, ce sont toujours
des sons qu'on entend, de même dans ses articles ce
n'est pas de l'encre qu'il emploie, ce sont des couleurs
et des lignes; il a une palette, il a des crayons. Les
gammes de nuances « qui se font valoir les unes les
autres » sont indiquées et observées quand il expose
les tableaux de Delacroix; et dans les apothéoses
d'Ingres qu'il nous rénd, la simplicité hardie, le tran-
ché nu et sculptural, les poses héroïqes, les contrastes
d'or et d'azur, sont mis en relief et accusés de façon
à venir vous heurter et vous remplir le regard. Ce sont
là de ces comptes rendus qui parlent et qui vivent. En
fait d'art, montrer plutôt encore que juger est peut-
être, de toutes les formes de critique, la plus utile. Il
n'est rien de tel, pour faire l'éducation du public, que

de lui apprendre avant tout à voir et à regarder.
Gautier a appliqué ici aux tableaux peints le même
procédé qu'il a suivi à l'égard des tableaux naturels et
des climats : *la soumission absolue à l'objet.* Il rend cet
objet sans réagir et le réfléchit sans lui résister. Il a en
cela une vue plus sérieuse et plus lointaine qu'on ne le
supposerait. Les tableaux, hélas! tous sans distinction,
les plus belles toiles comme les plus médiocres, doivent
disparaître dans un temps donné; la gravure perpé-
tuera la composition et les traits, non les couleurs.
Imaginez ce que ce serait si un Pausanias, un Pline,
avaient fait autrefois pour les tableaux des anciens
exactement ce que Théophile Gautier fait aujourd'hui
pour les nôtres : les érudits seraient dispensés de tant
conjecturer sur ce qu'ils ne savent pas bien. On ne
connaît plus les tableaux grecs; il faut les deviner. Au
lieu d'appliquer le Quintilien à la peinture, que n'y
a-t-on appliqué à temps le Théophile Gautier, sauf à
laisser les Quintilien d'alors crier à la confusion des
genres, à la corruption du goût et à la décadence?

Et puis il faut tout dire : comme lui-même, si humble
et si soumis descripteur qu'il soit, il n'est, après tout,
dans cette tâche dont il s'acquitte si en conscience,
qu'un peintre et un poëte dévoyé, il est juste qu'il se
ménage de temps à autre de petites satisfactions et
jouissances, c'est-à-dire des morceaux d'exécution. Il
profitera donc des tableaux qu'il décrit comme d'un
prétexte. « Il faut bien, dit-il, se donner quelques
dédommagements et des consolations; il faut aussi
montrer son petit talent, essayer dans son art quelque

chose de ce que l'artiste dont on parle a fait dans le sien. » Et c'est ainsi que, terminant le premier article sur Eugène Delacroix lors de l'Exposition universelle de 1855, il disait :

« ... Outre leur mérite intrinsèque, *les Femmes d'Alger* marquent un événement d'importance dans la vie de M. Delacroix, son voyage en Afrique, qui nous a valu tant de toiles charmantes et d'une fidélité si locale. — Oui ce sont bien là les intérieurs garnis, à hauteur d'homme, de carreaux de faïence formant des mosaïques comme dans les salles de l'Alhambra, les fines nattes de joncs, les tapis de Kabylie, les piles de coussins et les belles femmes aux sourcils rejoints par le furmeh, aux paupières bleuies de khiol, aux joues blanches avivées d'une couche de fard, qui, nonchalamment accoudées, fument le narguilhé ou prennent le café que leur offre, dans une petite tasse à soucoupe de filigrane, une négresse au large rire blanc. »

C'est sur cet admirable petit tableau que finissait le premier article (1). Lui aussi il est peintre, et il le sait. Il a toute raison de dire avec un juste sentiment de sa valeur : « Nous faisons notre art à travers notre métier. »

Un autre petit finale d'article des plus achevés en son genre, qui me revient en mémoire, est dans le compte rendu des peintres anglais, à propos d'un tableau de Hook qui a pour sujet *Venise telle qu'on la rêve*. Ici le poëte prend la parole et semble prier pour

---

(1) Il n'a pas pris soin d'observer la division dans son volume *les Beaux-Arts en Europe,* et il a mis les deux articles sur Delacroix bout à bout. Personne n'est plus négligent que lui de ses pages, une fois écrites et envolées.

un moment le peintre de lui céder la place; car, pour ces poëtes déclassés, la critique est comme une lucarne qu'on leur ouvre, et il leur est difficile, quand la chose les intéresse un peu vivement, de ne pas passer la tête à la fenêtre pour dire : *Me voici!* et pour venir chanter à leur tour leur petit couplet et leur chanson. A propos donc de ce tableau anglais, *Venise telle qu'on la rêve,* Théophile Gautier ne peut s'empêcher d'intervenir et de dire :

« Pour notre part, nous l'avons fait souvent, le rêve de M. Hook. — Plus d'une fois elle a passé devant les yeux de notre âme cette barque qui porte un négrillon à la poupe et de beaux jeunes gens vêtus de sveltes costumes dont Vittore Carpaccio habille ses Magnifiques; plus d'une fois aussi nous avons vu en songe se pencher du haut des terrasses blanches ces belles filles aux tresses d'or crespelées, aux robes de brocart d'argent, aux colliers et aux bracelets de perles, qui jettent un baiser avec une fleur au galant haussé sur la pointe du pied!

« C'est ainsi en effet qu'on la rêve, la Vénus de l'Adriatique, séchant sur sa rive de marbre son corps rose et blanc, humide encore des caresses de la nuit; — et M. Hook, de ce sentiment d'une poésie presque banale, a fait un tableau délicieux. »

Jusqu'ici tout est bien; mais écoutez la fin, qui est d'une mélancolique poésie :

« Cependant l'enduit rouge des palais s'écaille comme le fard aux joues d'une courtisane; la vase et les herbes marines envahissent les canaux déserts; des linges sèchent aux fenêtres bouchées de planches, et le crabe monte sur les marches où Violante et la reine Cornaro (1) posaient leur pantoufle d'or. »

Et le feuilleton du *Moniteur* finit là-dessus. Cela s'appelle de nos jours de la critique. C'est de la poésie toute pure, du lacryma-christi qu'on vous verse à chaque coin de rue, sur un comptoir d'argent. Et plaignez-vous !

II.

Théophile Gautier s'est fait de la peinture une idée particulière qui n'est pas celle de tous, et qu'on ne saurait omettre en parlant de lui sous peine de tout confondre. Il ne ferait pas de cas d'un peintre qui se contenterait de prendre, fût-ce le plus dextrement du monde, la ressemblance exacte des choses, et de la jeter sur la toile, telle quelle, avec une couleur congrue et suffisante : il veut que l'artiste ait en lui un monde en petit ou en grand, une sorte de glace magique où tout se réfléchisse, se transforme et ressorte ensuite, quand on l'y considère, avec une harmonie nouvelle qui constitue proprement la création et l'originalité. Il ne s'agit pas, pour le véritable artiste, de tout copier, de tout reproduire et de se livrer en peignant à cet infini de détails qui est le triomphe du daguerréotype. « Ce n'est pas la nature qu'il faut

(1) Catarina Cornaro, dans *la Reine de Chypre*, d'Halévy, et Violante, la maîtresse du Titien.

rendre, mais l'apparence et la physionomie de la nature. Tout l'art est là. »

Dans l'appréciation des tableaux, il a toujours maintenu l'importance ou mieux la prédominance absolue du point de vue pittoresque. Il l'a dit, une fois entre autres, en termes excellents, à propos de Meissonier :

« ... Tout prend une valeur sous son pinceau et s'anime de cette mystérieuse vie de l'art, qui ressort d'une contre-basse, d'une bouteille, d'une chaise, aussi bien que d'un visage humain. Quoiqu'il puisse sembler ne pas avoir de compositions dans le sens vulgaire du mot, comme, au point de vue pittoresque, il arrange ses tableaux ! Comme il sait choisir le pupitre, le tabouret, le papier de musique, le livre, la table, le chevalet ou le carton, selon la figure qu'il représente ! Quelle harmonie entre les accessoires et le personnage, et quelle pénétrante impression de la scène ou de l'époque, obtenue sans effort ! »

Il le redit, non moins excellemment, dans un article sur Ary Scheffer, en faisant remarquer que cet esprit si distingué et si élevé n'a pas assez compris que la *pensée* pittoresque n'avait rien de commun avec la *pensée* poétique : « Un effet d'ombre ou de clair, une ligne d'un tour rare, une attitude nouvelle, un type frappant par sa beauté ou sa bizarrerie, un constraste heureux de couleur, voilà des *pensées* comme en trouvent dans le spectacle des choses les peintres de tempérament, les peintres-nés. » Aussi, tout en rendant justice aux sentiments et aux intentions épurées de ce « poëte de la peinture » comme il l'appelle, il ne l'a loué en toute sincérité et franchise que pour certains portraits où le sens moral n'a fait qu'aiguiser l'observation et donner plus de vie à la vérité.

Théophile Gautier, dans sa critique des peintres, n'apporte donc aucun des préjugés de l'homme de lettres, pas plus qu'il ne partage aucune des illusions de la foule. D'ailleurs, on n'est pas plus ouvert que lui à tous les genres, ni plus sensible à toutes les natures de talents. Il s'ingénie à trouver pour chacun les formes de définition les plus agréables comme les plus vraies, en tirant la description le plus qu'il peut du côté de l'éloge. Là où d'autres seraient rudes et blessants d'expression, même sans le vouloir, il a des délicatesses qui tiennent à une qualité morale ; il a des égards de confrère. Il se met à la place des autres. Ainsi sur le peintre belge M. Leys, à qui il était si aisé, pour sa manière archaïque, de dénier l'originalité en le déclarant un disciple pur et simple d'Albert Durer, Théophile Gautier s'y prend avec plus de ménagement ; il a toute une théorie pour le cas particulier, et il entre dans les explications les plus appropriées comme les plus favorables :

« S'il est permis, dit-il, de ressembler à quelqu'un, c'est sans doute à son père, et M. Leys est dans ce cas : chez lui il n'y a pas imitation, mais similitude de tempérament et de race ; c'est un peintre du xvie siècle venu deux cents ans plus tard, voilà tout... M. Leys n'est pas un imitateur, mais un semblable. »

De même sur tous, dès qu'il y a jour. Théophile Gautier évite en jugeant tout ce qui est morgue et ce qui pourrait blesser. Il n'est pas de ceux (comme il y en a) qui vous marchent sur le pied sans s'en apercevoir ou en disant : *Tant pis !* Quand il fait une critique, il se représente ce qu'il dirait à l'auteur en personne. « Pourquoi, remarque-t-il, écrire le matin sur un honnête homme ce que l'on ne dirait pas, lui présent, le soir à dîner? De ce qu'on est lu par cinquante mille personnes, ce n'est pas une raison pour être impoli et blessant. » Il est vrai que cela gêne un peu. Mais, le dirai-je? si le critique perd par là en fermeté et autorité, le talent de l'écrivain gagne à ces précautions tout humaines, et l'on en est récompensé en finesses heureuses.

Jamais, — et ici mon observation s'étend à toute la critique de Théophile Gautier, — jamais un sentiment mauvais, soit de hauteur, soit de jalousie mesquine, n'est entré dans l'âme de ce critique sagace autant que bienveillant. Avec des antipathies profondes de genres, il a toujours adouci l'expression de son peu de goût à l'égard des œuvres et des personnes. Et quand il s'est agi d'apprécier, dans des genres voisins du sien, ceux qu'on pouvait lui opposer et qu'on lui préférait, jamais un mouvement de retour sur lui-même ne lui a fait atténuer la louange. Qu'on lise plutôt ce qu'il a écrit de charmant, d'aimable et d'expansif au sujet d'*Un caprice* d'Alfred de Musset, lorsqu'on représenta pour la première fois à Paris ce petit acte si délicat (novembre 1847).

Les jugements ou définitions pittoresques que Gautier a donnés de tant de peintres d'hier, hommes de

mérite dans les seconds, et de Léopold Robert, et du
loyal Schnetz, « qui est un Léopold Robert historique,
visant moins haut et plus sain, » et de tous les jeunes
modernes que nous savons, de ceux du jour si vivants
et si présents, Gérome, Hébert, Fromentin..., tous ces
jugements-portraits sont aussi vrais que distingués de
couleur et de ton.

Dans des articles déjà assez anciens sur Diaz, je crois
avoir remarqué une des formes habituelles de son ingénieux et bienveillant procédé. Il aurait pu le critiquer,
il ne le fait pas; mais, en décrivant comme amoureusement ses tableaux, il énerve à dessein son expression,
il la subtilise et l'effrange pour ainsi dire, il la rend
plus diaphane ou plus miroitante que de raison; il
donne à son propre style quelques-uns de ces agréables
défauts du peintre, s'inquiétant peu, pourvu qu'il les
exprime, qu'on l'accuse ensuite de les partager :

« M. Diaz, dit-il, vit dans un petit monde enchanté où les
couleurs s'irisent, où les rayons lumineux traversent des feuil-
lages de soie, où les objets sont baignés d'une atmosphère
d'or; le ciel ressemble à l'or bleu du col des paons, les ga-
zons se mordorent, la terre scintille comme un écrin, les
étoffes miroitent ou s'effrangent en fanfreluches étince-
lantes, etc., etc. »

Il vous montre, en un mot, Diaz tel qu'il était en cette
première manière; à force d'être exact, il le contrefait
et le *grime* : voyez, jugez ensuite! il ne vous a pas
trompé. Mais n'allez pas croire, cependant, d'après
la caresse de sa description, qu'il ait lui-même été tout

à fait dupé. Il vous a fait passer sous les yeux une image fidèle, une merveille de réduction toute brillantée, et il vous laisse à vous, l'homme sévère, l'arbitre inexorable du goût, l'honneur facile de prononcer, si vous y tenez, le jugement qu'il a amené, pour ainsi dire, sur vos lèvres.

Lisez-le bien dans cette suite de descriptions auxquelles on impute une teinte d'indulgence trop uniforme : le degré de blâme ou d'approbation résulte, pour les lecteurs attentifs, du degré d'attention et de développement qu'il y met, et aussi de la qualité de couleur qu'il y apporte. Cela dit, il est évident qu'il est un critique unique et sans pareil en son genre, le critique patient, imitatif et à toute épreuve, nullement irritable et sans colère. En ce qui est d'un jugement direct, il ne fait pas comme nous en certains moments où les nerfs nous prennent et sont les plus forts : il n'éclate jamais.

III.

Les peintres anglais, lors de l'Exposition universelle de 1855, ont été un des thèmes favoris autour desquels sa plume s'est le plus jouée. En général, littérature ou peinture, Théophile Gautier est un Français légèrement révolté, un réfractaire. Certes, il aime d'un sincère amour et Rabelais et Ronsard, — le Ronsard lyrique, — et quelques poëtes de Louis XIII, Saint-Amand, son homonyme Théophile, etc. — La Bruyère seul (cela est à

noter) obtient grâce et lui plaît de prédilection entre
tous les auteurs dits du grand siècle. — Mais, pour la
plupart du temps, ses vrais goûts sont ailleurs : Sha-
kespeare, Gœthe, Heine, peuplent son ciel et sont ses
dieux ; il sent plus volontiers le chef-d'œuvre étranger
que le chef-d'œuvre national. Cette manière de sentir
se répète en peinture. Il y a une sorte de *gris* (c'est son
mot) dans l'art français, qu'il peut estimer, mais qui ne
l'enflamme guère. Il lui faut plus de soleil ou de neige,
la clarté tropicale ou boréale. Les extrêmes lui vont
mieux que le tempéré. Ce que nous appelons netteté,
limpidité, ne le séduit pas prodigieusement. Je ne suis
pas très-sûr que des peintres comme Horace Vernet,
des écrivains comme Voltaire (*horresco referens*) lui
fassent l'effet d'être des peintres ou des écrivains. Le
ragoût le tente. Il aime enfin tout ce qui a saveur et
couleur. Cette disposition l'a conduit à un sentiment
très-vif de l'art anglais, à le prendre depuis Reynolds
jusqu'à Landseer. La peinture anglaise, à l'état d'école
libre et individuelle, produisit sur lui dès l'abord une
très-grande impression, et il a été des premiers en
1855 à lui rendre justice, tout en luttant de lustre et
d'éclat avec elle, dans une série d'articles de son meilleur et de son plus neuf vocabulaire. Il est allé renouveler et rafraîchir cette impression à sa source, et il l'a
exprimée de plus belle dans toutes ses finesses et tous
ses chatoiements, lors de l'Exposition de Londres, en
1862.

J'ai prononcé le mot de *vocabulaire* : Théophile Gautier a le sien qui est inépuisable et qui fait l'étonne-

ment des connaisseurs par la précision et la distinction
des nuances. Il est aisé d'y relever quelques excès et
de l'abus. La langue ne gardera ou n'adoptera pas tous
les termes d'art qu'il y a versés journellement; mais
il suffit pour son honneur qu'il en ait introduit un bon
nombre et qu'il ait rendu impossibles après lui les
descriptions vagues et ternes dont on se contentait auparavant. Une beauté *incomparable, merveilleuse, inef-*
fable, extraordinaire, incroyable, toutes ces qualifica-
tions indécises et commodes, si chères au grand siècle,
à Mlle de Scudéry et à son admirateur, M. Cousin, qui
n'est qu'éloquent et nullement peintre, ne sont plus
de mise aujourd'hui. Le mot *indicible* n'est plus français, depuis que ce nouveau maître en fait de vocabulaire a su tout dire. Un jour, les théâtres chômaient;
le courant dramatique était à sec; il n'y avait pas à
l'horizon, aussi loin que la longue-vue pouvait porter,
la plus petite voile de vaudeville, pas un trois-mâts de
mélodrame qui se laissât apercevoir; Théophile Gautier
s'en revenait de Neuilly par le bois de Boulogne, pen-
sif, méditant son sujet de feuilleton, et tout résigné
déjà à n'en pas faire : il entre au Jardin d'acclimata-
tion, il visite l'*Aquarium*... son sujet est trouvé, et à
peine arrivé au *Moniteur,* debout, sur le coin d'un bureau selon son habitude, il écrit de sa plus jolie écri-
ture et au courant de la plume, sans rature aucune, ce
feuilleton de l'*Aquarium* (9 décembre 1861) où tous les
mystères sous-marins sont racontés, — un petit chef-
d'œuvre de diction scientifique et descriptive. Car vous
noterez encore que ce qui paraît un tour de force n'en

est pas un pour lui : on croirait que ce style savant et
dont chaque mot a sa valeur de ton est des plus tra-
vaillés, il est improvisé et facile ; il coule de source.

Je sais tout ce qu'on peut dire, tout ce que peut-être
j'ai dit moi-même, sur cette peinture écrite. Il y a du
trop ; il y a des jours où la couleur est disproportion-
née aux choses et où elle déborde. Le bon Homère
sommeille quelquefois. Il peut arriver en certains cas
que l'habitude de peindre donne le change non-seulement à la critique, mais encore au sujet. C'est ainsi
qu'un jour, étant allé à Fontainebleau pour assister
aux funérailles du peintre Decamps, Théophile Gautier,
peintre lui-même, s'oublia un peu ; il fut comme saisi
du paysage, et le deuil fit place insensiblement sous sa
plume à une charmante matinée de soleil dans la forêt.
D'artiste à artiste, cette oraison funèbre, après tout, en
vaut une autre. La fête de la nature autour d'une tombe
qui s'ouvre a aussi sa philosophie vraie : c'est celle du
poëte qui sait qu'il chante sous la feuillée comme l'oiseau et qu'il n'a à lui que quelques printemps.

IV.

Je m'attarde, je m'attarde, et le *Capitaine Fracasse*
m'appelle.

Et je n'ai pas parlé des ballets-pantomimes de Théophile Gautier, à commencer par *Giselle :* singulier début
au théâtre pour un homme de style qu'un genre muet,
une composition où l'on danse et où l'on ne dit mot,

Giselle, qu'il fit pour Carlotta Grisi (1841), et qui a été le plus grand succès de ballet en notre temps, était tiré d'un livre de Henri Heine, l'un des trois ou quatre poëtes qui dardèrent le plus en plein sur lui leur rayon. Heine lui plaît surtout par sa fantaisie dégagée de tout lieu commun. Le compte rendu de *Giselle* par Gautier est sous la forme d'une lettre adressée à Heine.

Je n'ai point parlé non plus de cette joute de *la Croix de Berny,* de ce roman de société où il fut un des quatre tenants avec Mme de Girardin, Méry et Jules Sandeau, chacun faisant son personnage et reprenant le roman à l'endroit juste où l'autre l'avait poussé. C'était une gageure, et chacun la tint à ravir. Théophile Gautier envoya sa dernière lettre du camp de Aïn-El-Arba, en Afrique, où il était alors (1845).

Je n'ai point parlé de cette quantité de jolies nouvelles attirantes dans leur étrangeté : *La Morte amoureuse,* qui vient bien après *Une Larme du Diable ; Une Nuit de Cléopâtre, Le Roi Candaule,* qui me font l'effet d'être du pur Gérome en littérature ; — de *Jean et Jeannette,* récit léger d'un genre tout différent, une manière d'agréable pastel du xviiie siècle, une sorte de duel serré avec Marivaux et la reprise en roman des *Jeux de l'Amour et du Hasard.*

Théophile Gautier, comme romancier, a jugé bon plus d'une fois de profiter de son talent de voyageur et de rendre avec une entière vérité plastique différents pays et différentes époques de sa connaissance ou de son rêve. Il aime à donner à ses récits, pour fond et pour premier plan, un lieu, une contrée précise qui elle-même fait une bonne partie de l'intérêt. Ainsi, dans *Militona*, il nous a montré de nouveau l'Espagne ; dans *Arria Marcella,* il a figuré et ressuscité l'antique Pompéi ; ainsi dans *la Momie,* l'Égypte. Il n'a pas vu de ses yeux l'Égypte, mais il l'a si bien étudiée dans les monuments, dans les dessins, qu'il l'a imaginée comme elle était et comme elle devait être. Ce roman tout rétrospectif n'offre rien qui fasse froncer le sourcil aux vrais savants et aux initiés. M. de Rougé a paru content.

En 1848, la situation de.Théophile Gautier, cet artiste et ce feuilletoniste de luxe, avait nécessairement reçu un coup violent. Il ne s'en est jamais plaint. Il ne prit part à la révolution de Février que par des pertes. Il fut exempt de toute sottise affichée alors sur les murailles. On demandait à Sieyès ce qu'il avait fait pendant la Terreur ; il répondit : « *J'ai vécu.* » Si l'on demande à Théophile Gautier ce qu'il a fait en 1848, il répond : « Je ne me suis porté nulle part. » C'était alors une singularité, même chez les gens de lettres. Lui, dans son feuilleton de théâtre, se déconcertant le moins possible, il parla d'art et d'idéal le lendemain comme la veille, après comme avant. Il choisit précisément ce temps d'orage, qui lui laissait plus d'un loisir forcé, pour graver par contraste ses *Émaux et Camées* (1852), une poésie toute d'art et de délicate transfiguration. Il compléta et rangea son écrin. De toutes ses manières, de toutes ses *notes* poétiques, les *Émaux et Camées* sont la dernière, la plus marquée, et je ne serais pas étonné si l'on me disait que c'est celle qui lui tient le plus à cœur et qui lui est la plus chère.

C'est aussi de tous ses volumes de vers celui qui a le plus réussi, et peut-être, à y bien regarder, est-ce le recueil qui depuis les grands succès des Musset, des Hugo, des Lamartine, a eu le plus de débit; il y en a eu jusqu'à quatre éditions. Toutes les pièces, moins une, y sont en vers de huit syllabes et divisés en couplets de quatre vers. On a cru remarquer que cette forme a prévalu depuis et a fait école : l'alexandrin est fort négligé des débutants. Dans ce recueil la sensibilité se dérobe volontiers sous l'image ou sous l'ironie : ce n'est pas à dire qu'elle soit absente. *Les Vieux de la Vieille,* par exemple, souvenir de la rentrée des Cendres de Napoléon, sont une des pièces où le calme du dilettante s'est le plus démenti et où le sourire est le plus près des pleurs. Un jour que Mlle J... du Théâtre-Français récitait la pièce dans une soirée, l'auteur présent, celui-ci surpris lui-même et gagné au sentiment que sa poésie recélait se mit tout d'un coup à éclater en sanglots. Bravo ! ô stoïcien de l'art, qui affectez parfois plus d'impassibilité que vous n'en avez; ne vous repentez pas d'avoir obéi un moment à la nature et d'avoir trahi cette source du cœur qui est en vous! Cet air de parfaite insensibilité (vous le savez mieux que moi) ne provient souvent que d'une pudeur extrême de la sensibilité la plus tendre, qui rougirait de se laisser soupçonner aux yeux du monde et des indifférents.

V.

Le Capitaine Fracasse est un roman rétrospectif,
comme Théophile Gautier en a déjà fait plusieurs.
Jeune, il a aimé à la passion l'époque de Louis XIII; il
l'a fort étudiée, et son volume des Grotesques (1844)
renferme une suite de portraits originaux et singuliers
de ce temps-là. Ces portraits, notamment ceux de
Théophile, de Saint-Amant, de Cyrano, de Scarron,
fort piquants de parti pris et d'exécution, peuvent offrir
quelques inexactitudes en ce qui est de l'érudition et
de la biographie. Je crois me souvenir d'en avoir relevé quelques-unes autrefois. Théophile Gautier n'a
pas, — n'avait pas alors toute la patience et tous les
instruments pour être un historien littéraire. Il prend
aujourd'hui sa revanche comme peintre. En exécutant
enfin ce Capitaine Fracasse dont il avait, il y a quelque
vingt-cinq ans, donné le simple titre à son libraire, il
a tenu encore une gageure des plus difficiles, laquelle
consistait à composer un roman presque pastiche qui
parût suffisamment de la date ancienne où la scène se
passe, et qui eût en même temps ce je ne sais quoi de
frais et de neuf, indispensable signature de toute œuvre
moderne. Il a refait à un certain point de vue le Roman
comique de Scarron, mais après lui avoir fait prendre
un bain de jeunesse et d'art dans la fontaine de Casta-
lie, comme dirait le Pédant de son livre, cet excellent
Blazius. Ses personnages principaux sont des comédiens

de campagne, une troupe ambulante, les prédécesseurs
immédiats de la jeunesse de Molière. Par un effet de
ce grand goût qu'il a pour l'art et un certain art de
convention, il a mieux aimé étudier la vie dans la
comédie que de retrouver la comédie dans la vie. Cela
lui imposait tout un langage et un style continu, une
sorte de gamme et d'échelle harmonique où, la clef une
fois donnée, rien ne fît fausse note et ne détonnât. Il
s'en est acquitté à merveille. La première partie du roman surtout est en ce genre un chef-d'œuvre; c'est le
classique du romantique.

Une troupe de comédiens honnêtes gens, c'est-à-dire
qui prennent leur profession et leur métier au sérieux,
errant la nuit par un désert de Gascogne, aperçoivent
une clarté qui les dirige jusqu'à un château habité par
le jeune baron de Sigognac. Mais quel château ! le vrai
château de la misère. On n'a jamais exprimé avec un
plus saisissant relief la poésie de la ruine et du déla-
brement. Sigognac n'a pour toute bienvenue à offrir à
la troupe comique que le gîte et le foyer : eux, en
retour, ils lui apportent le souper et la victuaille; leur
chariot, à ce moment, est des mieux fournis. Une sorte
de fraternité s'établit à l'instant entre les hôtes; les
beaux yeux d'Isabelle, l'ingénue de la troupe (et véritablement honnête en effet), n'y nuisent pas. Au moment de se quitter, le baron se décide tout à coup à
les suivre, à profiter de leur offre et de leur chariot
pour aller jusqu'à Paris. Ce sont les détails de toutes
ces journées de marche qu'il faut lire : la première
station à l'auberge très-suspecte du *Soleil bleu,* le guet-

apens du brigand Agostin et cette attaque à main armée
qui tourne en bonne humeur; la rencontre du marquis
de Bruyères, jeune gentilhomme aussi bien en point et
aussi florissant que Sigognac est pauvre; l'invitation
et la réception des comédiens à ce brillant et confor-
table château de Bruyères, où ils donnent une représentation applaudie; le congé et le départ bien rému-
nérés; l'enlèvement volontaire de la soubrette à l'une
des pattes d'oie du chemin; puis la disette qui revient,
la route qui s'allonge, la neige qui tombe, les rafales
qui forcent le chariot de s'arrêter; le pauvre Matamore,
le plus maigre de la troupe, qui n'y peut tenir et qui
succombe d'inanition et de froid; la recherche qu'on
fait de lui par ces steppes de neige, quand on s'est
aperçu de sa disparition, son enterrement lugubre : —
et cela s'appelle *Effet de neige.* L'auteur n'a pas craint
de marquer par là que c'est le paysage qui domine,
que c'est le pittoresque des choses qui l'emporte sur
les actions des personnages. Et pourtant il n'y a pas de
sa part d'insensibilité : l'humanité se retrouve dans
ces pages, une humanité qui compatit aux bêtes comme
aux gens, un sentiment vrai d'égalité humaine. Ce sentiment se prononce surtout lorsque Sigognac, honteux
d'être à charge à ses tristes compagnons sans leur
rendre aucun service, et les voyant en peine et tout
désemparés depuis la perte du pauvre Matamore, s'offre
à le remplacer lui-même, à mettre de côté sa véritable
épée, et, sous le nom grotesque de *Capitaine Fracasse,*
qui sera désormais le sien, à faire son rôle sur les tré-
teaux, en attendant fortune meilleure : un regard

d'Isabelle l'en récompense. Sigognac, en se faisant
comédien, déroge, il ne se dégrade pas : il s'honore
plutôt aux yeux du lecteur comme aux siens. La représentation dans la grange, chez Bellombre, un ancien camarade qu'ils ont retrouvé près de Poitiers, devenu riche
par héritage et propriétaire, est un nouveau tableau.
On va en effet dans ce roman de tableau en tableau.
Il n'est pas une page qui n'en représente un tout fait
ou à faire. Ici, ces cavaliers qui attendent à l'embran-
chement du chemin pour l'enlèvement de la soubrette
avec des mules à grelots et empanachées, c'est un
Wouwermans tournant un peu à l'espagnol; — cette
représentation dans une grange chez Bellombre, c'est
un Knaus, transporté d'Alsace en Poitou; — cet effet
de neige, c'est un souvenir russe, un paysage, si vous
le voulez, de Swertchkow. Tout est ainsi, et je me figure
le roman comme un canevas et un prétexte à tableaux.
C'est un roman-album à l'usage des artistes, des amateurs d'estampes, des collecteurs d'Abraham Bosse ou
de Callot. Je laisse la série des aventures; elles se
multiplient surtout et se compliquent après l'arrivée à
Paris. L'auteur n'a pas craint, puisqu'il avait affaire à
des comédiens, de leur appliquer dans la vie les aventures mêmes des tragi-comédies qu'ils représentent; il
n'a pas manqué d'employer la reconnaissance finale et
subite, ordinaire à ces fabuleux dénoûments, en faisant
d'Isabelle la fille d'un prince. Encore une fois, l'action
n'est que secondaire; c'est le détail tout spirituel et
pittoresque qui est tout. Il paraît assez clairement que
le romancier n'est pas pressé, qu'il ne tend pas au but,

qu'il tourne le dos à cette forme de récit courante et
naturelle qui n'intéresse que par le fond et qui se fait
oublier. Ne lui reprochez pas ce qui est son intention
et son dessein même. Qu'y faire ? l'immédiat, en quoi
que ce soit, ne lui fait pas l'effet de l'art, Manon Les-
caut lui paraît trop simple, j'en suis sûr, et, telle
qu'elle est, ne le tente pas. Il la préférerait de beaucoup avec un loup de velours sur le front et chaussée
d'un brodequin. Il aime mieux voir la nature à travers
un léger travestissement. Il semble avoir pris partout
pour devise ce mot de *Jean et Jeannette :* « Le masque
nous a rendus vrais. »

Mais ce qu'il faut dire pour juger ce roman à son
vrai point de vue, c'est que c'est le chef-d'œuvre de la
littérature Louis XIII qui sort de terre, après plus de
deux siècles, avec tout un vernis de nouveauté. C'est
la plus grande impertinence qu'on se soit permise en
faveur des genres foudroyés par Boileau. Elle est un
peu longue, dira-t-on, cette impertinence ; mais la longueur même fait partie de la revanche, et le descriptif,
en reparaissant, se devait à lui-même une réhabilitation
complète et sur toutes les coutures. Quand on écrira
désormais l'histoire littéraire de l'époque de Louis XIII,
on ne pourra le faire sans y joindre cette œuvre posthume, ce ricochet qui fait bouquet. Théophile Gautier
s'est incrusté par là dans la littérature du passé. Il s'est
imposé aux Géruzez futurs. Dans cette espèce d'Élysée
bizarre et bachique qu'on se figure aisément pour ces
libres et un peu folâtres esprits d'avant Louis XIV,
il me semble d'ici les voir, à cette heure de réveil,

à cette nouvelle d'un regain si inattendu : l'Ombre du joyeux Saint-Amant a tressailli; le poëte Théophile se tient pour consolé et vengé dorénavant de ses disgrâces; Scarron a bondi d'aise sur son escabeau, et Cyrano enfin, retroussant sa moustache, passe et repasse en idée, plus fier que jamais, sur ce Pont-Neuf populeux où une double haie de bourgeois et de marauds ébahis l'admire.

VAUGELAS.

DISCOURS DE M. MAUREL,

PREMIER AVOCAT GÉNÉRAL,

A l'Audience solennelle de la Cour impériale de Chambéry.

Les discours prononcés chaque année à la rentrée des Cours impériales et de la Cour de cassation roulent d'ordinaire sur d'importants sujets, et sont quelquefois de véritables études concernant des personnages historiques qui n'appartiennent pas seulement à la magistrature, et qui intéressent tous les ordres de lecteurs. Cette année même, j'ai remarqué deux de ces discours d'un genre bien différent : l'un prononcé à Paris pour la rentrée de la Cour de cassation par M. l'avocat général Charrins, et qui nous offrait un vivant portrait du

très-éloquent avocat de Toulouse, défenseur heureux
de tant d'accusés politiques, M. Romiguières; l'autre,
prononcé à Chambéry par M. Maurel et traitant de
l'une des gloires du pays, Vaugelas, lequel se trouve,
par une singulière destinée, avoir été en son temps
l'organe accrédité du meilleur et du plus pur parler de
la France. Je m'arrêterai à ce dernier sujet qui est
tout littéraire, et je ne rougirai pas d'insister à mon
tour sur un point et un moment de l'histoire de la
langue qu'un studieux magistrat n'a pas craint de
signaler à notre attention.

Ce moment mérite, en effet, un examen tout particulier et se présente avec un caractère distinct qui ne
se retrouve à nulle autre époque de notre littérature.
Malherbe et Balzac étaient venus et avaient donné des
exemples de haut style, l'un du style lyrique le plus
généreux et le plus fier, l'autre de la prose oratoire la
plus soutenue et la plus élégante, même dans son emphase. Tous deux avaient inauguré une ère nouvelle
pour la langue. Il était évident désormais, à voir ces
deux colonnes debout, isolées, d'un orgueil et d'un
aspect triomphal, qu'on était entré dans une voie vraiment moderne, et qu'après un temps d'anarchie et de
confusion, on visait à la règle et à l'unité dans la
grandeur. Mais que d'espace il restait encore à parcourir avant d'arriver à cette fin désirée dont on commençait à avoir l'idée et le sentiment! La forme était
conçue et indiquée, mais la forme seule, indépendamment du fond. Ce qu'on éprouve au sortir de la lecture de
Balzac peut exactement s'exprimer par le mot de M. de

Talleyrand, devant qui on louait, un jour, je ne sais plus quel discours élégant : « Ce n'est pas le tout de faire de belles phrases, dit-il, il faut avoir quelque chose à mettre dedans. »

Et la forme elle-même, la phrase, là prose (pour ne prendre qu'elle), combien elle était loin d'être assurée dans sa régularité par ce magnifique et un peu vide exemple des *Lettres* de Balzac (1624)! Que ne restait-il pas à faire aux écrivains pour le détail de la diction, pour la souplesse, pour la grâce, la douceur et l'application heureuse et facile à tous les sujets ! Ce singulier état de transition allait se prolonger durant bien des années encore. La fondation de l'Académie française par Richelieu (1635) ne fut que la reconnaissance publique et, pour ainsi dire, la promulgation officielle de ce besoin des esprits qui réclamait plus ou moins son organe et son Conseil supérieur de perfectionnement en fait d'élocution. A côté de l'Académie, soit en dehors d'elle ou dans son sein, mais dans un parfait accord et concert avec ses principaux membres, un homme en particulier eut l'honneur de comprendre mieux que personne cette disposition de son temps, de se vouer uniquement à la servir, à l'éclairer ; il eut la pensée et la patience de s'établir durant de longues années dans un coin propice, non pour régler, mais pour relever au fur et à mesure, pour surprendre et constater les faits de langage, à simple titre de témoin scrupuleux et fidèle. Cet homme, ce grammairien modeste, attentif, non décisif, d'un genre et d'une nature si à part, et qui mérite une définition précise non moins qu'une

estime singulière, c'était un gentilhomme de Savoie,
venu de bonne heure à la Cour, — c'est Vaugelas.

De sorte que l'on peut dire sans trop d'exagération
et en résumant son rôle d'une manière pittoresque et
sommaire : La langue française avait fait une année de
rhétorique brillante avec Balzac ; que dis-je ? elle avait
fait, depuis Malherbe, ses preuves d'une poésie bien
autrement éclatante et sublime avec le *Cid* (1636), elle
avait fait acte de haute et neuve philosophie avec Descartes par le *Discours de la Méthode* (1637), lorsqu'elle
eut le courage de se remettre à la grammaire avec
Vaugelas, — à une grammaire non pédantesque, humaine, mondaine, toute d'usage et de Cour ; non pas
du tout à une grammaire élémentaire, mais à une
grammaire perfectionnée, du dernier goût et pour les
délicats. Avant de passer à d'autres chefs-d'œuvre, elle
sentit le besoin de se donner un dernier poli. C'est
cette période d'intervalle et d'élaboration que je tiens
à bien définir, en la rattachant à l'individu et au nom
qui la personnifie le mieux.

I.

De toutes parts et de quelque côté qu'on tourne les
yeux, dans cet espace de vingt ans qui sépare *le Cid*
des *Provinciales* (1636-1656), il se fait sensiblement
une grande éducation du goût, ou plutôt de la politesse
et de la culture qui doivent bientôt amener le goût.
Tandis que Corneille redouble et produit sur la scène

cette série de chefs-d'œuvre grandioses et trop inégaux, l'éducation des esprits se poursuit concurrem-
ment et se continue de moins haut par les romans des
Gomberville, des Scudéry, par les traductions de d'A-
blancourt, par les lettres des successeurs et des émules
de Balzac et de Voiture, par les écrits théologiques
d'Arnauld et de Messieurs de Port-Royal : — autant
d'instituteurs du goût public, chacun dans sa ligne et
à son moment. On a surtout, au centre du beau monde,
entre la Cour et la ville, l'hôtel de Rambouillet qui est
comme une académie d'honneur, de vertu et de belle
galanterie, et qui institue le règne des femmes dans
les Lettres ; on a, grâce à Richelieu, l'Académie française qui, sans rien produire ou presque rien en tant
que compagnie, prépare sans cesse à huis clos, agit sur
ses propres membres et dirige l'attention des lettrés
sur les questions de langue et de bonne élocution. Il
n'y avait point, à cette heure, d'arbitre unique et sou-
verain du langage et du goût, comme l'avait été précédemment Malherbe, comme le sera plus tard Boileau :
on avait seulement la monnaie de ce dictateur littéraire
dans les premiers académiciens, Sérisay, Cérisy, Conrart, d'Ablancourt, Chapelain surtout, « homme d'un
très-grand poids! » On désignait tout bas Patru comme
le futur Quintilien. Mais personne, je le répète, ne
rendit en ce temps un plus réel et plus signalé service
à la langue que ce grammairien médiocrement philosophe, excellemment pratique, sage, avisé, poli, scrupuleux, dont on plaisante quelquefois, mais qu'on
estime dès qu'on y regarde d'un peu près. Il n'y a

pas longtemps que, me trouvant distrait et peu capable
d'un travail suivi, je me mis, à mes menus instants et
dans mes quarts d'heure de loisir, à refeuilleter tout
Vaugelas. C'est une lecture qui ne fatigue pas, et qui
se quitte ou se reprend aisément. J'y ai retrouvé bien
d'agréables et de curieux détails, de piquantes anec-
dotes de langue, et surtout la fidèle image de cet état
de croissance dernière où l'on sentait la perfection
venir de jour en jour et s'achever comme à vue d'œil.
Ne nous moquons pas de Vaugelas.

Nous savons, tous, par cœur les vers des *Femmes
savantes* dans lesquels il est question de lui. Le bonhomme Chrysale, entre autres passages, poussé à bout
par le purisme de sa sœur, de sa femme et de sa fille,
s'écrie :

> Une pauvre servante au moins m'était restée,
> Qui de ce mauvais air n'était point infectée;
> Et voilà qu'on la chasse avec un grand fracas
> A cause qu'elle manque à parler Vaugelas!

De ce que Vaugelas est nommé jusqu'à cinq fois dans
cette comédie, Auger conclut qu'il était en grande recommandation et qu'il passait pour « le législateur du
langage. » Lui-même pourtant, Vaugelas, eût récusé ce
dernier titre trop magnifique. Ce qu'il a été plus véritablement, ç'a été le *greffier de l'usage*. Il a passé sa vie à
observer cet usage en bon lieu, à en épier, à en recueillir tous les mouvements, toutes les variations, les
moindres incidents remarquables, à les coucher par
écrit. C'était un véritable *statisticien* du langage. C'est

encore, si l'on veut, un botaniste venu à propos qui a
fait l'herbier de la Flore régnante, de celle qui devait
être à peu près définitive.

II.

Cet homme au parler si pur était né non à Chambéry, comme on l'a cru d'abord, mais à Meximieux,
dans l'ancien Bugey, province de Savoie. Il était le
sixième fils cadet du président Favre, célèbre juriscon-
sulte, ami de saint François de Salles et de d'Urfé. Son
père avait rendu des services à la France lors du mariage de Madame de Savoie, fille de Henri IV, et avait
obtenu de Louis XIII une pension de deux mille livres
pour son fils Vaugelas, alors établi en France, pension
assez mal payée de tout temps. Vaugelas fut gentilhomme ordinaire, puis chambellan du duc d'Orléans,
Gaston, et le suivit en toutes ses aventures. Il fut
gouverneur, sur la fin de sa vie, des enfants du prince
Thomas (de Carignan), dont l'un était sourd-muet,
et l'autre bègue. « Quelle destinée, disait Mme de Rambouillet, pour un homme qui parle si bien et qui peut
si bien apprendre à bien parler, qu'être gouverneur de
sourds et muets ! » Tallemant dit que ce fut Mme de
Carignan « qui fit mourir ce pauvre M. de Vaugelas, à
force de le tourmenter et de l'obliger à se tenir debout
et découvert. » — Quand Vaugelas était à Paris, il allait
tous les jours à l'hôtel de Rambouillet ; il y débitait
des nouvelles « où il n'y avait aucune apparence, et il

croyait quasi tout ce qu'il entendait dire. » Il était
plein de candeur, surtout attentif aux formes du langage et aux mots bien plus qu'aux choses ; gentilhomme
d'ailleurs de belle apparence, de bonne mine, fort
dévot, civil et respectueux jusqu'à l'excès, particulièrement envers les dames ; craignant toujours d'offenser
quelqu'un, circonspect dans les disputes ; — tout à son
procès-verbal élégant et perpétuel.

Cela n'empêchait pas cet honnête homme si soi-
gneux, si rangé dans son langage et dans son procédé
envers tout le monde, vivant d'ordinaire auprès des
grands, d'être, on ne sait trop comment, criblé de
dettes. On rapporte que, sur la fin de sa vie, pour
éviter ses créanciers, il ne sortait que le soir, et on le
comparait à un oiseau de nuit. Sa pension, dont on a
tant parlé, lui était, à ce qu'il paraît, fort mal servie.
Pour lui avoir été rendue par Richelieu, elle n'en était
pas moins précaire. Quelques lettres de Chapelain en
font foi. On me permettra de les citer, car je les crois
inédites, et elles ajoutent au portrait ; on y verra de
plus, par l'exemple d'un des oracles académiques du
jour, que la langue avait encore passablement à faire
pour se polir.

Chapelain à Balzac.

« 30 janvier 1639.

« ... Je crois vous devoir dire une nouvelle qui ne vous
déplaira pas, aimant le bon M. de Vaugelas comme vous faites. Depuis huit jours en ça, j'ai entrepris de lui faire rétablir
sa pension, et l'ai obtenu par l'intermédiaire de M. l'abbé de

Bois-Robert, lequel, sur les propositions que je lui ai faites et les raisons que je lui ai alléguées, a si bien gouverné son maître, que la chose s'est achevée au grand contentement de ses amis. Pour engager Son Éminence à cette générosité, nous lui avons fait promettre que M. de Vaugelas composerait le Dictionnaire, à quoi il s'en va travailler. Hier et aujourd'hui il a vu Son Éminence, qui l'a caressé et accueilli en telle sorte qu'*il ne tient pas dans sa peau...* »

C'est à cette occasion que Vaugelas fit cette réplique souvent citée, et que Pellisson nous a transmise. Le cardinal, le voyant entrer dans sa chambre, s'avança vers lui « avec cette majesté douce et riante » qui l'accompagnait toutes les fois qu'il le voulait bien, et lui dit : « Eh bien, Monsieur, vous n'oublierez pas du moins dans le Dictionnaire le mot de *Pension.* » Et Vaugelas, s'inclinant de sa révérence la plus profonde, répondit : « Non, Monseigneur, et moins encore celui de *Reconnaissance.* » La pension, d'ailleurs, comme le fait remarquer Chapelain, était à titre onéreux, toute conditionnelle, « pour une chose longue et pénible à faire, » qui était ce travail du Dictionnaire, et de plus elle dépendait du bon plaisir du surintendant, M. de Bullion. Quand il plaisait à celui-ci de ne pas la payer (et il paraît que cela lui plaisait assez souvent), elle se réduisait à zéro. Chapelain ne perdait aucune occasion de revenir à la charge, de faire valoir son ami, ou de l'excuser quand le cardinal s'impatientait de ne voir rien venir de ce fameux Dictionnaire, dont la première édition devait mettre encore plus de cinquante ans à paraître.

Chapelain à M. de Bois-Robert.

« 20 juillet 1639.

« ....Au reste, vous pourriez toujours assurer Son Éminence de la continuation des travaux de M. de Vaugelas, qui
fournit aux trois bureaux qui se tiennent toutes les semaines
avec assiduité pour l'avancement du Dictionnaire. Et je vous
proteste qu'il ne s'y peut rien ajouter, et que *si l'ouvrage
réussit un peu long,* ce n'est pas par la négligence des ou
vriers, mais par la nature de la matière qui, comme vous le
savez par expérience, est épineuse et de grande discussion
pour la bien traiter. En un mot, on n'y perd pas un moment,
et Son Éminence le peut croire d'un homme comme moi qui
en ai été le promoteur, qui y donne le plus cher de mon temps
et qui en passionne l'accomplissement comme y ayant un plus
particulier intérêt d'honneur que personne. »

Ces lettres, tout en faveur de Vaugelas, prouvent
bien en même temps à quel point il y avait réellement
besoin et urgence d'un Vaugelas pour épurer et alléger
un peu ce style lourd et pesant des doctes Chapelain.
Si l'ouvrage réussit un peu long, c'est-à-dire *si l'ouvrage est long à terminer :* cela peut être du latin ou de
l'italien, ce n'est certes pas du français.

Vaugelas, en ses dernières années, était donc devenu
le grand travailleur, la cheville ouvrière de l'Académie,
celui qui tenait la plume pour le Dictionnaire et qui
avait la conduite de tout l'ouvrage. Mais il ne lui fut
pas donné, à lui le précurseur, d'être encore le metteur
en œuvre dans l'exécution du monument. Il lui aurait
fallu une seconde vie pour en venir à bout et en voir la

fin. Il mourut en février 1650, à l'âge de soixante-cinq ans environ, et dans des circonstances domestiques fâcheuses qui n'ont pas été parfaitement éclaircies. Ce qu'on sait de positif, c'est qu'aussitôt mort ses créanciers se saisirent de ses papiers et de ses cahiers : il fallut plaider et obtenir un arrêt pour que l'Académie rentrât en possession de son bien.

Le testament de Vaugelas, ou du moins un article de ce testament, a été cité, et il serait des plus remarquables s'il était bien authentique. Après avoir disposé de tous ses effets pour acquitter ses dettes, le testateur ajoutait :

« Mais comme il pourrait se trouver quelques créanciers qui ne seraient pas payés quand même on aura réparti le tout, dans ce cas, ma dernière volonté est qu'on vende mon corps aux chirurgiens le plus avantageusement qu'il sera possible, et que le produit en soit appliqué à la liquidation des dettes dont je suis comptable à la société ; de sorte que, si je n'ai pu me rendre utile pendant ma vie, je le sois au moins après ma mort. »

Il faut entendre probablement par là que Vaugelas, depuis longtemps malade d'une tumeur vers la rate ou l'estomac, autorisa l'autopsie après sa mort. Mais, pour ajouter une foi entière à la citation et à l'anecdote, il nous faudrait une autre autorité que Fréron, le premier, à ma connaissance, qui en ait parlé, et dont le témoignage est insuffisant. Revenons vite à des idées moins lugubres et à ce qui a fait la réputation littéraire du plus galant homme d'entre les grammairiens.

III.

Le livre de Vaugelas qui parut en 1647, *Remarques sur la Langue française, utiles à ceux qui veulent bien parler et bien écrire*, est un fort bon livre et qui dut être en effet fort utile à son heure, puisqu'il peut l'être encore à qui sait le bien lire aujourd'hui. Cinquante-sept ans après, en 1704, l'Académie le faisait réimprimer, le considérant comme « un ouvrage né dans son sein, et dont la beauté a été si bien reconnue. » Elle y ajoutait un petit nombre d'*Observations* pour marquer en peu de mots les changements survenus pendant un demi-siècle et rendre compte de *l'usage présent*, « règle plus forte que tous les raisonnements de grammaire, et la seule qu'il faut suivre pour bien parler. » L'Académie était encore fidèle en cela à la loi reconnue par Vaugelas, et qui n'est autre que celle d'Horace lui-même :

. . . . *Si volet usus,*
Quem penes arbitrium est, et jus, et norma loquendi.

Vaugelas, dans sa Préface aussi judicieuse que fine, commence par définir modestement son rôle; il ne prétend pas être législateur ni réformateur, il n'est que le secrétaire et le témoin de l'usage. Il ne se donne pas pour juge, il ne fait que le recueil des arrêts; il n'est que rapporteur, mais un rapporteur excellent.

Il entend et définit l'*usage* autrement que ne le faisait

Malherbe, lequel, un peu dédaigneux ou relâché pour
ce qui était de la prose, renvoyait brusquement les
questionneurs aux crocheteurs du Port-au-Foin. Cette
différence entre le point de vue de Malherbe et celui
de Vaugelas est capitale, et notre auteur, si déférant
d'ailleurs envers l'illustre poëte, ne perd aucune occasion de la marquer. Il estime que Malherbe n'est pas si
impeccable en prose qu'en poésie. Il lui reproche
comme une erreur, non pas précisément d'avoir pensé
que, pour enrichir la langue, il ne fallait rejeter aucune
des locutions populaires, mais bien d'avoir voulu les
introduire et les admettre dans toute espèce de style,
même dans le discours élevé. Il suppose, avec plus de
subtilité sans doute que de fondement, et il a l'air de
croire que Malherbe n'affectait ainsi en sa prose toutes
ces phrases populaires que pour faire éclater davantage
la magnificence de son style poétique par le contraste
de deux genres si différents.

Selon Vaugelas, il y a donc usage et usage ; il exclut
le trivial, et il définit le bon de cette sorte : « C'est la
façon de parler de la plus saine partie de la Cour, conformément à la façon d'écrire de la plus saine partie
des auteurs du temps. » Sous le terme général de
Cour, il comprend les femmes comme les hommes et
« plusieurs personnes de la ville où le Prince réside, »
et à qui l'air de la Cour arrive par une communication
prochaine et naturelle. Le mot de *Cour* chez lui revient
assez à ce qu'on a appelé depuis *la bonne société.* Il ne
s'est pas trompé en consultant un tel régulateur : il est
bien vrai qu'en s'en tenant au fait et à ce qui a prévalu

dans la langue du xviie siècle et même du xviiie, c'est bien, comme il l'indique et le prévoit, un certain caractère de choix, de noblesse et de distinction qui a pris le dessus. Le français est devenu et est resté la langue des salons, la langue diplomatique par excellence.

Mais la Cour, selon Vaugelas, ne suffit pas ; il faut encore compter les bons auteurs. Ils contribuent pour quelque chose au bon usage, — moins toutefois que la Cour ou le monde, comme nous dirions. La parole prononcée et parlée a plus d'action et de force que la parole écrite. Les bons auteurs mettent le *sceau*, mais la source première est la conversation des honnêtes gens. Cette observation bien saisie eût été un correctif contre les excès même de régularité qui ont suivi. La parole vive, en effet, a toujours ses familiarités, ses négligences aimables et ses grâces.

Et ici rendons toute justice à Vaugelas. Il n'est presque aucun des reproches qu'on est tenté de lui faire à première vue et sur un coup d'œil superficiel, qu'il n'ait prévus, pressentis et, autant que possible, réfutés à l'avance. Ce n'est pas un grammairien rectiligne ; il est pur et nullement précieux ; il est pour les irrégularités naïves, pour quantité de ces petits mots qui se disent en parlant et qui ajoutent de la grâce quand on écrit ; le commun des grammairiens les retranche : lui, il les goûte et tient à les conserver ; il est, en un mot, pour les gallicismes et les atticismes. En se voyant obligé, en sa qualité de rédacteur de l'usage, de sacrifier certains mots et de donner acte de l'arrêt qui les proscrit, il les regrette. « De tous les mots et de

20.

toutes les façons de parler, dit-il, qui sont aujourd'hui
en usage, les meilleures sont celles qui l'étaient déjà
du temps d'Amyot, comme étant de la vieille et de la
nouvelle marque tout ensemble. » Amyot, c'est là son
trait d'union avec la vieille langue, c'est le nœud par
où il s'y rattache. Il n'est nullement d'avis d'épurer, de
retrancher sans motif, de faire le dégoûté à tout propos; si vous lui demandez ce qu'il préfère, il vous le
dira nettement et en fera même une de ses règles :

« Un mot ancien, qui est encore dans la vigueur de l'usage,
est incomparablement meilleur à écrire qu'un tout nouveau
qui signifie la même chose. Ces mots qui sont de l'usage ancien et moderne tout ensemble sont beaucoup plus nobles et
plus graves que ceux de la nouvelle marque. »

La Cour, au sens où l'entendait Vaugelas, n'était donc
nullement un simple lieu de cérémonie et d'étiquette,
une glacière polie, mais une école vivante, animée, la
haute et libre société du temps. Celle-ci étant en premier lieu pour l'importance, il demandait d'y associer
les bons auteurs, les bons livres, et aussi, de plus, la
fréquentation, la consultation directe des personnes
savantes, capables d'éclaircir les doutes et de résoudre
les difficultés. Ce n'était pas trop, à ses yeux, pour
acquérir la perfection du bien parler et du bien écrire,
de ces trois moyens unis ensemble et combinés.

Son livre de *Remarques* résume l'expérience acquise
par cette triple voie, et peut, jusqu'à un certain point,
la communiquer. Il en parle avec modestie, mais aussi
avec la conscience de ce qu'il a tâché d'y mettre, lui,

jouissant de tant d'avantages et de commodités pour
cela, comme d'avoir vécu « depuis trente-cinq ou quarante ans » au sein de la Cour, « d'avoir fait dès sa
tendre jeunesse son apprentissage en notre langue
auprès du grand cardinal Du Perron et de M. Coëffeteau
(ce sont ses premiers et ses plus révérés oracles),
d'avoir, au sortir de leurs mains, entretenu un continuel commerce de conversation et de conférence avec
tout ce qu'il y a eu d'excellents hommes à Paris en ce
genre, » sans oublier d'y joindre la lecture de tous les
bons auteurs, dans laquelle il a vieilli. Éducation et
vocation, il unissait tout, véritablement, pour la tâche
qu'il s'est donnée. Il n'est pas sans se douter et se rendre
compte de l'opposition qui existe çà et là chez quelques
particuliers au début d'une entreprise si considérable.
Il insiste sur ce qu'il y a de juste, et de nécessaire en
même temps, à se ranger à la discipline, à la règle
commune et à ce qui prévaut, à ne pas faire bande à
part en telle matière contre le sentiment universel. Si
chacun s'émancipait de son côté, on ferait bientôt
retomber la langue dans l'ancienne barbarie. Il fait
allusion en toute rencontre aux retardataires et réfractaires, dont La Mothe-Le-Vayer était le plus en vue,
d'autant qu'il était à la fois de l'Académie et de la
Cour. — Plus tard, quand Louvois voulut établir le
règlement militaire, la discipline et l'uniforme, on vit
de bons officiers, mais récalcitrants, un marquis de
Coetquen par exemple, se faire casser à la tête de leur
régiment. — Ici, d'excellents auteurs résistent dans
leurs châteaux à la Montaigne, retranchés et crénelés

dans leurs fautes de français, dans leurs à peu près
d'exactitude et dans leurs inélégances. En les indiquant
sans les nommer, Vaugelas les salue encore avec respect et les appelle *nos maîtres;* car il est toujours poli
jusque dans sa contradiction et dans la critique qu'il
fait des personnes et des auteurs. Il les prêche par
toutes les raisons imaginables; il les prend, si l'on peut
dire, par tous les bouts. Faites comme les autres, surtout quand les autres font bien; ne vous opiniâtrez
pas de gaieté de cœur à quelques fautes qui paraissent
comme une tache sur de beaux visages. Il en est un
peu d'ailleurs des mots comme des costumes, et de
l'usage comme de la mode; et il leur citerait volontiers
ces vers s'ils avaient été faits de son temps :

> La mode est un tyran dont rien ne vous délivre;.
> A son bizarre goût il faut s'accommoder;
> Mais sous ses folles lois étant forcé de vivre,
> Le sage n'est jamais le premier à les suivre,
> 　　　Ni le dernier à les garder.

IV.

Vaugelas ne s'en tient pas au pur relevé des mots et
à l'enregistrement des locutions qui lui ont été fournies
par le bon usage : il a quelques règles qui sont pour
lui le résultat de l'observation et d'une comparaison
attentive. L'usage ne tranche pas tout : dans les cas
douteux, et quand il n'y a pas d'autre moyen, la raison
veut qu'on recoure à l'analogie, — l'analogie qui pour-

tant n'est elle-même que l'usage étendu et transporté du connu au moins connu. Toute notre langue n'est fondée que sur l'*usage* ou l'*analogie,* « laquelle encore n'est distinguée de l'usage que comme la copie ou l'image l'est de l'original, ou du patron sur lequel elle est formée. » Ainsi il n'y a, à le bien voir et en définitive, qu'un seul et même principe et fondement. N'admirez-vous pas comme tout cela est bien démêlé et ingénieusement déduit?

Ne demandez pas trop de raison à l'usage ; il fait beaucoup de choses *par raison,* beaucoup *sans raison,* et beaucoup *contre raison.* Et ici Vaugelas se distingue des raisonneurs en grammaire. Il y en avait de son temps ; Arnault, dans sa *Grammaire générale,* et les écrivains de Port-Royal essayeront de porter le plus de raison possible dans la langue : Vaugelas se borne à constater le fait existant, en le puisant à sa meilleure source. Arnauld essayera de faire prévaloir la logique dans le discours et de *rationaliser,* comme il sied à un disciple de Descartes, ces choses du langage. Vaugelas n'est qu'un empirique, mais un empirique de tact, de bon lieu, et élégant. « C'est la beauté des langues, dit-il, que ces façons de parler qui semblent être sans raison, pourvu que l'usage les autorise. La bizarrerie n'est bonne nulle part que là. »

Le *bon* usage à ses yeux ne se distingue pas du *bel* usage ; il les confond. En cela il se sépare de ceux et de celles qui bientôt raffineront. Il n'est pas *précieux,* pas plus qu'il n'est *populaire :* la limite, de ce côté, est délicate, mais il sait bien la tracer. D'un tout autre

avis que Malherbe et que Platon qui, lui aussi, appelait
le peuple son maître de langue, s'il se confine trop au
ton des salons, il tâche du moins de l'étendre et de le
fortifier par le contrôle des bons livres. En les lisant, il
a des regrets à bien des mots qui passent; s'il les
rejette et s'il se voit forcé de constater leur déclin ou
leur décès, son sentiment d'homme de goût ne laisse
pas de souffrir en les sacrifiant. Mais qu'y faire? c'est
l'usage, ce grand tyran, qui le veut; résister est inutile,
et, en résistant trop obstinément, vous vous faites tort :

« Il ne faut qu'un mauvais mot pour faire mépriser une
personne dans une compagnie, pour décrier un prédicateur,
un avocat, un écrivain. Enfin un mauvais mot, parce qu'il
est aisé à remarquer, est capable de faire plus de tort qu'un
mauvais raisonnement, dont peu de gens s'aperçoivent, quoiqu'il n'y ait nulle comparaison de l'un à l'autre. »

Le grand adversaire de Vaugelas, l'antique et docte
La Mothe-Le-Vayer s'est fort récrié sur cette parole ; il
la tient pour un blasphème et se révolte contre une
telle légèreté. Mais Vaugelas ne dit pas qu'on ait raison
de faire ainsi et de décrier un mérite réel à cause d'un
ridicule. Est-ce à dire qu'en fait il n'y ait pas lieu à la
remarque et au conseil qui s'y rattache? il suffisait
trop souvent d'un mot, dans le beau temps, pour
rendre un personnage ridicule à Paris, à Athènes, à
Rome, chez les nations bien disantes, parleuses et rail-
leuses. Sommes-nous bien sûrs d'être guéris de ce tra-
vers-là? et même est-ce tout à fait un travers?

Attaqué comme puriste et éplucheur de mots, même

avant la publication de son livre (car cés *Remarques*
si longtemps préparées avaient transpiré à l'avance),
Vaugelas ne se trouve nullement désarmé en face de
ces intrépides et perpétuels citateurs des anciens. Sur
ce terrain même il a l'autorité de l'antiquité pour lui,
et il peut invoquer de grands noms, Quintilien,
Cicéron, César ! Oui, César lui-même, le plus attique
des Romains, César avait fait un livre *De l'analogie des
mots*.

Les objections qu'on lui a faites après coup, il les
avait prévues d'avance, et il y répond ; il a, à ce sujet,
des passages d'une véritable portée. On pouvait sourire
de lui, je le conçois, de cet homme occupé durant près
de quarante ans à fixer l'usage, ce fleuve mobile qui
coulait incessamment entre ses doigts ; ce badin de
Voiture lui appliquait plaisamment l'épigramme de Martial sur le barbier Eutrapèle, si lent à raser son monde,
qu'avant qu'il eût achevé la seconde joue la barbe
avait eu le temps de repousser à la première. Voiture
disait cela à propos de cette interminable traduction de
Quinte-Curce que Vaugelas retouchait sans cesse et qui
ne fut mise au jour qu'après lui ; il l'aurait pu dire
également pour ces *Remarques* tant remaniées et rumi-
nées. Or, écoutons à son tour Vaugelas ; son accent ici
s'élève, car il a en lui, sur ces matières qui semblent
un peu sèches ou légères, une chaleur vraie, un foyer
d'ardeur et de conviction :

« Je répônds, et j'avoue, dit-il, que c'est la destinée de
toutes les langues vivantes d'être sujettes au changement,
mais ce changement n'arrive pas *si à coup* et n'est pas si

notable que les auteurs qui excellent aujourd'hui en la langue
ne soient encore infiniment estimés d'ici à vingt-cinq ou
trente ans, comme nous en avons un exemple illustre en
M. Coëffeteau, qui conserve toujours le rang glorieux qu'il
s'est acquis par sa traduction de Florus et par son *Histoire
romaine,* quoiqu'il y ait quelques mots et quelques façons de
parler qui florissaient alors et qui depuis sont tombées comme
les feuilles des arbres. Et quelle gloire n'a point encore Amyot
depuis tant d'années, quoiqu'il y ait un si grand changement
dans le langage! Quelle obligation ne lui a point notre langue,
n'y ayant jamais eu personne qui en ait mieux su le génie et
le caractère que lui, ni qui ait usé de mots ni de phrases si
naturellement françaises, sans aucun mélange des façons de
parler des provinces, qui corrompent tous les jours la pureté
du vrai langage français! Tous ses magasins et tous ses trésors sont dans les œuvres de ce grand homme; et encore aujourd'hui nous n'avons guère de façons de parler nobles et
magnifiques qu'il ne nous ait laissées; et bien que nous ayons
retranché la moitié de ses phrases et de ses mots, nous ne
laissons pas de trouver dans l'autre moitié presque toutes les
richesses dont nous nous vantons et dont nous faisons
parade. »

Ce qui suit va répondre plus directement à la plaisanterie de Voiture et des gens d'esprit plus malins
que sérieux :

« Mais quand ces Remarques ne serviraient que vingt-cinq
ou trente ans, ne seraient-elles pas bien employées? Et si
elles étaient comme elles eussent pu être; si un meilleur ouvrier que moi y eût mit la main, combien de personnes en
pourraient-elles profiter durant ce temps-là! Et toutefois je ne
demeure pas d'accord que toute leur utilité soit bornée d'un
si petit espace de temps, non-seulement parce qu'il n'y a
nulle proportion entre ce qui se change de ce qui demeure

dans le cours de vingt-cinq ou trente années, le changement n'arrivant pas à la millième partie de ce qui demeure, mais à cause que je pose des principes qui n'auront pas moins de durée que notre langue et notre Empire. »

Que vous en semble? le greffier ici s'élève presque au législateur. Vaugelas pressent le grand siècle qui s'avance ; il n'hésite pas à dire que l'heure solennelle qui l'annonce a sonné. La langue française, déclare-t-il, est arrivée à sa perfection ; elle en est du moins bien voisine.

« Ce sont des maximes, ajoute-t-il en parlant des siennes, à ne jamais changer, et qui pourront servir à la postérité, de même qu'à ceux qui vivent aujourd'hui ; et quand on changera quelque chose de l'usage que j'ai remarqué, ce sera encore selon ces mêmes Remarques que l'on parlera et que l'on écrira autrement que ces Remarques ne portent. Il sera toujours vrai aussi que les règles que je donne pour la netteté du langage ou du style subsisteront sans jamais recevoir de changement. »

Encore une fois, il est évident qu'à cette date il s'est passé un grand fait sensible et manifeste à tous ; que tous ceux qui étudiaient et pratiquaient la langue ont eu conscience de sa formation définitive, de son entrée dans l'âge adulte et de sa pleine virilité. Cela ne se discutait pas, c'était généralement admis par les plus polis comme par les plus doctes, et même par les réfractaires et récalcitrants. Le français, dans sa dernière forme toute monarchique, se sentait près de devenir la maîtresse langue, la langue reine.

Vaugelas, en terminant sa Préface, prend soin de

tracer le programme d'un nouvel ouvrage qui serait à faire sur la langue, et que le sien n'a pas la prétention de suppléer : ce serait, après avoir célébré l'excellence de la parole en général, de tracer un historique de notre langue en particulier, de la suivre dans ses progrès et ses âges divers, depuis ses premiers bégayements jusqu'à « ce comble de perfection » où elle est arrivée, et qui permet de la comparer aux nobles idiomes de l'antiquité : témoin tant de belles traductions de cette même antiquité, dans lesquelles nos Français ont égalé quelquefois leurs auteurs, s'ils ne les ont surpassés. « Il ne faut plus accuser notre langue, dit-il, mais notre génie ou plutôt notre paresse et notre peu de courage, si nous ne faisons rien de semblable à ces chefs-d'œuvre. » En un mot, la langue est faite, il ne s'agit plus que de s'en servir et de l'appliquer à de grands sujets. Vaugelas semble dire comme un bon professeur à l'élève brillant qui a fini ses études : « Maintenant vous savez écrire ; il ne vous reste qu'à trouver de beaux et heureux sujets, des emplois originaux à votre talent. Allez, volez de vos propres ailes. »

A force d'aimer cette langue qu'il possède si bien et d'en parler avec tendresse et une sorte d'enchantement, il en vient à deviner et à décrire ce qu'elle sera lorsqu'un génie approprié l'aura mise en œuvre. Dessinant toujours son programme, et voulant donner idée de ce qu'un homme éloquent aurait pu faire et dire en sa place dans cette Rhétorique supérieure qu'il décrit :

« Il eût encore fait voir, dit-il, qu'il n'y a jamais eu de

langue où l'on ait écrit plus purement et plus nettement
qu'en la nôtre; qui soit plus ennemie des équivoques et de
toute sorte d'obscurité; plus grave et plus douce tout ensemble, plus propre pour toutes sortes de styles; plus chaste
en ses locutions, plus judicieuse en ses figures; qui aime
plus l'élégance et l'ornement, mais qui craigne plus l'affectation. Il eût fait voir comme elle sait tempérer ses hardiesses
avec la pudeur et la retenue qu'il faut avoir pour ne pas donner dans ces figures monstrueuses où donnent aujourd'hui
nos voisins (1), dégénérant de l'éloquence de leurs pères.
Enfin, il eût fait voir qu'il n'y en a point qui observe plus le
nombre et la cadence dans ses périodes que la nôtre, en
quoi consiste la véritable marque de la perfection des langues. »

Mais celui qui fera cette démonstration désirée par
Vaugelas, ne le sentez-vous pas? ce n'est point Patru
auquel il semble, en terminant, vouloir passer la parole
et résigner le sceptre de la rhétorique et de l'éloquence.
Patru qui, par son goût, méritait une partie de ces
éloges, était beaucoup trop mou et trop paresseux pour
accomplir jamais de telles promesses. Celui qui a
rempli véritablement le vœu de Vaugelas, et qui a fait
voir, non plus par ses préceptes, mais par son exemple,
que notre langue possédait en effet tous ces mérites
d'élégance, de chasteté, de hardiesse voilée et d'harmonie soutenue, qui est-ce donc, je le demande, si ce
n'est Racine? Ce n'est pas un médiocre honneur pour
Vaugelas d'avoir préparé à Racine sa langue, de lui
avoir aplani les voies d'élégance et de douceur dans
la diction, et d'avoir si bien et si exactement défini

_____
(1) Les Italiens.

tout ce rare ensemble de qualités possibles, qu'il n'y manque plus que d'écrire en marge le nom du plus parfait écrivain.

Entendons-nous bien : je ne parle pas de la langue de Molière, plus riche, plus ample et plus diversement composée; mais quand on se place au point de vue de Racine, au centre de son œuvre, et qu'on le considère, ainsi que l'ont fait Voltaire et tous ceux de son école, comme le dernier terme de la perfection dans le style, on n'a pas alors à signaler de meilleur préparateur que Vaugelas. Vaugelas, c'est proprement le *fourrier* de Racine : il lui apprête et lui appareille le logis.

On aurait là, si l'on en pouvait douter encore, une preuve de plus que le règne et le siècle de Louis XIV a été, non pas un *accident* (comme je sais quelqu'un de ma connaissance qui l'a dit autrefois), mais bien le résultat et le fruit naturel d'une culture et d'un développement continu. Il était pressenti à l'avance et préparé. On lui faisait sa langue, on lui en ôtait les ronces, on lui sablait les chemins.

Combien n'ai-je pas à dire encore au sujet et à l'occasion de Vaugelas, et sur la différence profonde qu'il y a de son moment au nôtre! Cette différence peut se résumer en deux mots : Cour et Démocratie.

VAUGELAS.

DISCOURS DE M. MAUREL,

PREMIER AVOCAT GÉNÉRAL,

A l'audience solennelle de la Cour impériale de Chambéry (1).

SUITE ET FIN.

I.

Du temps de Vaugelas, il y avait plusieurs langues encore distinctes et séparées, celle de la Cour, celle de la Ville, celle du Palais. Le Palais retardait fort sur les

(1) Pour ceux qui voudraient approfondir le sujet, ne pas oublier d'y joindre l'étude essentielle intitulée : *De la Méthode grammaticale de Vaugelas,* par M. E. Moncourt, ancien élève de l'École normale. L'homme de mérite qui prit ce sujet de thèse en 1851, excellent esprit, très-fort latiniste, et, à ce titre, devenu plus tard maître de conférences à cette même École dont il avait été un des

deux autres lieux et était décidément arriéré; le parler
y sentait le style de greffier et de notaire. On employait
de vieux mots, des locutions rudes ou enchevêtrées :
on disait *un* affaire pour *une* affaire; on y prononçait
autrement qu'à la Cour : tandis qu'à la Cour ou dans
les cercles polis, on prononçait *Je faisais* comme avec
un *a,* au Palais on prononçait *Je faisois* à pleine bouche
comme avec un *o.* Racine, à quelques années de là, n'e
faisait que se conformer à la prononciation des anciens
du Palais dans ce vers des *Plaideurs* où l'on pourrait
croire qu'il a cédé à la rime :

> ISABELLE, déchirant le billet que lui a remis L'Intimé.
> Tenez, voilà le cas qu'on fait de votre exploit.
> CHICANEAU.
> Comment! c'est un exploit que ma fille *lisoit !*

Il est à remarquer, au reste, combien la limite était
encore indécise sur de certains points. Ainsi, pour cette
prononciation de *ai* ou *oi,* les mêmes personnes prononçaient différemment selon les différentes occasions.
Patru, qui prononçait comme nous *Académie française*
quand il causait dans un salon ou dans une ruelle, s'il
avait à haranguer en public, et devant la reine de
Suède, par exemple, enflait la voix et disait avec em-

élèves les plus distingués, est mort il y a deux ans.— Je dois recommander encore, comme non moins essentielle, la thèse de M. L.
Étienne, *Essai sur La Mothe-Le-Vayer;* Vaugelas y tient naturellement une grande place, comme ayant eu La Mothe-Le-Vayer pour
antagoniste. La part entre les deux y est faite avec beaucoup d'im-
partialité ; c'est un Rapport très-complet sur la question.

phase *l'Académie françoise,* comme il aurait dit *l'Académie suédoise,* et il n'en agissait de la sorte qu'après avoir pris avis de la docte Compagnie, qui se décidait ici pour la prononciation la plus forte comme étant plus oratoire et plus empreinte de dignité. La prononciation, le sort de certains mots semblaient être encore, selon l'expression des Grecs, *sur le tranchant du rasoir :* il dépendait d'un rien qu'on allât à droite ou à gauche.

Un principe pourtant se glissait, s'insinuait partout, et déterminait l'inclinaison dans la plupart des cas : en dehors du Palais, la Ville et la Cour étaient d'accord et dans une sorte d'émulation pour adoucir à l'envi les mots et la façon de les prononcer, pour rendre, en parlant, toute chose plus agréable et plus facile; c'était là le courant général et la pente. L'influence des femmes se fait notablement sentir à ce moment de la langue, et l'on voit à quel point Vaugelas dut compter avec elles. Ainsi, le mot *Recouvrer* était alors assez difficile à entendre; beaucoup de gens se trompaient volontiers, et disaient dans ce sens-là *Recouvrir,* qui leur était plus familier. Cela choquait bien des femmes d'entendre dire : Il *recouvra* la santé, — ou : Il a *recouvré* la santé; elles aimaient mieux *recouvert.* Vaugelas, docile à l'usage jusqu'à en être esclave, faiblit étrangement en ce cas, je dois l'avouer; il transige et capitule, et voici le biais qu'il imagine :

« **Je** voudrais tantôt dire *recouvré* et tantôt *recouvert :* j'entends dans une œuvre de longue haleine où il y aurait lieu d'employer l'un et l'autre; car dans une lettre ou quelque autre petite pièce, je mettrais plutôt *recouvert,* comme plus usité. Je dirais donc *recouvré* avec les gens de lettres pour satisfaire à la règle et à la raison et ne pas passer parmi eux pour un homme qui ignorât ce que les enfants savent; et *recouvert* avec toute la Cour pour satisfaire à l'usage qui, en matière de langue, l'emporte toujours par-dessus la raison. »

Sur ce point particulier, la raison et la grammaire sont parvenues pourtant à déloger le mauvais usage.

Les courtisans, pour ne pas se fatiguer en prononçant, non-seulement adoucissaient tout, mais étaient disposés, si on les eût laissés faire, à énerver tout. Ainsi, au lieu de *Mercredi, Arbre, Marbre,* ils prononçaient *Mécredi, Abre, Mabre;* ils disaient : « Il n'y en a *pus,* » pour : « Il n'y en a *plus;* » ils zézayaient, et au lieu de : *On ouvre, On ordonne,* ils prononçaient : *On z'ouvre, On z'ordonne.* En tout cela ils allaient trop loin, et on ne les a pas suivis. Mais ils disaient un *Filleul* et une *Filleule,* quand à la ville on disait un *Fillol* et une *Fillole,* et ici la douceur de leur prononciation l'emportait.

La Ville elle-même, Paris où tout s'adoucit volontiers et où les femmes aussi donnent le ton, venait à sa manière en aide à la Cour (sauf quelques cas revêches) pour mettre dans la langue plus de facilité usuelle et de coulant. Ainsi, autrefois, on disait *Sarge,* et la Cour même continuait de le dire; mais Paris, où le mot revenait plus souvent, prononçait *Serge.* La Cour se connaissait plus en soie, et Paris plus en serge. Quand la Cour disait encore : *Cet homme ici, Ce temps ici,* Paris disait : *Cet homme-ci, Ce temps-ci;* et c'est mieux. Toute la Cour alors disait : *Je vas,* et Paris disait : *Je vais.* Paris, sur tous ces points, a eu raison et gain de cause; et tantôt corrigeant la Cour, tantôt l'imitant et rivalisant avec elle, il contribuait au moins de moitié à vérifier et confirmer cette remarque de Vaugelas : « Notre langue se perfectionne tous les jours; elle cherche une de ses plus grandes perfections dans la douceur. »

Sur la locution *A présent,* Vaugelas nous apprend une particularité assez étrange :

« Je sais bien que tout Paris le dit, et que la plupart de nos meilleurs écrivains en usent; mais je sais aussi que cette façon de parler n'est point de la Cour, et j'ai vu quelquefois de nos courtisans, hommes et femmes, qui l'ayant rencontrée dans un livre, d'ailleurs très-élégant, en ont soudain quitté la lecture, comme faisant par là un mauvais jugement du langage de l'auteur. »

Vaugelas indique comme équivalent et à l'abri de toute critique *A cette heure, Maintenant, Aujourd'hui, Présentement;* mais *A présent,* qui vaut certes *Présentement,* l'a emporté et s'est maintenu malgré la Cour. Messieurs les courtisans étaient souvent trop dégoûtés.

Les femmes alors féminisaient tout ce qu'elles pouvaient. Elles faisaient le plus souvent *Ouvrage* du féminin (comme dans le latin *Opera*) : « Voilà *une belle* ouvrage. Mon ouvrage n'est pas *faite.* » Elles n'ont pas réussi dans cette prétention, d'ailleurs assez naturelle. — Quand on demandait à l'une d'elles qu'on voyait couchée et dolente : « Êtes-vous malade? » elle répondait invariablement : « Je *la* suis, » au lieu de :

« Je *le* suis. » M. Maurel rappelle heureusement à ce
sujet ce mot de Mme de Sévigné, qui disait qu'en répondant « Je *le* suis, » comme les hommes, les femmes
croiraient avoir aussi de la barbe au menton. A pareille
question, la plupart répondraient sans doute encore de
même aujourd'hui, en faisant la faute. Mais, nonobstant
l'exemple et l'infraction fréquente, la règle a tenu bon
et résisté. Sur presque tout le reste, les femmes ont
gagné plus ou moins la partie, et quiconque a voulu
leur plaire en écrivant ou en parlant, a dû éviter les
sons durs, les images désagréables, les métaphores qui
présentent une idée ignoble ou rebutante. Au milieu de
tant de changements, cela n'a pas changé.

Il est piquant de noter bien des incidents et des
vicissitudes de mots, à cette époque où la langue
muait et où elle était en train de revêtir son dernier
plumage. Ainsi, pour le mot *Fronde,* Vaugelas se croyait
encore obligé, en 1647, de bien fixer la manière de
dire; car beaucoup disaient *Fonde,* conformément à
l'étymologie et à cause du latin *Funda.* Patience! une
année à peine écoulée, et le nom de *Fronde,* avec la
chose, allait éclater et se décider par un véritable suffrage universel.

C'est le suffrage universel qui fait les langues, même
du temps où la Cour paraît être tout. Il n'y a pas de
dictateur qui tienne : ni le grand Malherbe, ni le grand
Balzac, ni la grande Arthénice elle-même (Mme de
Rambouillet), n'ont puissance et qualité à cet égard
qu'avec l'aide et l'assentiment de tous. « Quand un
homme serait déclaré par les États-Généraux du

royaume le Père de la Langue et de l'Éloquence française, il n'aurait pourtant pas le pouvoir d'ôter ni de
donner l'usage à un seul mot. » C'est Vaugelas qui a
dit cette belle et juste parole.

Mme de Rambouillet, cette personne de tant d'autorité, et qui aurait eu le droit de faire des mots et
d'imposer des noms (si quelqu'un avait ce droit), fit un
jour le mot *Débrutaliser*, pour dire *Ôter la brutalité,
faire qu'un homme brutal ne le soit plus*; elle s'y connaissait et s'entendait à la chose; elle savait civiliser
son monde et changer les esprits durs et sauvages en
des esprits plus doux. Le mot fut approuvé, applaudi
de tous ceux à qui on le proposa; on vota pour lui tout
d'une voix dans le salon bleu; mais il n'en fut ni plus
ni moins : *Débrutaliser* est resté un mot factice et artificiel; il n'était pas né viable.

Prenons quelques-uns de ces mots singuliers qui
réussirent ou échouèrent alors. — Tous les gens de
mer disaient *Naviguer*; toute la Cour disait *Naviger*, et
tous les bons auteurs l'écrivaient ainsi. Les gens de
mer l'ont emporté; c'était bien le moins pour une
chose qui est si essentiellement de leur cru et de leur
domaine.

Il y avait doute encore et débat sur la manière de
dire *Hirondelle, Arondelle, Hérondelle*; Vaugelas incli-
nait pour cette dernière forme et l'estimait la meilleure,
comme elle était aussi la plus usitée des trois. Le peuple
disait la *Rue de l'Hérondelle*. Mais ici *Hirondelle*, appuyée
par les savants, devait l'emporter.

Féliciter quelqu'un. — Cette locution, ce mot était

récent et avait réussi. Balzac, l'employant l'un des premiers, avait dit agréablement : « Si le mot de *féliciter* n'est pas encore français, il le sera l'année qui vient, et M. de Vaugelas m'a promis de ne lui être pas contraire quand nous solliciterons sa réception. » Le mot passa sans conteste, moins encore grâce à la faveur de Vaugelas que parce que tout le monde en avait besoin.

Vaugelas a fréquemment de ces horoscopes de mots, et la plupart du temps il devine juste. Ainsi pour *Exactitude* :

> C'est un mot, dit-il, que j'ai vu naître comme un monstre, contre qui tout le monde s'écriait; mais enfin on s'y est apprivoisé. Et dès lors j'en fis ce jugement, qui se peut faire en beaucoup d'autres mots, qu'à cause qu'on en avait besoin et qu'il était commode, il ne manquerait pas de s'établir. »

Arnauld avait risqué le mot d'*Exacteté* dans son livre de la *Fréquente Communion* (1643), se réglant en cela sur les terminaisons en usage dans les mots de *Netteté, Sainteté, Honnêteté*; mais, se voyant à peu près seul, il se rétracta depuis et revint à *Exactitude*.

Sur *Sériosité*, l'horoscope de Vaugelas est en défaut: il lui avait prédit de l'avenir; il croyait qu'on dirait bientôt : « Cet homme a *de la sériosité*, » pour signifier *du sérieux*. Vaugelas, qui préférait les mots anciens restés dans l'usage, n'était nullement ennemi des mots nouveaux quand il les jugeait nécessaires. Il était de l'avis d'Apulée : qu'il faut pardonner ou même applaudir

à la nouveauté des termes, quand ils servent à éclaircir
et à démêler les choses :

« J'ai vu, dit-il, *Exactitude* aussi reculé que *Sériosité,* et
depuis il est parvenu au point où nous le voyons par la constellation et le grand ascendant qu'ont tous les mots qui ex-
priment ce que nous ne saurions exprimer autrement, tant
c'est un puissant secret en toutes choses de se rendre nécessaire! mais, en attendant cela, ne nous hâtons pas de le dire,
et moins encore de l'écrire. »

Il a eu raison d'être prudent et d'attendre avant de
l'employer. *Sériosité* n'a pu s'introduire, malgré son
analogie de formation avec *Curiosité;* on s'en est fort
bien passé, et l'on en a été quitte pour dire substan-
tivement *le sérieux.*

Transfuge était un mot alors tout nouveau, mais
excellent et fort bien reçu. On n'en avait point d'autre
qui pût le suppléer dans notre langue; car *déserteur* et
fugitif sont autre chose : « on peut être l'un et l'autre
sans être transfuge. *Transfuge,* comme en latin *Trans-
fuga,* est quiconque quitte son parti pour suivre celui
des ennemis. » Pour que ce mot s'établît de plain-pied
et d'un si prompt accord, il fallait peut-être que l'idée
de patrie elle-même fût bien établie, et encore mieux
qu'elle ne l'était il y avait environ un siècle, du temps
du connétable de Bourbon. Le cardinal de Richelieu
avait contribué plus que personne à inculquer à tous
l'idée de l'État, et, par suite, celle des ennemis de
l'État et de ceux qui méritent d'être qualifiés de *trans-
fuges.* Le public était mûr pour le mot. Il y a de ces

raisons secrètes et délicates, le plus souvent insaisis-
sables, dans ce qu'on est accoutumé d'appeler des
hasards heureux.

Vaugelas nous fait remarquer d'autres mots plus
lents, qui ont eu une peine infinie à pénétrer dans
la langue et qui y sont pourtant entrés à la longue :
par exemple, le mot *Insidieux*, tout latin et si expressif.
Malherbe l'avait risqué; Vaugelas, qui en augure bien,
avant de l'adopter toutefois, le voudrait voir employé
par d'autres, et il n'ose le conseiller que moyennant des
précautions et des préparations qui le fassent pardonner, comme *S'il est permis de parler ainsi, Si l'on peut
user de ce mot*, etc. Et encore peut-on dire aujourd'hui
qu'*Insidieux* est entré dans la langue littéraire plutôt
qu'il n'est passé dans l'usage courant : c'est qu'il est de
sa nature un mot savant, dont le sens, dans toute sa
force et sa beauté, n'est bien saisi que des latinistes,
et qu'il n'a trouvé dans notre langue aucun mot déjà
établi, approchant et de sa famille, pour « lui frayer le
chemin. » Toutes ces circonstances propres et comme
personnelles à chaque mot sont démêlées à merveille
par Vaugelas.

S'il y a pour les mots des à-propos et des moments
propices qui semblent dépendre du souffle de l'air et
des étoiles, il ne leur est pas inutile non plus, quand
ce ne sont pas des mots populaires, d'avoir un bon
parrain et qui réponde pour eux au début, qui les
mette sur un bon pied à leur entrée dans le monde.
Ainsi, pour le mot *Urbanité* qui fut introduit définitive-
ment et autorisé par Balzac; il avait déjà été employé

à la fin du xve siècle, au commencement du xvie, par
Jean Le Maire, de Belges en Hainaut (1); mais ce mot,
risqué alors par un écrivain de frontière, n'avait pas
eu cours dans la langue et n'était pas entré dans la
circulation. Il fallut plus tard le reprendre, et il n'eut
même toute sa faveur qu'assez longtemps après Balzac
et quand on était en pleine possession et jouissance de
la qualité fine qu'il désignait.

Le mot *Gracieux*, chose étrange! était en pleine
défaveur auprès de Vaugelas et n'avait point cours
dans l'usage familier : « Ce mot, dit-il, ne me semble
point bon, quelque signification qu'on lui donne. » Il
l'eût encore admis à la rigueur dans la signification de
doux, courtois, civil, et par manière de pléonasme;
mais il n'en voulait pas du tout pour dire celui *qui a
bonne grâce,* une certaine élégance riante. Le mot,
dans ses diverses acceptions, ne s'est vu accueilli que
plus tard; il n'est entré au cœur de la langue que par
voie un peu détournée et sous le couvert de la peinture. On a eu besoin de dire : « Il y a je ne sais quoi
de *gracieux* dans ce tableau. » Le xviiie siècle, qui était
pour la grâce et pour le joli plus que pour le beau, en
a largement usé; le xviie en était fort sobre. Vaugelas
le traitait encore, à sa date, comme un intrus.

Singulière fortune des mots! je ne puis m'empêcher
de comparer leur destinée à la nôtre, à celle des

(1) Voir la *Couronne margaritique,* composée par Jean Le Maire
en l'honneur de Madame Marguerite d'Autriche, et imprimée seulement en 1549 par Jean de Tournes (in-folio de 72 pages). M. Pec-
termans en a fait l'objet d'une brochure (Liége.1859)

hommes! Il y en a qui font leur chemin à pas de tor-
tue ou en rampant; il y en a qui ont véritablement des
ailes. Il en est d'aventuriers qui ne font que passer et
qu'on ne revoit plus; il en est d'autres qui fondent
leur race et s'établissent. Quelques-uns sont féconds et
font véritablement lignée en tous sens; un certain
nombre restent isolés et stériles. Pourquoi ces diffé-
rences de chance et de succès? Pourquoi celui-ci qui
semblait né pour vivre et qui était comme formé à-
souhait n'a-t-il duré qu'une saison et s'est-il vu mois-
sonné dans sa fleur? Pourquoi celui-là que rien ne
distinguait d'abord a-t-il la longévité et le règne? Pourquoi à l'un la popularité et l'éclat, à l'autre l'obscurité
et le rebut? Pourquoi ces mots qui se posent comme
d'eux-mêmes sur les lèvres des hommes et qui sont en
tout lieu des idoles sonores; et ces autres mots négligés
et sourds qui n'éveillent aucun écho? J'y vois, sous
forme légère, l'emblème et l'image de nos propres
générations, de nos vies inégales et inconstantes. Homère a comparé les générations humaines, — Horace
a comparé la succession des mots et vocables à la fron-
daison des bois, aux feuilles passagères qui verdissent,
gardent leur fraîcheur plus ou moins de temps; puis
jaunissent et tombent.

II.

Vaugelas, qui nous a transmis toutes ces piquantes
fortunes et aventures de mots, et qui était l'homme de
France le mieux renseigné sur l'usage, n'oublie pas,

chemin faisant, d'y joindre toutes sortes de petites
règles et de maximes pratiques trop négligées par les
grammairiens qui ont suivi ; il nous initie à sa manière
de procéder et d'expérimenter, à sa méthode. Et en
effet, il y fallait non-seulement de l'attention et de la
patience, mais aussi de l'adresse. La façon de ques-
tionner, quand il voulait s'éclaircir d'un doute, n'était
pas indifférente : pour saisir l'usage au passage et le
prendre sur le fait, il ne s'agissait pas d'aller demander
de but en blanc à un courtisan ou à une femme du
monde : « Comment vous exprimez-vous dans ce cas
particulier ? dites-vous ceci, ou bien dites-vous cela ? »
Vaugelas avait fort bien remarqué que, dès qu'on
adressait à quelqu'un une semblable question, il hésitait à l'instant, se creusait la tête, entrait en doute de
son propre sentiment, raisonnait et ne répondait plus
avec cette parfaite aisance et naïveté qui est la grâce
en même temps que l'âme de l'usage. Vaugelas tenait
donc une autre voie et s'y prenait indirectement pour
faire dire à la personne ce qu'il voulait savoir et ce
qu'il lui importait d'entendre, sans qu'elle soupçonnât
le nœud de la difficulté. Il avait, à sa manière, des
artifices de juge d'instruction ou de confesseur.

Une autre règle pratique qu'il suivait dans ses doutes
sur la langue et qu'il pose en principe général, c'est
qu'en pareil cas « il vaut mieux d'ordinaire consulter
les femmes et ceux qui n'ont point étudié que ceux qui
sont bien savants en la langue grecque et en la latine. »
Ces derniers, en effet, quand on les interroge sur un cas
douteux qui ne peut être éclairci que par l'usage, com-

pliquent à l'instant leur réponse, et en troublent, pour
ainsi dire, la sincérité par le flot même de leurs doctes
souvenirs, oubliant trop « qu'il n'y a point de conséquence à tirer d'une langue à l'autre. » Ainsi *Erreur*
est masculin en latin, et féminin en français; *Fleur,*
de même ; c'est l'inverse pour *Arbre.* Chapelain, parmi
les oracles d'alors, est le plus remarquable exemple de
cet abus du grécisme et du latinisme en français : il
avait pour contre-poids à l'Académie, Conrart qui ne
savait que le français, mais qui le savait dans toute sa
pureté parisienne. Chapelain aurait voulu, par respect
pour l'étymologie, qu'on gardât la vieille orthographe
de *Charactère, Cholère,* avec *ch,* et qu'on laissât l'écri-
ture hérissée de ces lettres capables de dérouter à tout
moment et d'égarer en ce qui est de la prononciation
courante. Il trouvait mauvais qu'on simplifiât l'orthographe de ces mots dérivés du grec, par égard pour les
ignorants et les *idiots,* car c'est ainsi qu'il appelait poli-
ment, et d'après le grec, ceux qui ne savaient que leur
langue. Vaugelas faisait le plus grand cas, au contraire,
de ces *idiots,* c'est-à-dire de ceux qui étaient nourris
de nos idiotismes, des courtisans polis et des *femme-
lettes* de son siècle, comme les appelait Courier ; il imi-
tait en cela Cicéron qui, dans ses doutes sur la langue,
consultait sa femme et sa fille, de préférence à Horten-
sius et aux autres savants. Moins on a étudié, et plus
on va droit dans ces choses de l'usage : on se laisse
aller, sans se roidir, au fil du courant.

« Pour moi, disait Vaugelas, je révère la vénérable Antiquité et les sentiments des doctes ; mais, d'autre part, je ne

puis que je ne me rende à cette raison invincible, qui veut
que chaque langue soit maîtresse chez soi, surtout dans un
empire florissant et une monarchie prédominante et auguste
comme est celle de France. »

Vaugelas, bien d'accord en cela avec lui-même, pensait que « la plus grande de toutes les erreurs, en
matière d'écrire, était de croire, comme faisaient plusieurs, qu'il ne faut pas écrire comme l'on parle. » Il
est vrai que cette maxime d'*écrire comme l'on parle*
doit être entendue sainement, selon lui, et moyennant
quelque explication délicate. Mais on voit, par tout cet
ensemble de conseils et de principes, combien il était
peu grammairien au sens strict et étroit, et quelle part
il faisait en tout genre au naturel et même aux aimables
négligences.

Ce n'était pas seulement un homme de goût et d'un
tact très-fin, c'était un fort bon écrivain que Vaugelas,
il nous l'a prouvé dans sa Préface, et il ne le montre
pas moins dans le chapitre final où il s'est réservé de
traiter en détail de la *pureté* et de la *netteté* du style,
deux qualités qu'il prend soin de distinguer et qui se
complètent sans se confondre. De leur union résulte
cette perfection du bien dire qu'il a en idée, vers
laquelle il tend sans cesse, et où il voudrait conduire
ses lecteurs.

La *pureté* du langage et du style n'est pas la *netteté*;
elle est plus élémentaire, sinon plus essentielle; elle
consiste « aux mots, aux phrases, aux particules, et en
la syntaxe. » La *netteté* ne dépend que « de l'arrangement, de la structure, ou de la situation des mots, de

tout ce qui contribue à la clarté de l'expression. »
Emendata oratio, c'est la *pureté*; *dilucida oratio*, c'est
la *netteté*. La *pureté* est toute du ressort de la grammaire; la *netteté* relève déjà du goût, et c'est un commencement, et mieux qu'un commencement de talent.
C'est le premier éclat simple (*nitor*), la lumière même
de la pensée dans la parole, et que les grands esprits
droits préfèrent à toute fausse couleur. « La netteté,
on l'a dit depuis, est le vernis des maîtres. »

Aristote donnait, entre autres éloges, cette louange
à Homère; il lui reconnaît une qualité entre mille
autres, qu'il définit très-bien par le mot ἐνάργεια, lequel
signifie une peinture toute distincte, toute pleine d'évidence, de lumière et de clarté : blancheur, éclat parfait,
comme venant d'ἀργός, d'où *argentum*. — Il y a quelque
chose de cela dans la parfaite netteté pour la prose.

On contrevient à la *pureté* par le barbarisme et par
le solécisme; et Vaugelas en cite des exemples; — à la
netteté, par le mauvais arrangement, la mauvaise construction; et il en apporte des exemples également.
Malherbe, qui a si bien montré dans ses vers « le pouvoir d'un mot mis en sa place, » n'a pas le même soin
dans sa prose, et il n'a jamais connu la netteté du style,
soit pour la situation des mots, soit pour la forme et la
mesure des périodes. Vaugelas dénonce les *équivoques*
comme le plus grand des vices opposés à la netteté du
discours. Il s'attache à en énumérer les principales
sortes, à en dénombrer les sources les plus fréquentes :
les mauvais tours, les transpositions de mots et les
entrelacements maladroits, les constructions que l'on

appelle *louches* « parce qu'on croit qu'elles regardent
d'un côté, et elles regardent de l'autre. » Notez ici que
l'écrivain devient spirituel à force de propriété et de
justesse, comme il sied à un grammairien. — La longueur des périodes est encore un des vices les plus
ennemis de la netteté du style : Vaugelas entend parler
surtout de celles qui suffoquent et essoufflent par leur
grandeur excessive ceux qui les prononcent, « surtout,
ajoute-t-il avec esprit, si elles sont embarrassées et
qu'elles n'aient pas des *reposoirs,* comme en ont celles
de ces deux grands maîtres de notre langue, Amyot et
Coëffeteau. » *Reposoir* est fort joli. Nous connaissons à
Paris de ces escaliers trop hauts où l'on met du moins
des chaises sur le palier à chaque étage, pour permettre
de s'asseoir et de respirer un peu. Ce sont de ces petites
attentions dont on sait gré, et l'on devrait en avoir de
pareilles dans toute période un peu trop longue. Tous
ces défauts de style et de diction si ingénieusement
définis par Vaugelas, toutes ces longueurs, ces lour-
deurs, ces enchevêtrements, ou ces à peu près, on les
trouverait réunis dans les écrits de ses adversaires, si
l'on avait le temps de s'arrêter à eux.

III.

Il faut bien pourtant, si l'on veut être impartial et
juste, s'y arrêter un moment. L'ouvrage de Vaugelas
suscita deux contradicteurs et adversaires directs. Le

plus digne, le seul digne, La Mothe-Le-Vayer, de l'Académie française, mais de ceux qu'on appelait *relâchés* sur l'article de la langue, publia en 1647 quatre Lettres adressées à son ami Gabriel Naudé, *touchant les nouvelles Remarques sur la Langue française.* Il avait publié précédemment, en 1638, des *Considérations sur l'Éloquence française de ce temps,* dans lesquelles il avait pris les devants et s'était élevé contre les raffineurs du langage.

La Mothe-Le-Vayer, né en 1588 à Paris, avait été d'abord substitut du procureur général : on s'en apercevrait peut-être à son style qui sent quelque peu le Palais et le Parlement. Mais son savoir était des plus étendus et ne se confinait à aucune profession. Il avait beaucoup voyagé et avait observé toutes les coutumes et les mœurs des divers pays ; il avait tout lu, et il procédait par citations, par autorités, comme au xvie siècle. Homme de sens, sans supériorité d'ailleurs, il avait tant lu de choses qu'il savait que tout a été dit et pensé, et il en concluait que toute opinion a sa probabilité à certain moment, que la diversité des goûts et des jugements est infinie. Il était systématiquement sceptique, sauf dans les matières de foi qu'il réservait par prudence et pour la forme, refusant la certitude à l'esprit humain par toute autre voie. C'était un homme de la Renaissance et de la secte académique ou même pyrrhonienne ; grand personnage au demeurant, très en crédit parmi les gens de lettres, estimé en cour, précepteur du second fils du roi (Monsieur, frère de Louis XIV), et fort appuyé en tout temps du cardinal de

Richelieu qui aurait sans doute fait de lui le précepteur du futur roi.

En traitant de l'Éloquence, il parlait de ce qu'il ne
possédait pas essentiellement. Il le savait bien : aussi
se comparait-il à Cléanthe et à Chrysippe qui s'étaient
mêlés autrefois d'écrire des traités de Rhétorique ;
mais ç'avait été de telle sorte, disait en riant Cicéron,
que, si l'on voulait apprendre à se taire, on n'avait rien
de mieux à faire qu'à les lire. Abordant ainsi le sujet à
son corps défendant, c'était chose curieuse, pour un
lecteur déjà poli, de l'entendre *considérer les mots nue-
ment,* discourir de la *pureté des dictions,* se demander
d'où pouvait procéder, en fait de paroles, cette grande
aversion contre celles qui ne sont pas dans le commerce
ordinaire, dans l'usage, et en chercher la raison jusque
dans les *Topiques* d'Aristote. Il traitait aussi des mauvais sons des mots, et il en blâmait de tels chez Du
Vair (car il en était encore à M. Du Vair); et chez ce
vieil auteur qu'on ne lisait plus, il notait comme trop
rudes les mots d'*Empirance,* de *Vénusté* que Ménage
soutint depuis et que Chateaubriand a restaurés; il
regrettait de voir *Orer* pour *Haranguer, Los* pour
Louange, etc. Il avait donc, lui aussi, ses scrupules,
mais très-arriérés, et il ne voulait pas qu'on les poussât
trop loin, ni jusqu'à s'y asservir au préjudice de l'expression des pensées :

« Il y en a, disait-il, qui, plutôt que d'employer une diction
tant soit peu douteuse, renonceraient à la meilleure de leurs
conceptions; la crainte de dire une mauvaise parole leur fait
abandonner volontairement ce qu'ils ont de meilleur dans

l'esprit; et il se trouve à la fin que, pour ne commettre point
de vice ils se sont éloignés de toute vertu. »

Le fait est qu'avec le souci qu'ont perpétuellement
les Vaugelas, les Pellisson, et en s'y tenant de trop
près, on se retrancherait beaucoup de pensées à leur
naissance, de peur d'être en peine de les exprimer. Le
purisme retient et glace. M. de La Mothe, en esprit
solide, le sentait :

« Ce n'est pas, disait-il, que je veuille établir ici l'opinion
de quelques philosophes, qui se sont déclarés ennemis capi-
taux du beau langage. Mon intention est d'en ôter simplement
les scrupules dont beaucoup d'esprits sont cruellement
gênés, et d'adoucir les peines que se donnent là-dessus des
personnes qui porteraient bien plus loin leurs méditations, si
ce qu'ils ont de plus vive chaleur ne se perdait par la longueur de l'expression et n'était comme éteint par la crainte
d'y commettre quelque faute. *Abominanda infelicitas,* etc. »

Suit une citation de Quintilien, car La Mothe ne fait
jamais dix pas sans un renfort de latin. — On a bien
les deux systèmes en présence : d'un côté, le zèle, l'exactitude suprême, mais avec un penchant au purisme ; —
de l'autre, une liberté qui va au relâchement, une
largeur poussée jusqu'à la latitude, l'indifférence en
matière de style, le tolérantisme. Des deux parts on a
raison jusqu'à un certain point, et l'on a tort ; on est
entre deux écueils : — l'inquiétude, la démangeaison
perpétuelle du bien parler, ou la ressource et la théorie
du mal écrire.

On ne peut s'empêcher, en lisant La Mothe-Le-Vayer,

de lui donner raison en général, quand il s'élève avec
une franchise gauloise contre la contrainte servile
qu'on voudrait imposer à tout écrivain ; il s'indigne de
ces subtilités et de ces *enfantillages*, et comme il est
trop poli pour dire en français ce qu'il pense, il se
couvre à ce propos du latin de Cicéron. Ce grand orateur, en son temps, savait fort bien se moquer de ces
petites bouches et de ces esprits pusillanimes qui, à
force de craindre la moindre ambiguïté dans le langage, en venaient à ne plus même oser articuler leur
nom ; et M. de La Mothe ajoute dans un sentiment
vigoureux et mâle :

« Ceux dont le génie n'a rien de plus à cœur que cet examen scrupuleux de paroles, et j'ose dire de syllabes, ne sont
pas pour réussir noblement aux choses sérieuses, ni pour arriver jamais à la magnificence des pensées. Les aigles ne
s'amusent point à prendre des mouches... »

C'est bien pensé, c'est bien dit, mais je dois avertir
que je rends service à sa phrase en la coupant.

Dans la seconde partie de son Discours, La Mothe
passe à la considération des *Périodes* pour lesquelles il
rend justice à Balzac ; il n'en attaque pourtant pas
moins à outrance cette école de la correction qui continue Balzac et qui ne fait guère qu'appliquer ses
principes. Il l'accuse de ne pouvoir jamais se contenter
elle-même, et de gâter souvent un premier jet heureux
à force d'y revenir et de le retoucher. L'orateur Calvus,
chez les anciens, nous est représenté comme atteint de
cette superstition qui le faisait ressembler à un malade

imaginaire : pour trop craindre d'amasser du mauvais sang, on se tire des veines le plus pur et le meilleur.

— Il compare encore ces écrivains uniquement élégants, qui prennent tant de peine aux mots, aux nombres, et si peu à la pensée, à ceux « qui s'amusent à cribler de la terre avec un grand soin pour n'y mettre ensuite que des tulipes et des anémones ; » belles fleurs, il est vrai, agréables à la vue, mais de peu de durée et de nul rapport.

La Mothe traite dans ce même esprit la troisième partie de son Discours qui est *l'Oraison tout entière*, donnant toujours la prédominance au sens, à la doctrine, définissant l'éloquence avec Cicéron : « L'éloquence n'est rien autre chose qu'une belle et large explication des pensées du sage ; *Nihil est aliud eloquentia quam copiose loquens sapientia.* » On l'y voit blâmant l'excès de la recherche et de la curiosité, observant d'ailleurs la mesure, conseillant aux bons écrivains un peu faibles par la pensée de s'adonner aux traductions comme à de beaux thèmes où ils pourront acquérir beaucoup d'honneur, maintenant et défendant l'usage des citations en langue latine (il y est intéressé) dans tout discours qui ne s'adresse pas au peuple et à une majorité d'ignorants. Tout cela est bien et irréprochable pour le fond : mais lui-même, on ne saurait en disconvenir, il a une manière de dire bien peu propre à persuader; il abonde en termes et locutions déjà hors d'usage et dont le français ne veut plus; il dit *translations* pour *métaphores*, *allégations* grecques et latines pour *citations*; il dira encore en style tout latin : « La lecture est l'aliment de l'*Oraison*. »

Quoiqu'il contînt, on le voit, de bonnes idées, bien
du sens et de la doctrine, ce traité de l'*Éloquence* de
La Mothe-Le-Vayer péchait donc de bien des manières,
et surtout en ce qu'il naissait arriéré, sans à-propos,
sans rien de vif ni qui pût saisir les esprits. Il y a dans
le cours des choses humaines, et des choses littéraires
en particulier, de véritables instants décisifs, des
crises : un bon conseil bien donné, bien frappé à ce
moment, un *coup de main* de l'esprit fait merveille et
peut faire événement. M. de La Mothe n'avait à aucun
degré ce sens de l'à-propos qu'eut Balzac et qu'avait
Vaugelas malgré sa lenteur. Il continua toute sa vie de
balancer les opinions des Anciens, de les équilibrer les
unes par les autres, de dire : « Ceci est juste, cela ne
l'est pas ; il y a un milieu ; dans le doute il est bon de
s'y tenir. » — Mais ce n'est point avec ces balance-
ments et ces alternatives qu'on agit sur le public et
qu'on entre dans les esprits, surtout quand le style est
aussi neutre et aussi peu tranchant que la pensée.

Montaigne, à la place de La Mothe, dirait beaucoup
des mêmes choses. Il les dirait presque avec la même
matière ; mais de quelle manière différente, de quel
tour, et avec quelle vivacité de plus ! La Mothe-Le-
Vayer n'est guère qu'un Montaigne un peu tardif et
alourdi ; mais il y a temps pour tout, il y a l'occasion
qui ne revient pas ; il y a une heure pour Montaigne,
et une heure pour Vaugelas.

La réponse directe de La Mothe au livre des *Remarques*, écrite à la sollicitation de Gabriel Naudé (1647),

fut ce que son premier Traité pouvait faire attendre.
L'auteur est poli ; il est de ceux qui, par humeur, ne
parleraient de qui que ce fût en mauvaise part, et qui,
pour rien au monde, « n'offenseraient personne par un
mauvais trait de plume. » Il loue même Vaugelas pour
plusieurs belles Remarques que contient son livre ;
mais il réitère et renouvelle ses regrets sur plus d'un
point. On voit d'abord qu'il est ramené un peu malgré
lui à dire son avis sur ces questions purement grammaticales de diction et d'élocution ; ce ne sont pas les
sujets qu'il préfère : « Mon âme se fait accroire, dit-il,
qu'il est temps de s'occuper plus sérieusement, et qu'il
y a de la honte à s'amuser encore à des questions de
grammaire. » Il proteste d'honorer infiniment l'auteur
des *Remarques* ; les critiques qu'il a essuyées de sa
part ne le rendront pas injuste. Il en vient pourtant,
puisqu'il le faut, à quelques discussions de détail. Nous
ne l'y suivrons pas. La partie pour lui est déjà perdue ;
il paraît un peu le sentir. Cette réponse qu'on lui
arrache est une sorte de réclamation dernière faite
pour l'acquit de sa conscience plus encore que pour
l'honneur de la cause. Je ne marquerai ici que ce qui
est dit de Coëffeteau, le maître et l'oracle irréfragable
selon Vaugelas : le révérend personnage y attrape son
coup de lance et son horion dans la mêlée. « Je veux
répondre une fois pour toutes, dit en un endroit M. de
La Mothe impatienté, à l'autorité de *son* M. Coëffeteau. »
Et il montre que ce prélat, bon prédicateur en son
temps et l'une des plumes les mieux taillées qui fussent
alors, aurait mieux fait de songer à être exact aux

choses d'importance que de s'attacher à des scrupules
si excessifs de mots : cela lui eût épargné quelques
bévues, comme lorsqu'en son *Florus* il fait de la ville
de *Corfinium* un capitaine Corfinius qui n'a jamais
existé. Le savant ici s'est vengé, et il est content.
Mais, dans toute cette réponse, d'ailleurs, le bon sens
se présente de plus en plus habillé de termes étranges
et de souvenirs bizarres, tirés pêle-mêle de tous les
tiroirs à la fois. Vaugelas n'est que trop justifié.

Après La Mothe-Le-Vayer, c'est à peine s'il faut
nommer Scipion Dupleix, lequel pourtant s'appuie de
lui et de son autorité. Scipion Dupleix n'avait pas moins
de quatre-vingt-deux ans, lorsqu'il acheva d'imprimer,
le 14 avril 1651, son in-quarto intitulé *Liberté de la
Langue française dans sa pureté.* Ce bonhomme était un
intempestif à tous égards. Dès les premiers mots de
son Épître dédicatoire, il montre qu'il ne se doute pas
d'où vient le vent et qu'il sait bien peu s'orienter en
arrivant de sa Gascogne. S'adressant au président Perrault, attaché aux princes de la maison de Condé, il
vocifère contre le *fourbe Sicilien,* contre le Mazarin,
qu'il croit banni de France à jamais. Dupleix, dans
cette plaidoirie de l'autre monde, ne fait que reprendre,
à trente ans de distance, le rôle que la vieille demoiselle de Gournay avait tenu dans ses querelles contre
l'école de Malherbe : ce sont là des revenants ou des
sibylles, des caricatures, des demeurants d'un autre
âge, qui apparaissent tout affublés à la vieille mode et
font rire, même quand ils ont des lueurs de raison. Ce
sont de vieux portraits de famille qui se décrochent,

descendent du grenier avec leurs toiles d'araignée et se
mettent à parler à tort et à travers. On ne les écoute
plus.

Et comment écouter un écrivain qui, s'attaquant aux
Remarques de Vaugelas, venait vous dire en 1651 :
« J'ai *desseigné* (formé le dessein) d'*impugner* particulièrement cette pièce ; » qui appelait La Mothe-Le-
Vayer, « ce pivot de l'Académie ; » qui voulait qu'on
dît *Madamoiselle*, et non *Mademoiselle,* attendu que la
substitution de l'*E* à l'*A* est une marque de ramollisse-
ment du langage et n'a cours en pareil cas que « dans
la coquetterie des femmes et de ceux qui les cajo-
lent ? » L'*A* est, selon Dupleix, une lettre incomparablement plus noble, plus mâle, et il en donnait, entre
autres, cette raison superlative :

« Le langage des premiers hommes, qui fut inspiré de Dieu
à Adam, en fait preuve, puisque ce même grand-père de tous
les hommes a son nom composé de deux syllabes avec *A*, et
Abraham, le père des croyants, de trois syllabes aussi en *A*.
Eva, la femme de l'un, a un nom de deux syllabes dont l'une
est avec *A*, et *Sara,* la femme de l'autre, a ses deux syllabes
avec la même lettre *A*. »

Quel grimoire ! Et moi je dis : une cause est perdue
quand elle a de tels avocats.

Ce n'était pas un adversaire de Vaugelas, c'était un
approbateur sous forme badine et qui se masquait en
diseur de contre-vérités, que l'évêque Godeau qui,
après la lecture des *Remarques,* écrivait à l'auteur une
lettre assez singulière qui débute de la sorte :

« Monsieur, il y a longtemps que votre libéralité m'a fait
un grand présent en m'envoyant le livre de vos *Remarques*
sur notre langue; mais il y a fort peu de jours que je l'ai
reçu après une longue attente. Ce que j'en avais déjà vu, ce
que j'en avais ouï dire à ceux qui en peuvent être les juges
et qui en sont les admirateurs, m'avait donné une étrange
impatience de le lire tout entier. D'abord il semble que la
matière, non-seulement n'est pas fort importante, mais
qu'elle est tout à fait inutile et indigne d'un homme de
votre âge, de votre condition, et, ce qui est plus considérable, de votre vertu et de votre esprit... »

Et Godeau, faisant l'agréable, continue sur ce ton
pendant une douzaine de pages, comme s'il avait pris
à tâche de résumer toutes les objections des La Mothe-
Le-Vayer et autres, et de rassembler tout ce qu'on avait
pu adresser de critiques justes ou injustes à Vaugelas
sur le peu de raison et de philosophie de sa méthode,
sur le peu de solidité et de gravité de son livre; puis,
tout à la fin de la douzième ou treizième page, tournant court tout à coup et comme pirouettant sur le
talon, il ajoute :

« Mais, Monsieur, c'est assez me jouer et parler contre
mes sentiments. Il est temps que je me démasque et que, tout
de bon, je vous dise ce que je pense de votre ouvrage : il
n'est indigne ni de votre esprit, ni de votre âge, ni de votre
condition, ni de votre vertu. »

C'est un jeu, on le voit, un compliment déguisé en
contre-vérité; mais la plaisanterie est un peu trop pro-
longée pour être agréable, et je ne sais comment le
prit Vaugelas. Il put vraiment faire la grimace à quelque

moment de la lecture. Ce qu'on peut affirmer, c'est que
Voiture, le ton admis, aurait fait la lettre bien plus
leste et plus piquante. Je n'ai jamais mieux senti qu'en
lisant cette lettre de Godeau ce que c'est que du Voiture manqué.

IV.

On le comprend maintenant de reste, et, toutes choses
bien pesées et examinées, il ne doit plus, ce me semble,
rester un doute dans l'esprit de personne : Vaugelas
avait sa raison de venir et d'être; il eut sa fonction
spéciale, et il s'en acquitta fidèlement, sans jamais
s'en détourner un seul jour ; il reçut le souffle à son
moment, il fut effleuré et touché, lui aussi, bien que
simple grammairien, d'un coup d'aile de ce Génie de
la France qui déjà préludait à son essor, et qui allait
se déployer de plus en plus dans un siècle d'immortel
renom ; il eut l'honneur de pressentir cette prochaine
époque et d'y croire. Dans une table générale et monu-
mentale des écrivains de la langue, de ceux qui ont
compté et concouru le jour ou la veille d'un règne si
mémorable, sur cet Arc de triomphe de la France littéraire, on écrirait son nom en petites lettres ; mais il
aurait sa place assurée.

Aujourd'hui, même après tout ce qui est survenu,
même après tant d'invasions qui ont brisé toutes les
barrières, on reconnaît encore l'esprit français à quelques-unes des mêmes marques, à ce goût si répandu

dans notre pays et qu'on a, soit à la ville, soit parmi
le peuple et jusque dans les ateliers, pour la curiosité
de la diction, pour les questions de langue bien résolues. On aime à bien dire, *argute loqui,* comme du
temps des Gaulois. *C'est bien écrit* est le premier éloge
que donne une jeune fille du peuple qui a lu et qui se
pique d'avoir bien lu. On peut vérifier et suivre ce goût
général d'amusements et de récréations philologiques,
ce goût à la Vaugelas, jusque dans ces derniers temps,
jusqu'à Charles Nodier si connu et presque populaire à
ce titre. Que de paris, après déjeuner, que de disputes
sur la meilleure façon de dire, dont on le faisait de
loin l'arbitre et le juge! Il était expert juré et patenté
pour cela. Je nommerai encore Francis Wey, son ingénieux disciple. Chacun connaît Génin, qui n'a même
eu qu'en ces sortes de matières grammaticales tout son
mérite et son agrément. Le Dictionnaire de l'Académie
n'est-il pas un sujet d'épigrammes continuelles, mais
en même temps d'attention? On aime en France la
casuistique du langage (1).

(1) Mais il y a casuistes et casuistes. Ne confondons pas. Arrê-
tons-nous en toutes choses avant d'aller jusqu'à la lie. Je ne sais
rien qui ressemble moins à Vaugelas, à ce grammairien resté
gentilhomme, que le peuple des grammairiens proprement dits
et que la plupart de ceux qui s'intitulent ainsi de nos jours. J'en
rencontre un (pour ne parler que de lui) sur mon chemin, et
tout en travers; je le prends en flagrant délit de pédanterie à la
fois et d'ignorance. C'est M. Poitevin qui s'est amusé, dans ce
qu'il appelle une *Cacographie,* à recueillir les prétendues mauvaises phrases des meilleurs écrivains du temps. Certes nous
devons, dans cette rapidité de plume qui est la condition moderne,
nous tromper quelquefois et laisser échapper des fautes; mais

Cependant, il ne faudrait pas non plus se le dissimuler, les temps ont changé et changent de plus en plus
chaque jour. Le moment actuel est, à certains égards,
tout l'opposé de celui de Vaugelas. Alors tout tendait à
épurer et à polir : aujourd'hui tout semble aller en sens
contraire, et un mouvement rapide d'intrusion se manifeste. Alors tous les mauvais mots demandaient à sortir :
aujourd'hui tous les mots plébéiens, pratiques, techniques, aventuriers même, crient à tue-tête et font violence pour entrer. Demandez plutôt à Larchey, ce témoin
spirituel et fin des *Excentricités du Langage* (1) ; lui
aussi, il sait l'usage, il l'écoute, il l'épie en tous lieux,

qu'est-ce que M. Poitevin pour nous redresser de ce ton de
régent? M. Poitevin, dans sa Préface, nous dit : « Autrefois les
élèves trouvaient du charme dans la lecture des grands écrivains
du xviie siècle; ils avaient constamment entre les mains et sous
les yeux de bons modèles ; mais, depuis une vingtaine d'années,
le goût des études sérieuses s'est considérablement affaibli... » Et
en conséquence, M. Poitevin cite comme un exemple de mauvaise
phrase et de manière de dire incorrecte la pensée suivante : « On
ne montre pas sa grandeur pour être à une extrémité, mais bien
en touchant les deux à la fois, et en remplissant tout l'entre-
deux. » M. Poitevin me fait l'honneur de m'attribuer cette phrase,
sans doute pour l'avoir vue citée dans quelqu'un de mes écrits, et
il la signe tout uniment de mon nom. Eh bien! elle est de Pascal,
comme le sait tout bon élève de rhétorique. Sans s'en douter, le
grammairien donne sur ma joue un soufflet à Pascal. O Vaugelas,
Vaugelas, que tout ce monde-là, sec et rogue, pédant et illettré,
voit les choses de bas et n'est en rien de votre famille! — (Voir
à l'*Appendice,* à la fin du volume, un autre cas de pédanterie et de
cuistrerie qui est des plus beaux.)

(1) *Les Excentricités du langage,* par M. Lorédan Larchey,
4e édition singulièrement augmentée, 1862. (Un vol. in-18, Dentu,
Palais-Royal.)

le mauvais comme le bon. Mais, où est le bon aujour-
d'hui, où est le mauvais? Que de mots qui ne sont
plus précisément des intrus et qui ont leur emploi légitime, au moins dans certains cas! Je les vois se dresser
en foule, frapper à la porte du Dictionnaire de l'usage
et vouloir en forcer l'entrée. Je vois des substantifs
techniques et tout armés qui se lèvent de toutes parts,
d'audacieux et splendides adjectifs qui nous crèvent
les yeux, de gros, de très-gros adverbes (l'adverbe *énor-
mément*, entre autres, dans le sens usuel de *beaucoup*),
nombre de verbes dont on n'a pas voulu jusqu'ici enre-
gistrer la naissance : — *activer ;* — *préciser* que s'inter-
disait Biot, ce physicien bien dégoûté ; — *baser,* qui
faisait dire à Royer-Collard : *Je sors s'il entre ;* — *impressionner ; dérailler* au figuré, pour *dévier,* comme l'employait l'autre jour dans un fort bon article tout classique
M. Gaston Paris, un jeune savant, fils de savant ; —
photographier, au sens moral ou figuré également, etc.
Tous, à un titre ou à un autre, tous postulent et réclament
le droit de cité. *Baser* est une expression juste et qui n'a
pas son équivalent dans une discussion de finances et
de budget. *Impressionner,* dont vous ne voulez pas, n'est
pas plus mal formé qu'*ambitionner* qui a fait doute à
son heure et qui a eu le dessus. Chacun de ces verbes a
sa raison à produire; chacun mérite au moins d'être
entendu. Et parmi les adjectifs, ce mot *splendide* que
j'employais tout à l'heure, qui revient sans cesse à la
bouche et trop souvent, je l'avoue, faut-il pour cela le
tenir en dehors et l'exclure dans le sens où on l'applique ? Le mot *splendide,* je le sais, n'avait guère

d'occasions et d'applications autrefois : il en a maintenant de fréquentes. C'est qu'aussi il s'est fait et vu en
nos jours beaucoup de choses splendides, depuis le gaz
et la lumière électrique jusqu'à la poésie, et il n'est
pas d'autre mot que celui-là pour les qualifier. Si l'on
récite devant vous, par exemple, *le Sommeil de Booz,*
de Victor Hugo, quelle est la parole qui sort la première de votre bouche pour exprimer votre impression?
« C'est *splendide*. » Voilà l'expression propre. Or, que
fait l'Académie? Sous prétexte de continuer ce curieux,
mais interminable Dictionnaire historique, elle abandonne et néglige de tenir au courant son Dictionnaire
de l'usage; elle se laisse devancer et déborder par tous
les lexicographes libres et les Furetières du dehors,
Furetières plus probes et plus savants que ceux d'autrefois et envers qui elle affecte de se donner presque
les mêmes torts. Que l'Académie veuille y songer : la
démocratie des mots, comme toute démocratie en
France, aime assez à être conduite et dirigée. Il ne
faut bien souvent qu'un seul homme pour donner le
branle à tout un empire; mais il faut bien souvent cet
homme aussi pour donner le branle, même à une compagnie. C'est cet homme du métier, — ce groupe et ce
noyau de gens du métier, — qui a trop manqué depuis
quelque temps à l'Académie française. Cependant l'usage
se modifie et varie chaque jour; ce n'est point par le
silence et l'omission qu'il convient de le traiter. Il vit,
il existe; on ne l'élude pas. La fin de non-recevoir,
avec lui, a bientôt son terme. En adoptant des noms
nouveaux, en multipliant des synonymes nombreux,

voyants, saillants, excessifs, et en renchérissant à tout instant sur les anciens, l'usage ne fait, en somme, que répondre à des besoins ou à des caprices, ce qu'il importe de distinguer à temps, « et il se soustraira de plus en plus au Dictionnaire de l'Académie, si celle-ci, à l'exemple des grands politiques, ne se jette dans le mouvement pour le régulariser à son bénéfice (1) » et au profit de tous. L'Académie, par lenteur et négligence, me semble bien près de laisser tomber de ses mains le sceptre de la langue que lui déférait la nation. Je le lui ai assez dit quand j'avais l'honneur d'être des plus assidus et des plus habitués dans son sein, pour avoir le droit d'exprimer publiquement cette crainte aujourd'hui (2). ·

(1) Préface de M. Larchey.
(2) Depuis que ceci est écrit, j'ai eu l'honneur et la douceur de reprendre mon assiduité aux séances de la docte Compagnie. J'ai pu m'assurer que le regret, dont je m'étais fait l'organe, est compris et partagé de la plupart de mes confrères. Deux et trois fois il a été décidé qu'il y avait lieu d'examiner et de revoir le Dictionnaire de l'usage pour le remettre au courant. Je ne sais quel guignon ou quel malin génie a rendu jusqu'ici ces décisions vaines. Il faudra bien pourtant qu'on y vienne et qu'on s'y mette : on ne saurait éluder indéfiniment.

ALFRED DE VIGNY [1].

Je me suis dit souvent que les portraits devaient être
faits selon le ton et l'esprit du modèle : si l'on appliquait ce précepte et ce procédé à l'étude de M. de
Vigny, son portrait serait bien simple et tout idéal ; il
est douteux même qu'on dût y employer d'autres lignes
et d'autres couleurs que celles qu'a fournies le poëte.
Il ne permettait guère à la critique, même la plus
bienveillante et la plus admirative, de prendre ses
mesures, et encore moins à la biographie de s'orienter
autour de son œuvre ou de sa personne; il a défendu,
même au plus pieux et au plus filial des éditeurs,
qu'un seul mot de préface fût mis en tête de ses Œuvres
posthumes : il considérait volontiers tout appareil de
ce genre comme un tréteau au pied d'une statue,
comme une baraque au pied d'un temple ; mais lui-

---

(1) Cet article, qui nè fait point partie de la série des *Lundis*, a
paru d'abord dans la *Revue des Deux Mondes,* à la date du 15 avril
1864 : c'est un *portrait* proprement dit, comme j'en composais
autrefois.

même, et ne se confiant qu'à lui seul, il dégageait et dressait amoureusement sur son socle de marbre blanc une figure élevée, pure, une image sereine, chaste, éblouissante, austère et sans tache, sa forme incorporelle, si l'on peut dire. Il a accompli de son propre ciseau cette sorte de transfiguration et d'apothéose de soi-même dans la pièce fort belle qui termine et couronne son œuvre dernière, le livre des *Destinées,* et qui a pour titre *l'Esprit pur.* Sous prétexte de ne faire aucun cas de ses nobles aïeux et de les subordonner tous dans leur ordre de noblesse à ce qui est de l'ordre de l'esprit, il les a montrés et déroulés en une longue lignée, mais pour les replonger aussitôt dans la nuit, et il s'est représenté, lui, le dernier, comme le seul glorieux, le seul vraiment ancêtre et dont on se souviendra ; car seul il a gravé son nom *sur le pur tableau des livres de l'esprit.* Il s'est promis par là une gloire immortelle et toujours renouvelée au gré de chaque jeune génération, qui reviendra de dix ans en dix ans, comme en pèlerinage, pour contempler et couronner son monument :

> Flots d'amis renaissants ! puissent mes destinées
> Vous amener à moi, de dix en dix années,
> Attentifs à mon œuvre, et pour moi c'est assez !

Ni l'oubli ni le bruit ; une sorte de discrétion respectueuse jusque dans la célébrité, je ne sais quoi de rare, de fidèle et de solennel, c'était son vœu et aussi son ferme espoir.

Noble foi ! noble vœu ! Mais nul désormais n'a droit

de s'imposer ainsi tout sculpté, façonné de ses propres
mains, et une fois pour toutes, au culte des contemporains et de la postérité. Le libre examen, qui n'épargne
pas même les religions et les dieux, ne saurait être.
interdit à l'égard des poëtes. La recherche est permise,
le champ est ouvert à la curiosité. Il y a près de trente
ans que j'en ai fait l'essai et la tentative ici même,
dans cette *Revue* (1), à l'occasion d'un écrit en prose
de l'illustre poëte. J'étais bien timide alors, et je ne
m'approchais qu'en tremblant pour faire quelques
remarques et observations à demi voilées. Je suis
devenu plus hardi, plus libre avec le temps. Je vais
donc repasser sur quelques-uns des mêmes traits en
appuyant davantage, en insistant et en complétant partout où je le pourrai. Il en est de la pointe de l'esprit
comme d'un crayon ; il faut recommencer à le tailler
sans cesse.

I.

Et tout d'abord j'avais été induit en erreur sur la
date de la naissance. J'avais cru M. de Vigny né le
27 mars 1799 ; je le rajeunissais de deux années. Il était
né le 28 mars 1797. Personne, pas même celui qui y
était le plus intéressé. ne m'éclaira sur cette faute. Les
poëtes sont quelquefois jaloux de dérober une année
ou deux, comme les femmes. Je n'ai guère rien trouvé

(1). 15 octobre 1835. — (Voir au tome I des *Portraits contemporains.*)

à ajouter depuis aux très-brefs renseignements de
famille que j'ai donnés alors. Le nom de Vigny se
présente rarement dans les Mémoires historiques du
dernier siècle. Je le rencontre une ou deux fois dans
le Journal du duc de Luynes : par exemple, à la date du
vendredi 8 avril 1740. « Le roi, nous dit M. de Luynes,
vient d'accorder une pension de 1,200 livres à M. de
Vigny, écuyer de quartier, fils de M. de Vigny, lieutenant général de bombardiers, à qui l'on doit l'invention
des *carcasses* (espèce de bombe de forme oblongue et
chargée de mitraille) (1). M. de Vigny est écuyer du
roi depuis environ trente ans. C'est lui qui a fait le
voyage avec Madame jusqu'à la frontière d'Espagne... »
Dans la Correspondance de Garrick, je trouve, au tome
second, une lettre adressée au grand acteur par un gentilhomme du nom de De Vigny, qui, retenu pour dettes
à Londres, a l'idée de recourir à la générosité de l'artiste célèbre. Cette lettre est d'un tour original et distingué. Il serait curieux qu'elle fût d'un parent, d'un
oncle peut-être de celui qui fera un jour *Chatterton* et
qui réhabilitera l'artiste en regard du gentilhomme (2).

_____

(1) Ce M. de Vigny, officier distingué dans l'artillerie, est men-
tionné plus d'une fois dans les *Mémoires militaires relatifs à la
succession d'Espagne,* publiés par le général Pelet. (Voir tome II,
pages 13, 61, 65.)

(2) La lettre est longue; j'en citerai quelques parties : « Monsieur, vous trouverez sans doute bien extraordinaire que quelqu'un
qui n'est nullement connu de vous vous prie de lui rendre un
service; mais, si je vous suis inconnu, vous ne me l'êtes point. J'ai
si souvent entendu faire l'éloge de votre âme, que je vous ai trouvé
aussi célèbre par vos sentiments que par vos talents. D'après cette
persuasion, j'ai cru pouvoir vous confier ma peine : peut-être vous

Élevé à l'institution Hix, d'où il suivait le lycée Bonaparte, le jeune de Vigny eut de bonne heure les instincts militaires et poétiques. « Nous avons élevé cet enfant pour le roi, » écrivait sa mère au ministre de la guerre en 1814; elle demandait l'admission de son fils dans les gendarmes de la Maison rouge; il y entra avec brevet de lieutenant le 1er juin 1814, à l'âge de dix-sept ans. *Le Moniteur de l'Armée,* auquel j'emprunte ces détails, nous a donné, par la plume de M. A. de Forges, le résumé des états de service du jeune officier.

touchera-t-elle, et je craindrais de vous offenser en en doutant. Je suis ici, depuis dix mois, pour 300 p. : j'ai éprouvé tout ce qui peut affliger un cœur tendre et sensible; si vous joignez à cela de manquer du nécessaire depuis deux mois, vous jugerez de quel prix serait le service que vous me rendriez. J'ai caché à ma famille et à mes amis en France ma détention, j'ai cru devoir le faire... Étranger dans ces lieux, personne ne me tend une main secourable; victime d'un cruel préjugé contre ma nation, qui confond tous les Français, je suis obligé de le combattre par les preuves de mon éducation; j'ai beau faire, je suis souvent vaincu. Je crois en vous seul, et j'y fonde mon espoir. Si cette occasion pouvait me procurer l'honneur de vous connaître, j'en serais bien flatté; je l'ai désiré bien des fois quand j'étais heureux. L'infortune n'a changé que mon état. Si vous n'avez point de répugnance pour venir ici, faites-moi cette faveur. J'ai souvent vécu, et partout, avec les hommes célèbres. Je m'instruirai à penser comme vous, si je ne puis agir aussi grandement... » Cette lettre, qui porte la date du 5 septembre 1766, avec désignation du lieu : « King's Bench, in State-House, number 7, » est signée « Jean-René de Vigny, ancien mousquetaire et officier dans une des compagnies de la garde du roi de France. » Le nom n'est précédé d'aucun titre. — (Et, jusqu'à preuve du contraire, je soupçonnerais ce titre de *comte* de ne s'être joint au nom de De Vigny qu'à dater de 1814 : je ne propose, au reste, ce cas de généalogie nobiliaire que parce qu'il ne me paraît pas parfaitement résolu, et que j'ai vu le même léger doute à d'autres que moi.)

Au 20 mars 1815, bien que très-souffrant encore d'une chute de cheval, il escorta avec sa compagnie le roi jusqu'à la frontière. Après les Cent-Jours, à la fin de 1815, licencié avec ce corps par trop aristocratique des compagnies rouges, il entra presque aussitôt (mars 1816) dans la garde royale à pied avec le grade de sous-lieutenant. Devenu lieutenant en juillet 1822, il passa l'année suivante (mars 1823) au 55e de ligne avec le grade de capitaine ; il espérait servir dans l'expédition d'Espagne. Étant demeuré quatre années sans avancement, il se fit réformer pour cause de délicatesse de santé, le 22 avril 1827, à l'âge de trente ans. Il en avait passé treize sous les drapeaux. Est-il besoin d'ajouter que ses notes militaires le présentaient comme un officier de la plus grande distinction? « Les événements que je cherchais, a-t-il dit lui-même, ne me vinrent pas aussi grands qu'il me les eût fallu. Qu'y faire ? » Il ne lui manqua pour parvenir aux grades les plus élevés qu'une santé plus aguerrie, le temps, l'occasion, et un moindre talent qui le sollicitât ailleurs. Ses deux vocations le tiraient en sens contraire : il dut opter entre elles à une certaine heure. Il avait bien compté, ai-je dit, faire la guerre d'Espagne ; mais il eut l'ennui de rester en sentinelle sur la frontière. Il se dédommagea de cette inaction forcée par quelques-uns de ses premiers et de ses plus beaux poëmes, et cette vue des Pyrénées hâta peut-être aussi l'idée du roman de *Cinq-Mars*.

Le début d'Alfred de Vigny en littérature date de 1822 ; son premier recueil poétique parut sans nom

d'auteur (1). Il payait, par son poëme d'*Héléna*, son
tribut d'enthousiasme à la cause des Grecs ; en même
temps, par les pièces de *la Dryade*, de *Symétha*, il jouait
de la flûte sur le mode d'André Chénier, ressuscité
depuis quelques années et mis en lumière. La vraie
date authentique de ces poëmes néo-grecs de M. de
Vigny est celle de leur publication, et il n'y a pas lieu,
pour l'historien littéraire qui tient à être exact, de
recourir aux dates antérieures et un peu arbitraires
que le poëte a cru devoir leur assigner depuis. M. de
Vigny en effet, en les réimprimant dans l'édition de
1829 et ensuite dans ses œuvres complètes, a jugé bon
de les vieillir après coup de quelques années. Il a mis
au bas de cette pièce de *la Dryade* ces mots : « écrit en
1815. » Il a mis au bas de *Symétha* la même remarque.
Pour *le Bain d'une jeune Romaine*, il fait plus, il note
la journée précise où elle aurait été composée, « le 20
mai 1817. » *La Dryade* y prend pour second titre celui
d'idylle « dans le goût de Théocrite. » Pourquoi ces
minutieuses précautions rétroactives? Pour échapper
sans doute au reproche (si c'en est un) d'imitation et
de ressemblance prochaine, pour qu'on ne dise pas
qu'il s'est inspiré directement d'André Chénier, dont
les poésies avaient été données par M. de Latouche en
1819. Tout cela, c'est de la coquetterie encore. Piquante
contradiction! d'une part on se rajeunit volontiers de
deux ans, et de l'autre on vieillit ses poésies de quatre

(1) Voici le titre exact : POEMES. — HÉLÉNA, *le Somnambule*, *la
Fille de Jephté*, *la Femme adultère*, *le Bal*, *la Prison*, etc. ; un
mince in-8°, 1822.

ou de cinq. C'est preuve qu'on était bien précoce ; les
sources deviennent ainsi toutes mystérieuses. Mais le
critique, qui croit le moins possible sur parole, et que
cet excès même de précaution met sur ses gardes,
ne considère que les dates publiques et constatées par
l'impression. Notez bien que ces jolies pièces de *Symé-*
tha et de *la Dryade* sont infiniment supérieures par le
style au poëme d'*Héléna,* qui ne saurait être antérieur
à 1821, et il serait bien singulier qu'elles eussent précédé de plusieurs années. Le goût s'y refuse. Heureusement l'originalité de M. de Vigny ne tient pas à si
peu de chose : il commença par s'inspirer d'André Chénier, il le nierait en vain, c'est évident ; mais il allait
trouver sa propre manière, sa propre originalité dans
Moïse, Dolorida, Éloa, et bien d'autres poëmes qui ne
sont qu'à lui et qui portent sa marque irréfragable.

Dans une jolie pièce, *le Bal,* il se montrait d'une grâce
aimable, en même temps plus moderne, plus direct
d'inspiration, plus souple de ton qu'il ne se permettra
de l'être dans la suite. C'est bien Alfred de Vigny dans
un salon, à vingt-cinq ans ; le poëte s'adresse en idée
aux belles danseuses :

> Dansez, et couronnez de fleurs vos fronts d'albâtre,
> Liez au blanc muguet l'hyacinthe bleuâtre,
> Et que vos pas moelleux, délices de l'amant,
> Sur le chêne poli glissent légèrement ;
> Dansez, car dès demain vos mères exigeantes
> A vos jeunes travaux vous diront négligentes ;
> L'aiguille détestée aura fui de vos doigts,
> Ou, de la mélodie interrompant les lois,

Sur l'instrument mobile, harmonieux ivoire,
Vos mains auront perdu la touche blanche et noire ;
Demain, sous l'humble habit du jour laborieux,
Un livre, sans plaisir, fatiguera vos yeux...

Que ceux qui tiennent à étudier les nuances poétiques
et les progressions fugitives du goût relisent tout le
morceau ; ils y verront, dans le plus gracieux exemple,
cette poésie choisie, élégante, mais de transition, qui
cherchait à s'insinuer dans la vie, dans les sentiments
et les mœurs du jour, en évitant toutefois le mot
propre : poésie des Soumet, des Pichald, des Guiraud,
de ceux qui louvoyaient encore. M. de Vigny en a
donné là un échantillon charmant.

Dans le poëme du *Trappiste,* publié en 1823 au bénéfice des Trappistes d'Espagne, il fit acte de poëte royaliste au moment où il se croyait près de faire acte de
soldat en faveur de la même cause de la légitimité
espagnole. Cette pièce, qui donne le degré de chaleur
de ses opinions politiques d'alors, est curieuse dans sa
vie morale : on peut la rapprocher de celle des *Desti-*
nées qui a pour titre *les Oracles* et qui semble une leçon
à l'adresse de tous les rois : *Et nunc, reges, intelligite.*
Le poëte ne se montre pas plus favorable dans un cas
que dans l'autre aux assemblées politiques ni aux
cortès d'aucun temps ; mais en dernier lieu il est
évident que toute sa foi royaliste s'était retirée de lui.
Légitimité ou quasi légitimité, il en avait fait pareille-
ment son deuil. Je dis là ce que chacun sait. Ainsi
M. de Vigny lui-même, cette noble nature qui n'eut
d'autre visée que de rester une et fidèle à son pre-

mier mot une fois proféré, — ainsi, pareil en cela
à plus d'un, il vit se voiler en lui ses religions,
s'éclipser et s'éteindre ses soleils, et il fut réduit comme
un autre à dire *non* et *jamais,* après avoir dit *oui* et
toujours.

Éloa ou la Sœur des Anges, mystère, parut en 1824,
cette fois avec le nom de l'auteur : la forme était religieuse, la forme seule ; pour le fond, on était et l'on
nageait en pure poésie. Le sujet pouvait sembler
étrange et bien nouveau, même après Lamartine et
Chateaubriand. Jésus a versé une larme en voyant
Lazare mort, et bien qu'il sût en son cœur qu'il allait
bientôt le réveiller. Or, cette larme donnée par l'amitié,
cette larme divine du Fils, recueillie dans l'urne de
diamant des séraphins et portée aussitôt aux pieds de
l'Éternel, s'anime sous le rayon de l'Esprit-Saint et
devient tout d'un coup une forme blanche et grandis-
sante, un ange, qui répond au nom d'Éloa. C'est toute
une chrétienne et mystique métamorphose. Faut-il
chercher un sens moral, philosophique, à ce poëme?
faut-il n'y voir qu'un thème magnifique et neuf de
poésie? Éloa, cette créature d'amour et de pitié, cette
âme née d'une larme, se sent le besoin d'aimer un
affligé, de consoler un inconsolable, et, parmi tous les
anges, son instinct est de choisir celui précisément qui
a failli, celui qu'on n'ose nommer dans le ciel, Lucifer
lui-même. Elle n'en a entendu dire que du mal à ses
frères les anges, qui ont eu l'imprudence de lui en
parler un jour : c'est assez pour que déjà elle se des-
tine à lui et qu'elle l'aime. Tout ange qu'elle est, Éloa

est bien femme ; ce n'est qu'une nouvelle Ève créée
par le Fils, comme la première l'avait été par le Père,
et qui, comme Ève, tombe aussi, mais de plus haut et
avec infiniment plus de charme. Satan aussi cette fois
se montre plus séduisant que le serpent ; c'est un
Lovelace enchanteur, un don Juan qui a de célestes
murmures. A un moment, il s'en faut même de peu
que le bon principe ne l'emporte sur le mauvais,
qu'Éloa n'attendrisse son tentateur, que la vierge
angélique ne rouvre le ciel au criminel repentant :

> Qui sait ? le mal peut-être eût cessé d'exister !

Mais elle manque l'instant propice ; le démon redevient
plus démon que jamais, et c'est elle-même qui tombe,
qui est entraînée par le ravisseur au fond de l'abîme,
non repentante malgré tout, je le crains, et heureuse
jusque dans sa faute de se perdre à jamais avec lui.

Qu'est-ce que tout cela prouve ? dira un géomètre
ou même un moraliste. Rien sans doute ; ou tout au
plus un moraliste satirique, un auteur de contes et de
fabliaux dirait, en tirant à soi, que cela prouve une
seule chose, ce que Pope et tant d'autres avant lui ont
dénoncé il y a beau jour, que toute femme est plus ou
moins friponne dans le cœur et que la plus pure a un
faible pour les mauvais sujets. Mais loin d'ici de
pareilles malices ! il s'agit bien vraiment de plaisanter !
Les poëtes romantiques de 1824 ne plaisantent pas, ils
n'ont pas le plus petit mot pour rire ; et M. de Vigny
moins encore que personne. Qu'a-t-il donc voulu ce

poëte sérieux, exemplaire, dans ce *mystère* rajeuni et renouvelé? Encore une fois rien, si ce n'est faire acte de haute poésie. Mais aussi que de beaux tableaux! que d'admirables comparaisons! que de couplets majestueux ou pleins de grâce! Éloa, dans ses courses rêveuses à travers les mondes et les déserts étoilés, prenant l'essor avec ses jeunes ailes, est comparée au colibri qui sort tout nouvellement du nid et qui voltige à travers les forêts vierges. Je rappelle, pour ceux qui le savent moins, ce que, tous, nous savions par cœur autrefois :

> Ainsi dans les forêts de la Louisiane,
> Bercé sous les bambous et la longue liane,
> Ayant rompu l'œuf d'or par le soleil mûri,
> Sort de son nid de fleurs l'éclatant colibri;
> Une verte émeraude a couronné sa tête,
> Des ailes sur son dos la pourpre est déjà prête,
> La cuirasse d'azur garnit son jeune cœur;
> Pour les luttes de l'air l'oiseau part en vainqueur...
> Il promène en des lieux voisins de la lumière
> Ses plumes de corail qui craignent la poussière;
> Sous son abri sauvage étonnant le ramier,
> Le hardi voyageur visite le palmier.
> La plaine des parfums est d'abord délaissée,
> Il passe, ambitieux, de l'érable à l'alcée...

Et le reste. Vous avez tous les noms d'arbres les plus harmonieux, les plus doux à l'oreille. C'est éblouissant de ton, de touche, et d'une magnificence élégante que la poésie française n'avait point connue jusqu'alors. — Et au chant II, cette autre comparaison d'Éloa, se mirant dans le Chaos, avec la fille des montagnes se mirant

dans un puits naturel et profond où l'eau pure amassée
réfléchit les étoiles : elle s'y voit, comme dans un ciel,
le front entouré d'un brillant diadème. — Et dans le
même chant, cette comparaison encore (car les comparaisons ici se succèdent et ne tarissent pas) de la jeune
Écossaise, vaguement apparue au chasseur dans la nuée,
au sein de l'arc-en-ciel, avec la belle forme vaporeuse
de l'ange ténébreux aperçu de loin d'abord par Éloa;
— et au chant III, cette dernière image enfin, cette
description si large et si fière de l'aigle blessé qui tente
un moment de surmonter sa douleur, et qui ressemble
plus ou moins au même archange infernal avec sa plaie
immortelle :

Sur la neige des monts, couronne des hameaux,
L'Espagnol a blessé l'aigle des Asturies,
Dont le vol menaçait ses blanches bergeries.
Hérissé, l'oiseau part et fait pleuvoir le sang,
Monte aussi vite au ciel que l'éclair en descend,
Regarde son soleil, d'un bec ouvert l'aspire,
Croit reprendre la vie au flamboyant empire;
Dans un fluide d'or il nage puissamment,
Et parmi les rayons se balance un moment :
Mais l'homme l'a frappé d'une atteinte trop sûre,
Il sent le plomb chasseur fondre dans sa blessure
Son aile se dépouille, et son royal manteau
Vole comme un duvet qu'arrache le couteau;
Dépossédé des airs, son poids le précipite;
Dans la neige du mont il s'enfonce et palpite,
Et la glace terrestre a d'un pesant sommeil
Fermé cet œil puissant respecté du soleil.
— Tel, retrouvant ses maux au fond de sa mémoire,

L'ange maudit pencha sa chevelure noire,
Et se dit. . . . .

C'est merveilleux d'essor, de grandeur et, si j'ose
dire, d'envergure. *Monte aussi vite au ciel que l'éclair
en descend,* est un de ces vers immenses, d'une seule
venue, qui embrassent en un clin d'œil les deux pôles.
M. de Vigny aura jusqu'à la fin, et même dans sa
période déclinante, de ces beaux vers larges qui signent
sa poésie. On n'avait pas encore en français, si l'on
excepte quelques beaux endroits des *Martyrs,* d'aussi
éclatants produits d'un art tout pur et désintéressé.
S'il y a réminiscence de Milton et de Klopstock, ou
encore, parmi les modernes, de Thomas Moore et de
Byron, la combinaison que l'imitateur en avait su tirer
montrait qu'on avait affaire ici à une maîtresse abeille
et qu'un coin de génie existait.

J'ai dit l'abeille, c'est le cygne que j'aurais dû dire.
Cette image du cygne, volontiers employée par lui dans
ses vers, était son propre emblème et revenait involontairement à la pensée en le lisant.

Un tel poëte ne pouvait prétendre pourtant à être
compris de tous et à se voir populaire, même dans la
sphère dite éclairée. M. de Vigny le savait bien, et en
donnant en 1826 ses *Poëmes antiques et modernes,* dont
quelques-uns déjà connus et d'autres inédits, il idéalisa
sous la figure de *Moïse* le rôle du pontificat littéraire et
poétique, tel qu'il le concevait avec ses prérogatives et
ses sacrifices. Dans ce poëme dédié à Victor Hugo,
Moïse, conversant avec Dieu face à face sur la mon-

tagne, se plaignait de sa charge terrible de conducteur
de nation et de sa grandeur solitaire, et il n'était pas
malaisé de deviner le personnage agrandi du poëte sous
le masque du prophète.

> Sitôt que votre souffle a rempli le berger,
> Les hommes se sont dit : Il nous est étranger ;
> Et leurs yeux se baissaient devant mes yeux de flamme,
> Car ils venaient, hélas ! d'y voir plus que mon âme.
> J'ai vu l'amour s'éteindre et l'amitié tarir,
> Les vierges se voilaient et craignaient de mourir.
> M'enveloppant alors de la colonne noire,
> J'ai marché devant tous, triste et seul dans ma gloire,
> Et jai dit dans mon cœur : Que vouloir à présent ?
> Pour dormir sur un sein mon front est trop pesant,
> Ma main laisse l'effroi sur la main qu'elle touche,
> L'orage est dans ma voix, l'éclair est sur ma bouche,
> Aussi, loin de m'aimer, voilà qu'ils tremblent tous,
> Et quand j'ouvre les bras on tombe à mes genoux.
> O Seigneur ! j'ai vécu puissant et solitaire,
> Laissez-moi m'endormir du sommeil de la terre.

Le bon sens dira ce qu'il voudra de cette prétention
ambitieuse, en supposant que l'interprétation que je
donne soit juste ; il trouvera que c'est étrangement
s'octroyer les droits et priviléges d'oint du Seigneur, et
se faire à soi-même avec un suprême dédain les honneurs de la terre ; cela conduira plus tard M. de Vigny
à sa théorie exagérée du poëte, et finalement à cet
Exegi monumentum des *Destinées :* je sais les abus qu'on
a vus sortir et qu'a trop tôt engendrés cette doctrine
superbe tant de l'omnipotence que de l'isolement du
génie ; mais ici, dans ce poëme de *Moïse,* l'idée ne

paraissait qu'enveloppée, revêtue du plus beau voile ;
l'inspiration se déployait grande et haute ; elle restait
dans son lointain hébraïque et comme suspendue à
l'état de nuage sacré. *Moïse,* après tout, n'exprimait
dans sa généralité que « cette mélancolie de la toute-
puissance, comme l'a très-bien définie M. Magnin, cette
tristesse d'une supériorité surhumaine qui isole, ce
pesant dégoût du génie, du commandement, de la
gloire, de toutes ces choses qui font du poëte, du guer-
rier, du législateur, un être gigantesque et solitaire, un
paria de la grandeur. » L'arrière-pensée littéraire et
personnelle, si elle y était déjà, perçait à peine et
n'est sortie qu'après.

Dans *Dolorida,* dans cette scène à l'espagnole d'une
épouse amante qui se venge et qui verse à son infidèle
un poison sûr dont elle s'est réservé le reste pour elle-
même, la forme si dramatique est pourtant bien cher-
chée, bien compliquée, et le dernier vers, qui est tout
un drame, a été préparé avec un art infini, mais un
peu prétentieux. Le sanctuaire tend déjà à devenir un
labyrinthe.

Le roman de *Cinq-Mars,* qui parut en 1826, fit plus
que tous les poëmes pour la réputation de M. de Vigny :
très-lu dans le monde du faubourg Saint-Germain et
dans la jeunesse aristocratique, ce roman eut une
vogue élégante qui ne fut pourtant pas confirmée par
des suffrages plus difficiles. L'école historique des
Thierry, des Thiers, des Guizot et de leurs amis, n'y
reconnut en rien le véritable esprit du genre. Dois-je
le rappeler ici ? écrivant dans *le Globe* à cette date, une

censure sévère du roman de M. de Vigny, censure qui
affaiblissait encore et adoucissait sur quelques points
ce que j'entendais dire autour de moi, fut un de mes
premiers faits d'armes en critique (1). Quoique bien
novice et inexpérimenté alors en matière d'histoire et
en jugement politique, quoique mal édifié sur la vraie
grandeur de Richelieu, j'en savais assez déjà pour relever dans cet ingénieux roman la fausseté de la couleur,
le travestissement des caractères, les anachronismes de
ton perpétuels : non, quoi que de complaisants amis
pussent dire, non, ce n'était pas là du Walter Scott
français; M. de Vigny n'eut jamais, pour réussir à pareil
rôle, la première des conditions, le sentiment et la vue
de la réalité, — j'entends aussi cette *seconde vue* qui
s'applique au passé. Il n'avait que de l'imagination et
de la poésie, et aussi, tout en blâmant beaucoup, je
louai de grand cœur à ce dernier titre le début du
xxiiiᵉ livre, *l'Absence,* dont le mouvement est si heureux
et qui ressemble à un motif d'élégie :

« Qui de nous n'a trouvé du charme à suivre des yeux les
nuages du ciel? Qui ne leur a envié la liberté de leurs
voyages au milieu des airs, soit lorsque, roulés en masse par
les vents et colorés par le soleil, ils s'avancent paisiblement
comme une flotte de sombres navires dont la proue serait
dorée, soit lorsque, parsemés en légers groupes, ils glissent
avec vitesse, sveltes et allongés, comme des oiseaux de passage?... L'homme est un lent voyageur qui envie ces passagers rapides; rapides moins encore que son imagination, ils

(1) 8 juillet 1826.

ont vu pourtant, en un seul jour, tous les lieux qu'il aime
par le souvenir ou l'espérance...

« Où vont-ils les nuages bleus et sombres de cet orage
des Pyrénées? C'est le vent d'Afrique qui les pousse devant
lui avec une haleine enflammée; ils volent, ils roulent sur
eux-mêmes en grondant, jettent des éclairs devant eux...

— « O madame! disait Marie de Mantoue à la reine, voyez-
vous quel orage vient du midi? » — « Vous regardez souvent
de ce côté, ma chère, répondit Anne d'Autriche, appuyée
sur le balcon... »

Hors de là, et à part ces scènes délicates, le roman
de *Cinq-Mars* est tout à fait manqué en tant qu'historique, et pour tout esprit ami de la vérité il ne saurait
se relire aujourd'hui.

Il n'en était pas moins, dans sa nouveauté, un très-
spécieux et très-brillant apanage du poëte. A cette
heure de 1826, M. de Vigny, âgé de vingt-neuf ans,
jouissait d'un rare bonheur et d'une perspective à souhait telle que l'imagination la peut rêver. Il avait fait
ses trois plus beaux poëmes, *Éloa, Moïse, Dolorida* :
il avait atteint un sommet de l'art au-dessus duquel il
ne devait pas s'élever. Peu connu du grand et du gros
public, ignoré même entièrement de la foule (ce qui
est un charme), apprécié seulement d'une noble et
chère élite, il occupait dans la jeune école de poésie,
entre Lamartine, déjà régnant, et Victor Hugo, qu'on
voyait grandir, une position élevée, originale, à laquelle
son épaulette, qu'il ne quitta que l'année suivante,
ajoutait une distinction de plus. Fort lié depuis plusieurs années déjà avec le groupe de poëtes qui précéda la recrue de 1829 et qui eut quelque temps son

centre et son organe à *la Muse française,* il y trouvait
pour son talent une émulation pleine de caresses, un
auditoire tendrement sympathique et comme à son
choix. Tant qu'il avait été dans la garde royale, c'est-
à-dire jusqu'en 1823, il avait vécu à Paris et dans les
cercles littéraires, où il rencontrait habituellement
Soumet, Guiraud, les frères Deschamps et cette charmante et merveilleuse muse, Delphine Gay, alors dans
la fleur naissante de son talent poétique et dans le
premier épanouissement de sa beauté. Le temps écoulé,
— presque un demi-siècle, hélas! — suffit-il à justifier
ici une légère confidence? Mme Sophie Gay écrivait, en
août 1823, à son amie Mme Desbordes-Valmore, qui était
en ce moment à Bordeaux, où M. de Vigny lui-même
était depuis peu en garnison :

« .. Ce charmant Émile (Deschamps) m'a dit que son
cousin M. D... avait le bonheur de vous voir souvent : il
connaît aussi M. de Vigny et je présume qu'en ce moment il
vous a déjà amené le poëte-guerrier. Je vous le dis bien bas,
c'est le plus aimable de tous, et malheureusement un jeune
cœur qui vous aime tendrement et que vous protégez beaucoup s'est aperçu de cette amabilité parfaite. Tant de talent,
de grâces, joints à une bonne dose de coquetterie, ont
enchanté cette âme si pure, et la poésie est venue déifier
tout cela. La pauvre enfant était loin de prévoir qu'une
rêverie si douce lui coûterait des larmes; mais cette rêverie
s'emparait de sa vie. Je l'ai vu, j'en ai tremblé, et après
m'être assurée que ce rêve ne pouvait se réaliser, j'ai hâté le
réveil. — Pourquoi? me direz-vous. — Hélas! il le fallait.
Peu de fortune de chaque côté : de l'un assez d'ambition,
une mère ultra, vaine de son titre, de son fils, et l'ayant déjà
promis à une parente riche, en voilà plus qu'il ne faut pour

triompher d'une admiration plus vive que tendre ; de l'autre, un sentiment si pudique qu'il ne s'est jamais trahi que. par une rougeur subite, et dans quelques vers où la même image se reproduisait sans cesse. Cependant le refus de plusieurs partis avantageux m'a bientôt éclairée ; j'en ai demandé la cause et je l'ai, pour ainsi dire, révélée par cette question. Vous la connaissez et vous l'entendez me raconter naïvement son cœur. Le mien en était cruellement ému... »

Et la mère, dans son légitime orgueil, ajoutait :

« Comment, pensais-je, n'est-on pas ravi d'animer, de troubler une personne semblable ? Comment ne devine-t-on pas, ne partage-t-on pas ce trouble ? Et malgré moi j'éprouvais une sorte de rancune pour celui qui dédaigne tant de biens. Sans doute il ignore l'excès de cette préférence, mais il en sait assez pour regretter un jour d'avoir sacrifié le plus divin sentiment qu'on puisse inspirer, aux méprisables intérêts du grand monde (1). »

(1) Quelques autres passages de ces lettres de Mme Sophie Gay ne déplairont pas : « ... Voilà une confidence qui prouve tout ce « que vous êtes pour moi, chère amie, et je n'ai pas besoin de vous « en recommander le secret. Mais je dois à ce *malentendu* de la « société un chagrin de tous les jours et que vous seule pouvez bien « comprendre. Si vous voyez cet Alfred, parlez-lui de nous et regar- « dez-le ; il me semble impossible qu'un certain nom ne flatte pas « son oreille. Il a de l'amitié pour moi, et je lui en conserve de mon « côté, à travers mon ressentiment caché. Je suis sûre que vous le « partagerez un peu et que vous ne lui pardonnerez pas de ne point « l'adorer. Leurs goûts, leurs talents s'accordaient si bien !... » — Et encore (de Villiers, 14 octobre 1823) : « Que j'ai pensé à vous,. « chère amie, en lisant *Dolorida !* C'est divin ! n'est-ce pas ? Il nous « l'avait déjà dite et redite même. Eh bien ! j'ai trouvé encore plus « de plaisir à la lire. C'est une composition, un tableau admirable. « Le moyen de se distraire d'un démon qui se rappelle à vous par de « tels souvenirs ! Delphine attend avec impatience votre avis sur

M. de Vigny ne se maria qu'en quittant le service :
il n'épousa pas sa riche parente, mais une Anglaise
qu'il avait rencontrée dans le midi et dont le père,
grand original, assure-t-on, avait parfois quelque peine
à se rappeler le nom du poëte son gendre. Un jour à
Florence, à un dîner où était M. de Lamartine, comme
on parlait des jeunes poëtes français du moment : « Et
moi aussi, disait-il, j'en ai un qui a épousé ma fille. »
— « Et son nom? » lui demanda-t-on aussitôt. Et
comme il cherchait dans sa tête sans trouver, il fallut
qu'on lui en nommât plusieurs pour qu'il dît au passage : « C'est lui. »

Je n'eus l'honneur de connaître M. de Vigny qu'en
1828 ; je m'étais fait pardonner, par l'admiration bien
sincère que j'avais pour sa poésie, mon jugement anté-

« cette *Dolorida;* elle espère se dédommager, en citant votre suf-
« frage, de la contrainte qu'elle éprouve en n'osant donner haute-
« ment le sien. J'ai reçu une lettre charmante de l'auteur; mais,
« comme il met les numéros tout de travers, elle ne m'est parvenue
« qu'après des courses sans fin. J'aurais été désolée de la perdre,
« car elle contient des choses ravissantes pour vous. J'avais bien
« prévu qu'il vous sentirait comme moi, c'est la personne du monde
« la plus sensible à la grâce et à l'esprit. Aussi plus j'y pense et
« plus je dis : « C'est dommage! » Le voilà en Catalogne, dit-on.
« La paix ne le ramènera-t-elle pas? Je vais lui répondre au hasard
« sans savoir où le trouver. Si vous en savez quelque chose, vous me
« le direz. N'est-il pas bien ridicule de courir ainsi, encore ma-
« lade? » — Et enfin, à la date du 11 novembre : « Vous connaissez
« sans doute le *Satan* de M. de Vigny. On dit que c'est ravissant
« de grâce et de scélératesse. L'auteur vient à Paris. S'il ne m'ap-
« porte ni lettres ni vers de vous, nous l'étranglerons. Ainsi con-
« servez au monde un homme aimable et un talent divin. » — On
n'est pas fâché de savoir comment se traitaient toutes ces muses
entre elles. On ne se rudoyait pas trop, ce me semble.

rieur sur *Cinq-Mars*. Je viens de relire une douzaine
de lettres de lui qui se rapportent à cette année et aux
suivantes, et j'y ai retrouvé toute une image de ces
temps de vive ardeur et de sympathie mutuelle, les
témoignages précieux d'une expansion trop réprimée
dans la suite et trop combattue. Pourquoi, me suis-je
demandé souvent, pourquoi donc suis-je un critique?
pourquoi n'ai-je pas continué à demeurer le servant
officieux et le défenseur dévoué des mêmes gloires?
pourquoi ce besoin d'analyser, de regarder dedans et
derrière les cœurs, que M. de Vigny, à propos de la
préface des *Consolations*, me reprochait déjà, et que
j'ai appliqué aussi, pour mon malheur et pour mes
péchés, à l'intime perscrutation des talents? Mais pourquoi eux-mêmes ces talents aimés, ces poëtes adoptés,
pourquoi les plus fidèles d'entre eux ont-ils également
changé et varié avec les saisons? pourquoi l'esprit
obéit-il à sa pente? pourquoi la vie a-t-elle son cours
irrésistible? pourquoi, dès qu'on en sort un instant, ne
saurait-on rentrer dans le fleuve au même endroit du
rivage et dans les mêmes flots?

II.

Le théâtre, avec ses concurrences inévitables, fut ce
qui apporta la première division sensible entre les
illustres amitiés de 1829. M. de Vigny eut de ce côté
de grandes ambitions; il ne les réalisa qu'en partie. Il
offrit Shakspeare sur notre scène plus fidèlement qu'on

ne l'avait osé faire jusqu'alors ; son *Othello*, représenté
le 24 octobre 1829, précéda de peu *Hernani*. C'était,
dans sa pensée, un simple prélude pour des œuvres
originales; mais de plus hardis, de plus puissants le
devancèrent et livrèrent les premiers le grand combat.
L'idée de rivalité (je n'ose dire d'envie) se glissa dès
lors dans son esprit et n'en sortit plus. Sa *Maréchale
d'Ancre* ne fut elle-même qu'une tentative (25 juin
1831). En général, au théâtre, M. de Vigny tâtonna
jusqu'à ce qu'il eût obtenu son succès enfin, un succès des plus vifs et des plus saisissants, par son *Chatterton*, représenté le 12 février 1835. Il eut là véritablement ce qu'il appelait « sa soirée, » un triomphe public
qui peut se discuter, non se contester. Il en demeura
sur cette victoire unique et s'y reposa comme sur une
ère mémorable et solennelle, sur une hégire de laquelle
il aimait à dater.

Cependant des éléments nouveaux, et qu'on n'aurait
guère prévus, s'étaient introduits dans sa vie et dans
son talent. Dès 1829, M. de Vigny avait été touché et
comme mis à l'épreuve par les écoles philosophiques
nouvelles qui s'essayaient et qui cherchaient des alliés
dans l'art. M. Buchez et ses amis avaient remarqué au
sein de la jeune école romantique la haute personnalité de M. de Vigny et avaient tenté de l'acquérir : il
résista, mais il fut amené dès lors à s'occuper de certaines questions sociales plus qu'il ne l'avait fait jusque-
là, et, quand il s'occupait une fois d'une idée, il ne s'en
détachait plus aisément. La chute de la royauté légitime en 1830 exerça sur lui et sur sa pensée une grande

influence : cette première monarchie, si elle avait été
plus intelligente, était bien le cadre naturel qui lui
aurait convenu, un cadre noble, digne, élégant, orné
et un peu resserré, plus en hauteur qu'en largeur. En
se brisant par sa faute, elle l'obligea à chercher d'autres points d'appui pour son art, d'autres points de
vue. Elle lui laissa, somme toute, moins de regrets que
de réflexions de toute sorte qu'il se mit à agiter en tout
sens. Il se demanda d'abord ce qu'il aurait fait en ces
journées critiques et sanglantes de juillet 1830, s'il
était resté dans cette garde royale où il comptait tant
d'amis. La lutte de l'honneur et de la raison, du devoir
et de l'humanité, se posa clairement à sa vue. De ses
souvenirs de sa vie de soldat et des problèmes qu'il y
rattachait, sortit ce livre de *Grandeur et Servitude militaires,* un noble livre, tout plein de choses fières, fines,
maniérées et charmantes, où il sculpta d'un ciseau
coquet et qu'il croyait sévère la statue de l'Honneur, le
dernier dieu qu'il eût aimé à voir debout et respecté
au milieu des ruines.

Rien de ce qui est histoire n'y est exact, rien n'y
est vu naturellement ni simplement rendu : l'auteur
ne voit la réalité qu'à travers un prisme de cristal qui
en change le ton, la couleur, les lignes ; il transforme
ce qu'il regarde ; mais, malgré tout, la pensée comme
l'expression ont, à chaque page, une élévation et un
lustre qui attestent un écrivain de prix. Si M. de Vigny
altère et fausse l'histoire, ce n'est jamais par frivo-
lité, c'est par trop de réflexion : c'est qu'il cherche
comme l'alchimiste à transmuer les métaux, à faire

de l'or avec de la terre, du diamant avec du charbon.

Il est des sources dites autrefois merveilleuses, dans lesquelles si l'on plonge une baguette, un rameau vert, on ne les retire que chargés de sels brillants et à facettes, d'aiguilles diamantées, d'incrustations élégantes et bizarres : c'est à croire à une magie, à un jeu de la nature. L'esprit de M. de Vigny ressemblait à ces sources : on n'y introduisait impunément aucun fait, aucune particularité positive, aucune anecdote réelle : elles en ressortaient tout autres et méconnaissables pour celui même qui les y avait fait entrer. C'est ainsi, pour prendre un exemple saillant et qui se rapporte à un autre de ses livres, que sur André Chénier et sur sa prison à Saint-Lazare, tout le récit qu'on lui en avait fait se transforma. M. Gabriel de Chénier dans une rude brochure, M. Molé dans sa réponse académique à M. de Vigny, M. Pasquier en ses Mémoires, tous ceux qui ont vu et su se sont élevés contre cette *transmutation* de la vérité. Lui, il ne pouvait comprendre pourquoi on réclamait si fort et où était la différence. On n'est jamais parvenu à l'éclairer et à le redresser sur un fait. L'idée lui faisait nuage et lui cachait tout.

Les esprits jeunes, poétiques, exclusivement littéraires, les esprits plus ou moins féminins et non critiques, lui donnaient raison aussi par leur émotion. Des divers épisodes qui composent le volume de *Grandeur et Servitude militaires*, celui de *Laurette ou le Cachet rouge*, au moment où il parut dans cette *Revue* (mars 1833), obtint un succès marqué d'attendrisse-

ment et de larmes. « Que me demandez-vous de plus?
pouvait répondre M. de Vigny à ceux qui lui opposaient
un goût plus difficile ; on a lu, on a cru, on a pleuré. »

Un autre problème l'occupait alors et lui tenait
encore plus à cœur que celui des destinées du soldat,
le problème de l'homme de lettres, du poëte, et de sa
situation dans la société : c'est de là que naquirent les
Consultations de son Docteur noir auprès du spleenique
et vaporeux Stello. Dans ce livre, M. de Vigny essaya
de tracer comme l'Évangile littéraire moderne : il y
posa l'antithèse perpétuelle du poëte et du politique,
de l'homme de pensée et de l'homme de pouvoir ; celui-
ci n'était que le pharisien : il assigna au premier sa
mission toute sainte, toute désintéressée, toute pure.
Dans les exemples de Gilbert, de Chatterton et d'André
Chénier, il étalait complaisamment l'image du poëte-
martyr ; il se faisait le pontife des jeunes esprits douloureux.

1830 avait suscité et voyait s'essayer de toutes parts
bien des prophètes et même des demi-dieux. On ne
saurait se le dissimuler, M. de Vigny, à sa manière et
dans sa sphère toute pure et sereine, avait été saisi alors
d'un sentiment analogue, d'un accès de cette fièvre
sociale et religieuse. L'archange avait été tenté, à son
tour, de se faire révélateur. Il avait cru à sa mission,
à son apostolat ; les uns prêchaient pour le prolétaire,
les autres pour la femme : lui, il s'était dit qu'il y avait
à prêcher pour le poëte. On n'a qu'à lire, si l'on en
doutait, la préface qu'il mit au drame de *Chatterton,* et
qui a pour titre : *Dernière nuit de travail. — Du 29 au*

30 *juin* 1834. Le caractère et les termes en sont tout mystiques. Il avait d'ailleurs touché une corde vive. Son *Chatterton*, une fois mis sur le théâtre et admirablement servi par l'actrice qui faisait Kitty Bell, alla aux nues ; il méritait les applaudissements et une larme par des scènes touchantes, dramatiques même vers la fin. C'était éloquent à entendre, émouvant à voir ; mais il faut ajouter que c'était maladif, vaniteux, douloureux : de la souffrance au lieu de passion. Cela sentait, des pieds jusqu'à la tête, le rhumatisme littéraire, la migraine poétique, dont le poëte avait déjà décrit les pointillements aux tempes de son Stello. L'effet n'en était que plus vif et plus aigu auprès d'une génération littéraire atteinte du même mal et très-surexcitée. On aurait plus d'une anecdote curieuse à raconter à ce sujet. Une *Revue* s'étant montrée alors assez sévère, l'irritation dans le camp des néophytes fut extrême, et peu s'en fallut qu'un jeune auteur de sonnets ne provoquât en duel le directeur. Le ministre de l'intérieur, M. Thiers, reçut les jours suivants lettres sur lettres de tous les Chatterton en herbe, qui lui écrivaient : « Du secours, ou je me tue ! » — « Il me faudrait renvoyer tout cela à M. de Vigny, » disait-il en montrant cette masse de demandes.

Je constate la vogue et le succès : ce n'est pas le moment de discuter ici la théorie. Eh ! sans doute, pour le poëte, pour l'homme de lettres véritable, dans cette société où nous sommes, la tâche est rude, et il y a pour les talents plus d'une forme de suicide ou de demi-suicide. En vérité, à bien voir, cette vie n'est

qu'une suite de jougs; on croit s'en délivrer en en changeant. A qui le dites-vous? aurais-je pu répondre
tout le premier à M. de Vigny; poëte à mes débuts, je
l'ai trop éprouvé : j'y ai perdu de bonne heure non
mon feu, mais mes ailes. Et combien d'autres que je
pourrais nommer, esprits délicats, esprits légers, mis
au régime de la corvée, en ont souffert comme moi et
en souffrent encore! Et pourtant je n'ai jamais pu
entrer dans cette idée, dans ce mode de prédication et
d'apostolat où donna M. de Vigny à partir d'un certain
jour. Le danger est trop grand, en voulant favoriser le
talent, de fomenter et d'exciter du même coup la médiocrité ou la sottise. Prenez garde qu'elles ne s'élèvent
par essaims, et que la nuée des moucherons et des fre-
lons n'évince et n'étouffe encore une fois les abeilles.
Et puis, pour parer au mal, il faudrait, à la tête de cet
ordre de la société et dans les premiers rangs du pouvoir, je ne sais quel personnage de tact, de goût à la
fois et de bonté, qui choisît, qui devinât, qui sût, qui
fût comme s'il était du métier et qui n'en fût pas, qui
aimât les belles choses pour elles-mêmes, qui discer-
nât les talents, qui les protégeât sans leur rien demander en retour, ni flatterie, ni éloge, ni dépendance...,
un Mécène comme il ne s'en est jamais vu. Avez-vous
rencontré jamais rien qui ressemblât à un tel homme?

Quant à M. de Vigny, dès cette époque et depuis, il
ne me parut plus le même que ce poëte que nous avions
connu dans les dernières années de la Restauration,
homme du monde, aimable, élevé, solitaire, vivant en
dehors des petites passions du jour, et s'envolant à

certaines heures dans sa voie lactée : le militaire et le
gentilhomme avaient fait place à l'homme de lettres
solennel qui se croyait investi à demeure d'un ministère
sacré; il avait en lui, je le répète, du pontife. Son esprit
comme sa parole avait acquis je ne sais quoi de lent,
de tenace et de compassé, et aussi une sorte d'aigreur
ironique qui me faisait dire que « son albâtre était
chagriné. »

Cette ironie, d'une nature très-fine, mérite peut-être
d'être analysée dans quelques-uns de ses principes et
de ses éléments. Et comment M. de Vigny n'aurait-il
pas été ironique en effet?

1° Il était, par goût et par instinct primitif, le poëte
catholique des mystères, le chantre d'*Éloa*, de *Moïse*,
du *Déluge*, des grandes scènes sacrées, et au fond il ne
croyait pas. Son imagination allait d'un côté, son intelligence de l'autre. Il aurait volontiers senti par l'imagination, et aussi par aristocratie de nature, comme
Joseph de Maistre, et il n'avait pas même au fond la
religion de Voltaire ; il n'avait le plus souvent, en présence de l'univers et de la nature, que le regard silencieux de Lucrèce, avec l'agonie et le dédain de plus.

2° Il était le poëte monarchique né à la vie sociale
avec 1814 et rien qu'avec 1814 ; il avait servi, chanté
même la légitimité ; il aurait aimé par les dehors du
moins, par la noblesse de ses goûts, à rester fidèle à
l'antique tradition, à toutes les vieilles religions de
race et d'honneur : et il en était venu, par l'expérience
et en respirant l'air du siècle, à ne croire que bien peu
aux dynasties et aux chefs d'État, et à concevoir même

un sentiment de répugnance ou d'hostilité secrète contre tout ce qui est proprement politique, contre ce qui n'est pas de l'ordre pur de l'esprit.

3° Philosophe et penseur, se rattachant à quelques égards aux écoles du progrès et de l'avenir, à la religion de l'esprit, il repoussait, par une sorte de contradiction au moins apparente, les voies et moyens de ce progrès moderne et plusieurs des résultats; il s'en prenait aux débats publics, aux discussions éclatantes, à ces chemins de fer qui créent ou qui centuplent les communications humaines et les échanges de la pensée, au développement accéléré et aux conquêtes de la démocratie. Il regrettait de l'ordre ancien plus de choses encore qu'il n'en espérait de l'ordre nouveau; il voulait et il ne voulait pas.

4° Il était devenu, il avait voulu devenir poëte dramatique, et, malgré un succès brillant une fois obtenu et comme surpris, il sentait bien qu'il ne pouvait saisir la foule, qu'il n'était pas de taille à l'enlever, à s'enlacer à elle dans un de ces jeux prolongés, dans une de ces luttes athlétiques où la souplesse s'unit à la force et où les alternatives journalières se résolvent par de fréquents triomphes. Lui, il était resté sous le coup d'un triomphe unique; il y avait mis son signet et avait fermé le livre, ne le rouvrant plus jamais qu'à la même place et se donnant mille prétextes pour ne pas continuer et récidiver.

Enfin, s'il faut bien le dire, il était amoureux, et sans nous permettre assurément de regarder dans les choix délicats qu'il a pu faire, ni parmi les tendres

beautés qu'il a célébrées sous les noms d'*Eva* ou
d'*Eloa*, il est impossible de ne pas voir ce qui fait
partie de sa vie de théâtre et ce qui a éclaté. Il s'était
avisé un jour de porter dévotement son cœur et son
culte à une personne d'un grand talent, mais des moins
préparées à coup sûr pour une telle offrande, et qui
elle-même, si on avait pu l'ignorer, aurait divulgué le
mystère (1). L'illusion de sa part dura des années : on
avait beau se dire dans ce monde des poëtes que la
passion explique tout, excuse tout, purifie tout, le contraste ici était trop frappant, et plus d'un ancien
admirateur d'*Eloa* ne pouvait s'empêcher de murmurer
dans son cœur : « Sur quel sein cette larme de Jésus-
Christ est-elle allée tomber! » M. de Vigny s'en aperçut lui-même un peu tard, mais il s'en aperçut : son
poëme de *la Colère de Samson* l'atteste.

De tous ces éléments contradictoires combinés et
pétris ensemble, et de bien d'autres que j'ignore, il
était résulté à la longue dans cette nature poétique et
fine une infiltration sensible, une ironie particulière
qui n'était qu'à lui, — l'ironie de l'ange dont la lèvre
a bu à l'éponge imbibée de vinaigre et de fiel. Pendant
plus de vingt-cinq ans, à qui l'observait bien, l'auteur
de *Stello* et de *Chatterton*, retranché dans sa discrétion
hautaine, put paraître un malade lui-même, d'un
genre de maladie subtile et rare, propre aux choses
précieuses. « Il est malade, me disait un jour quel-

(1) Voir au tome XVIIIe des *Mémoires* d'Alexandre Dumas,
pages 157 et suivantes. M. de Vigny put lire ces pages publiées à
Bruxelles en 1853.

qu'un qui le connaissait bien, de la *maladie des perles*.
On ne les guérit qu'en les portant. »

Si on le portait en effet, c'est-à-dire si on l'écoutait,
si on consentait à ne rien perdre de ses paroles, si l'on
perçait par delà cette couche première et comme ce
premier enduit d'un amour-propre à la fois satisfait et
souffrant, on retrouvait l'amabilité, la distinction poétique infinie, les images, les comparaisons ingénieuses
et méditées. Quelqu'un a dit : « Il faut écrire comme
on parle, et ne pas trop parler comme on écrit. »
M. de Vigny ne suivait pas le précepte : il conversait
comme il écrivait; il pointillait chaque mot; il laissait
peu pénétrer d'idées étrangères dans le tissu serré et
le fin réseau de sa métaphore ou de son raisonnement.
Mais ce qui est certain, c'est que dans le tête-à-tête il
dévidait devant vous de fort jolies choses, des choses
pensées et perlées, lorsqu'on lui laissait le temps de
les dire et qu'on avait la patience de les entendre.

III.

Le discours de réception de M. de Vigny à l'Académie française est devenu le sujet de mille commentaires et presque d'une légende : étant parfaitement
informé de tout ce qui se rapporte à cet événement
littéraire, je demande à dire ce que je sais, en invo-
quant au besoin d'autres témoins qui pourront dire si
je m'écarte en rien du vrai et si j'exagère.

Il est bon, pour bien comprendre la situation acadé-

mique de M. de Vigny, de remonter un peu plus haut.
L'école romantique avait forcé les portes de l'Académie, mais sans entrer en masse et tout d'un flot : la
porte s'ouvrait ou plutôt s'entre-bâillait de temps en
temps, puis se refermait pour ne se rouvrir que d'intervalle en intervalle. On aurait dit d'une loi cachée
qui avait ses intermittences et ses échelons. Lamartine, s'il est permis de le rapporter à aucune école,
avait été accueilli dès 1829 : Charles Nodier fut admis
sans difficulté en 1834; Victor Hugo, tant combattu,
entra par la brèche en 1841. Le plus fort semblait fait.
Deux fauteuils étaient vacants en 1844 par la mort de
Casimir Delavigne et de Charles Nodier lui-même :
M. Mérimée et moi, nous étions sur les rangs; M. de
Vigny s'y mettait aussi. Je ne me ferai pas plus
modeste que je ne le suis, mais si M. de Vigny avait eu
la moindre chance d'entrer à ce moment, je me fusse
volontiers et à l'instant effacé devant lui, accordant le
pas à l'éminence du talent, ou même seulement à la
prééminence de la poésie ; car ce n'était pas à titre de
poëte que mes amis me présentaient, c'était comme un
simple critique et prosateur. Je me serais donc gardé
d'engager la lutte avec un si noble devancier; mais
M. de Vigny, à vue d'œil et malgré l'éclat de ses titres,
n'avait aucune chance de succès à ce moment-là.
M. Victor Hugo pourtant croyait devoir à une ancienne
amitié et à l'ordre des mérites de le porter, de le
mettre en avant. C'est dans cette situation que des
amis de M. Mérimée et de moi, — et pourquoi ne
nommerais-je pas le principal d'entre eux, celui qui

nous honorait le plus hautement alors de son appui,
M. le comte Molé? — c'est alors, dis-je, que ces académiciens de nos amis songèrent à promettre leur
prochain concours à la nomination du poëte : notre
propre nomination à nous-mêmes en devenait plus
assurée. M. Molé, deux jours avant notre élection, en
alla causer avec M. Hugo à la Place-Royale, et, loin de
se montrer contraire à M. de Vigny, il fit M. Hugo con-
fident de tout son bon vouloir, et lui garantit même
celui de quelques-uns de ses amis pour la prochaine
occasion. Cette occasion s'offrit bientôt : nous étions
nommés à peine, M. Mérimée et moi, qu'un nouveau
fauteuil devenait vacant par le décès de M. Étienne,
et les bonnes paroles dites en faveur de M. de Vigny
se réalisaient; il se voyait nommé (1845) par le concours de M. Molé et de ses amis, tant il est faux de dire
qu'il y ait eu de ce côté hostilité d'école ou de principes
littéraires contre lui et contre la nature de son talent.

M. Molé, qui se trouvait directeur de l'Académie,
avait donc en cette qualité à recevoir M. de Vigny,
qu'il avait efficacement contribué à faire nommer et
pour qui il avait voté lui-même : voilà le point de
départ véritable et des moins compliqués. Dans l'intervalle de l'élection de M. de Vigny à sa réception,
que se passa-t-il? Le poëte dut sans doute envoyer le
recueil de ses OEuvres à M. Molé et les accompagner de
quelques visites. Je ne répondrais pas que dans ces
visites M. de Vigny ne se soit pas montré plus homme
de lettres qu'il ne convenait peut-être à un homme du
monde, qu'il n'ait point essayé de parler de lui comme

il aurait désiré qu'on en parlât, qu'il n'ait point offert
peut-être de donner une clef de sa pensée et de ses
écrits à l'homme d'esprit qui se croyait fort en état
de s'en passer ou de la trouver de lui-même. Je soup-
çonne fort qu'il en fut ainsi : aux yeux de M. de Vigny,
toute son œuvre se présentait comme une suite de cel-
lules plus ou moins mystérieuses ou de sanctuaires qui
se commandaient et dont l'un menait nécessairement à
l'autre; il y fallait, selon lui, quelque initiation.
M. Molé n'était pas homme à se laisser initier, ni à
recevoir de la main à la main le fil conducteur. Jeune,
il avait vécu dans l'intimité de Fontanes, de Joubert,
de Chateaubriand; il était resté des plus délicats en
matière littéraire, et même chatouilleux, si l'on peut
dire. Il n'aurait supporté de la part de personne qu'on
lui fît sa leçon sur ce chapitre, et M. de Vigny, par
trop d'insistance, put bien commencer dès lors à l'aga-
cer un peu. Quoi qu'il en soit, les discours faits, ils
durent être lus avant la séance publique, et selon
l'usage, devant une Commission de l'Académie. Je puis
assurer que, dans cette réunion qui précéda de deux
ou trois jours la séance solennelle, ces deux discours,
qui devaient prendre une physionomie si accentuée en
public, lus sans emphase et sans mordant, et comme
il convenait à des lecteurs assis en petit comité autour
d'un tapis vert, ne choquèrent personne, pas même le
récipiendaire. Quelques observations furent faites, qui
n'avaient aucune intention blessante, ni aucun caractère d'hostilité ni d'aigreur : elles portèrent uniquement sur l'exactitude de certains faits et de certaines

interprétations historiques. En se levant après la lecture, M. de Vigny prit non pas la main, mais les deux mains de M. Molé, en le remerciant et en l'assurant qu'il n'avait pas moins attendu de sa courtoisie et de sa bienveillance. Bien que fort contredit dans cette réponse du directeur, il ne crut pas sans doute qu'elle pût nuire à son succès.

Comment put-il donc se faire qu'à la séance publique les discours aient rendu un effet et un son tout différents? A cela je dirai pour réponse : Comment se fait-il que la première représentation d'une œuvre dramatique trompe si souvent la prévision et l'attente de ceux qui ont assisté à une répétition générale? C'est une seule et même question. La séance publique fut ici, en effet, des plus dramatiques; elle le devint, et voici comment.

Et dans ce qui suit, ou je me trompe fort, on peut trouver une leçon d'art et de goût oratoire, un petit supplément anecdotique à ajouter à toutes les rhétoriques connues. J'y voudrais un chapitre qui aurait pour titre : *Des effets d'audience,* et ceci en ferait partie.

M. de Vigny avait écrit un discours fort long, dont le sujet principal, comme on sait, était l'éloge de M. Étienne; ce discours, le plus long qui se fût jusqu'alors produit dans une cérémonie de réception, il trouva moyen de l'allonger encore singulièrement par la lenteur et la solennité de son débit. Qui ne l'a pas entendu ce jour-là n'est pas juge. L'éloquence, on le sait, est tout entière dans le geste, dans le jeu, dans

l'action. M. de Vigny était volontiers formaliste et sur
l'étiquette : il le fut cent fois plus en ce jour où il semblait contracter les nœuds de l'hyménée académique.
Je me rappelle que, quelques instants avant la séance,
M. de Vigny en costume, mais ayant gardé la cravate
noire, « par un reste d'habitude militaire, » disait-il,
rencontra dans la galerie de la Bibliothèque de l'Institut, et au milieu de la foule des académiciens, Spontini, également en grand costume et affublé de tous
ses ordres et cordons (1); il alla à lui les bras ouverts
et lui dit d'un air rayonnant : « Spontini, *caro amico,*
décidément l'uniforme est dans la nature. » Ce mot,
qui de la part d'un autre eût été une plaisanterie, n'en
était pas une pour lui et eût pu s'appliquer à lui-même.
La cérémonie commença. Son discours élégant et compassé fut débité de façon à donner bientôt sur les
nerfs d'un public qui était arrivé favorable. M. de
Vigny était naturellement presbyte, et, ne voulant ni
lunettes ni lorgnon, il tenait son papier à distance.
Qui ne l'a pas ouï et vu, ce jour-là, avec son débit précieux, son cahier immense lentement déployé et ce
porte-crayon d'or avec lequel il marquait les endroits
qui étaient d'abord accueillis par des murmures flatteurs ou des applaudissements (car, je le répète, la
salle n'était pas mal disposée), ne peut juger, encore
une fois, de l'effet graduellement produit et de l'alté-
ration croissante dans les dispositions d'alentour.

---

(1) Spontini ne portait pas seulement l'habit académique, il
était le seul de tout l'Institut qui portât aussi le pantalon à palmes
vertes.

L'orateur, sans se douter en rien de l'impression générale, et comme s'il avait apporté avec lui son atmosphère à part, comme s'il parlait enveloppé d'un nimbe,
redoublait, en avançant, de complaisance visible, de
satisfaction séraphique; il distillait chaque mot, il
adonisait chaque phrase. Le public, qui avait d'abord
applaudi à d'heureux traits, avait fini par être impatienté, excédé et, pour tout dire, irrité. Le désaccord
entre l'orateur et lui était au comble. Lorsque M. Molé,
qui, sans doute, en sa qualité d'homme délicat, avait sa
part de cette irritation générale, commença d'un ton
net et vibrant, ce fut une détente subite et comme une
décharge d'électricité. L'auditoire se mit à respirer, à
sourire, à applaudir, à donner à chaque parole, depuis
le commencement jusqu'à la fin, une intention et une
portée qu'elle n'avait pas eues, et que personne n'aurait soupçonnées à la lecture devant la Commission.
C'était exactement le même discours, et il paraissait
tout autre. Chaque auditeur était devenu un collaborateur qui ajoutait son sel le plus piquant et qui avait
à se venger de son ennui. Je ne dis rien ici qui ne soit
littéralement exact. Il y a dans tout succès dramatique
(et ce fut un succès dramatique que celui du discours
de M. Molé), il y a ce qui est dans l'œuvre même et
ce qui est à côté, et cette dernière part est souvent
celle qui compte le plus. Le discours de M. de Vigny,
avec les circonstances du débit, fut la principale cause
du succès de l'orateur rival, devenu tout d'un coup
adversaire. Après un spirituel discours de M. de Vigny,
débité avec bon goût et bonne grâce, on eût trouvé

M. Molé trop sec et trop sobre d'éloges : on le trouva
juste, au contraire ; que dis-je ? on le trouva vengeur
et charmant.

Une circonstance particulière et que j'allais oublier
avait contribué, dès les premiers moments du discours
de M. Molé, à armer ce discours en guerre, à l'amorcer
en ce sens. Il faut savoir en effet que les discours com-
muniqués à l'avance, une fois lus et arrêtés, on n'y
doit plus rien changer. Or M. de Vigny, ayant réfléchi
à quelques-unes des objections qu'on lui avait faites
devant la Commission sur certains faits graves imputés
par lui au premier Empire, avait, tout bien considéré,
supprimé au dernier moment une des phrases qu'il
devait lire ; il n'en avait point fait part à M. Molé,
comme il l'aurait dû, et celui-ci se trouvait ainsi
répondre à une phrase qui était retirée. Quand il en
fut à cet endroit de sa lecture, il en fit la remarque
dans une parenthèse qui fut avidement saisie ; mais ce
ne fut là qu'un incident, et le courant électrique se prononçait déjà dans l'assemblée, en vertu d'une influence
à laquelle personne, parmi les présents, n'échappa.
Voici quelques-uns des mots qu'on distinguait dans le
chorus universel. Le poëte Guiraud, l'ami de M. de Vigny, disait en sortant de la séance : « Mon amitié a
souffert, mais ma justice a été satisfaite. » M. Mérimée
disait plaisamment que « M. Molé avait sauvé la vie à
M. de Vigny ; car, si le directeur de l'Académie n'avait
pas fait cette exécution, le public était si irrité qu'il se
serait fait justice de ses propres mains. » M. Droz,
l'indulgent Droz, le moins épigrammatique des hommes,

traduisait ainsi l'impression qu'il avait reçue de ce discours : « M. de Vigny a commencé par dire que le public était venu là pour contempler son visage, et il a fini en disant que la littérature française avait commencé avec lui. » — « On me dit que M. de Vigny a été immolé à cette séance, ajoutait un autre académicien ; pour moi, je n'ai vu en lui qu'un pontife, et rien ne ressemblait moins à un martyr. »

Le récipiendaire fut quelque temps à se faire illusion et à s'apercevoir de la réalité des choses. Un de ses amis l'abordant au sortir de la séance : « Eh bien, je vous l'avais bien dit que votre discours était un peu long. » — « Mais je vous assure, mon cher, répondit-il magnifiquement, que je ne suis pas du tout fatigué. » Il en était encore à se rendre compte que c'était de l'effet sur le public qu'il s'agissait. Il n'avait donc pas entendu le murmure d'approbation qui avait salué au passage cette phrase de M. Molé s'excusant d'être un peu long : « Mais j'oublie trop, je le crains, *la fatigue de cette assemblée.* » L'assemblée avait témoigné, à n'en pouvoir douter, combien elle donnait son assentiment à cette parole, qui, dans tout autre cas, eût passé inaperçue et n'eût semblé qu'une politesse oratoir.

Cependant il n'y eut pas moyen pour lui de se méprendre plus longtemps sur l'impression générale, lorsque des amis l'eurent éclairé de toutes parts, comme on avait éclairé autrefois M. de Noyon ; mais ici il n'y avait rien eu de prémédité, comme cela avait eu lieu pour M. de Noyon, raillé et joué par l'abbé de

Caumartin (1) : la seule opposition sérieuse et réelle avait été dans la contradiction nécessaire et, s'il faut le dire, l'incompatibilité d'un esprit fin, net, positif, pratique, tel que celui de M. Molé, en face d'un talent élevé, mais amoureux d'illusions et sujet aux chimères. La malice et l'irritabilité du public avaient fait le reste. M. de Vigny, m'assure-t-on, prétendait, par suite de cette même illusion encore, que le discours devenu si désagréable pour lui n'était plus exactement le même que celui qu'il avait entendu à huis clos deux jours auparavant, et dont il avait remercié spontanément l'auteur. Il se crut mystifié, sans qu'on pût jamais le détromper là-dessus. Il refusa obstinément d'être présenté au roi, comme c'était l'usage, par le même directeur qui l'avait reçu. Pendant trois séances consécutives (février 1846), l'Académie eut à s'occuper de cette affaire et de ce refus : rien n'y fit. Nous eûmes là sous les yeux, comme matière de méditation, au besoin, et comme sujet d'étude morale, la plaie exposée à nu, l'image d'une mortification froide et incurable.

Ayant eu à rendre compte dans la *Revue* de la séance de réception (2), je le fis avec tous les ménagements qu'on devait à un homme d'un talent aussi élevé et en passant aussi légèrement que je pus sur la blessure. Je doute qu'il m'en ait su gré.

(1) Voir au tome XI des *Causeries du Lundi* une *Réception académique* en 1694.

(2) Dans le n° du 1ᵉʳ février 1846; la séance avait eu lieu le 29 janvier. — (Voir au tome III des *Portraits littéraires,* édition de 1864.)

Aujourd'hui les choses ont changé de point de vue :
les deux acteurs du drame académique ont disparu de
la scène du monde. Celui des deux qui n'était pas
homme de lettres est volontiers sacrifié dorénavant par
ceux qui sont du métier et qui prennent parti selon
leurs préventions, sans savoir ni le premier ni le dernier mot de la comédie. Les discours écrits ont repris
toute leur froideur sur le papier, et il est difficile, en
les lisant, et même en y remarquant l'opposition constante des points de vue, d'y deviner l'occasion et le
prétexte de tant de vivacité égayée et bruyante. J'ai
dû, comme je l'aurais fait dans une page de Mémoires,
rappeler, puisque je l'avais très-présente, l'*action* elle-
même, et surtout ne pas laisser travestir et dénaturer
le personnage de M. Molé, de l'homme d'une rare distinction, qui eut de son côté ce jour-là, comme cela lui
arriva souvent, le véritable esprit français, le tact et le
goût. Il n'y eut d'un peu trop acéré dans son fait que
l'accent; mais que voulez-vous? une heure et demie
d'impatience et d'agacement, cela se paye comme on
peut : on n'est pas Français pour rien, et M. Molé l'était
jusqu'au bout des ongles. Sans doute, si l'on considérait les gens de lettres comme solidaires entre eux et
faisant corps ou secte (ainsi que M. de Vigny y incli-
nait), il faudrait se boucher les yeux et les oreilles et se
soutenir les uns les autres *quand même,* envers et contre
tous. Ce n'est pas mon cas, et il y a longtemps, grâce
à Dieu, que je ne suis d'aucun couvent. Aussi ai-je mon
avis, et je l'exprime au naturel. Dans ce duel si fortui-
tement engagé avec M. Molé, les supériorités poétiques

de M. de Vigny sont hors de cause et demeurent hors
d'atteinte; mais dans les sphères humaines et même
littéraires, c'est quelque chose aussi qu'un esprit fin,
un esprit juste et un bon esprit.

IV.

Les Destinées, recueil posthume de M. de Vigny et
dont les pièces, pour la plupart, avaient paru déjà dans
cette *Revue,* ont été généralement bien jugées par la
critique : elles sont un déclin, mais un déclin très-bien
soutenu; rien n'y surpasse ni même (si l'on excepte un
poëme ou deux) n'égale ses inspirations premières,
rien n'y déroge non plus ni ne les dément. Le recueil
est digne du poëte. La première pièce, qui a donné le
titre au volume, a quelque chose de fatidique et d'énig-
matique comme les oracles. Les Destinées, ces antiques
déesses qui tenaient les races et les peuples sous leur
ongle de fer, régnaient visiblement sur le monde; mais
la terre a tressailli, elle a engendré son sauveur, le
Christ est né! Les filles du Destin se croient dépossé-
dées du coup et vaincues; elles remontent au ciel pour
y prendre le nouveau mot d'ordre et demander la loi
de l'avenir; mais elles redescendent bientôt sous un
nouveau titre : la *Grâce* les renvoie et les autorise de
nouveau. Ce que le chrétien appelle la Grâce n'est en
effet que la fatalité baptisée d'un nouveau nom. Les
Destinées, moyennant détour, ressaisissent donc leur
empire, et il reste douteux que, même sous la loi de

grâce, l'homme soit plus libre et plus maître de soi qu'auparavant :

> Oh ! dans quel désespoir nous sommes encor tous !
> Vous avez élargi le collier qui nous lie,
> Mais qui donc tient la chaîne ?—Ah ! Dieu juste, est-ce vous ?

La réponse ne vient pas. Le poëte, dans tout ce recueil, n'obtient à ses questions aucune réponse consolante. — Cette pièce des *Destinées* est du plus grand style et rappelle les mythes antiques, ce qu'on lit dans Eschyle, dans Hésiode, ce qu'on se figure de la poésie orphique, de celle des Musée et des Linus. J'y vois encore la contre-partie de l'Églogue à Pollion : Virgile entr'ouvrait le ciel sur la terre, M. de Vigny le referme.

Les mêmes questions redoutables reviennent dans la pièce qui a pour titre *le Mont des Oliviers* et qui nous rend l'agonie du Christ. Le Christ demande à son père le prix de sa venue : il pose les éternels problèmes du bien et du mal, de la vérité et du doute, de la vie et de la mort, de la Providence et du Hasard, tous les pourquoi possibles, en philosophie naturelle, en philosophie morale, en politique :

> Et si les nations sont des femmes guidées
> Par les étoiles d'or des divines idées,
> Ou de folles enfants sans lampes dans la nuit,
> Se heurtant et pleurant, et que rien ne conduit ?...

Ce poëme est des plus beaux par la pensée. Jésus, à toutes les questions qu'il adresse au Père dans son angoisse, ne reçoit aucune réponse ; et pour trancher l'agonie, au milieu de cette nature muette, c'est Judas seul qu'on entend rôdant déjà avec sa torche : d'où le poëte conclut que, puisque le Ciel a laissé sans réponse le Fils de l'homme, dorénavant.

> Le juste opposera le dédain à l'absence
> Et ne répondra plus que par un froid silence
> Au silence éternel de la Divinité.

M. de Vigny, dans cette pièce écrite en 1862, dix-huit mois environ avant sa mort, gravait en quelque sorte son testament philosophique, et lui-même il a pratiqué ce silence austère dans son année finale de souffrance et d'agonie. Il a dit quelque part encore ailleurs, dans ce volume :

> Seul le silence est grand, tout le reste est faiblesse !

Il y a trois beaux silences chez les grands auteurs de l'antiquité : celui d'Ajax aux Enfers dans l'*Odyssée*, lorsqu'à jamais furieux et dans sa rancune jalouse pour l'héritage perdu des armes d'Achille, il dédaigne de répondre aux avances d'Ulysse ; celui d'Eurydice dans l'*Antigone* de Sophocle, lorsque, apprenant la mort de son fils, elle sort sans dire un seul mot pour se tuer ; celui enfin de Didon aux Champs-Élysées de Virgile, lorsqu'elle ne répond aux tendresses tardives d'Énée que par un muet regard de mépris. Dans les trois cas sublimes, un même effet est produit par la haine orgueilleuse d'un héros, par la douleur délirante d'une mère, par le ressentiment implacable d'une amante. M. de Vigny a trouvé un quatrième et non moins superbe silence : celui du poëte.

Un grand désespoir est l'inspiration générale de ces pièces des dernières années, — un sentiment d'abnégation, combattu par je ne sais quel autre sentiment qui dit au poëte d'espérer en l'esprit, en l'avenir de l'esprit, et contre toute espérance même. *La Bouteille à la mer* exprime sous une forme saisissante cette disposition stoïque et funèbre. On est dans un grand naufrage; qui que tu sois, passager ou capitaine, lutte jusqu'au bout, fais ce que dois; qui sait?... peut-être!

La Mort du loup, qui est dans la même intention stoïque, marque un peu trop le parti pris de chercher partout des sujets de poésie philosophique et méditative; l'apostrophe aux *sublimes animaux* vient un peu singulièrement à propos de cet animal féroce que je n'avais jamais vu tant idéalisé que cela. Les chasseurs en savent là-dessus plus long que moi; mais ici il me paraît qu'il y a un peu trop de désaccord entre la bête prise pour emblème et la moralité trop quintessenciée.

La Sauvage, qui exprime le contraste de la vie errante primitive avec la colonisation la plus civilisée, est mieux conçue et contrastée : c'est l'éloge de la famille anglaise, du *comfort* anglais, de la religion biblique anglicane. L'idée y est supérieure à l'exécution; la pièce paraît longue, et un peu d'ennui s'y glisse. Une grave inexactitude s'y fait remarquer : Caïn y est représenté comme laboureur, et c'est à bon droit; mais Abel, le pastoral Abel, y est donné comme chasseur et hantant les forêts, ce qui n'est pas juste.

Dans le *Joueur de flûte,* le poëte a essayé de la poésie familière; un sentiment d'humilité et de fraternité qui ne lui est pas habituel l'a inspiré : il explique par une image sensible, empruntée à l'instrument de buis, les désaccords, les fautes et les gaucheries de l'exécution en toute œuvre de l'esprit et de l'art. Il s'en prend, en général, des imperfections moins au joueur lui-même qu'à la flûte. Les derniers vers, où il montre le pauvre mendiant, tout réconforté et encouragé par de bonnes paroles, se remettant à jouer et jouant mieux qu'il n'avait jamais fait, sont des plus heureux :

> Son regard attendri paraissait inspiré,
> La note était plus juste et le souffle assuré.

Il y a pourtant quelques gaucheries dans cette pièce même. En un endroit, on se demande ce que c'est que

> Le bon Sens qui se voit, la Candeur qui l'avoue,

avec leurs majuscules. Ce n'est pas seulement prétentieux, c'est au rebours de l'intention; car, précisément, *le bon sens* et la *candeur* vont tout droit leur chemin et n'ont pas de grandes lettres sur leur chapeau.

La Maison du Berger, dédiée à Éva, débute par un beau mouvement :

> Si ton cœur, gémissant du poids de notre vie,
> Se traîne et se débat comme un aigle blessé,
> Portant comme le mien, sur son aile asservie,
> Tout un monde fatal, écrasant et glacé;
> S'il ne bat qu'en saignant par sa plaie immortelle,...

si tu souffres trop enfin, viens, lui dit-il ; laisse là les
cités ; la nature t'attend dans son silence et ses soli-
tudes. — Et c'est alors qu'il offre à la belle et pâle
voyageuse, comme aux premiers jours du monde, la
hutte roulante du berger. L'invective contre les chemins de fer suit de près ; il s'y voit de bien beaux
vers :

> Évitons ces chemins. Leur voyage est sans grâces,
> Puisqu'il est aussi prompt, sur ces lignes de fer,
> Que la flèche lancée à travers les espaces
> *Qui va de l'arc au but en faisant siffler l'air.*
> . . . .
> On n'entendra jamais piaffer sur une route
> *Le pied vif du cheval sur les pavés en feu ;*
> Adieu, voyages lents, bruits lointains qu'on écoute,
> Le rire du passant, les retards de l'essieu...

Tout ce passage est charmant ; il y en a de très-élevés :
la nature parle et dit d'admirables choses dans son im-
passible dédain pour la fourmilière humaine :

> On me dit une mère, et je suis une tombe !

Il revient, vers la fin, à sa maison de berger, qui est,
il faut en convenir, un véhicule plus poétique que
commode ; mais de beaux vers font tout pardonner. Il
promet à Éva de lui dire ses propres poëmes, assis
tous deux au seuil de la maison roulante :

> Tous les tableaux humains qu'un Esprit pur m'apporte
> S'animeront pour toi quand, devant notre porte,
> *Les grands pays muets longuement s'étendront.*

Voilà un vers à joindre au *Pontum adspectabant
flentes* de Virgile, à ces longues *vallées sacrées* que l'errant Ulysse voit si souvent se dérouler devant ses yeux
dans les contrées désertes qu'il a à traverser chez
Homère, — un vers presque égal lui-même à l'immensité.
C'est ce côté de M. de Vigny qu'il faut maintenir, et
que tous les échecs académiques ne sauraient atteindre.
Il avait du grand sous le pointillé.

Mais la pièce, selon moi, la plus belle du recueil,
et au moins égale, je le crois, à n'importe lequel de ses
anciens poëmes, c'est *la Colère de Samson,* écrite en
1839 et restée inédite jusqu'ici.. Le poëte a été trompé
par la femme; il a été trahi et vendu ou du moins
raillé, et il le dira; il le dira à sa manière, sous un
masque grandiose, hébraïque, impersonnel; c'est l'antique Samson qui parlera pour lui. Samson est assis
dans sa tente au désert, et Dalila, la tête appuyée sur
les genoux de l'homme puissant, repose avec noncha-
lance. L'heure, le moment, l'attitude, sont décrits par
un poëte qui a retrouvé ses plus jeunes pinceaux.
Samson se plait à bercer la belle esclave et lui chante
en hébreu une chanson funèbre dont elle ne saisit pas
le sens :

> Elle ne comprend pas la parole étrangère,
> Mais le chant verse un somme en sa tête légère.

Et cependant Samson, à ce moment où il montre tant
de douceur et de complaisance, sait tout : il sait la
ruse de la femme, ses perfides confidences à son sujet,
ses intelligences avec l'ennemi, et que la femme est et

sera toujours Dalila. Trois fois déjà il a tout su, trois
fois il l'a vue en pleurs et lui a pardonné. Que voulez-
vous? le plus fort, à ce jeu, est aussi le plus faible :

L'homme a toujours besoin de caresse et d'amour...
Quand ses yeux sont en pleurs, il lui faut un baiser...

Dalila pourtant, cette Dalila qui dort sur ses genoux,
s'est cruellement jouée de lui; elle s'est vantée, entre
autres choses, de tout lui inspirer sans rien ressentir :

A sa plus belle amie elle en a fait l'aveu :
Elle se fait aimer sans aimer elle-même;
Un maître lui fait peur. C'est le plaisir qu'elle aime;
L'Homme est rude et le prend sans savoir le donner.
Un sacrifice illustre et fait pour étonner
Rehausse mieux que l'or, aux yeux de ses pareilles,
La beauté qui produit tant d'étranges merveilles...

En un mot, Dalila est fière de Samson, voilà tout; il
lui fait honneur devant le monde, il la décore et la
rehausse en public; mais elle ne l'aime pas; il ne
l'amuse pas : elle met ses goûts moins haut. Cette
Dalila des Philistins est capable, comme une Dalila de
Paris, de dire à sa meilleure amie ce mot du cœur qui
a été dit bien réellement et qui peint toutes les Dalila :
« Vois-tu, ma chère, plus je vais, et plus je sens qu'on
ne peut bien aimer que celui qu'on n'estime pas. »
Samson est donc à bout, non de pardon, mais de
courage; il a la nausée de tout; il donnerait sa vie
pour rien; il ne daigne plus la préserver ni la défendre,
et il le dit en des termes d'une superbe amertume, qui

rappellent en leur genre le *Moïse* du poëte et ses
lassitudes mortelles :

> Mais enfin je suis las. J'ai l'âme si pesante,
> Que mon corps gigantesque et ma tête puissante,
> Qui soutiennent le poids des colonnes d'airain,
> Ne la peuvent porter avec tout son chagrin.
> Toujours voir serpenter la vipère dorée
> Qui se traîne en sa fange et s'y croit ignorée ;
> Toujours ce compagnon dont le cœur n'est pas sûr,
> La Femme, enfant malade et douze fois impur !...

M. Michelet envierait ce dernier vers. Aristophane a
dès longtemps appelé les femmes τὰς οὐδὲν ὑγιὲς, les
rien-de-sain.

Danton disait : « Je suis saoûl des hommes. » Samson, à sa manière, le dit des femmes ; il a trouvé la
femme « plus amère que la mort. » Il s'abandonne, de
guerre lasse, à sa destinée, et Dalila le livre. Mais si sa
carrière de défenseur et d'athlète d'Israël est perdue,
si ses yeux sont à jamais éteints, les cheveux ont
repoussé à Samson et avec eux ses forces : il renverse
un jour le temple de Dagon, écrase d'un seul coup ses
trois mille ennemis, et il est vengé.

Ce *Samson* va rejoindre, dans l'œuvre de M. de Vigny,
son *Moïse,* et si j'avais aujourd'hui à nommer ses trois
plus beaux et plus parfaits poëmes, je dirais : *Éloa,
Moïse* et *la Colère de Samson.* Il se sent même, dans ce
dernier, un feu et un mordant qui le rend bien autrement vivant que les deux autres. La forme est idéale
toujours ; mais elle a comme sa trempe d'amertume ;

le vase porte, cette fois, les marques de la flamme. Si
Samson est le pendant de Moïse, Dalila est la revanche
d'Éloa. — Ce Samson, me dit un connaisseur, est une
belle chose ; il y a la *griffe*.

Je parle au point de vue de l'art : il est un autre
point de vue encore. Quand on vient de lire ce dernier
volume de M. de Vigny et de s'y rafraîchir l'idée et la
mémoire de son talent, on comprend le cas que les
esprits élevés et ceux mêmes des nouvelles écoles philosophiques ou religieuses font et feront de lui. Il a compris quelques-uns des grands problèmes de notre âge
et se les est posés dans leur étendue. Le poëme du
Mont des Oliviers les assemble et les suspend comme
dans un nuage. Il est de cette élite de poëtes qui ont
dit des choses dignes de Minerve. Les philosophes ne le
chasseront pas de leur république future. Il a mérité
que M. Littré commençât sa *Vie d'Auguste Comte* par
une belle parole empruntée de lui : « Qu'est-ce qu'une
grande vie? Une pensée de la jeunesse réalisée par
l'âge mûr. »

J'ai épuisé non pas tout ce que j'avais à dire, mais
ce qu'il y a d'essentiel dans ma manière propre de considérer l'homme et le poëte et de les juger. Je voyais
peu M. de Vigny dans les dernières années; je ne le
rencontrais qu'à l'Académie, où il était fort exact et le
plus consciencieux de nos confrères. On était tenté de
lui en vouloir par moments de cet excès de conscience
et de l'invariable obstination qu'il mettait en toute
rencontre à maintenir son opinion et son idée, même
lorsqu'il était seul contre tous, ce qui lui arrivait

quelquefois. Il nous donnait par là tout loisir de l'observer, et souvent un peu plus qu'on ne l'aurait désiré;
j'ai retenu plus d'un trait qui achèverait de le peindre,
en amenant sur les lèvres le sourire; mais un sentiment supérieur l'emporte sur cette vérité de détail qui
ne s'adresse qu'à des défauts ou des faiblesses désormais évanouies, et, puisque nous avons été reportés
par ce dernier recueil aux sommets mêmes de son
esprit, aux meilleures et aux plus durables parties de
son talent, je m'en tiendrai, en finissant, à la réflexion
la plus naturelle qui s'offre à son sujet et qui devient
aussi la plus juste et la plus digne des conclusions.

Il est un feu sacré d'une nature particulière qui, chez
quelques mortels privilégiés, accompagne et rehausse
l'étincelle commune de la vie. Par malheur, ce feu
divin, chez tous ceux qu'il visite, est loin d'embrasser et
d'égaler la durée de la vie elle-même. Chez quelques-
uns, il n'existe et ne se dégage que dans la jeunesse, à
l'état de vive flamme, et il ne luit dans son plein qu'un
moment. Chez la plupart, il s'éclipse vite, il se voile
trop tôt, il s'entoure de brouillards opaques; on dirait
qu'il se nourrit d'éléments plus ternes, il s'épaissit.
Passé la première heure si éclatante et si belle, quelque
chose s'obscurcit ou se fige en nous. Il en est très-
peu que le feu divin illumine durant toute une longue
carrière, ou chez qui il se change du moins et se dis-
tribue en chaleur égale et bienfaisante pour donner aux
divers âges humains toutes leurs moissons. Mais c'est
déjà beaucoup d'avoir reçu le don et le rayon à une
certaine heure, d'avoir atteint d'un jet lumineux, ne

fût-ce que deux ou trois fois, les sphères étoilées, et
d'avoir inscrit son nom, en langues de feu, parmi les
plus hauts, sur la coupole idéale de l'art. M. de
Vigny a été de ceux-là, et lui aussi, il a eu le droit de
dire à certain jour et de se répéter à son heure dernière : « J'ai frappé les astres du front. »

APPENDICE.

SUR LES *JEUNE FRANCE.*

(Se rapporte à l'article *Théophile Gautier,* page 280.)

Le hasard me fait retrouver une preuve certaine de l'effarouchement véritable que produisit dans le monde même de Victor Hugo et chez une partie de ses premiers amis l'invasion, en apparence barbare, de ces jeunes recrues et de cette génération romantique toute nouvelle. Un homme d'esprit et d'étude, M. Auguste Le Prevost, l'antiquaire normand, était, ainsi que son compatriote l'aimable poëte Ulric Guttinguer, des plus anciens amis littéraires de Hugo, des amis qui dataient de 1824 environ, qui s'étaient ralliés à lui pour tant de belles odes et de jolies ballades, pour ses inspirations du moyen âge et du gothique, pour ses colères et anathèmes contre la Bande noire, etc. Déjà, nous-mêmes, nouveaux venus de 1828, nous les avions bien étonnés un peu ; mais ils nous adoptèrent vite, je puis même dire qu'ils nous acceptèrent d'emblée, et notre amitié n'eut pas de peine à répondre aussitôt à la leur. Ce fut autre chose quand vinrent ce que j'appelle les recrues de 1831-1833, et quand la Bohême de l'impasse du Doyenné apparut à l'horizon. Ulric Guttinguer, un jour qu'il était allé chez Hugo, Place-Royale, fut très-choqué de la distraction qu'il crut trouver à son égard chez le grand poëte, et de l'attention marquée qu'on témoignait au contraire à

ces nouveaux poëtes barbus, à ces artistes à tous crins. Il
avait même juré, en sortant, qu'il n'y retournerait plus, et il
était reparti pour la Normandie. Auguste Le Prevost, alors
son ami intime, et qui le blâmait de tant de susceptibilité,
me faisait confidence de cette zizanie en des termes qui
ouvrent un jour sur l'intérieur romantique de ce temps-là :

« J'ai joué de malheur avec notre ami Ulric. En arrivant
« ici (à *Rouen*), j'ai appris qu'il en était parti la veille. Cette
« circonstance m'a contrarié encore plus qu'à l'ordinaire, à
« cause du besoin que j'éprouvais de lui parler de vous et de
« nos douces causeries. Je m'en suis dédommagé autant que
« je l'ai pu en lui écrivant; mais je vois avec bien du regret
« qu'il persiste à ne point retourner chez Victor. C'est sur
« vous que je compte pour triompher de ses résolutions à ce
« sujet. Notre ami se trompe en voulant demander à une
« pareille puissance les soins et les petites attentions de
« l'amitié. Ce n'est pas ainsi, ce me semble, qu'il faut juger
« des hommes tels que Hugo ; ce n'est pas avec cette obstina-
« tion qu'il faut refuser de franchir leur porte, quand ils
« veulent bien nous l'ouvrir. Cette conduite me paraît encore
« plus dure depuis que j'ai lu le magnifique article de *l'Eu-*
« *rope littéraire* (1), que vous m'aviez si justement vanté, et
« qu'on dirait avoir été écrit par un géant. Pour moi, je ne
« penserai jamais à faire un ami de l'homme qui a écrit ces
« trois ou quatre pages, parce que je le trouve trop grand
« pour pouvoir commodément me donner le bras ; mais tant
« qu'il voudra bien me recevoir chez lui, j'accepterai, au
« risque d'y rencontrer M. Gautier ou tout autre ambassa-
« deur bousingot. »

On voit à quel point il y avait méprise ; la singularité du
costume donnait le change sur la nature des opinions
Auguste Le Prevost méconnaissait le *jeune France* ; il appe-

(1) L'article qui porte la date du 29 mai 1833 et qui commence par ces
mots : « L'art est aujourd'hui à un bon point. Les querelles des mots ont
fait place à l'examen des choses.. »

lait *bousingot* ce qu'il y avait de plus opposé à cette caté-
gorie de politiques tapageurs et communs. Lui-même, homme
d'ordre avant tout, il allait devenir député, et un excellent
député du centre, du juste milieu. La lettre est datée de Rouen,
du 23 juin 1833. C'était l'époque des grandes batailles romantiques au théâtre, et il n'était que trop naturel que les ama-
teurs-admirateurs de 1825 cédassent le pas, dans l'action,
aux jeunes admirateurs plus effectifs et plus utiles qui
payaient de leur personne. Combien de moments différents,
combien de ces petites crises intérieures au sein de ce monde
et de cette école poétique! Elles se perdent et disparaissent
aujourd'hui dans l'ensemble du mouvement; elles sont déjà
oubliées de ceux mêmes qui y assistèrent, et il faut, pour les
y ramener avec précision, qu'une page d'une lettre toute
jaunie, retrouvée entre deux feuillets d'un livre, vienne avertir
et réveiller du plus loin leur mémoire.

UN CAS DE PÉDANTERIE.

(Se rapporte à l'article *Vaugelas*, page 394.)

Qui plume a guerre a.

Je n'ai pas été peu surpris, il y a un ou deux mois, de lire un
matin (7 juin 1866), dans le journal intitulé *l'Événement* et
qui n'est censé s'occuper que de sujets à l'ordre du jour, la
critique d'un discours que j'avais prononcé autrefois sur la
tombe d'un de mes amis, le docteur Armand Paulin, discours
qui n'avait pas moins de *neuf* années de date (ce que le critique se gardait bien de dire), discours oublié de moi-même
et que je n'avais jamais songé à recueillir dans aucun de mes
volumes de Mélanges, publiés depuis. Le critique, un doc-

teur Joulin, que ses amis appellent un homme d'esprit, me
dénonçait pour ce discours comme faisant honte à l'Académie
française, comme ne sachant pas un mot de français, sinon
à la réflexion et à tête reposée, comme ne pouvant écrire
couramment deux lignes sans pataquès ; et il notait dans ce
seul discours jusqu'à *cinquante-trois* fautes de langue et
de goût. Je pourrais me borner à lui répondre :

> Le moindre solécisme en parlant vous irrite ;
> Mais vous en faites, vous, d'étranges en conduite

Quoi ! je suis appelé à parler sur la tombe d'un ami intime,
j'écris ce discours le matin même de la cérémonie funèbre ; je
le prononce devant des témoins amis et émus ; *le Moniteur,* où
j'écrivais alors, insère le lendemain les paroles qui sont l'éloge
du mort ; si d'autres feuilles, des journaux de médecine et
de science les reproduisent, j'y suis totalement étranger et je
n'ai eu nullement à m'en mêler : ces journaux n'ont vu dans
mon Éloge funèbre que la mémoire du médecin, homme
de bien, que j'y célébrais. Depuis lors, je garde fidèlement le
souvenir de mon ami, mais je ne pense plus à mon discours.
Et vous, confrère et médecin, qui trouvez d'ailleurs, dites-
vous, mes éloges du docteur Paulin justes et mérités, vous
venez, après neuf ans, relever, par une diatribe bruyante,
qui vise au grotesque et qui prend en s'affichant des airs de
mascarade, quelques négligences et des rapidités inévitables
de diction : vous venez en faire une sorte d'éclat et comme
de découverte dans un journal quotidien, de telle sorte qu'il
ne tenait qu'aux lecteurs de *l'Événement,* ce jour-là, de croire
que je m'étais rendu coupable d'un méfait littéraire assez
récent, d'une harangue tout à fait ridicule. Est-ce là un procédé ? et n'est-ce pas déjà être pédant, au pire sens du mot,
que d'agir de la sorte ?

Mais il y a mieux, et je n'accepte aucune ou presque
aucune des remarques aussi messéantes que puériles du
docteur Joulin qui ne me paraît, à moi, qu'un *magister* en

fait de langue (1). Et je ne craindrai pas d'en faire juge le
public qui n'a pas eu sous les yeux la pièce incriminée; car
je ne considère pas comme un texte loyal et sincère le texte
déchiqueté et entrecoupé, à chaque mot, de lazzis grossiers,
qui lui a été présenté par cet étrange docteur.

Armand Paulin, l'ami médecin que nous perdions le 7 septembre 1857, était une figure originale et une nature avant
tout sympathique. On ne fait pas un portrait sur une tombe,
et je n'ai pu qu'esquisser une rapide image; mais les amis
présents ont tous reconnu celui qu'ils avaient aimé pour ses
qualités, pour ses vivacités, pour ses défauts mêmes, nés
d'un surcroît du cœur. Sorti de l'École normale et destiné aux
sciences, envoyé comme professeur de physique au lycée de
Metz, Paulin se signala en 1844 et 1845 par la chaleur et, je
dirai, l'effervescence de son patriotisme, par son dévouement
à la cause de l'armée, à celle de l'Empereur, par ses prodiges
d'humanité au service des blessés et des malades. Qu'il nous
suffise de dire qu'un jour, pour courir là où l'appelaient son
devoir et son cœur de citoyen, il força violemment la con-
signe du lycée et qu'il écarta de la main le proviseur. Sa
conduite généreuse, et toujours droite jusqu'en ses excès
d'ardeur, lui acquit alors, dans la cité messine, de ces amitiés qu'on ne noue qu'une fois dans la vie et qui durèrent
jusqu'à sa mort. Il y gagna le cœur d'une jeune personne,
fille d'un des principaux fonctionnaires de la ville, d'une
condition et d'une naissance supérieures à la sienne, et qui,
malgré sa famille, lui donna sa main. Armand Paulin fit tout
pour mériter, pour justifier cette préférence dont il était
l'objet et qui devint l'honneur de sa vie. Médecin et praticien

---

(1) Les curieux en matière de querelles littéraires peuvent voir dans le
Figaro du dimanche 10 juin 1866 une réponse qu'un bienveillant anonyme
fit, en ma faveur, au docteur Joulin, en relevant chez lui quantité de
fautes par manière de représailles. Pour moi, ce qui me frappe surtout
dans l'attaque, c'est le ton grossier de la plaisanterie, l'air d'insulte et de
triomphe pour si peu, le gros rire d'un demi-savant qui se croit sûr de son
fait.

à Paris, il se plaisait à réunir chez lui des hommes distingués que retenaient le charme et l'intelligence de Mme Paulin : c'était le docteur Lallemand, Andral, Jouffroy, Jean Reynaud, Stourm, Littré, beaucoup d'autres. C'est la plume de M. Littré qui traça dans *le National* l'Éloge funèbre de Mme Paulin. Mais j'ai tort de revenir à l'avance sur ce qu'on va lire et qui a été dit par moi-même en termes assez généraux, pourtant exacts et suffisants. Je reproduis donc ce qu'on lisait dans *le Moniteur* du 10 septembre 1857, et qui a fait l'objet d'une dénonciation, assurément tardive, dans *l'Événement* du 7 juin 1866

Nécrologie. — Le docteur Armand Paulin, médecin de l'École normale supérieure, chevalier de la Légion d'honneur, brusquement enlevé le 7 septembre par une attaque d'apoplexie pulmonaire, a été aujourd'hui enterré au cimetière d'Auteuil, où est le caveau de sa famille. Les obsèques ont eu lieu à l'église de Saint-Germain-des-Prés au milieu d'un grand concours de médecins, de membres de l'Université et d'amis, dont un bon nombre a suivi le convoi jusqu'à Auteuil. Le deuil était conduit par M. Guérard, préfet des études à Sainte-Barbe.

M. Sainte-Beuve, l'un des plus anciens amis du docteur Paulin, a prononcé sur la tombe les paroles suivantes :

« Messieurs, vous avez désiré que nous ne quittions pas, sans lui adresser un dernier adieu, les restes du médecin habile, de l'ami excellent, du cœur dévoué que nous perdons. C'est pour obéir à ce vœu de l'amitié que je me hasarde à élever la voix dans un lieu et dans une circonstance où le silence ému est encore la plus éloquente des paroles.

« Ce qu'était Armand Paulin qui nous est si soudainement enlevé, nous le savons tous ! Né en 1792, enfant d'une génération qui a produit des hommes supérieurs ou distingués en tout genre, élève de l'École normale dans la première ferveur de la création, il eut aussi, à sa manière, le souffle et le feu sacré ; il marqua de bonne heure, entre ses jeunes camarades, par des qualités qui étaient bien à lui. Destiné d'abord à l'enseignement des sciences, chargé de professer la physique au Lycée de Metz, il reçut dans cette cité patriotique et guerrière le coup direct des événements de 1814 et de l'invasion. Son cœur saigna, et il commença par faire ce qu'il fit ensuite toute sa vie : il se dévoua. Son zèle à servir nos braves soldats atteints du typhus faillit lui devenir funeste; saisi lui-même par le fléau, il fut près de payer de sa vie son humanité, et Metz qui avait été témoin de ce dévouement du jeune professeur s'en est ressouvenu toujours: cette noble cité était devenue pour Armand Paulin une seconde patrie; ses amis de Metz sont restés fidèles jusqu'à la fin à cet enfant adoptif, à ce cœur généreux dont ils avaient vu le premier élan.

« Trop impatient pour dissimuler ses sentiments nationaux et frappé dans sa position universitaire, il se tourna vers une profession indépendante, et vers celle en même temps qui permettait le mieux d'appliquer les inspirations humaines qui faisaient le fond de sa nature. Il se fit médecin. C'est à d'autres qu'il appartiendrait de dire les qualités essentielles qu'il porta dans cette profession délicate et sacrée. Elle était telle pour lui, messieurs, vous le savez. Il n'écrivit pas, il s'adonna tout entier à guérir. On s'accordait à reconnaître dans Armand Paulin (et les maîtres de l'art, qui furent presque tous ses amis, ne me démentiront pas) un diagnostic prompt, fin et sûr, un tact médical qui est le premier talent du praticien.

« Pendant des années on l'a vu mener de front toutes les activités généreuses, secourir tous les malades, tous les vaincus, tous les souffrants, applaudir à tous les succès de ses amis et les propager par ses sympathies ardentes : chaque succès d'un ami était véritablement une de ses fêtes. Durant ces années heureuses où sa franche nature se déployait avec expansion, et avant les mécomptes, il fut admirablement secondé par une femme distinguée, son égale par le cœur, qui réunissait à son modeste foyer dans des conversations vives bien des hommes alors jeunes, et dont plusieurs étaient déjà ou sont devenus célèbres. Elle lui donna successivement deux filles, mortes trop tôt pour le bonheur de tous deux. Son dernier bonheur à lui s'éteignit avec l'épouse à jamais regrettée dont les restes sont ensevelis ici.

« Depuis qu'il l'eut perdue, il continua de faire le bien comme auparavant, avec le même zèle, avec plus d'empressement encore s'il se pouvait. Vous l'avez vu souvent, soit au sortir de la chambre d'un malade que ses soins avaient mis hors de péril, soit dans les heures d'entretien de l'amitié, inquiet cependant, agité toujours et, le devoir accompli, ayant comme hâte de se dérober. Il y avait une partie de lui-même qui était ailleurs. Il semblait que quelqu'un au dehors l'attendait. Le *quelqu'un* qui l'attendait, c'était celle même, — cette compagne de toute sa vie, — qui le reçoit aujour-d'hui dans cette tombe.

« Digne et excellent ami ! il avait ce qui aurait pu consoler, l'estime de tous, la chaleureuse amitié de quelques-uns ; rattaché en qualité de médecin à cette École normale dont le seul nom lui était cher, il y retrouvait les souvenirs qu'il affectionnait ; honoré d'une distinction tardive, mais si méritée, qu'il avait gagnée aussi sur ses champs de bataille à lui, il y avait été sensible de la part d'un Gouvernement qui réalisait l'un des vœux de son cœur national et qui réparait la douleur de 1814. Mais il y avait en lui un vide, que rien désormais ne pouvait combler. Homme excellent, qui a beau-coup aimé, beaucoup souffert, qui a de tout temps servi ses sem-blables jusqu'à en vouloir mourir, le repos enfin lui est venu. Cher Paulin, repose en paix ! le souvenir de tes vertus pratiques, de ta prodigue bonté, de ta délicatesse de sentiments, vivra à jamais chez tous ceux qui t'ont connu et ne mourra qu'avec eux. »

Les lecteurs peuvent en juger maintenant. Irai-je m'amu-ser à défendre mes phrases, à éplucher des mots comme dans une classe ? Le docteur Joulin ne veut pas de cette parole jetée en avant tout d'abord : « sans *lui* adresser un dernier adieu. » Mais si l'on est plein de son objet, si tous les assistants n'ont qu'une seule et unique pensée, personne ne se trompe quand on dit *lui* de prime abord ; on en a le droit, on en a le besoin. La suite de la phrase s'en tire comme elle peut, et quelque irrégularité de construction, en pareil cas, a toujours été admise par les rhéteurs, même les plus purs et les plus attiques. Le docteur Joulin voudrait que j'eusse dit : « Vous avez désiré que nous ne *quittassions* pas, » au lieu de *quittions*. Je laisse à des grammairiens plus délicats que lui à juger si *quittions* n'est pas ici très-légitime, puisque le désir auquel on répond n'est pas seule-ment au passé, mais qu'il dure et persiste jusqu'au dernier moment. « Vous avez désiré et vous désirez encore… : » voilà la pensée entière, la phrase au complet, dont le second membre

est resté sous-entendu. Dans tous les cas, je suis de ceux
qui, placés entre une légère faute grammaticale qui disparaît
dans le débit, et une faute de goût qui, au contraire, choque-
rait tout le monde, se laisseraient plutôt aller à la première ; et
quittassions eût été une faute de goût, une parole choquante.
Que dire encore ? ce docteur qui tranche ignore tout ou fait
semblant ; il paraît ne pas savoir que depuis 1800, depuis
cette ère de renouvellement et de reconstruction sociale universelle, il y a eu quantité d'institutions ou d'administrations
publiques à l'occasion desquelles on dit : « depuis la création. » On dit d'un ancien préfet, d'un ancien adminis-
trateur des Droits réunis, d'un ancien membre de l'Institut :
« Il était préfet dès la création, — il appartenait à l'Institut dès la création, — il était dans la partie depuis la création, etc. » Cela s'entend de soi ; cela ne rappelle à personne
la création du monde, mais bien la création de l'institution particulière dont il s'agit. Tel est l'usage : et c'est
ainsi qu'à propos de l'École normale dans sa première nouveauté, j'ai été conduit à parler de la « ferveur de la création. » Enfin (et c'est là le seul côté sérieux de la discussion
présente) ce docteur, grammairien improvisé, prend pour des
fautes de langue ce qui n'est, à vrai dire, que le caractère et la
marque d'un style ; il impute à la grammaire ce qui tient à la
manière d'un écrivain. Est-ce qu'il croit, par exemple, que je
ne sens pas comme lui, bien que je me la définisse moins
strictement que lui, la nuance qu'il y a entre *se souvenir* et
se ressouvenir ? Est-ce que je n'ai pas su ce que je faisais
lorsque j'ai dit : « Metz, qui avait été témoin de ce dévouc-
ment du jeune professeur, s'en est *ressouvenu* toujours ? »
Ce mot, dans ma pensée, a une intention : il dit un peu plus
que *se souvenir.* Car, comme Metz et les amis de Metz fêtaient
le docteur Paulin chaque fois qu'il y allait (et il y allait rarement) ; comme à chaque retour de dix en dix ans, ils revenaient avec lui à leurs anciens souvenirs, à ces souvenirs de
1814 et de 1815, qui dataient déjà de bien loin, j'ai employé
à dessein cette expression *se ressouvenir,* qui indique en

effet qu'on a besoin de remonter en arrière et d'aller puiser
au fond de sa mémoire. Ainsi pour le reste. Jamais, d'ailleurs,
morceau ne fut moins un discours de rhétorique ni d'Académie que celui-là : c'est un témoignage du cœur qui m'est
sorti des lèvres. Mais j'ai cherché, comme toujours, à y joindre
la vérité du ton, la physionomie et la ressemblance. Encore
une fois, on ne fait point un portrait le pied sur une tombe
qui s'ouvre : j'ai tâché du moins de tracer une esquisse fidèle.
Telle, dans le temps, elle a paru aux nombreux amis du bon
docteur. Ce n'est pas le docteur Joulin que j'appellerai de ce
nom ; je me contenterai de dire : Voilà encore un grammairien (puisque grammairien il y a) qui n'est pas de l'École
de Vaugelas.

POST-SCRIPTUM SUR ALFRED DE VIGNY.

(Se rapporte à l'article précédent, pages 398-451.)

M. Louis Ratisbonne, exécuteur testamentaire et légataire
de M. de Vigny pour les choses littéraires et poétiques, m'a
fait savoir que mon article sur son ami lui avait déplu ; il me
l'a témoigné autant qu'il a pu en faisant imprimer dans la
Revue moderne du 1er avril 1866 une note de M. de Vigny
à mon égard, trouvée dans ses papiers, non destinée assurément à la publicité, et de laquelle il résulte que le poëte
n'était pas absolument satisfait du premier Portrait de lui que
j'avais tracé dans la *Revue des Deux Mondes* en 1835 :

« S.-B. fait un long article sur moi. Trop préoccupé du Cénacle
qu'il avait chanté autrefois, il lui a donné dans ma vie littéraire
plus d'importance qu'il n'en eut dans le temps de ces réunions
rares et légères. S.-B. m'aime et m'estime, mais me connaît à
peine et s'est trompé en voulant entrer dans les secrets de ma
manière de produire... Il ne faut disséquer que les morts...

Dieu seul et le poëte savent comment naît et se forme la pensée.
Les hommes ne peuvent ouvrir ce fruit divin et y chercher
l'amande... »

M. Ratisbonne, dans une note qu'il ajoute de son chef,
paraît tenir à me mettre en contradiction avec moi-même :
il insinue qu'ayant aimé et admiré autrefois M. de Vigny,
j'ai cessé de l'aimer.

Cela est possible, et j'ai tâché du moins que mon jugement
littéraire définitif ne se ressentît en rien de cette variation de
sentiment. M. Ratisbonne est trop jeune pour avoir suivi et
connu M. de Vigny dans la plus grande partie de sa carrière, et
il ne se pose point cette question : M. de Vigny, nature de tout
temps élevée et digne, n'a-t-il pas lui-même changé avec les
années, et n'a-t-il pas cessé, à un certain moment, d'être
ce qu'on appelle aimable ?

Je me rappelle qu'à l'Académie où nous entendions M. de
Vigny plus souvent et plus longuement que nous ne l'aurions
désiré (car il s'obstinait la plupart du temps à des choses ou
impossibles ou inutiles ou déjà résolues), il m'arriva plus
d'une fois de laisser voir mon impatience; sur quoi notre
doux et indulgent confrère, M. Patin, placé entre nous deux,
avait trouvé cette formule : « S.-B. est impatient, mais il faut
convenir aussi que de V. est impatientant. » Voilà la vérité
sans aucun fard.

M. de Vigny dit, dans cette note de 1835 (et non pas 1833),
que je le connais à peine. A cela je pourrais répondre : « Et
qui donc peut se vanter d'avoir connu M. de Vigny? »
M. Jules Sandeau, directeur de l'Académie, répondant à
M. Camille Doucet récipiendaire, a pu dire avec une finesse
heureuse : « Tout à l'heure, Monsieur, vous exprimiez le regret de n'avoir point vécu dans la familiarité de M. de Vigny.
Consolez-vous, personne n'a vécu dans la familiarité de
M. de Vigny, pas même lui. » Mais M. de Vigny manquait de
mémoire le jour où il écrivait cette note, et je puis dire que
je le connaissais alors et l'avais étudié assez à fond, comme

poëte du moins et comme artiste. M. de Vigny voulait bien m'écrire à la date du 14 mars 1828 :

« Eh bien, Monsieur, puisque vous êtes de ceux qui se rappellent les Poëmes que le public oublie si parfaitement, je veux faire un grand acte d'humilité en vous les offrant. Les voici tels qu'ils sont venus au monde avec toutes les souillures baptismales. Leur date de naissance est leur unique mérite et ma seule excuse. Il me restait encore un de ces livres, je ne pouvais le mieux placer que dans vos mains. J'aurais voulu y joindre *Éloa*, mais elle n'existe plus, même chez moi. »

Dans ce grand mouvement de propagande romantique de 1828-29, je travaillais à être utile à ces poëmes de M. de Vigny et à les propager, non-seulement en les célébrant dans mes vers, mais aussi en les faisant lire, en les commentant et les démontrant, pour ainsi dire, à d'autres critiques de bonne volonté qui furent des premiers à leur rendre justice. C'est à quoi il est fait allusion dans une lettre de M. de Vigny, du 7 mai 1829 :

« Vous êtes le plus aimable des hommes. Quoi ! vous avez pensé à cette misère ? Vous en avez même parlé ? Un autre s'en est occupé aussi, il en pense quelque chose, il en écrira ? Tout cela est, en vérité, de bien bon augure pour ces pauvres poëmes ressuscités d'entre les morts. »

Cet *autre,* c'était M. Charles Magnin, qui fit bientôt, en effet, sur les Poëmes de M. de Vigny, un article capital inséré dans le *Globe* le 21 octobre 1829.

M. de Vigny parle légèrement du Cénacle, où il s'accommodait fort bien d'être placé à la date de 1829 ; mais, en 1835, il ne demandait pas mieux que de faire colonne et obélisque à part et de s'isoler. Il n'était certes pas dans cette disposition lorsque, de la campagne où il était (à Belle-Fontaine), il m'écrivait le 3 août 1828 : « Savez-vous bien que depuis peu j'ai une médaille de Victor (*la médaille par David*) qui me ravit, et que j'ai vu Émile à Morfontaine. Je

suis presque avec vous tous, bientôt j'y serai mieux encore. »
Et il m'écrivait le 7 mai 1829 : « Adieu, mon ami, si vous
n'avez pas embrassé *mon* Victor sur les deux joues, j'irai vous
chercher querelle. »

Je n'ai nullement dessein de publier les lettres de M. de
Vigny toutes remplies de compliments et d'éloges pour moi ;
mais, puisqu'il niait en 1835 le droit de la légitimité de ma
méthode critique, je me contenterai de lui opposer ce passage d'une de ses lettres, du 29 décembre 1829 (je venais
d'écrire dans la *Revue de Paris* un premier article sur
Racine) :

« Je suis distrait, et outre cela il m'arrive presque toujours
d'être en présence de mes amis ce qu'est un amant devant sa maîtresse, si aise de la voir qu'il oublie tout ce qu'il avait à lui dire.
Je ris encore en pensant que j'ai passé, il y a quelque temps, deux
heures avec vous sans vous rien dire de votre bel article sur Racine,
et je venais d'en parler toute la matinée à quatre personnes de
différentes opinions, à qui je disais ce que j'en pense. J'ai besoin
de le répéter, parce que je viens de le relire : vous avez vraiment
créé une critique haute qui vous appartient en propre, et votre
manière de passer de l'homme à l'œuvre et de chercher dans ses
entrailles le germe de ses productions est une source intarissable
d'aperçus nouveaux et de vues profondes. »

On peut rabattre tout ce qu'on voudra de l'éloge, mais
M. de Vigny admettait évidemment cette méthode critique
en 1829. Il est vrai qu'il n'en voulait plus en 1835 lorsqu'elle
s'adressait, non plus à des morts, mais à des vivants, et
qu'elle s'appliquait à lui-même.

Je savais, au reste, les difficultés sans nombre qu'offrait
cette application du scalpel ou même du crayon à une nature
délicate et chatouilleuse telle que la sienne, surtout lorsqu'on
tenait avant toute chose à ne la point froisser. Je me rappelle
encore toutes les précautions qu'il nous fallut prendre : il
était absent de Paris, on choisit exprès cet instant-là ; on usa
de ruse ; on ne s'adressa pas à lui pour le peu d'indications

biographiques qui étaient indispensables et qui eussent trop
coûté à arracher, sans compter qu'on ne les eût obtenues sans
doute qu'arrangées et embellies : ses plus anciens amis et
principalement Émile Deschamps, son intime alors (et envers
qui il a fait preuve, depuis leur brouille, d'une froide rancune irréconciliable), voulurent bien me renseigner tant bien
que mal, et il n'y a rien d'étonnant qu'on se soit mépris
d'abord sur quelques points et circonstances d'un intérêt tout
domestique, notamment sur son mode et son degré de parenté
avec l'amiral de Baraudin. Peu importait en ce moment, l'essentiel était fait; Alfred de Vigny était entré dans notre galerie;
sans être satisfait en tout, il n'était point fâché, il ne nous en
voulait pas; il m'écrivait à cette occasion en son style poétique : « Je vois que de toutes les Constellations que j'ai suivies, c'est encore à la Lyre que vous donnez la préférence. »
Il avait raison. Je suis resté, jusqu'à la fin, plus fidèle à sa
poésie qu'à sa prose et à ses romans ou à ses drames. Le
reproche m'en a été fait, et, même pour ce dernier article
de 1864, le bon sens de Buloz me l'a dit : « Vous le placez
trop haut comme poëte, et vous ne lui accordez pas assez
comme romancier. » J'écris en ce moment comme on cause.

Si je ne considérais l'article de 1835 que comme un Portrait provisoire, je ne prétends point que celui-ci soit définitif; il ne l'est que pour moi qui ai dit là ma dernière pensée.
Il m'est arrivé, depuis que je l'ai écrit, un certain nombre
de lettres qui, la plupart, le confirment. En voici une de
M. G. Pauthier, le savant sinologue, qui ajoute quelques traits
pour l'époque de jeunesse; M. Pauthier était soldat, il y a
plus de quarante ans, dans le régiment où M. de Vigny était
capitaine :

« C'est en 1823 que je fis la connaissance de de Vigny. Voici
comment. J'étais entré dans un régiment, le 55e, qui tenait alors
garnison à Strasbourg. De Vigny y était entré aussi, à peu près en
même temps, en quittant la garde royale, avec le grade de capitaine. Dans le mois de juillet 1823, notre régiment reçut l'ordre de
se rendre de Strasbourg à Bordeaux pour y tenir garnison. Je

voyageais en amateur (on me laissait faire à peu près ce que je voulais dans ce régiment) (1) avec les *fourriers* qui partaient tous les
jours, de 2 à 3 heures du matin, pour aller préparer les logements
de la nouvelle étape. Il est d'usage dans la troupe qu'un capitaine,
à tour de rôle, accompagne les fourriers pour aller près des autorités civiles du lieu où l'on doit coucher et pour faire délivrer par
elles les *billets de logement*. Le jour de notre arrivée à Nancy,
c'était le tour du capitaine de Vigny. Je ne le connaissais pas
encore. Nous causâmes ensemble pendant la route, et quand notre
régiment fut arrivé à Nancy, je fus très-surpris de recevoir de
mon sergent-major un billet de logement d'*officier*, dans une maison bourgeoise distinguée. C'était le capitaine de Vigny qui m'avait
fait cette gracieuseté sans m'en prévenir. De ce jour nous fûmes
amis. Dans nos garnisons de Bordeaux, de l'île de Ré, de Pau,
nous étions souvent ensemble. La vie de garnison n'allait pas plus
à de Vigny qu'à moi ; les habitudes des autres officiers qui pas-
saient une grande partie de leurs journées dans les cafés ou ailleurs ne lui convenaient pas. C'est à cette époque que de Vigny
composa son *Cinq-Mars*. Nous fûmes témoins ensemble de l'*orage
pyrénéen,* qu'il a si bien décrit. J'ai entendu plusieurs personnes
soutenir que la peinture de cet orage n'était pas réelle, que c'était
de pure imagination. De Vigny n'a rien exagéré dans la peinture
qu'il en a faite ; au contraire. Il en est de même pour la peinture
qu'il fait des caractères de certains de ses personnages. Il avait
recueilli une foule de matériaux inconnus des historiens, qui lui
avaient servi pour écrire son livre. *Je les ai vus* en assistant à la
levée des scellés qui eut lieu après sa mort et à laquelle j'étais
présent en qualité d'exécuteur testamentaire. Il y avait des lettres
autographes de Richelieu, et une admirable lettre de Cinq-Mars
qui lui avait été donnée par son possesseur. C'était la seule
connue. »

Je laisse à la charge de mon savant ami le fait, pour moi
très-douteux, de ces documents historiques tout à fait inconnus et inédits : c'est d'ailleurs chose facile à vérifier. Mais il
est assez piquant de voir cette camaraderie, établie de plain-

---

(1) Le frère de M. Pauthier était neveu par alliance du général Donzelot,
et lui-même on le considérait volontiers comme tel

pied du premier jour, entre le capitaine de Vigny et un simple soldat de son régiment, au nom de la poésie, leur maîtresse commune.

Pour en finir au sujet de l'article contesté par M. Ratisbonne, je citerai la lettre suivante que me fit l'honneur de m'écrire une personne qui, si j'excepte M. Victor Hugo, et à côté de lui dans la sphère littéraire, est peut-être la plus à même aujourd'hui de bien juger M. de Vigny, l'ayant vu de tout temps et connu très-anciennement dès les plus belles années :

« J'ai lu et relu votre Étude sur de Vigny. C'est profond, délicat et vrai. Toutefois il me semble que vous n'avez pas rendu justice aux vertus de famille de M. Alfred de Vigny. Je sais de lui, à cet égard, des faits nobles et touchants. Ce que vous dites de la séance de réception à laquelle j'ai assisté, est vivant et de la plus rigoureuse réalité, quoique, suivant mon impression, vous me sembliez un peu partial pour M. Molé qui, de son côté, avait, à cette séance, une attitude hautaine, sentant un peu trop son grand seigneur. Cette légère réserve faite, je ne sais rien de mieux raconté. »

M. le comte de Circourt enfin, cet homme de haute conscience et de forte littérature, dans une lettre qu'il m'écrivait le 24 avril 1864, reconnaissait la vérité du Portrait et s'exprimait en ces termes par lesquels je terminerai et qui me couvrent suffisamment :

« Les grands côtés du talent de M. de Vigny sont mis par vous en relief d'une manière tout à la fois large et fine ; et malgré la sévérité de quelques-unes de vos appréciations, je n'ai rien à souhaiter de mieux pour la mémoire de M. de Vigny, si ce n'est que la postérité s'en tienne sur lui à votre jugement, ce que j'espère ; j'apprends que ses vrais (et par conséquent rares) amis sont tout à fait de ce sentiment. »

FIN DU TOME SIXIÈME.

TABLE DES MATIÈRES

PARIS, IMP. DE LA SOC. ANON. DE PUBL. PÉRIOD. P. MOUILLOT.

Lightning Source UK Ltd.
Milton Keynes UK
UKHW02f1953220118

316645UK00005B/188/P